Die in- und ausländische Besteuerung schweizerischer Betriebsstätten deutscher Personenhandelsgesellschaften

INTERNATIONALE STEUERLEHRE, STEUERRECHT UND WIRTSCHAFTSPRÜFUNG

Rainer Heurung / Gerd Morgenthaler / Andreas Dutzi

Band 3

PETER LANG

Frankfurt am Main · Berlin · Bern · Bruxelles · New York · Oxford · Wien

Hans-Jürgen Lappat

Die in- und ausländische Besteuerung schweizerischer Betriebsstätten deutscher Personenhandelsgesellschaften

PETER LANG
Internationaler Verlag der Wissenschaften

Bibliografische Information der Deutschen Nationalbibliothek
Die Deutsche Nationalbibliothek verzeichnet diese Publikation in der Deutschen Nationalbibliografie; detaillierte bibliografische Daten sind im Internet über http://dnb.d-nb.de abrufbar.

Zugl.: Siegen, Univ., Diss., 2010

Umschlaggestaltung:
Olaf Glöckler, Atelier Platen, Friedberg

Gedruckt auf alterungsbeständigem,
säurefreiem Papier.

D 467
ISSN 2191-1223
ISBN 978-3-631-61692-5

www.peterlang.de

Geleitwort

Deutsche Wirtschaftsunternehmen verlagern ihre Interessen und damit ihre Investitionen zunehmend ins Ausland. Dies gilt nicht nur für große Konzerne, sondern auch für mittelständische Unternehmen, welche häufig in der Rechtsform einer Personengesellschaft firmieren. Die Schweiz stellt dabei als Nachbarland der Bundesrepublik ein besonders interessantes Ziel dar. Insbesondere von Interessenvertretern der Schweizer Kantone werden häufig das schweizerische Banksystem, das Rechtssystem der Schweiz, aber auch die dortigen steuerlichen Rahmenbedingungen als besonders attraktiv bezeichnet. Der Schweizer Eidgenossenschaft kommt zudem hinsichtlich ihres Verhältnisses zur Europäischen Union und zur Bundesrepublik Deutschland eine besondere und weltweit einmalige Stellung zu. Die Schweiz gehört zwar weder der Europäischen Union noch dem Europäischen Wirtschaftsraum an; sie hat aber aufgrund von besonderen unilateralen und bilateralen Vereinbarungen eine sehr spezielle und komplexe völkerrechtliche Stellung in dem Verhältnis zur Bundesrepublik Deutschland inne, wie sie aus Sicht der Bundesrepublik Deutschland zu keinem anderen Land der Welt anzutreffen ist. Vor diesem Hintergrund untersucht die vorliegende Arbeit die Besteuerungsfolgen von Investitionen deutscher Personengesellschaften in der Schweiz.

Der Verfasser stellt zunächst ausführlich die zivilrechtlichen Grundlagen deutscher Personengesellschaften dar. Anschließend wird die Besteuerung von Personengesellschaften nach deutschem Steuerrecht aufgezeigt, wobei auch auf ausländische Einkünfte eingegangen wird. Darauf aufbauend untersucht der Verfasser die steuerliche Behandlung von Investitionen in der Schweiz. Berücksichtigt wird hier auch die in der Praxis überaus wichtige Alters- und Hinterbliebenenversicherung. Diese wird in der Schweiz ohne Bemessungsgrenze auch auf unternehmerische Einkünfte erhoben. Ihr kommt deshalb durchaus ein steuerähnlicher Charakter zu, was ihren Einbezug in eine Arbeit auf dem Gebiet der betriebswirtschaftlichen Steuerlehre rechtfertigt, wenn nicht sogar notwendig macht. Der Verfasser zeigt im analytischen Teil der Arbeit nicht nur in überzeugender Weise die steuerlichen Folgen einer Investition in eine Betriebsstätte sowie in eine Kapitalgesellschaft in der Schweiz auf. Vielmehr arbeitet er auch Gestaltungsempfehlungen zur Reduktion der Steuerlast heraus. Einen ausgesprochen innovativen Ansatz stellen dabei die steuergestalterischen Überlegungen im Zusammenhang mit Organschaftsstrukturen sowie der GmbH & atypisch Still dar. Diese Ausführungen sind nicht nur für die Wissenschaft, sondern auch für die Praxis von großem Nutzen. Der Arbeit ist daher eine möglichst umfassende Verbreitung zu wünschen.

Siegen, im März 2011

Prof. Dr. Rainer Heurung

Vorwort des Verfassers

Die vorliegende Arbeit wurde im Sommersemester 2010 unter dem Titel „Zivilrechtliche Grundlagen deutscher Personengesellschaften und deren inländische und ausländische Besteuerung mit besonderer Berücksichtigung von Betriebsstätten in der Schweiz im Vergleich zu alternativen Outbound-Strukturen" vom Fachbereich für Wirtschaftswissenschaften, Wirtschaftsinformatik und Wirtschaftsrecht der Universität Siegen als Dissertation angenommen. Die Arbeit basiert auf dem Rechtsstand vom 31. März 2010.

Bei der Erstellung dieser wissenschaftlichen Arbeit wurde ich von vielen Personen auf vielfältigste Weise unterstützt. An erster Stelle gilt mein Dank meinem Doktorvater Herrn Univ.-Prof. Dr. Rainer Heurung, der die Arbeit betreut und ihren Fortgang zu jedem Zeitpunkt mit kritischen, konstruktiven und wohlwollendem Interesse begleitet hat. Mein Dank gilt auch Herrn Dipl.-Kfm. Marco Klübenspies, Geschäftsführer des Siegener Instituts für Unternehmensbesteuerung, Rechnungslegung, Wirtschaftsprüfung und Wirtschaftsrecht (SUWI) an der Universität Siegen, der bei auftretenden Fragen über Formalien und technischen Problem immer eine große Hilfe war.

Mein Dank gilt auch meinem langjährigen Partner, Herrn Rechtsanwalt, Steuerberater und Wirtschaftsprüfer Reinhart Schütt, der das Manuskript kritisch durchgesehen und auch während der Erstellungsphase jederzeit bereitwillig für fachliche Diskussionen zur Verfügung gestanden hat. Ferner habe ich meinem weiteren Partner, Herrn Rechtsanwalt Prof. Dr. Michael M. Veltins, für Anregungen und kritische Hinweise zu danken. Weiter möchte ich Frau Jutta Dörrich danken, die eine sehr große Hilfe bei der technischen Erstellung des Manuskripts war.

Meiner Familie und meinen Freunden möchte ich dafür danken, dass sie mich in der Zeit, in der ich mich zur Erstellung der Arbeit zurückgezogen habe, immer unterstützt und meine zeitlichen Engpässe wohlwollend begleitet haben.

Mein ganz besonderer Dank gilt meiner lieben Frau Marie-Therese, die mich über die Jahre der Erstellung der Arbeit auf vielfältige Weise nachhaltig unterstützt und immer wieder motiviert hat.

Frankfurt am Main, im November 2010

Hans-Jürgen Lappat

Inhaltsübersicht

Inhaltsverzeichnis

Verzeichnis der Schaubilder

Verzeichnis der Tabellen

Verzeichnis der Anhänge

Quellenverzeichnis

Abkürzungsverzeichnis

a. A.	anderer Ansicht
ABl. EG	Amtsblatt der Europäischen Gemeinschaften
Abs.	Absatz
Abschn.	Abschnitt
AcP	Archiv für die civilistische Praxis (Zeitschrift)
ADHGB	Allgemeines Deutsches Handelsgesetzbuch von 1861
A. d. V.	Anmerkung des Verfassers
AEAO	Anwendungserlass zur Abgabenordnung
AEUV	Vertrag über die Arbeitsweise der Europäischen Union
a. F.	alte Fassung
AG	Aktiengesellschaft
AHV	Alters- und Hinterlassenenversicherung
AHVG	Bundesgesetz über die Alters- und Hinterlassenversicherung (AHV-Gesetz)
AHVV	Verordnung über die Alters- und Hinterlassenenversicherung (AHV-Verordnung)
AIG	Auslandsinvestitionsgesetz
ALV	Arbeitslosenversicherung
Anh.	Anhang
Anm.	Anmerkung
AnwBl	Anwaltsblatt (Zeitschrift)
AO	Abgabenordnung
Arge(n)	Arbeitsgemeinschaft(en)
Art.	Artikel
AS	Amtliche Sammlung des (Schweizer) Bundesrechts
AStG	Außensteuergesetz
Aufl.	Auflage

AuslInvG	Gesetz über steuerliche Maßnahmen bei Auslandsinvestitionen der deutschen Wirtschaft
BayObLG	Bayerisches Oberstes Landesgericht
BB	Betriebsberater (Zeitschrift)
BBergG	Bundesbergbaugesetz
BBl.	Bundesblatt der Schweizerischen Eidgenossenschaft
Bd. (Bde.)	Band (Bände)
Begr.	Begründung; Begründer(in)
Bek.	Bekanntmachung
ber.	berichtigt
BetrVG	Betriebsverfassungsgesetz
ber.	berichtigt
BewG	Bewertungsgesetz
BFH	Bundesfinanzhof
BFHE	Sammlung der Entscheidungen und Gutachten des Bundesfinanzhofs
BGB	Bürgerliches Gesetzbuch
BGBl.	Bundesgesetzblatt
BGH	Bundesgerichtshof
BGHZ	Entscheidungen des Bundesgerichtshofs in Zivilsachen
BMF	Bundesministerium der Finanzen
BStBl.	Bundessteuerblatt
bspw.	beispielsweise
BT-Drucks.	Drucksachen des Deutschen Bundestages
BVerfG	Bundesverfassungsgericht
BVerfGE	Entscheidungen des Bundesverfassungsgerichts
BVerwG	Bundesverwaltungsgericht

BVG	Bundesgesetz über die berufliche Alters-, Hinterlassenen- und Invalidenvorsorge vom 25. Juni 1982
BZSt	Bundeszentralamt für Steuern
DB	Der Betrieb (Zeitschrift)
DBA	Doppelbesteuerungsabkommen
DBG	(Schweizer) Bundesgesetz über die direkte Bundessteuer
ders.	derselbe
d. h.	das heißt
DJZ	Deutsche Juristenzeitung (Zeitschrift)
DNotZ	Deutsche Notar-Zeitung (Zeitschrift)
DStR	Deutsches Steuerrecht (Zeitschrift)
DStZ	Deutsche Steuer-Zeitung (Zeitschrift)
DStV	Deutscher Steuerberaterverband
EFD	Eidgenössisches Finanzdepartement
EFG	Entscheidungen der Finanzgerichte
EFTA	European Free Trade Association
EG	Europäische Gemeinschaft
EGAHiG	Gesetz zur Durchführung der EG-Richtlinie über die gegenseitige Amtshilfe im Bereich der direkten Steuern, bestimmter Verbrauchsteuern und der Steuern auf Versicherungsprämien (Europäisches Amtshilfegesetz)
EGBeitrG	Gesetz zur Durchführung der EG-Beitreibungsrichtlinie (Europäisches Beitreibungsgesetz)
EGV	EG-Vertrag, Vertrag zur Gründung der Europäischen Gemeinschaft
EE	Erwerbersatz für Militär-, Schutz- oder Zivildienstleistende und bei Mutterschaft (Schweizer Sozialversicherung)

EL	Ergänzungslieferung / Ergänzungsleistungen zur AHV/IV
EntwLStG,	Gesetz über steuerliche Maßnahmen zur Förderung von privaten Kapitalanlagen in Entwicklungsländern
EO	Erwerbersatzordnung (Erwerbsausfallentschädigung)
EPG	Europäische Privatgesellschaft
ErbStG	Erbschaftsteuergesetz
EStDV	Einkommensteuer-Durchführungsverordnung
EStG	Einkommensteuergesetz
EStH	Amtliches-Einkommensteuer-Handbuch
EStR	Einkommensteuer-Richtlinien
et. al.	et alii, et aliae, et alia (und andere)
etc.	et cetera (und so weiter)
EU	Europäische Union
EUGGES	Europäische Gegenseitigkeitsgesellschaft
EuGH	Europäischer Gerichtshof
EuGHE	Entscheidungen des Gerichtshofes der Europäischen Gemeinschaften
EUV	Europäischer Verein oder Vertrag über die Europäische Union
EuZW	Europäische Zeitschrift für Wirtschaftsrecht (Zeitschrift)
EWG	Europäische Wirtschaftsgemeinschaft
EWIV	Europäische wirtschaftliche Interessensvereinigung
EWR	Europäischer Wirtschaftsraum
EZ	Erhebungszeitraum
f.	folgend(e)
FArch	Finanzarchiv (Zeitschrift)
FamZ	Familienzulagen
FAZ, FASZ	Frankfurter Allgemeine (Sonntags) Zeitung

FB	Finanz Betrieb
ff.	fortfolgend(e)
FG	Finanzgericht
Fn.	Fußnote
FR	Finanzrundschau (Zeitschrift)
FS	Festschrift
FVerlV	Funktionsverlagerungsverordnung
FVG	Finanzverwaltungsgesetz
GbR	Gesellschaft bürgerlichen Rechts
GbRmbH	Gesellschaft bürgerlichen Rechts mit beschränkter Haftung
GenG	Genossenschaftsgesetz
GesR	Gesellschaftsrecht
GewStDV	Gewerbesteuer-Durchführungsverordnung
GewStG	Gewerbesteuergesetz
GewStR	Gewerbesteuer-Richtlinien
GK	Gemeinschaftskommentar
GmbH	Gesellschaft mit beschränkter Haftung
GmbHR	GmbH-Rundschau (Zeitschrift)
GoB	Grundsätze ordnungsgemäßer Buchführung
Grds.	Grundsätzlich
Großkomm.	Großkommentar
GrS	Großer Senat
GSVP	Gemeinsame (europäische, A. d. V.) Sicherheits- und Verteidigungspolitik
H	Hinweis(e)
Hs	Halbsatz

Hdb.	Handbuch
HFR	Höchstrichterliche Finanzrechtsprechung
HGB	Handelsgesetzbuch
hrsg.	herausgegeben
Hrsg.	Herausgeber(in)
i. d. F. (v.)	in der Fassung (vom)
IDW	Institut der Wirtschaftsprüfer
InvStG	Investmentsteuergesetz
IPO	intitial public offer (Gang an die Aktienbörse)
i. S. d.	Im Sinne des
i. V. m	in Verbindung mit
IV	Invalidenversicherung
IWB	Internationale Wirtschafts-Briefe
IZA	Informationszentrale für steuerliche Auslandsbeziehungen
JbFfSt.	Jahrbuch der Fachanwälte für Steuerrecht
JStG	Jahressteuergesetz (2009)
JuS	Juristische Schulung (Zeitschrift)
JZ	Juristenzeitung (Zeitschrift)
KapGes	Kapitalgesellschaft
KG	Kammergericht (Berlin); Kommanditgesellschaft
KG aA	Kommanditgesellschaft auf Aktien
KSt	Körperschaftsteuer
KStG	Körperschaftsteuergesetz
KV	Krankenversicherung
KVStG	Kapitalverkehrsteuergesetz

lit.	Litera
LM	Lindenmaier/Möhring, Nachschlagewerk des Bundesgerichtshofs
LPartG	Lebenspartnerschaftsgesetz
m. A. v.	mit Anmerkung von
MDR	Monatsschrift für Deutsches Recht (Zeitschrift)
MittBayNot	Mitteilungen des Bayerischen Notarvereins (Zeitschrift)
MoMiG	Gesetz zur Modernisierung des GmbH-Rechts und zur Bekämpfung von Missbräuchen
MünchHdb	Münchener Handbuch
MV	Militärversicherung
m. w. N.	mit weiteren Nachweisen
NJW	Neue Juristische Wochenschrift (Zeitschrift)
NJW-RR	NJW-Rechtsprechungs-Report, Zivilrecht (Zeitschrift)
Nr.	Nummer(n)
n. v.	nicht veröffentlicht
NZG	Neue Zeitschrift für Gesellschaftsrecht (Zeitschrift)
OFD	Oberfinanzdirektion
OECD	Organization for Economic Cooperation and Development
OECD-MA	OECD-Musterabkommen
OHG	Offene Handelsgesellschaft
OLG	Oberlandesgericht
OLGZ	Rechtsprechung der Oberlandesgerichte in Zivilsachen, Amtliche Entscheidungssammlung
PartG	Partnerschaftsgesellschaft

PartGG	Partnerschaftsgesellschaftsgesetz
PartRed	Partenreederei
PersGes	Personengesellschaft
ProdHaftG	Produkthaftungsgesetz
Rdsch.	Rundschau
RFH	Reichsfinanzhof
RFHE	Amtliche Sammlung der Entscheidungen des Reichsfinanzhofs
RegE	Regierungsentwurf
RGBl.	Reichsgesetzblatt
RGZ	Amtliche Sammlung von Entscheidungen des Reichsgerichts in Zivilsachen
RIW	Recht der Internationalen Wirtschaft
rkr.	rechtskräftig
RL	Richtlinie
Rn.	Randnummer
Rs.	Rechtssache
Rz.	Randziffer
S.	Seite(n), bzw. Satz
SCE	Societas Cooperativa Europaea, Europäische Genossenschaft
SE	Societas Europaea, Europäische Aktiengesellschaft
SEStG	Gesetz über steuerliche Begleitmaßnahmen zur Einführung der Europäischen Gesellschaft und zur Änderung weiterer steuerrechtlicher Vorschriften

Slg.	Sammlung der Rechtsprechung des Gerichtshofs der Europäischen Gemeinschaften und des Gerichts erster Instanz
SolZ	Solidaritätszuschlag
SolzG	Solidaritätszuschlaggesetz
SPE	Societas Privata Europaea, Europäische Privatgesellschaft
SR	Systematische Rechtssammlung (systematische Sammlung des [schweizerischen] Bundesrechts)
StÄndG	Steueränderungsgesetz von 1992
StE	Der Steuerentscheid, Sammlung aktueller steuerrechtlicher Entscheidungen
StEntlG	Steuerentlastungsgesetz von 1999
StG	Stille Gesellschaft
StHG	(Schweizer) Bundesgesetz über die Harmonisierung der direkten Steuern der Kantone und Gemeinden
Stpfl.	Steuerpflichtig(e, er, es)
StuW	Steuer und Wirtschaft (Zeitschrift)
StVergAbG	Gesetz zum Abbau von Steuervergünstigungen und Ausnahmeregelungen (Steuervergünstigungsabbaugesetz)
Tz.	Textziffer
u. a.	unter anderem (und andere)
Überbl.	Überblick
UmwStG	Umwandlungssteuergesetz
UntStRefG	Unternehmenssteuerreformgesetz
UntStFG	Unternehmensteuerfortentwicklungsgesetz
Urt.	Urteil
USA	United States of America

usw.	und so weiter
UWG	Gesetz gegen den unlauteren Wettbewerb
v.	vom, von
v. H.	vom (von) Hundert
VwVfG	Verwaltungsverfahrensgesetz
vgl.	vergleiche
VO	Verordnung
VVaG	Versicherungsverein auf Gegenseitigkeit
VwGH	Verwaltungsgerichtshof
VZ	Veranlagungszeitraum
WM	Wertpapiermitteilungen (Zeitschrift für Wirtschafts- und Bankrecht)
WP	Wirtschaftsprüfer
WPg	Die Wirtschaftsprüfung
WPH	WP-Handbuch
WÜRV	Wiener Übereinkommen über das Recht der Verträge
ZAP	Zeitschrift für die Anwaltspraxis
ZEV	Zeitschrift für Erbrecht und Vermögensnachfolge
ZfB	Zeitschrift für Betriebswirtschaft
ZGR	Zeitschrift für Unternehmens- und Gesellschaftsrecht
ZHR	Zeitschrift für das gesamte Handelsrecht und Wirtschaftsrecht
ZIP	Zeitschrift für Wirtschaftsrecht (bis 1982: Zeitschrift für Wirtschaftsrecht und Insolvenzpraxis)

I. Einleitung

A. Ausgangssituation und Problemstellung

Deutsche Wirtschaftsunternehmen verlagern ihre Interessen und ihre Investitionen zunehmend in das Ausland. Bei derartig gravierenden unternehmenspolitischen Weichenstellungen sind Investitions- und Finanzierungspläne zu erstellen, die einen den Investitionen adäquaten längeren Zeithorizont beinhalten müssen. In diese Pläne fließen neben den üblichen Produktions-, Investitions- und Finanzierungsüberlegungen auch und entscheidend das absehbare Zusammenspiel des Gesellschaftsrechts mit dem Besteuerungsrecht zwischen den involvierten Ländern ein.

Die im Süden an die Bundesrepublik Deutschland angrenzende Schweiz versucht schon seit Jahren und gerade in der jüngsten Gegenwart gezielt und sehr intensiv deutsche mittelständische Unternehmen und deren Gesellschafter anzuwerben. Hierbei wird damit geworben, die Schweiz habe ein bestens funktionierendes Bankgeheimnis, ein sehr hohes Maß an Rechtssicherheit sowie außerordentlich günstige steuerliche Rahmenbedingungen.[1] Die Mehrzahl der als Zielgruppe angesprochenen deutschen mittelständischen Unternehmen wird in der Rechtsform von Personengesellschaften geführt und erscheint aus schweizerischer Sicht daher geeignet, vielschichtige Aktivitäten von Deutschland in die Schweiz zu verlagern.[2]

Nicht nur das Steuersystem steht laufend, sondern derzeit ist insbesondere das Bankgeheimnis in der Schweiz im Fokus der Finanzverwaltungen anderer Staaten. Immer wieder versuchen ausländische Fisci das von der Schweiz aufgebaute Bollwerk zu durchbrechen. Die G20-Staaten haben im Vorfeld einer Konferenz im Frühjahr 2009 die Schweiz auf eine Liste steuerlicher „nicht kooperativer Staaten" gesetzt,[3] weil sie zu diesem Zeitpunkt keinerlei Auskünfte über Bankguthaben oder Geldtransfers zu geben bereit war, auch wenn die ausländischen Staaten die Schweiz darüber informierten, dass der Verdacht der Steuerhinterziehung besteht. Die Schweiz hatte zu diesem Zeitpunkt jedoch nur

---

1 Vgl. stellvertretend für viele: Hattemer, S. M./Ulm, S., IWB 2009, S. 1195-1198.

2 Vgl. Internationale Standortattraktivität der Schweiz aus steuerlicher Sicht; download als PDF unter; http://www.efd.admin.ch/dokumentation/zahlen/00578/00878/index.html?lang=de; abgerufen am 22.03.2010.

3 Vgl. G20-Liste vom 02.04.2009; download als PDF unter: http://www2.nwb.de/portal/content/ir/downloads/183342/42497950.pdf; abgerufen am 23.03.2010.

Rechtshilfeabkommen und Doppelbesteuerungsabkommen mit anderen Staaten abgeschlossen, nach denen sie bei „einfacher" Steuerhinterziehung nicht verpflichtet war, ausländischen Staaten Rechtshilfe zu gewähren und Auskunftsersuchen zu beantworten. Regelmäßig konnten die schweizerischen Finanzdepartements auf die kleine Auskunftsklausel verweisen, die scharfsinnig zwischen (normaler) Steuerhinterziehung, bei der keine Auskunftsverpflichtung seitens der Schweiz besteht, und so genanntem Steuerbetrug unterschied. Diese feinsinnige Unterscheidung führte in der Vergangenheit regelmäßig dazu, dass die Schweizer Behörden Rechtshilfsersuchen anderer Staaten unter Hinweis auf die kleine Auskunftsklausel der Doppelbesteuerungsabkommen und auf das schweizerische Bankgeheimnis abwehren konnten.

Die Attraktivität des Standortes Schweiz für ausländische Investoren wurde mit den bereits angesprochenen Vorzügen des Bankgeheimnisses und der erfolgreichen Abwehr von Auskunftsersuchen zusätzlich durch ein Steuersystem angereichert, das als einfach, sicher und attraktiv (im Sinne von günstig) beworben wurde. Insbesondere in Deutschland war bis zum Jahr 2008 zu beobachten, das eine großen Anzahl von Abgesandten einzelner Kantone Werbefeldzüge durch Deutschland abhielten. Die Schweizer Kantone stellten sich deutschen Investoren vor, priesen ihren lautstark beworbenen Standortvorteil, ihre Rechtssicherheit und versprachen einen ruhigen und steuerlich attraktiven Alterssitz. Zu diesem Zweck mieteten sich die Delegationen der Wirtschafts- und Finanzdepartements der Kantone Vortragssäle nicht nur in Hotels an, sondern nutzten die Reputierlichkeit der diesbezüglich arglosen und willigen deutschen Industrie- und Handelskammern aus, indem sie Standortabwerbeveranstaltungen für die Verlagerung von Betrieben, Betriebsteilen und Betriebsstätten in die Schweiz auch in den Konferenzsälen dieser altehrwürdigen deutschen Institutionen veranstalteten, gleichwohl es deren eigentliche Aufgabe ist, Investitionsattraktivität am Standort Deutschland zu schaffen, zu erhalten sowie zu verteidigen und nicht der Abwanderung Vorschub zu leisten.

Die vermeintlich „sichere" Schweiz geriet im Jahre 2008 zunehmend ins Wanken. Die größte Schweizer Bank, die United Bank of Swizerland (UBS) führte direkt vor Ort auch in den Vereinigten Staaten von Amerika (USA) Werbeveranstaltungen für Investments und Kapitalanlagen in der Schweiz durch. Nachdem rund 50.000 Amerikaner Kapitalersparnisse in die Schweiz transferiert hatten und die durch die UBS hervorgerufenen Meinung vertraten, in den USA auf ihre in der Schweiz befindlichen Kapitaleinkünfte keine Steuern mehr bezahlen zu müssen, war der amerikanische Staat mehr als verärgert. Die USA begann einerseits die zivil- und strafrechtlich zu belangende UBS auf ihrem eigenen Territorium in den USA zu verklagen und andererseits auf völkerrechtlicher Ebene politisch gegen den Staat Schweiz aktiv zu werden. Da die Schweiz auch im Nachbarland Frankreich derartige Werbefeldzüge erfolgreich veranstaltet hatte, war es auch mit der Geduld der französischen Finanzverwaltung am Ende. Frankreich unterstützte die USA bei den völkerrechtlichen Aktivitäten gegen die Schweiz.

Im Lichte der vorerwähnten politischen Maßnahmen setzte die OECD im Frühjahr 2009 die Schweiz auf die so genannte „graue Liste".[4] Auf dieser Liste wurden Staaten aufgeführt, die als nicht kooperativ bei der Bekämpfung der Geldwäsche und der Steuerhinterziehung angesehen wurden. Die Schweiz war damit völkerrechtlich auf einem vorläufigen Tiefpunkt ihres staatlichen Ansehens angekommen und stand auf gleicher Stufe wie alle anderen weltweit bekannten Steueroasen und Staaten, in denen Geld gewaschen wird. Die der Schweiz drohende Konsequenz war eine Isolation als Handelspartner, denn die Rechnungen von Schweizer Exportunternehmen an deutsche Importunternehmen sollten nur noch unter bestimmten Voraussetzungen anerkannt werden. Ansonsten drohte die fiskalische Nichtanerkennung dieser Rechnungen.[5] Indem der steuerliche Abzug dieser Betriebsausgaben gestrichen zu werden drohte, wurden Schweizer Unternehmen als Handelspartner und der Staat Schweiz als möglicher Standort für Betriebsstätten deutscher Unternehmen plötzlich hochgradig unattraktiv.

Die Schweiz war Ende 2008 und Anfang 2009 auf dem eindeutigen Weg, ins ökonomische Abseits zu driften. Der Schweizer Bundesrat hat sodann eingegriffen und am 13.3.2009 beschlossen, das Bankgeheimnis zu lockern, die in Rechtshilfsabkommen und die in den Doppelbesteuerungsabkommen enthaltene kleine Auskunftsklausel mit den wichtigsten Handelspartnern neu zu verhandeln und der als internationaler Maßstab geltenden großen Auskunftsklausel des Art. 26 des Musterabkommens der OECD (OECD-MA) anzupassen.

Mit völlig unüblicher und bis dahin noch nie da gewesener Geschwindigkeit hat die Schweiz sodann mit einer Anzahl von 12 von der OECD geforderten Staaten Revisionsverhandlungen bezüglich ihrer Doppelbesteuerungsabkommen geführt und zwischen April 2009 und Juli 2009 mit folgenden Staaten neue, die große und Art. 26 OECD-MA entsprechende Auskunftsklausel enthaltende Doppelbesteuerungsabkommen ausgehandelt, paraphiert und im Bundesrat beschlossen:[6]

---

4 Vgl. G20-Liste vom 02.04.2009; download als PDF unter: http://www2.nwb.de/portal/content/ir/downloads/183342/42497950.pdf; abgerufen am 23.03.2010.

5 Die Diskussion über die Versagung des Abzugs von Betriebsausgaben und Werbungskosten mündete in dem Steuerhinterziehungsbekämpfungsgesetz vom 29.07.2009 (vgl. BGBl. 2009 I, S. 2302) und der Steuerhinterziehungsbekämpfungsverordnung vom 18.09.2009 (vgl. BGBl. 2009 I, S. 3046).

6 Vgl. Pressemitteilung des Eidgenössisches Finanzdepartement (EFD) vom 19.08.2009,

- Dänemark,
- Luxemburg,
- Norwegen,
- Frankreich,
- Mexiko und
- Großbritannien.

Mit den sieben weiteren Staaten
- USA,
- Japan,
- Niederlanden,
- Polen,
- Österreich,
- Finnland und
- Katar

wurden anschließend ebenfalls neue DBA ausgehandelt und paraphiert. Der Beschluss des eidgenössischen Bundesrats steht noch aus. Jedenfalls hat die Schweiz mit dem Abschluss der vorgenannten Doppelbesteuerungsabkommen mit der großen Auskunftsklausel die von der OECD geforderte Mindestzahl von 12 derartigen Abkommen erfüllt und wurde von der Liste der so genannten unkooperativen Staaten gestrichen.

Es erstaunt und befremdet, dass der wichtigste Handelspartner der Schweiz, Deutschland, bei dem schnellen Abschluss der neu verhandelten Doppelbesteuerungsabkommen seitens der Schweiz nicht involviert worden war. Immerhin hat die Schweiz letztlich doch noch am 8. September 2009 als 14-ter Verhandlungspartner auch mit Deutschland Revisionsverhandlungen über das Doppelbesteuerungsabkommen aufgenommen.[7] In welchem Stand sich die bilateralen Verhandlungen befinden, wurde weder von dem Schweizer Finanzdepartement noch vom Bundesfinanzministerium verlautbart. Einer am 26.03.2010 veröffentlichen gemeinsamen Pressenotiz war zu entnehmen, dass die Finanzminister beider Länder den Entwurf eines neuen Doppelbesteuerungsabkommen „grundsätzlich" gebilligt hätten, die Schweiz jedoch noch weitere Bedingungen mache, eine Arbeitsgruppe eingesetzt sei und im Übrigen die Regierungen und Parlamente beider Länder noch zustimmen müssten.[8]

---

http://www.efd.admin.ch/aktuell/medieninformation/00462/index.html?lang=de&msg-id=28509, abgerufen am 22.03.2010.

7 Vgl. http://www.efd.admin.ch/aktuell/medieninformation/00462/index.html?lang=de&msg-id=28559, abgerufen am 22.03.2010.

8 Vgl. FAZ vom 26.03.2010, S. 11.

Das Schweizer Bankgeheimnis ist aus der Sicht der anderen Staaten ein Ärgernis der besonderen Art. Im Falle der UBS hat die USA in ihrem heimischen Rechtskreis derart Druck auf die United Bank of Swizerland machen können, dass die Schweiz letztlich am 19.8.2009 mit den USA das Abkommen über ein Amtshilfegesuch des Internal Revenue Service (IRS) betreffend der UBS, gestützt auf das geltende (alte) Doppelbesteuerungsabkommen, abgeschlossen hat. Hierin verpflichtete sich die Schweiz, unter Bezugnahme auf das geltende (alte) Doppelbesteuerungsabkommen, Amtshilfegesuche der USA den Fall UBS betreffend anhand von vier vertraglich festgelegten Kategorien zu bearbeiten. Gleichwohl kämpft die Schweiz unverändert für die möglichst weitgehende Aufrechterhaltung ihrer für sie nutzbringenden Bank- und Steuergeheimnisse. Am 21.1.2010 hat die Abteilung I des Schweizer Bundesverwaltungsgerichts (Az.: A-7789/2009) in dem Pilotfall einer US-Steuerpflichtigen mit Urteil[9] der Beschwerde gegen die Herausgabe ihrer Bankdaten an die amerikanische Steuerbehörde (IRS) stattgegeben. Das schweizerische Bundesverwaltungsgericht gelangte in Anwendung der Auslegungsnormen der Wiener Vertragsrechtskonvention zu dem Ergebnis, dass das Abkommen vom 19.8.2009 eine generelle Verständigungsvereinbarung darstellt, welche ihrerseits das höherrangige DBA USA-CH nicht ändern oder ergänzen kann. Somit darf, nach Auffassung des erkennenden Gerichts, die Schweiz immer nur dann Amtshilfe gewähren, wenn dies von dem geltenden Abkommen abgedeckt ist. Nach Art. 26 des DBA USA-CH (ähnlich Art. 26 DBA D-CH) darf lediglich bei „Betrug und dergleichen" (tax fraud and the like), also „betrügerischem Verhalten", Amtshilfe geleistet werden. Als Betrug wird ein über das bloße Untätigsein (Nichtdeklaration von steuerpflichtigen Einkünften) hinausgehendes Handeln[10] angesehen. Da ein solches Handeln der die Beschwerde führenden Amerikanerin nicht vorgeworfen wurde, hat das Schweizer Bundesverwaltungsgericht die Amtshilfe in dem konkreten Verfahren versagt.[11] Aufgrund des rechtskräftigen Urteils des schweizerischen BVG muss davon ausgegangen werden, dass der Informationsaustausch allenfalls in 250 speziellen Fällen erfolgen wird. Damit besteht das Risiko, dass die USA die in dem Abkommen vorbehaltenen „angemessenen Ausgleichsmaßnahmen" ergreifen und das Zivilverfahren (so genanntes John-Doe-Summons-Verfahren) gegen die UBS aufnehmen und die Bank von einem US-Gericht zur Herausgabe der Daten mit den amerikanischen Kontoinhabern verurteilt wird. Es bleibt daher spannend und abzuwarten, welche Schritte die übrigen unter das Amtshilfeabkommen vom 19.8.2009 fallenden Betroffenen und insbesondere welche die USA in die Wege leiten werden.

---

9 Vgl. http://www.bundesverwaltungsgericht.ch/20100122mmamtshilfeurteil.pdf, abgerufen am 22.03.2010.

10 Beispielsweise damit einhergehende Urkundenfälschung oder ähnliches.

11 Vgl. http://www.bundesverwaltungsgericht.ch/20100122_a7789.pdf; abgerufen am 23.03.2010.

Das rechtliche und steuerliche Verhältnis zur Schweiz ist nicht nur aus sonstiger ausländischer, sondern insbesondere aus deutscher Sicht aktuell auf zwei Ebenen von höchstem Interesse:

Das bilaterale Verhältnis zwischen den Staaten der Schweizerischen Eidgenossenschaft und der Bundesrepublik Deutschland muss nicht erst seit dem Fernsehauftritt des ehemaligen deutschen Finanzministers Peer Steinbrück als angespannt bezeichnet werden, als dieser der möglichst alle Auskünfte verweigernden Schweiz mit der (wie auch immer zu verstehenden) „Kavallerie" gedroht hat.

Nachdem der deutsche Bundesnachrichtendienst in 2008 für Euro 4,5 Mio. eine DVD mit den einer liechtensteinischen Bank gestohlenen Daten von 700 Kunden und potentiellen Steuerhinterziehern[12] gekauft wurde, liegt jetzt wieder dem deutschen Fiskus ein solches „unmoralisches Angebot"[13] für Euro 2,5 Mio. über einer schweizerischen Bank gestohlene Daten von rund 1.500 potentiellen Steuerhinterziehern vor. Dieser sich unterhalb der staatlichen auf der faktischen Ebene vollziehende Auskunftsverkehr relativiert das Schweizer Bankgeheimnis in einer besonderen Weise, zumal Schätzungen zu Folge, rund 36 v. H. des mit rund Euro 485 Mrd. bezifferten gesamten deutschen Schwarzgeldes sich mit rund Euro 175 Mrd. in der Schweiz aufhalten soll.[14]

Neben der Besteuerung von durch Verlagerung entzogenen Kapitaleinkünften kämpft der deutsche Fiskus um die Besteuerung von stillen Reserven, die durch Verlagerung von Einkunftsquellen ins Ausland möglicher Weise dem Zugriff des deutschen Fiskus entzogen werden können. Mit BMF-Schreiben vom 25.08.2009 wurden die Betriebsstätten-Verwaltungsgrundsätze, welche die deutsche Finanzverwaltung auf die Besteuerung von Einkünften aus ausländischen Betriebsstätten[15] ange-

---

12 Aufgrund der auf der erworbenen DVD gefundenen Informationen wurden Steuerpflichtige teilweise medial spektakulär inszeniert vor laufenden Kameras abgeführt und in Untersuchungshaft genommen.

13 Vgl. Amann, M./Hank, R./Mrusek, K, FAZ vom 31.01.2010, S. 27.

14 Vgl. BBW-Studie, Internationale Kapitalanlagen der Deutschen, zitiert nach Wirtschaftswoche, FAZ vom 31.01.2010, S. 27.

15 Die Schreibweise des Worts "Betriebsstätte" ist im deutschen Sprachgebrauch uneinheitlich. Nach Duden (vgl. Duden, Rechtschreibung der Deutschen Sprache und Fremdwörter, 19. Aufl., Mannheim/Wien/Zürich 1986) wird das Wort „Betriebsstätte" mit zwei „s" geschrieben. Allerdings erlaubt sich der Duden noch den Fußnotenhinweis darauf, dass die Betriebsstätte amtlich auch als „Betriebstätte" (mit einem „s") bezeichnet wird. Tatsächlich wird in der Abgabenordnung und in dem OECD-Musterabkommen sowie in dem zwischen der Schweiz und der Bundesrepublik Deutschland abgeschlossenen Doppelbesteuerungsabkommen das Wort „Betriebstätte" konsistent mit (nur) einem „s" geschrieben. Andererseits findet man das Wort Betriebsstätte in vielen anderen amtlichen Quellen mit zwei „s" (bspw. in § 49 Abs. 1 Nr. 2 a) EStG, § 8 Abs. 2

wandt wissen will, überarbeitet.[16] In diesem Zusammenhang hat der Bundesjustizminister am 16.07.2009 einen 72 Seiten starken Entwurf eines BMF-Schreibens (Verwaltungsgrundsätze-Funktionsverlagerung) vorgelegt, mit dem die bisher durch § 1 Abs. 3 AStG aufgeworfene und unbefriedigend geregelte Verlagerung von Einkunftsquellen in das Ausland geregelt werden soll. Stellvertretend für viele hat sich der Deutsche Steuerberater Verband (DStV) als Vertreter der Berufspraxis zu diesem Entwurf bereits geäußert und lehnt den Entwurf des BMF-Schreibens zur Funktionsverlagerung entschieden ab.[17] Die Verlagerung von Einkünften ins Ausland, insbesondere in die Schweiz, steht daher im Interesse der steuerrechtlichen Diskussion.

Nachdem der Bundesfinanzhof (BFH) mit Urteil vom 17.07.2008 entschieden hat, die Verluste aus ausländischen DBA-Betriebsstätten, d. h. auch solchen aus der Schweiz, seien steuerlich im Inland zu berücksichtigen, hat der Fiskus durch BMF-Schreiben vom 13.7.2009 mit einem Nichtanwendungserlass[18] reagiert.

Die vorstehenden Ausführungen zeigen, dass die im Verhältnis zwischen der Bundesrepublik Deutschland und der Schweizer Eidgenossenschaft bestehenden rechtlichen und steuerlichen Aspekte derzeit höchst instabil und im Umbruch befindlich sind. Die rechtlichen und steuerlichen Aspekte einer deutschen Outbound-Investition in die Schweiz bedürfen daher einer höchst aktuellen Untersuchung.

Themen der Besteuerung, wie die vorstehend beschriebene, werden in der Wissenschaft vor allem in drei Disziplinen untersucht. Als Teildisziplin der Rechtswissenschaft werden die Fragestellungen des Steuerrechts erforscht. Als Teil der Volkswirtschaftslehre untersucht diese die finanzwissenschaftlichen Phänomene im Zusammenhang mit der Fiskal- und Steuerpolitik. Im Rahmen der Betriebswirtschaftslehre hat sich die Betriebswirtschaftliche Steuerlehre als Teildisziplin herausgebildet. Hierbei werden Fragestellungen sowohl hinsichtlich Steuern, die private Haus-

---

S. 4 AStG; Art. 10 Fusions-Richtlinie; § 2 Abs. 1 S. 3 GewStG; § 2 Abs. 1 Nr. 1 Investitionszulagengesetz; § 1 Abs. 2 S. 3 und an anderen Stellen im UStG). Nach der amtlichen schweizerischen Schreibweise wird das Wort Betriebsstätte konsistent mit zwei „ss" geschrieben (vgl. bspw. Art. 4, 8, 21, 23f, 35 und 38 StHG; Art. 4ff, 13, 18, 51ff, 79, 93, 107, 161 und 220 DGB; Art. 14,22, 70 MWStG). Da die deutsche Finanzverwaltung in amtlichen Richtlinien (vgl. bspw. R. 4.12 (1), H 4.12; R 2 a (2)) und in BMF-Schreiben (bspw. Betriebsstätten-Verwaltungsgrundsätze) das Wort Betriebsstätte mit zwei „s" schreibt, wird für diese Arbeit die Schreibweise des Worts Betriebsstätte mit zwei „s" gewählt.

16 Vgl. BMF v. 25.08.2009, IV B 5-S 1341/07/10004, BStBl. 2009 I, S. 888 (Betriebsstätten-Verwaltungsgrundsätze).

17 Vgl. Pressemitteilung DSTV 17/09 vom 31.08.2009.

18 Vgl. BMF v. 13.07.2009, IV B5-S 2118-a/07/10004, DStR 2009, S. 1585.

halte, als auch Steuern, die Unternehmen und ihre Anteilseigner beziehungsweise Gesellschafter betreffen, nachgegangen.

Die Forschungsziele der Betriebswirtschaftlichen Steuerlehre haben sich im Laufe ihrer Geschichte erheblich gewandelt.[19] Die Kommission Betriebswirtschaftliche Steuerlehre im Verband der Hochschullehrer für Betriebswirtschaftslehre e. V. haben als Momentaufnahme mit besonderem Stellenwert über den zu diesem Zeitpunkt aktuellen Stand der Betriebswirtschaftlichen Steuerlehre einen Beitrag von Fischer, Schneeloch und Sigloch als im Jahre 1980 maßgeblich verabschiedet.[20] Die Betriebswirtschaftliche Steuerlehre wird heute in folgende Teilbereiche aufgegliedert:[21]

- Steuerwirkungslehre,
- Steuerplanungslehre und
- Steuergestaltungslehre.

Die Steuerwirkungslehre identifiziert die für Haushalte sowie die für Unternehmen und Gesellschafter in Betracht kommenden Steuerarten. Hierzu wird zunächst der Faktenrahmen der Besteuerung mit dem Rechnungswesen und dem Bilanzrecht, dem Handels- und Gesellschaftsrecht und dem Steuerarten- und Verfahrensrecht ergründet. Hierauf aufbauend werden anschließend die Bestimmungsfaktoren der Steuerbelastungshöhe erforscht.[22] Auf der Grundlage der sich hieraus ergebenden Steuerplanungsempfehlungen können als Rückkopplungseffekt behavioristisch falsifizierbare Hypothesen über den Einfluss der Besteuerung auf das Verhalten von Steuerpflichtigen, auf unternehmerische Entscheidungen und auf Wettbewerbsprozesse erforscht werden.[23]

Die Steuerplanungslehre ermittelt zunächst von steuerlichen Determinanten ausgehende Verhaltensregeln, um diese sodann in die Optimierung betriebswirtschaftlicher Entscheidungsprozesse einbeziehen zu können. In diesem Zusammenhang sind die Termini Steuerplanung und Betriebliche Steuerpolitik zu nennen. Im Zentrum des wissenschaftlichen Interesses stehen genetische (konstitutive) Entscheidungsprozesse über Standorte, Rechtsformen, Zusammenschlüsse, Entscheidungen über betriebliche Funktionen und Investitionsstrategien sowie Entscheidungen über Art, Inhalt und Politik der Rechungslegung.[24]

In der Literatur findet sich der Vorwurf, die Betriebswirtschaftliche Steuerlehre würde, finanziert mit öffentlichen Mitteln, eine feinmaschig zu

---

19 Vgl. Hundsdoerfer, J./Kiesewetter, D./Sureth, C., ZfB 2008, S. 62.
20 Vgl. Fischer, L./Schneeloch, D./Sigloch, J., DStR 1980, S. 699-705.
21 Vgl. Marx et al., S. 23.
22 Vgl. Marx et al., S. 23.
23 Vgl. Maiterth, R, StuW 2005, S. 47-60.
24 Vgl. Fischer, L./Schneeloch, D./Sigloch, J., DStR 1980, S. 700.

nennende Steuervermeidungskunde entwickeln.[25] Jedoch kann ohne eine fundierte Steuerplanungslehre kein Gesetzgeber hinreichend sicher abschätzen, wie die Steuerpflichtigen auf steuerliche Anreize reagieren. Der Gesetzgeber muss, will er zielführende legislative Maßnahmen ergreifen können, auf die Erkenntnisse einer so gesellschaftlichen Nutzen stiftenden Steuervermeidungskunde im Lichte der Steuerplanungslehre zurückgreifen.[26]

Sowohl das Bundesverfassungsgericht als auch der Bundesfinanzhof erkennen in ständiger Rechtsprechung das Streben nach Steuervermeidung grundsätzlich an.[27] „Kein Steuerpflichtiger ist verpflichtet, den Sachverhalt so zu gestalten, dass ein Steueranspruch entsteht. Vielmehr steht es ihm frei, die Steuer zu vermeiden und eine Gestaltung zu wählen, die eine geringere Steuerbelastung nach sich zieht. Eine so genannte Steuervermeidung bleibt folgenlos."[28] Die Abgrenzung zwischen einer legalen Steuervermeidung und einer steuerrechtlich sanktionierten Steuerumgehung im Sinne eines Missbrauchs von rechtlichen Gestaltungsmöglichkeiten ist insbesondere bei grenzüberschreitenden Sachverhalten oftmals problematisch.[29] Auch diffizil ist häufig die Abgrenzung zwischen dem grundsätzlich legalen Missbrauch von Gestaltungsmöglichkeiten und der strafrechtsrelevanten Steuerhinterziehung. Das oberste Gebot der internationalen Steuerplanung ist unbestritten die Einhaltung der Legalität in dem durch die Steuerplanungslehre auszufüllenden Gestaltungsrahmen. Zu dem legalen Bereich aller möglichen Aktivitäten gehören nur die Gestaltungsalternativen, die nicht zu einer strafrechtlichen Ahndung führen.[30]

Die Steuergestaltungslehre erforscht aus ökonomischer Sicht Vorschläge zur Weiterentwicklung des Steuerrechts.[31] Über die Integration von Steuern in unternehmerische Planungsprozesse sowie in solche privater Haushalte sind steuerliche Normen und Reformvorhaben zu analysieren, dem Gesetzgeber Hinweise über mögliche Wirkungen, über Verhaltensweisen der betroffenen Entscheidungsträger sowie gesetzgeberische Optimierungsmöglichkeiten zu unterbreiten. Erst mit der Kenntnis darüber, wie Individuen, Organisationen und Märkte auf Steuerrechtsänderungen reagieren, kann eingeschätzt werden, welche ökonomischen

---

25 Vgl. Tikpe, K, StuW 1976, S. 293-310
26 Vgl. Wagner, F. W., FArch 1986, S. 32-54.
27 Vgl. BVerfG, Urt v. 14.04.1959, 1 BvL 34/57, BVerfGE Bd. 9, 1959, S. 249 f.; BFH, Urt. v. 16.03.1988, X R 27/86, BStBl. 1988 II, S. 631; BFH, Urt. v. 16.01.1992, V R 1/91, BStBl. 1992 II, S. 542.
28 BFH, Beschl. v. 20.05.1997, VIII B 108/96, HFR 1997, S. 751.
29 Vgl. Grotherr, S., S. 8.
30 Vgl. Grotherr, S., S. 9.
31 Vgl. Marx et al., S. 24.

Folgen Steuerrechtsänderungen voraussichtlich entfalten werden.[32] Auf dieser Grundlage und unter Berücksichtung der zu erwartenden Folgen für die persönliche Steuerbelastung des einzelnen Marktteilnehmers können dem Gesetzgeber Empfehlungen für die Ausgestaltung des Steuerrechts gegeben werden.[33]

Die Mehrzahl der Fachvertreter sieht es mittlerweile als eine wesentliche Aufgabe der Betriebswirtschaftlichen Steuerlehre an, den Gesetzgeber zu beraten und als Forschungsziel die Identifikation von Steuerwirkungen und die Steuerplanung zu verfolgen.[34] Hierbei sind sowohl die Betriebsebene wie auch die Haushaltsebene gleichermaßen zu untersuchen.[35]

Durch die immer schneller werdende und um sich greifende Internationalisierung einer ständig größer werdenden Anzahl von Wirtschaftprozessen haben Fragestellungen aus dem internationalen Steuerrecht in den letzten Jahrzehnten jeweils zunehmende Bedeutung erlangt.[36] Die betriebswirtschaftlichen Probleme internationaler Sachverhalte gleichen strukturell denen bei rein nationaler Besteuerung. Aus den Besteuerungsansprüchen von zwei oder mehr Fisci sowie den Mechanismen zur Vermeidung der (internationalen Doppel-) Besteuerung ergeben sich aus einzelwirtschaftlicher Sicht letztlich dieselben zu untersuchenden Effekte.[37] Je nach Fragestellung dominieren zwecks Komplexitätsreduktion bevorzugt einperiodige Modelle und insbesondere bei Fragestellungen nach mehr als einperiodigen Investitionsrenditen auch im Hinblick auf die Gewinnausweispolitik mehrere Perioden beleuchtende (Rendite-) Kalküle.[38]

Bedingt durch die zunehmende Flexibilität Raum-, Zeit- und Sprachbarrieren zu überwinden, kommt der Erforschung steuerlicher Implikationen der Wahl des Wohnsitzes durch Individuen und seine internationale Verlagerung sowie das Analogon der internationalen Standortwahl von Unternehmungen, nicht nur im Hinblick auf die Wegzugsbesteuerung nach AStG,[39] sondern auch im Hinblick auf besondere Besteuerungsformen, wie beispielsweise die schweizerische Besteuerung nach Aufwand (Art. 14 DBG, Art. 5 StHG)[40] ein zunehmendes Interesse zu.

---

32 Vgl. Hundsdoerfer, J./Kiesewetter, D./Sureth, C., ZfB 2008, S. 65.
33 Vgl. Hundsdoerfer, J./Kiesewetter, D./Sureth, C., ZfB 2008, S. 65.
34 Vgl. Schmiel, U., S. 7-54.
35 Vgl. Schneider, D., S. 52.
36 Vgl. Kussmaul, H., StuW 1995, S. 3-14.
37 Vgl. Hundsdoerfer, J./Kiesewetter, D./Sureth, C., ZfB 2008, S. 76.
38 Vgl. Kudert, S./Husmann, S., StuW 2006, S. 165-172.
39 Vgl. Bauer, A./Knirsch, D./Schanz, S., FB 2006, S. 642-648.
40 Vgl. Bauer, A./Knirsch, D./Schanz, S., FB 2007, S. 55-61.

In der Betriebswirtschaftlichen Steuerlehre werden verschiedene methodische Ansätze angewandt. Es können Auslegungs- und Rechtsanwendungsmethoden charakterisiert werden, die sich mit der Sachverhaltsanalyse beschäftigen. Hierbei werden Sachverhalte der Lebenswirklichkeit dahingehend untersucht, Typen zu bilden, Typen zu differenzieren sowie Gemeinsamkeiten und Unterschiede herauszuarbeiten. In diesem Zusammenhang ist wesentlicher Gegenstand dieser Arbeit die Untersuchung von Personengesellschaften als gesellschaftsrechtliche Ausgangsform von Outbound-Investitionen in die Schweiz. Da es weltweit keinen anderen Rechtskreis als den bundesdeutschen gibt, in dem eine derartige Vielzahl und ein derartiger Facettenreichtum von Personengesellschaften und gesellschaftsrechtlichen Mischformen anzutreffen ist, müssen im Rahmen der Betriebswirtschaftlichen Steuerlehre die zivilrechtlichen Grundlagen der deutschen Personengesellschaften nebst der sich im Spannungsfeld des deutschen, europäischen und internationalen Gesellschaftsrechts ergebenden Problematiken herausgearbeitet werden.

Nicht minder komplex wie die zivil- und gesellschaftsrechtlichen Aspekte des Rechts der Personengesellschaften sind die Regeln der deutschen Besteuerung von Personengesellschaften anzusehen, insbesondere dann, wenn zu den inländischen Einkünften zusätzlich solche aus dem Ausland hinzu kommen. In diesem Kontext ist die einmalige und besondere Rechtsstellung der Schweizer Eidgenossenschaft herauszuarbeiten, da sie einerseits nicht der Europäischen Union und nicht dem Europäischen Wirtschaftsraum angehört, andererseits aber aufgrund von besonderen unilateralen und bilateralen Vereinbarungen auch nicht wie jeder andere völkerrechtliche Drittstaat angesehen und behandelt werden kann.

Bei der Beleuchtung von Outbound-Investitionen aus Deutschland in die Schweiz müssen in dieser Arbeit als weitere Forschungsmethoden Quantifizierungsmethoden angewandt werden, um die Höhe von alternativ realisierbaren Steuerbelastungen zu ermitteln. Hierbei sind in Abhängigkeit von verschieden zu definierenden Aufgabenstellungen differenzierte Quantifizierungsmethoden anzuwenden, je nach dem, wie das Steuerrecht im Hinblick auf die Gestaltung der Entscheidungsfindung zu strukturieren ist. Die Frage nach der optimalen Gestaltung geht einher mit der Frage nach der steueroptimalen Rechtsform und muss mittels einer herauszuarbeitenden Alternativengenerierung nachfolgend beantwortet werden.[41]

Da im Rahmen dieser Arbeit nicht alle im bilateralen Rechtsverhältnis zwischen der Schweiz und Deutschland derzeit virulenten Fragen bearbeitet werden können, wird der Schwerpunkt der nachfolgenden Alterna-

---

41 Vgl. Marx et al., S. 25.

tivengenerierung auf die in der Schweiz durchgeführten Investitionsvorhaben deutscher Unternehmen gelegt und hierbei die Rechtsform von Personengesellschaften unter besonderer Berücksichtigung von Betriebsstätten besonders beleuchtet. Fernab der derzeitigen aufgeregten politischen und populistischen Diskussion wird die sich nach Gesetz, Verträgen und Abkommen derzeit gültige Rechtslage herausgearbeitet und zugrunde gelegt sowie analysiert, mit welchen dogmatischen Problemstellungen und mit welchen steuerlichen Belastungen ein deutscher Unternehmer zu rechnen hat, wenn er unter besonderer Berücksichtigung einer Betriebsstätte in der Schweiz zu investieren beabsichtigt.

B. Gang der Untersuchung

Die vorliegende Arbeit gliedert sich im Anschluss an dieses Kapitel (I. Einleitung) in vier weitere Kapitel.

In dem folgenden Kapitel (II. Deutsche Personengesellschaften) geht die Untersuchung methodischen Fragen nach und beleuchtet grundlegend die Erscheinungsformen der Personengesellschaften des deutschen Gesellschaftsrechts. Hierbei werden, anschließend an die Darstellung der nach deutschem Gesellschaftsrecht klassischen Personengesellschaften in ihrer reinen Erscheinungsform auch Sonderformen, Mischformen und ausländische im Inland auftretende Gesellschaftsformen methodisch untersucht.

In dem anschließenden Kapitel (III. Besteuerung deutscher Personengesellschaften) werden die Tatbestandsmerkmale der Besteuerung der in Kapitel II. untersuchten Personengesellschaften herausgearbeitet. Hierbei werden sowohl die die Personengesellschaft treffenden Tatbestandsmerkmale wie auch die die Gesellschafter betreffenden Tatbestandsmerkmale berücksichtigt. Im Hinblick auf die hier interessierenden im Ausland erwirtschafteten Gewinne und Verluste werden die diesbezüglichen Tatbestandsmerkmale besonders beleuchtet. Hierbei werden betriebswirtschaftliche Grundlagen von Auslandsaktivitäten, Prinzipien der Ermittlung ausländischer Einkünfte und speziell mit der Schweiz in Zusammenhang stehende abgabenrechtliche Sonderprobleme bei Auslandssachverhalten untersucht. Da die Schweiz kein EU-Land und kein EWR-Land ist, müssen die auf die Besteuerung einwirkenden supranationalen, europarechtlichen und bilateralen Vereinbarungen, die die Schweiz mit der EU und mit den relevanten EU-Mitgliedsstaaten abgeschlossen hat, ausführlich untersucht werden. In diesem Zusammenhang war die neue Rechtslage, welche sich durch den seit 1.12.2009 gültigen Vertrag von Lissabon in Bezug auf das Verhältnis zwischen der EU und der Schweiz und das Verhältnis zwischen dem EU-Mitgliedstaat Bundesrepublik Deutschland und der Schweiz ergibt, herauszuarbeiten.

Den vorgenannten deskriptiven Darstellungen folgend wird im IV. Kapitel (Ertragsteuerliche Behandlung von Betriebsstätten in der Schweiz) die typischerweise anzutreffende ertragsteuerliche Behandlung und die Veranlagungspraxis der Gesellschaften und Gesellschafter im Falle von Outbound-Investitionen in der Schweiz untersucht. Hierbei wird zunächst das unmittelbar auf die Investitionsergebnisse wirkende schweizerische System des Gesellschaftsrechts, des Besteuerungsrechts und des Rechts der Alters- und Hinterlassenschaftsversorgung beleuchtet. Sodann werden die dogmatischen Eckpunkte untersucht, die bei den hier interessierenden Outbound-Investitionen von wesentlicher Bedeutung sind. An eine hieran folgende Abgrenzung der wissenschaftlichen Disziplinen, die sich mit Fragen der Besteuerung beschäftigen, schließt sich eine aus der Steuerplanungslehre im Rahmen der Betriebswirtschaftlichen Steuerlehre abgeleitete Alternativengenerierung an. Hierauf aufbauend wird unter Berücksichtigung sämtlicher bis zu diesem Zeitpunkt erarbeiteter Untersuchungsergebnisse die Gesamtsteuerbelastung von Outbound-Investitionen deutscher Unternehmen in Abhängigkeit ihrer Rechtsform unter besonderer Berücksichtigung der Personengesellschaft mit einer Betriebsstätte in der Schweiz analysiert.

Die Ausarbeitung schließt in dem letzten V. Kapitel mit einer Zusammenführung der Untersuchungsergebnisse. Die sich hierbei als wesentlich herausstellenden Untersuchungsergebnisse werden abschließend in Thesen zusammengefasst.

II. Grundlagen und Erscheinungsformen deutscher Personengesellschaften

A. Grundlagen des deutschen Gesellschaftsrechts

1. Wesentliche Begriffe des deutschen Gesellschaftsrechts

In der deutschen Rechtsordnung werden die Begriffe „Gesellschaft“, „Unternehmen“ oder „Unternehmung“ nicht einheitlich definiert.[42] Beispielsweise das Handelsgesetzbuch verwendet neben dem Begriff Gesellschaft auch Begriffe wie Handelsgewerbe, Gewerbebetrieb, gewerbliche Unternehmen und Handelsgeschäft. Das Betriebsverfassungsgesetz spricht vom Betrieb; im Kartell- und Konzernrecht wird der Begriff Unternehmen gebraucht, ohne näher definiert zu werden. Das Mitbestimmungsrecht verwendet als Oberbegriff den des „Unternehmens“ und verweist zur inhaltlichen Ausfüllung dieses Begriffs auf Gesellschaften, insbesondere solche des Aktienrechts, des Rechts der Kommanditgesellschaft oder des Rechts der Gesellschaft mit beschränkter Haftung (vgl. § 1 Abs. 1 Satz 1 erster Halbsatz MitbestG).

Die im deutschen Rechtsbereich anzutreffenden Unternehmensformen müssen für Zwecke der Begriffsbestimmung hier zunächst unterschieden werden in diejenigen des öffentlichen und diejenigen des privaten Rechts.[43]

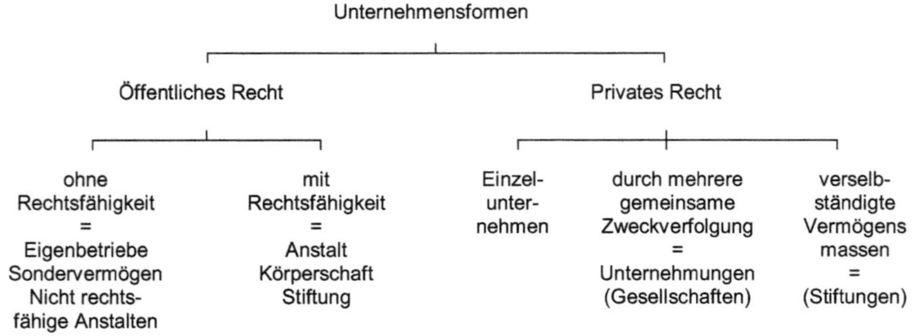

Schaubild 1: Unternehmensformen

[42] Vgl. Schmidt, K., Handelsrecht, § 4 I 2.
[43] Vgl. Klunzinger, E., S. 1.

Im öffentlichen Recht bestehen Rechtsverhältnisse zwischen Staat und Bürger grundsätzlich auf der Basis der Über- und Unterordnung.[44] Körperschaften des öffentlichen Rechts können beispielsweise der Bund, die Länder oder die Gemeinden sein. Energieversorgungs- und Verkehrsbetriebe sind so genannte Eigenbetriebe. Daneben bestehen im Bereich des öffentlichen Rechts Organisationsformen in der Form von (rechtsfähigen) Anstalten, Körperschaften oder Stiftungen des öffentlichen Rechts. In der Sphäre der privatrechtlichen Organisation wird unterschieden in Einzelunternehmen und Gesellschaften. Die Verselbständigung des (Unternehmens-)Vermögens wird grundsätzlich in der Rechtsform einer Stiftung durchgeführt (Rechtsgrundlage sind die §§ 80 ff. BGB). Das Stiftungsrecht gehört nicht zum Gesellschaftsrecht[45] und wird deshalb nachfolgend nicht behandelt.

Als Gesellschaft wird grundsätzlich nur der privatrechtliche Zusammenschluss von mehreren Personen zu einem gemeinsamen Zweck verstanden.[46] Die Gesellschaften sind zu differenzieren in Personengesellschaften und Körperschaften sowie seltenere Sonderformen für bestimmte Bereiche.

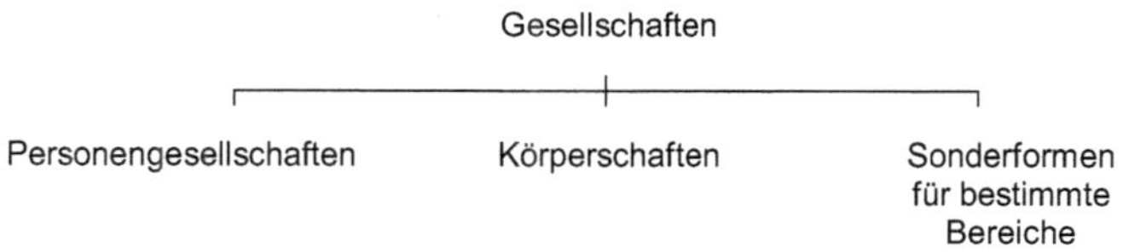

Schaubild 2: Darstellung der Gesellschaften

Die Personengesellschaften nach deutschem Recht ihrerseits lassen sich wie folgt unterteilen:

44 Ausführlich zum Über- und Unterordnungsverhältnis (Subordinationsverhältnis) siehe: Maurer, H., § 3, Rn. 12.

45 Vgl. Schmidt, K., Gesellschaftsrecht, § 1 I 1c.

46 Vgl. Schmidt, K., Gesellschaftsrecht, § 1 I 1; Hueck, G./Windbichler, C., § 1 Rn. 1; Kraft, A./Kreutz, P., A. I.

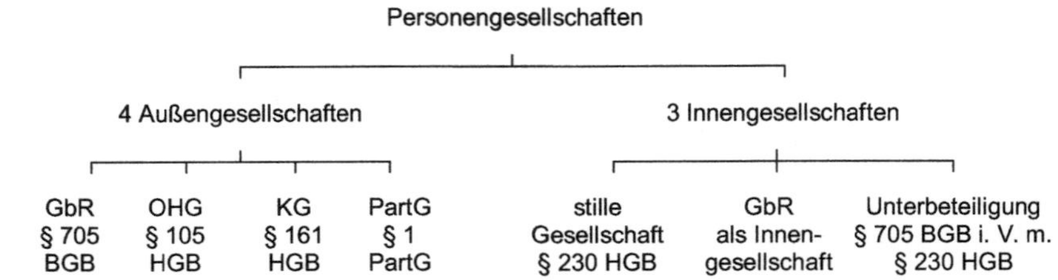

Schaubild 3: Darstellung Personengesellschaften

Die vier Außengesellschaften unterteilen sich in die Gesellschaft bürgerlichen Rechts, die Offene Handelsgesellschaft, die Kommanditgesellschaft sowie die Partnerschaftsgesellschaft.[47] Bei den Innengesellschaften unterscheidet man die stille Gesellschaft, die Gesellschaft bürgerlichen Rechts als reine Innengesellschaft und die Unterbeteiligung. Die Innengesellschaften können so genannte typische oder atypische Gesellschaften sein.[48]

Die Körperschaften nach deutschem Recht lassen sich wie folgt unterteilen:

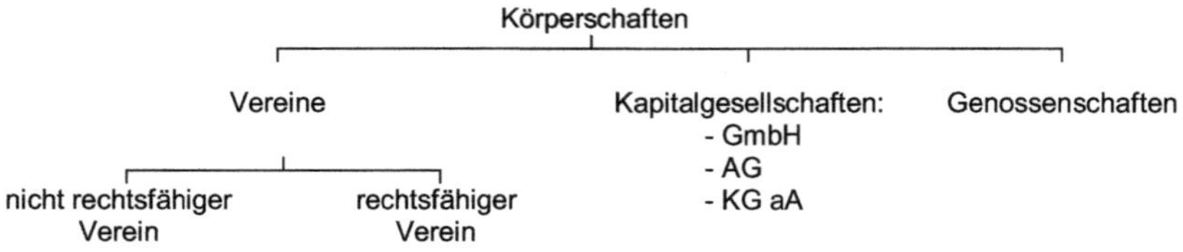

Schaubild 4: Darstellung der Körperschaften

Bei den Vereinen sind zu unterscheiden die nichtrechtsfähigen und die rechtsfähigen Vereine. Die Kapitalgesellschaften werden unterschieden in die Gesellschaft mit beschränkter Haftung, die Aktiengesellschaft und die Kommanditgesellschaft auf Aktien. Daneben existieren noch die Genossenschaften, die aber in der weiteren Untersuchung keine Rolle spielen.

---

47 Mit dem „Gesetz über Partnerschaftsgesellschaften Angehöriger Freier Berufe" vom 25.07.1994 (PartGG) wurde die Partnerschaftsgesellschaft für die Angehörigen der so genannten „freien" Berufe zum Zwecke der gemeinsamen Berufsausübung eingeführt (vgl. BGBl. 1994 I, S. 1774).

48 Als atypisch wird eine Innengesellschaft bezeichnet, wenn bei Beendigung der Gesellschaft der Gesellschafter an den stillen Reserven und am Geschäftswert beteiligt ist (vgl. MünchHdb. StG/Bezzenberger, G./Keul, T., § 73 Rn. 28).

Neben den oben dargestellten Personengesellschaften und den Körperschaften hat der deutsche Gesetzgeber folgende gesellschaftsrechtliche Sonderformen für bestimmte Bereiche geschaffen.[49]

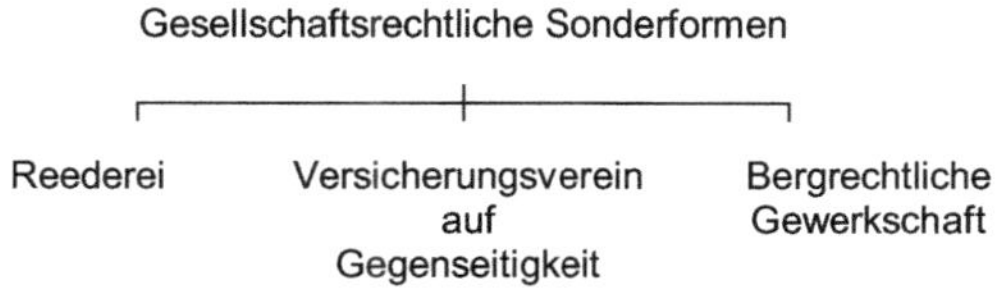

Schaubild 5: Darstellung der gesellschaftsrechtlichen Sonderformen

Die „Reederei" ist eine gesellschaftsrechtliche Sonderform für die Schifffahrt, der „Versicherungsverein auf Gegenseitigkeit" für die Versicherungswirtschaft. Die gesellschaftsrechtliche Sonderform für den Bergbau, die „bergrechtliche Gewerkschaft" existierte noch bis 1994.[50] Die vorbeschriebenen Sonderformen werden in der nachfolgenden Darstellung zum Zwecke der Systematisierung bei der Abhandlung der Personengesellschaften und der Kapitalgesellschaften dargestellt, je nachdem, wie ihre Einordnung zu erfolgen hat.

Für das deutsche Gesellschaftsrecht ist wesentlich festzuhalten, dass ein so genannter Numerus clausus der Gesellschaftsformen existiert, d.h. die Zahl der zulässigen Gesellschaftsformen ist eine abschließende.[51] Mischformen (bspw. GmbH & Co. KG) werden als zulässig erachtet,[52] solange hierdurch vom Ergebnis her keine neuen Gesellschaftsformen geschaffen werden.[53] Das Gesellschaftsrecht bildet einen Kernbereich des Unternehmensrechts, dem Teil der Privatrechtsordnung al-

---

49 Vgl. Klunzinger, E., S. 4.

50 Die Rechtsform „bergrechtliche Gewerkschaft" verlor an Bedeutung, da durch das BBergG von 1980 (BGBl. 1980 I, S. 1310) die bergrechtlichen Gewerkschaften aufgelöst oder in die Rechtsform einer Aktiengesellschaft überführt werden mussten. Die in § 163 Abs. 1, 4 BBergG genannte Übergangsfrist wurde zweimal auf den 01.01.1994 verlängert (Gesetz v. 24.06.1986, BGBl. 1986 I. S. 560 und Gesetz v. 20.12.1988, BGBl. 1988 I, S. 2450).

51 Vgl. Schmidt, K., Gesellschaftsrecht, § 5 II 1. a), m. w. N.

52 Vgl. BGH, Beschl. v. 24.02.1997, II ZB 11/96, BGHZ 134, S. 392.

53 Zur Unzulässigkeit der Rechtsform einer Gesellschaft bürgerlichen Rechts mit beschränkter Haftung vgl. BGH, Urt. v. 27.09.1999, II ZR 371/98, BGHZ 142, S. 315; das BayObLG hat die Bezeichnung GbRmbH als firmenrechtlich unzulässig (vgl. BayObLG, Beschl. vom 24.09.1998, 3Z BR 58/98 (rkr.), ZIP 1998, S. 1959: Irreführung i. S. d. § 18 Abs. 2 HGB) angesehen; das OLG München hat sie als wettbewerbswidrig erachtet, vgl. OLG München, Beschl. vom 27.08.1998, 29 W 2437/98, DB 1998, S. 2012: Irreführung i. S. d. § 3 UWG.

so, der durch einzelwirtschaftliche, sozialpolitische und gesamtwirtschaftliche Aspekte geprägt wird.[54]

2. Kurzdarstellung der Erscheinungsformen des supranationalen Gesellschaftsrechts

a. Gesellschaften aufgrund von EU-Recht

Beruhend auf dem Recht der Europäischen Gemeinschaft[55] existieren seit jüngerer Zeit Gesellschaften nach europäischem Recht, die neben denen nach innerstaatlichem Recht stehen und sich wie folgt darstellen lassen:

- Europäische Wirtschaftliche Interessensvereinigung,
- Europäische Gesellschaft,
- Europäische Privatgesellschaft,
- Europäische Genossenschaft,
- Europäischer Verein und
- Europäische Gegenseitigkeitsgesellschaft.

Die Europäische Wirtschaftliche Interessensvereinigung wurde vom Rat der Europäischen Gemeinschaft 1985 mit dem Zweck geschaffen, die wirtschaftlichen Tätigkeiten ihrer Mitglieder zu erleichtern oder zu entwickeln sowie die Ergebnisse dieser Tätigkeiten zu verbessern und zu steigern.[56] Auf der Grundlage der von dem Rat der Europäischen Gemeinschaften erlassenen EWIV-VO[57] wurde durch das EWIV-Ausführungsgesetz vom 14.04.1988[58] diese Rechtsform geschaffen, die trotz der verschiedenen Bestimmungen in den einzelnen europäischen Staaten einen europaweit einheitlichen Organisationsrahmen hat.[59]

Die Rechtsquellen der europäischen Aktiengesellschaft (Societas Europaea)[60] sind in der Verordnung über das Statut der Gesellschaft EG Nr. 2157/2001 des Rats vom 08.10.2001 und der Richtlinie EG 2001/86/EG

---

54 Vgl. Ballerstedt, K., Was ist Unternehmensrecht?, FS K. Duden, S. 15, 28; Kunze, O., Unternehmensverband und Unternehmensrecht, FS für K. Duden, S. 201 f.

55 Vgl. Artikel 80 der Verordnung EG Nr. 1435/2003 des Rates vom 22.07.2003 über das Statut der Europäischen Genossenschaft.

56 Vgl. Grunewald, B., Gesellschaftsrecht, S. 175.

57 Verordnung (EWG) des Rates Nr. 2137/85 vom 25.07.1985 über die Schaffung einer Europäischen wirtschaftlichen Interessensvereinigung (EWIV), Text u.a. BT-Drucks, 11/352, S. 12.

58 BGBl. 1988 I, S. 514.

59 Vgl. Müller-Gugenberger, C., NJW 1989, S. 1451.

60 Zur Entstehungsgeschichte der europäischen Aktiengesellschaft vgl. Blanquet, F., ZGR 2002, S. 20, sowie Hirte, H., NZG 2001, S. 1.

des Rats vom 08.10.2001 zu finden.61 Die Europäische Privatgesellschaft (Societas Privata Europaea) ist eine supranationale Gesellschaft mit beschränkter Haftung, die für einen beschränkten Gesellschafterkreis bestimmt ist.[62] Auf die Europäische Genossenschaft (Societas Cooperativa Europaea,)[63], den Europäische Verein[64] und die Europäische Gegenseitigkeitsgesellschaft[65] wird an dieser Stelle lediglich hingewiesen, aber nicht weiter eingegangen, da sie im Weiteren für diese Arbeit keine wesentliche Bedeutung haben.

b. Gesellschaften aus anderen Staaten

In Deutschland können neben den deutschen Gesellschaften und den Gesellschaften aufgrund EU-Rechts auch Gesellschaften aus anderen Staaten auftreten. Da der EuGH die in Art. 43 und Art. 48 EGV garantierte Niederlassungsfreiheit auch auf Gesellschaften angewandt wissen will, werden diese Gesellschaften im Inland grundsätzlich auch dann nach ihrem Heimatrecht beurteilt, wenn sie in dem Land der Gründung keine wirtschaftliche Aktivitäten entfalten.[66] Entsprechendes gilt für Gesellschaften aus den USA[67] und aus den EFTA-Staaten[68].

---

61 Beides abgedruckt in der Beilage 1/2002 zur NZG Heft 1, 2002. Die SE-Verordnung ist, wie alle Verordnungen der Europäischen Union, unmittelbar geltendes Recht, d.h. sie musste von den EU-Mitgliedstaaten nicht gesondert in nationales Recht umgesetzt werden. Die Richtlinie 2001/86/EG zur Ergänzung des Status der Europäischen Gesellschaft hinsichtlich der Beteiligung der Arbeitnehmer v. 08.10.2001 entfaltet keine unmittelbare Rechtswirkung und muss daher in nationales Recht umgesetzt werden. In Deutschland ist das durch den Bundestag beschlossene Gesetz zur Einführung der Europäischen Gesellschaft (SE-Einführungsgesetz) am 29.12.2004 in Kraft getreten.

62 Vgl. Dauses, M. A./Behrens, P., EPG, Rn. 170.

63 VO 1435/2003/EG des Rates vom 22.07.2003 über das Statut der Europäischen Genossenschaft (SCE) ABl. 2003, L 207/1; RL 2003/72/EG des Rates v. 02.07.2003 zur Ergänzung des Statuts der Europäischen Genossenschaft hinsichtlich der Beteiligung der Arbeitnehmer, ABl. 2003, L 207/25; vgl. Dauses, M. A./Behrens, P., SCE, Rn. 171 ff.

64 Vgl. Sauter, E./Schweyer, G./Waldner, W., der Europäische Verein, Rn. 31; vgl. Dauses, M. A./Behrens, P., EUV, Rn. 179 ff.

65 Vgl. Dauses, M. A./Behrens, P., EUGGES, Rn. 186 ff.

66 Vgl. EuGH, Urt. v. 09.03.1999, Rs. C-212/97 (Centros), DStR 1999, S. 772; EuGH, Urt. v. 05.11.2002, Rs. C-208/00 (Überseering), IStR 2002, S. 809; EuGH, Urt. v. 30.09.2003, Rs. C-167/01 (Inspire Art), IStR 2003, S. 849.

67 Vgl. BGH, Urt. v. 29.01.2003, VIII ZR 155/02, ZIP 2003, S. 720; BGH, Urt. v. 13.10.2004, I ZR 245/01, ZIP 2004, S. 2230.

68 Vgl. BGH, Urt. v. 19.09.2005, II ZR 372/03, ZIP 2005, S. 1869

3. Geschichte des Gesellschaftsrechts

„Wer nicht um das Woher weiß, wird das Heute und das Wohin nicht begreifen können."[69] In diesem Sinne ist das objektive Recht als ein (mehr oder weniger) dynamischer Prozess und das jeweils geltende Recht als ein Teil dieses Prozesses zu verstehen.[70] Die Geschichte des Gesellschaftsrechts ist Normengeschichte, die durch die sozialgeschichtlichen Strömungen als Ausdruck sozialer und ökonomischer Wirklichkeit zu verstehen ist.[71] In dieser Hinsicht hat sich die gesellschaftsrechtliche Literatur vor allem mit dem römischen Recht[72], mit dem Recht des Mittelalters und der Renaissance[73], dem Recht des beginnenden Kolonialismus[74], der industriellen Revolution[75], dem Genossenschaftsrecht[76], der Arbeiterbewegung[77], der Kollektivierung im Wirtschaftsleben[78], der konzentrativen Wirtschaftsverfassung[79], den Großverbänden[80], den internationalen Unternehmensverflechtungen[81] und den modernen Medien in Unternehmen[82] befasst.

Ausgehend von den Indogermanen[83] über die regionale Zersplitterung und damit einhergehende unüberschaubare Masse an Rechtsordnungen und Rechtsvorschriften,[84] kann man erstmals die Wurzeln des deutschen Handels- und Gesellschaftsrechts etwa im 16/17. Jahrhundert greifen,[85]

---

69 Schmidt, K., Gesellschaftsrecht, § 3 IV 1.; Schmidt, K., Woher – wohin? ZHR 1997, S. 2.

70 Vgl. Schmidt, K., Handelsrecht, § 2 II1.

71 Vgl. Schmidt, K., Gesellschaftsrecht, § 3 IV 2 a.

72 Die ersten Anfänge korporativen Vereinsrechts werden in der ältesten Zeit der römischen Geschichte zu Zeiten der Regierung des Königs Numa identifiziert. Seinerzeit wurde erstmals acht Zünfte errichtet und ihnen allesamt Vereinsrecht gewährt; vgl. Conrat (Cohn), M., S. 21 ff.; Schnorr v. Carolsfeld, L., S. 1 ff.

73 Zur Geschichte der deutschen Handelsgesellschaften im 15. und 16. Jahrhundert, insbesondere im süddeutschen Raum, vgl. Lutz, E., Bd. I., S. 7 ff.; Weber, M., S. 1 ff.

74 Vgl. Gmür, R., S. 167.

75 Zur Entstehung und Entwicklung der konstitutiven Elemente moderner Industriegesellschaften vgl. Horn, N./Kocka, J., S. 21 ff.

76 Vgl. Schulze-Delitzsch, H., S. 1 ff.

77 Vgl. Grebing, H., S. 1 ff.; Kögler, P., S. 1 ff.

78 Vgl. Dahrendorf, R. S. 1 ff.; Rittner, F., S. 367 ff.

79 Vgl. Mestmäcker, E.-J., Verwaltung, S. 1 ff.; ders., Recht, S. 1 ff.

80 Zum Begriff und der geschichtlichen Entwicklung der Wirtschaftsverbände vgl. Leßmann, H., S. 15-44.

81 Vgl. Raupach, A., et al., JbFfSt., 1994/95, S. 307 ff.; Hommelhoff, P., Unternehmensrecht, S. 95 ff.

82 Vgl. Than, J., S. 577; Timm, W., S. 157; Wymeersch, E., S. 213 ff.

83 Vgl. Köbler, G., S. 13 ff.

84 Wessel spricht in diesem Zusammenhang „vom buntscheckigen Fürstengewimmel im Feudalstaat des Mittelsalters", Wesel, U., S. 607.

85 Vgl. Rehme, P., in Ehrenberg Hdb., Band 1, S. 178 ff.

da in 1662 unter dem Titel „Tractatus politico-iuridicus de iure mercatorum et commerciorum singulari“ eine umfassende Aufarbeitung dieser Materie durch den Lübecker Johann Marquart erfolgte.[86]

Das heute als solches wahrgenommene Handels- und Gesellschaftsrecht ist genau genommen erst im 19. Jahrhundert entstanden.[87] In den Jahren vor der Frankfurter Nationalversammlung bezeichnete man das auf der Parallelgesetzgebung der Bundesstaaten basierende Recht seinerzeit als das so genannte allgemeine Recht.[88] Im Einklang mit dem damaligen Zeitgeist hatte die Frankfurter Nationalversammlung 1848 ein Allgemeines deutsches Handelsgesetzbuch (ADHGB)[89] erarbeitet, das jedoch mit der Paulskirchenverfassung scheiterte. Die ab 1857 in Nürnberg tagende Kommission erarbeitete auf der Basis eines ihr vorliegenden preußischen und eines österreichischen Entwurfs in mehreren Lesungen das ADHGB, welches durch Einführungsgesetze in den Einzelstaaten 1861 umgesetzt wurde.[90] Erst im 20. Jahrhundert haben das Handels- und das Gesellschaftsrecht einerseits an Bedeutung und andererseits an einer enormen Ausdifferenzierung zugenommen.[91]

4. Rechtsquellen des Gesellschaftsrechts

Rechtsquellen sind die Rechtsgrundlagen für ein bestimmtes Rechtsgebiet.[92] Historisch bedingt ist das (geschriebene) Gesellschaftsrecht in verschiedenen Rechtsquellen geregelt. Es gibt Rechtsquellen, deren ursprünglicher Regelungsgehalt weitgehend unverändert geblieben ist (bspw. das Allgemeine Deutsche Handelsgesetzbuch von 1861 mit der Offenen Handelsgesellschaft, der Kommanditgesellschaft und der Stillen Gesellschaft), gleichwohl sich die Rechtswirklichkeit radikal geändert hat. Andere Rechtsformen, wie bspw. die Gesellschaft bürgerlichen Rechts und der Verein sind erst durch das BGB reichseinheitlich geregelt worden. Wieder andere Rechtsformen (Gesellschaft mit beschränkter Haf-

---

86 Vgl. Schmidt, K., Handelsrecht, § 2 II S.1., m. w. N.

87 Die Entwicklung der Geschichte einzelner für die Arbeit relevanter Gesellschaftsformen wird bei der Darstellung der jeweiligen Rechtsform untersucht.

88 „Gemeines Recht wird das Recht genannt, das für ein Gebiet als Ganzes gilt. Im Gegensatz dazu gilt das partikulare Recht nur für einen Gebietsteil. Haben Rechtsnormen für alle Teile eines Rechtsgebiets Geltung, beruhen sie aber auf verschiedenen Rechtsquellen, so werden sie als gemeinsames oder allgemeines Recht bezeichnet; so wenn inhaltsgleiche Gesetze in verschiedenen Gebieten im Wege der Parallelgesetzgebung erlassen werden.“ Creifelds C., Stichwort: Gemeines Recht.

89 Zur bürgerlichen Revolution und Reichsgesetzgebung im Handelsrecht vgl. Baums, T., S. 29–41.

90 Vgl. Lutz, J. v., S. 1 ff.

91 Vgl. Schmidt, K., Gesellschaftsrecht, § 3 IV. 1.

92 Vgl. Klunzinger, E., S. 5.

tung, Aktiengesellschaft und Genossenschaft) sind dauernden gesetzgeberischen Reformen unterworfen, sodass insgesamt festgehalten werden muss, dass das deutsche Gesellschaftsrecht normativ zersplittert ist und sich bei den einzelnen Rechtsformen in einem ganz unterschiedlichen Entwicklungsstand befindet.[93]

Die für den Gang dieser Untersuchung im Wesentlichen interessierenden und derzeit anzuwendenden Rechtsquellen stellen sich wie folgt dar:

- Im Bürgerlichen Gesetzbuch[94] sind der rechtsfähige Verein (§§ 21 ff. BGB), der nichtrechtsfähige Verein (§ 54 BGB) und die Gesellschaft bürgerlichen Rechts (§§ 705 bis 740 BGB) geregelt.
- Im Handelsgesetzbuch[95] sind die Regelungen zur offenen Handelsgesellschaft (§§ 105 bis 160 HGB), zur Kommanditgesellschaft (§§ 161 bis 171a HGB), zur stillen Gesellschaft (§§ 230 bis 236 HGB) und zur Reederei (§§ 484 bis 510 HGB) enthalten.
- Ursprünglich waren auch die Vorschriften über Aktiengesellschaften im HGB enthalten. Durch die Aktienrechtsreform von 1937 wurde ein gesondertes Aktiengesetz geschaffen, welches derzeit in der Fassung vom 6.9.1965[96] mit zahlreichen Änderungen und Ergänzungen gültig ist.
- Das Recht der GmbH war von Anfang an im GmbH-Gesetz vom 20. April 1892[97] selbständig geregelt, war zunächst 80 Jahre lang nahezu konstant[98] und ist in der Zwischenzeit mehrfach geändert worden.[99]
- Das Partnerschaftsgesellschaftsgesetz (PartGG) vom 1.7.1995[100] regelt den Zusammenschluss von Angehörigen der so genannten freien Berufe.
- Das Gesetz betreffend die Erwerbs- und Wirtschaftsgenossenschaften von 1889 wurde mehrfach novelliert und gilt jetzt in der Fassung vom 19.8.1994.[101]

---

93 Vgl. Schmidt, K., Gesellschaftsrecht, § 3 IV 2. b).

94 In der Fassung der Bekanntmachung vom 02.01.2002 (BGBl. I S. 42, ber. S. 2909 und BGBl. I 2003, S. 738).

95 In der Fassung vom 10.05.1897, veröffentlicht RGBl. S. 219.

96 Vgl. BGBl. 1965 I, S. 1089 (Gesetz zur Änderung des Abkommens über die Internationale Bank für Wiederaufbau und Entwicklung und des Abkommens über die Internationale Finanz-Corporation v. 30.06.1995).

97 Vgl. RGBl. S. 477 in der Fassung der Bekanntmachung v. 20.05.1898, RGBl. S. 846.

98 Vgl. Schubert, W., FS 100 Jahre GmbH-Gesetz. Über einen Zeitraum von rund 93 Jahren bis zum 18.12.1985 hat es lediglich 18 Änderungen gegeben; seither kamen weitere 18 Änderungen hinzu.

99 Zuletzt durch das MoMiG vom 23.10.2008, BGBl. I S. 2026.

100 Vgl. BGBl. 1994 I S. 1744.

101 Vgl. Neubekanntmachung des GenG v. 01.05.1889 (RGBl. S. 55) in der ab 25.12.1993 geltenden Fassung, BGBl. I S. 2202.

- Im Versicherungsaufsichtsgesetz von 1901[102] sind die Vorschriften über den VVaG enthalten.
- Die Berggesetze der Länder enthielten die Rechtsgrundlagen für die Bergbaugesellschaften. Mit dem BBergG[103] wurde die Auflösung bzw. Überführung dieser Körperschaften in Aktiengesellschaften geregelt.

Neben den aufgeführten förmlichen Rechtsquellen, die durch Verfassung, Gesetz oder Verordnung zu Stande gekommen sind, werden auch das Gewohnheitsrecht und das Richterrecht als Rechtsquelle verstanden. Die für Zwecke dieser Abhandlung heranzuziehenden nicht förmlichen Rechtsquellen werden im nachfolgenden Text abgehandelt.

5. Gesellschaftsrechtliche Grundformen

Die Systematik des deutschen Gesellschaftsrechts orientiert sich im Wesentlichen an positivrechtlichen Rechtsformen, welche teilweise sehr heterogen sowie artverwandt sind und hierbei abgestufte Differenzierungen erkennen lassen.[104] Die Gesellschaften werden in der Literatur als Gesellschaften im engeren Sinne und als solche im weiteren Sinne unterschieden.[105] Die privatrechtlichen Zweckvereinigungen, die auf der Grundlage persönlicher Verbundenheit errichtet werden und von der Individualität ihrer Mitglieder abhängen, werden als Gesellschaften im engeren Sinne bezeichnet, alle anderen als solche im weiteren Sinne. Diese Unterscheidungsform ist dogmatisch vertretbar, von praktischem Nutzen ist sie nicht, da für jede Gesellschaftsform beide der vorgenannten Kriterien mit jeder Art von Schwerpunktbildung zutreffend sein können; denn in der Rechtswirklichkeit sind ebenso Personengesellschaften, die so groß und so anonym sind, dass man von kapitalistischer Prägung sprechen kann, wie auch Kapitalgesellschaften anzutreffen, in denen die Gesellschafterstellung nur aufgrund der persönlichen Verbundenheit der Gesellschafter denkbar ist.

Die Unterscheidung zwischen Vereinigungen mit und Vereinigungen ohne Rechtsfähigkeit,[106] d.h. nach gesellschaftsrechtlicher Gesamthand

---

102 Vgl. Gesetz über die Beaufsichtigung der Versicherungsunternehmen v. 12.05.1901, RGBl. 1901, S. 139 in der ab 19.04.2006 geltenden Fassung, BGBl. I, S. 866.

103 Vgl. BGBl. 1980 I, S. 1310; mit erster Verlängerung der Umsetzungsfrist, BGBl. 1986 I, S. 560 und zweiter Verlängerung, BGBl. 1988 I, S. 2450.

104 Vgl. Schmidt, K., Gesellschaftsrecht, § 3 I.

105 Vgl. Lehmann, H./Dietz, R., § 1, S. 3; Hüffer, U., § 2/1; Kraft, A./Kreutz, P., A. III.1.

106 Vgl. Zielinski, G., S. 1 ff.

oder juristischer Person,[107] ist spätestens seit der Entscheidung des BGH vom 29.1.2001,[108] nach welcher der (Außen-)Gesellschaft bürgerlichen Rechts eine eigene Rechtsfähigkeit zugesprochen wurde, soweit sie durch Teilnahme am Rechtsverkehr eigene Rechte und Pflichten begründet, von keinem weiterführendem Nutzen.[109]

Der Versuch, eine Differenzierung danach vorzunehmen, ob die schuldrechtlichen Beziehungen zwischen den Gesellschaftern dominieren und deshalb die Gesellschaftsform aus dem besonderen Teil des Schuldrechts des BGB her- oder/und abgeleitet werden kann, oder ob die schuldrechtlichen Beziehungen zwischen den Gesellschaftern in den Hintergrund treten und nur die Beziehungen zwischen den Gesellschaftern und der Gesellschaft von systematischer Bedeutung sein können, wird in weiten Teilen der Lehre nicht einheitlich gehandhabt. Festzumachen ist dies daran, dass das Recht der Gesellschaft bürgerlichen Rechts zwar im besonderen Teil des Schuldrechts im BGB angesiedelt ist, in den Lehrbüchern zum besonderen Teil des Schuldrechts jedoch teils ausgespart, teils stark verkürzt dargestellt oder teils denen zum Gesellschaftsrecht vorbehalten wird.[110]

Letztlich aber lassen sich fast alle der gesellschaftsrechtlichen Vereinigungsarten auf die nachfolgenden zwei Grundformen zurückführen:

- Gesellschaft bürgerlichen Rechts und
- eingetragener Verein.

Die auf der Gesellschaft bürgerlichen Rechts beruhenden Rechtsformen werden den Personengesellschaften zugeordnet; die Vereinigungen, die auf den eingetragenen Verein zurückzuführen sind, werden als juristische Personen klassifiziert.[111] Diese Differenzierung zwischen Personen- und Kapitalgesellschaften ist für das Verständnis der Rechtsformen sowie ihre dogmatische Ableitung unentbehrlich und wird in der nachfolgenden Darstellung übernommen.

Sowohl im Römischen Recht als auch in der deutschrechtlichen Tradition finden sich Vorläufer der Gesellschaft bürgerlichen Rechts. Die societas im Römischen Recht war als reines Schuldverhältnis ausgestaltet, welches sich mit der Begründung von Verbindlichkeiten im Verhältnis der Gesellschafter untereinander erschöpfte; die Gesellschafter konnten, ähnlich der Bruchteilsgemeinschaft, über ihre Anteile an den einzelnen

---

107 Vgl. Ulmer, P., GbR, ZIP 2001, S. 588.
108 Vgl. BGH, Urt. v. 29.01.2001, II/ZR 331/00, ZIP 2001, S. 330.
109 Vgl. Ulmer, P., GbR, ZIP 2001, S. 599.
110 Bspw. Larenz, K./Canaris, C.-W. und Esser, J./Weyers, H.-L., sparen die Gesellschaft bürgerlichen Rechts in ihren Lehrbüchern ganz aus.
111 Vgl. Eisenhardt, U., Gesellschaftsrecht, S. 11, Rn. 12.

Gegenständen verfügen, ihre Gläubiger auf diese Anteile (durch Zwangsvollstreckung) direkt zugreifen.[112] Der deutschrechtlichen Tradition dagegen entstammt das Prinzip der Gesamthand, die eine sozialrechtliche Bindung der Vermögensinteressen der Gesellschafter bewirkt, indem unter Zurücksetzung der Individualrechte die Gesamthänder grundsätzlich nur gemeinsam verfügen können und zur Vollstreckung in das Gesamthandsvermögen die Gläubiger eines Titels gegen alle Gesamthänder bedürfen.[113]

Das Recht der Personengesellschaften ist nicht in voneinander unabhängigen, selbständigen Abschnitten des BGB oder des HGB geregelt. Vielfach wird mit Verweisungen gearbeitet und letztlich dient das Recht der Gesellschaft bürgerlichen Rechts dazu, Regelungslücken zu schließen. Dieser rechtliche Aufbau führt dazu, dass einzelne Rechtsfragen für alle Personengesellschaftsformen gleich geregelt sein können.

112 Vgl. MünchHdb. GesR I/Schücking, C., § 1 Rn. 37.
113 Vgl. Staudinger/Habermeier, S., vor § 705 Rn. 9.

B. Erscheinungsformen deutscher Personengesellschaften

1. Grundformen der Personengesellschaften

a. Gesellschaft bürgerlichen Rechts

1) Rechtsgrundlagen, Begriffsbestimmung und Bedeutung

Die Gesellschaft bürgerlichen Rechts ist als Personengesellschaft ein auf Gesellschaftsvertrag beruhender Zusammenschluss mehrerer Personen mit dem Ziel, durch gemeinsame Leistungen auf der Grundlage des persönlichen Zusammenwirkens der Mitglieder einen gemeinsamen Zweck zu erreichen (§ 705 BGB).[114] Der verfolgte Zweck ist beliebig; er kann ideeller oder erwerbswirtschaftlicher Art sein; er darf aber nicht ein Handelsgewerbe (i. S. d. §§ 1, 3 HGB) darstellen, da dies zur Offenen Handelsgesellschaft führen würde.

Die Gesellschaft bürgerlichen Rechts muss abgegrenzt werden können zur Bruchteilsgemeinschaft (§ 741 ff. BGB), welche zwar auch durch Vertrag, aber in der Rechtspraxis regelmäßig kraft Gesetzes entsteht. Die Bruchteilsgemeinschaft erfordert eine ziffernmäßige Anteilsinnehabung an einem gemeinsamen Gegenstand durch mehrere Teilhaber. Jedem Teilhaber ist die Verfügung über seinen Anteil frei stellt und es ist jedem Teilhaber auch ermöglicht, jederzeit die Auflösung der Gemeinschaft zu verlangen.

Die Gesellschaft bürgerlichen Rechts ist die Grundform aller Personengesellschaften, daher finden die Vorschriften der §§ 705 ff. BGB auch für die übrigen Personengesellschaften Anwendung, soweit das HGB oder andere einschlägige Gesetze oder Verordnungen (wie beispielweise das PartGG oder die EWIV-VO) keine Spezialregelungen enthalten.

Da die Vorschriften über die Gesellschaft bürgerlichen Rechts weitgehend dispositiv sind und daher eine höchstmögliche individuelle Gestaltungsfreiheit bieten, erfreut sich diese Rechtsform in der Praxis einer sehr großen Beliebtheit. Besondere Bedeutung hat diese Rechtsform für die so genannten freien Berufe, für die diese Rechtsform bis vor wenigen Jahren die einzige zulässige Rechtsform war.[115] Die Begriffsbestimmung

---

[114] Vgl. Eisenhardt, U., Gesellschaftsrecht, S. 25 Rn. 34.

[115] Seit 01.07.1995 ist für die freien Berufe als weitere mögliche Rechtsform mit einem speziellen Haftungsschutz die Rechtsform der Partnerschaftsgesellschaft eröffnet worden. Die Rechtsform einer Gesellschaft mit beschränkter Haftung steht beispielsweise der Berufsgruppe der Rechtsanwälte erst seit entsprechender Öffnung der diesbezüglichen Berufsordnungen seit 1998 offen (vgl. hierzu bspw. Zuck, R., AnwBl, S. 1999, 297 ff).

der so genannten freien Berufe erfolgt regelmäßig in Anlehnung an die enumerative Aufzählung des § 18 EStG.

Die herausragende Bedeutung der Rechtsform der Gesellschaft bürgerlichen Rechts in der Rechtspraxis wird durch die beispielhaft nachfolgend aufgeführten wirtschaftlichen Aktivitäten ersichtlich.[116]

- Leistungsgemeinschaften:
  Sozietäten der Freiberufler, Land- und forstwirtschaftliche Gesellschaften, Handwerk und Kleingewerbe, Bau-Arbeitsgemeinschaften, Emissionskonsortien, Meta-Verbindungen, Joint-Ventures, Vorgründungsgesellschaften, Eigengruppen, Gemeinschaften von Künstlern oder Artisten.

- Vermögensgemeinschaften:
  Grundbesitzgesellschaften, geschlossene Fonds, stille Gesellschaften, Unterbeteiligungen, Holdings, Bauherrengemeinschaften, Urheberrechtsgemeinschaften, Lebensgemeinschaften.[117]

- Gefahrengemeinschaften:
  Emissionskonsortien, Kreditkonsortien, Versicherungspools, Explorationskonsortien, Ergebnispools von Reedereien, Stimmbindungspools, Expeditionen, Gefahrengemeinschaften bei der Sportausübung.

- Schutz- und Interessensgemeinschaften:
  Sicherheitenpools, Beteiligungskonsortien, Kartelle, Gleichordnungskonzerne, Mehrmütterorganschaften, Büro- und Praxisgemeinschaften, Bestellergemeinschaften, Bietergemeinschaften, Fahrgemeinschaften, Reisegesellschaften, Jagdgesellschaften, Wohngemeinschaften, Spiel- und Wettgemeinschaften.

---

116 Vgl. ausführlich zu den Erscheinungsformen: MünchHdb. GesR I/Schücking, C., § 4; MünchHdb. GesR I/Schmid, J. et al., § 24 bis § 35; Schmidt, K., Gesellschaftsrecht, § 58 III.

117 Durch Vereinbarung einer ehelichen Gütergemeinschaft gem. § 1415 BGB wird das Vermögen beider Partner zwar Gesamtgut gem. § 1416 Abs. 1 S. 1 BGB, gleichwohl wird hierdurch keine rechtsfähige Gesellschaft begründet (bspw. verneinte das BayObLG in seiner Entscheidung v. 22.01.2003 (DB 2003, S. 715) die Erlangung der Stellung einer Kommanditistin für eine Gütergemeinschaft). Entsprechendes dürfte für die in einem Lebenspartnerschaftsvertrag gem. § 7 LPartG vereinbarte Vermögensgemeinschaft einer eingetragenen Lebenspartnerschaft gelten.

2) Entstehung und Gesellschaftsvertrag

Eine Gesellschaft bürgerlichen Rechts entsteht durch Abschluss eines Gesellschaftsvertrages. Dies kann ausdrücklich oder auch stillschweigend erfolgen. Da die allgemeinen Regeln der Rechtsgeschäftslehre gelten, kommt die Gesellschaft bereits zustande, wenn sich die Parteien darüber einigen, sich zur Förderung eines gemeinsamen Zwecks zusammenzuschließen. Die Einigung der Parteien muss als Mindestvoraussetzung die beiden, in § 705 BGB genannten Tatbestandsmerkmale enthalten: Der gemeinsame Zweck grenzt die Gesellschaft bürgerlichen Rechts von den sonstigen vertraglichen Schuldverhältnissen ab. Die Förderungspflicht stellt das obligatorische Element dar, das die Gesellschaft von der Rechtsgemeinschaft (§ 741 BGB) unterscheidet. Weitere Mindestvoraussetzungen für den Gesellschaftsvertrag bestehen nicht.[118]

Der Gesellschaftsvertrag einer GbR, wie jeder Personengesellschaft, ist ein schuldrechtlicher Vertrag, der die wechselseitigen Rechte und Pflichten der Gesellschafter regelt und zudem Bestimmungen über Organisation der Gesellschaft enthält. Da der Gesellschaftsvertrag kein Austauschvertrag ist, können auf ihn die §§ 320 ff. BGB nicht angewandt werden. Es fehlt an der synallagmatischen Verknüpfung vertraglicher Leistungen.[119]

Bei nicht eindeutigen Abreden, insbesondere bei konkludenten Vereinbarungen, ist durch Auslegung zu ermitteln, ob und mit welchem Inhalt eine gemeinsame Zweckverfolgung und damit der erforderliche Gesellschaftsvertrag vorliegen.

Sofern der Gesellschaftszweck auf den Betrieb eines Handelsgewerbes gerichtet ist, entsteht keine Gesellschaft bürgerlichen Rechts, sondern gemäß § 105 Abs. 1 HGB eine offene Handelsgesellschaft. Handelsgewerbe im Sinne von § 1 Abs. 2 HGB ist jeder Gewerbebetrieb, es sei denn, Art oder Umfang des Unternehmens erfordern keinen in kaufmännischer Weise eingerichteten Gewerbebetrieb (so genanntes Kleingewerbe).

Der gemeinsame Zweck ist zwar grundsätzlich beliebig, er findet aber seine Grenze bei gesetz- oder sittenwidrigen Verabredungen. Gesetzwidrig wäre beispielsweise das sich Hinwegsetzen über ausdrückliche gesetzliche Schranken, wie bspw. die Kontrollrechte und die Kündigungsrechte (§§ 716, 723 und 724 BGB). Als sittenwidrig[120] sind Verab-

---

118 Vgl. MünchKomm. BGB/Ulmer, P., § 705 Rn. 129.

119 Vgl. Schmidt, K., Gesellschaftsrecht, § 20 III.

120 Zum Wertmaßstab der Sittenwidrigkeit in § 138 Abs. 1 BGB siehe bspw. Palandt/Ellenberger, J., § 138 Rn. 2 ff.; ferner: MünchKomm. BGB/Armbrüster, C.,

redungen anzusehen, wenn der verfolgte Gesellschaftszweck mit dem im Grundgesetz verankerten Wertesystem unvereinbar ist oder bei grundlegenden Verstößen gegen sonstige, der Rechtsordnung immanenten rechtsethischen Werten und Prinzipien.[121] Verstöße gegen das so genannte nicht dispositive Recht führen grundsätzlich zur Nichtigkeit der fraglichen Regelung. In der Folge kann der gesamte Vertrag aber wegen § 139 BGB nichtig sein, wenn die Teilnichtigkeit zur Gesamtnichtigkeit führt.[122]

Im Falle von Mängeln des Gesellschaftsvertrages besteht nach den allgemeinen Regeln der §§ 104 ff. BGB grundsätzlich keine Bindung an nichtige Willenserklärungen; bereits erbrachte Leistungen können gem. §§ 812 ff. BGB zurückgefordert werden. Ist eine solche Gesellschaft bereits in Vollzug gesetzt,

- waren Gesellschafter möglicherweise bereits über eine längere Zeit für die Gesellschaft tätig,
- ist im Vertrauen auf das Bestehen der Gesellschaft schon Gesellschaftsvermögen gebildet worden,
- haben Dritte Rechtsgeschäfte mit der Gesellschaft getätigt und auf den Bestand der Gesellschaft vertrauen dürfen und
- stehen keine überwiegenden Interessen Einzelner oder der Allgemeinheit dem entgegen,

dann ist mit Rücksicht auf diese Interessenslage anerkannt, dass die §§ 104 ff. BGB mit den Rechtsfolgen aus §§ 812 ff. BGB nicht uneingeschränkt angewandt werden dürfen.[123] In diesen Fällen finden bei Mängeln des Gesellschaftsvertrages die Grundsätze über die fehlerhafte Gesellschaft Anwendung mit der Rechtsfolge, dass lediglich ein Auflösungs- und Kündigungsgrund besteht; die fehlerhafte Gesellschaft wird bis zu ihrer Auflösung oder Kündigung grundsätzlich wie eine fehlerfreie behandelt.[124] Die Lehre von der fehlerhaften Gesellschaft wird vor allem mit

---

§ 138 Rn. 1 ff.; auch: Jauernig, O., § 138 Rn. 6 ff.; sowie: Soergel/Hefermehl, W., § 138 Rn. 4 ff.

121 Mit dem Sittenwidrigkeitsvorwurf gegenüber dem Gesellschaftszweck hält sich die Rechtsprechung bewusst und deutlich zurück (vgl. BGH, Urt. v. 09.02.1970, II ZR 76/68, NJW 1970, S. 1540; BGH, Urt. v. 16.11.1981, II ZR 213/80, NJW 1982, S. 877).

122 Vgl. Palandt/Heinrichs, H., § 139 Rn. 14.

123 Vgl. BGH, Urt. v. 24.10.1951, II ZR 18/51, BGHZ 3, S. 285; BGH, Urt. v. 12.05.1954, II ZR 167/53, BGHZ 13, S. 320; BGH, Urt. v. 29.06.1970, ZR 158/69, BGHZ 55, S. 5; BGH, Urt. v. 17.04.1951, I ZR 31/50, BGHZ 62, S. 20; BGH, Urt. v. 30.09.1982, III ZR 58/81, NJW 1983 I, S. 748; BGH, Urt. v. 16.05.1988, II ZR 316/87, NJW-RR 1988, S. 1379; BGH, Urt. v. 14.10.1991, II ZR 212/90, NJW 1992 I, S. 1501.

124 Vgl. Schmidt, K., Gesellschaftsrecht, § 6 I 1; Hueck, G./Windbichler, C., § 6 Rn. 8; § 13 Rn. 11 ff.; Palandt/Sprau, H., § 705 Rn. 18; Staudinger/Habermeier, S.,

dem Bestandsschutz der Gesellschaft und dem Verkehrsschutz begründet. Die Nichtigkeits- und Anfechtungsfolgen würden wegen ihrer Rückwirkung auf den Zeitpunkt des Abschlusses des Gesellschaftsvertrages nicht passen und eine Rückabwicklung wäre auch teilweise nicht mehr möglich und nicht interessen- und sachgerecht.[125] Das Gesellschaftsrechtsverhältnis zu einer bereits in Vollzug gesetzten GbR muss daher durch außerordentliche Kündigung (§ 723 Abs. 1 S. 2, 3 BGB) gelöst werden.

Der Gesellschaftsvertrag einer Personengesellschaft bedarf grundsätzlich keiner Form (einzige Ausnahme von diesem Grundsatz ist § 3 Abs. 1 PartGG), solange er kein Leistungsversprechen (Beitragsverpflichtung) enthält, das selbst formbedürftig ist.[126] Da der Gesellschaftsvertrag als Einheit angesehen wird, muss er in einem solchen Fall beurkundet werden, ansonsten ist er insgesamt nichtig (§ 311b Abs. 1 BGB).[127] Selbst wenn der Zweck der Gesellschaft der Kauf und Verkauf von Grundstücken ist, wäre der Gesellschaftsvertrag nicht formbedürftig, weil durch diesen Vertrag zunächst noch niemand konkret zum Erwerb oder zur Veräußerung eines Grundstücks verpflichtet wäre.[128] Bedarf nur eine einzelne Klausel eines Gesellschaftsvertrags einer bestimmten Form, so muss unter Anwendung des § 139 BGB geprüft werden, ob nur diese spezielle Bestimmung oder der Vertrag insgesamt nichtig ist.[129] Auf einen formnichtigen Gesellschaftsvertrag finden die oben dargestellten Grundsätze der fehlerhaften Gesellschaft ebenfalls Anwendung.

---

§ 705 Rn. 67; Erman/Westermann, H. P., § 705 Rn. 73; Bamberger, G./Roth, H./Timm, W./et al., § 705 Rn. 79 ff.

125 Vgl. BGH, Urt. v. 29.06.1970, II ZR 158/69, BGHZ 55, S. 5.

126 Beispielsweise die Verpflichtung ein Grundstück in die Gesellschaft einzubringen (§ 311 b Abs. 1 BGB). RG, Urt. v. 05.02.1902, V. 282/01, RGZ 50, S. 163, 165 f. und RG, Urt. v. 29.09.1919, V 260/19, RGZ 97, S. 219.

127 Vgl. OLG Köln, Urt. v. 13.04.2000, 8 U 40/99, NZG 2000, S. 930; Palandt/Grüneberg, C., § 311b Rn. 9.

128 Vgl. BGH, Urt. v. 25.01.1986, VII ZR 26/95, NJW 1996 I, S. 1280; EuGH, Urt. v. 11.11.1997, Rs. C-251/95 (Sabél BV/Puma AG, Rudolf Dassler Sport), NJW 1998, S. 741; Ulmer, P./Löbbe, M., BGH, Urt. v. 22.11.1996, V ZR 234/95, DNotZ 1998, S. 741.

129 Vgl. BGH, Urt. v. 29.06.1992, II ZR 284/91, NJW, S. 2696.

3) Innenverhältnis

a) Rechtsgrundlagen

Die Rechte und Pflichten der Gesellschafter im Innenverhältnis ergeben sich grundsätzlich aus dem Gesellschaftsvertrag und - wenn dort keine Regelung getroffen wurde - aus den gesetzlichen Regeln für die Personengesellschaften.

- Für die GbR und in weitem Umfang für die OHG sowie die KG gelten die §§ 705 ff. BGB.
- Für die OHG und KG gelten zusätzlich und teilweise überlagernd die Sonderregeln der §§ 109-122 und 163-169 HGB.

Der überwiegende Teil der Vorschriften der §§ 705 ff. BGB ist dispositiver Natur.

b) Beitragspflicht

Die Gesellschafter sind regelmäßig zur Leistung von gleichen Beiträgen verpflichtet (§ 706 Abs. 1 Satz 1 BGB). Beiträge sind die Leistungen, die die Gesellschafter im Gesellschaftsvertrag versprechen, um den Gesellschaftsweck zu fördern.[130] Beiträge können u. a. sein: Geldzahlungen[131], Übereignung von beweglichen Sachen oder Grundstücken, Einbringung von Wertpapieren, Überlassen von Patenten und Lizenzen, die Gestattung des Gebrauchs von Sachen zur gemeinsamen Nutzung sowie jedes den Gesellschaftszweck fördernde Tun oder Unterlassen, sofern diese Handlung einen so genannten Vermögenswert darstellt (bspw. Unterlassen von Wettbewerb).[132]

Im Unterschied zu den Vereinen, bei denen Beiträge in der Regel durch Mehrheitsbeschluss der Mitglieder festgelegt werden können, gilt bei der GbR grundsätzlich das Einstimmigkeitsprinzip des § 707 BGB für Änderungen des Gesellschaftsvertrags und damit auch für die Festlegung oder Erhöhung von Beiträgen. § 707 BGB ist dispositiv, d.h. die Entscheidung über eine Beitragserhöhung kann auch durch einen Mehrheitsbeschluss zugelassen werden, wenn gleichzeitig eine Obergrenze

---

130 Vgl. Palandt/Sprau, H., § 706 Rn. 1.

131 Vgl. BGH, Urt. v.10.12.1984, II ZR 28/84, BGHZ 93, S. 159.

132 Vgl. MünchKomm. BGB/Ulmer, P./Schäfer, C., § 706 Rn. 2, 10; Soergel/Hadding, W., § 706 Rn. 7; Schmidt, K., Gesellschaftsrecht, § 20 II 2 a).

oder sonstige Kriterien zur Eingrenzung der Erhöhungsrisiken im Gesellschaftsvertrag angegeben sind.[133]

c) Treuepflicht und Wettbewerbsverbot

Zwischen den Beteiligten an einer Personengesellschaft besteht eine stärkere Bindung als bei einfachen Schuldverhältnissen. Ihr Verhältnis zueinander ist geprägt durch den Grundsatz gegenseitiger Treue, d.h. die Gesellschafter sind gehalten, die Interessen der Gesellschaft wahrzunehmen und alles zu unterlassen, was den Interessen der Gesellschaft zuwider laufen würde.[134] Die Treuepflicht der Gesellschafter anderen Mitgesellschaftern gegenüber verlangt, dass die Belange der Mitgesellschafter nicht beeinträchtigt werden und sie über Vorgänge vollständig und zutreffend informiert werden, wenn die mitgliedschaftlichen Vermögensinteressen berührt sind und die Mitgesellschafter die Vorgänge nicht kennen können.[135] Eine dem § 112 HGB (Wettbewerbsverbot für Gesellschafter einer Personenhandelsgesellschaft) entsprechende Regelung fehlt der GbR. Aus der Treuepflicht im Rahmen einer GbR kann sich aber auch ein Wettbewerbsverbot für die Gesellschafter ergeben, nämlich wenn der Gesellschafter durch seine Konkurrenz den Zweck der Gesellschaft schädigt.[136] Die Treuepflicht kann so weit gehen, dass ein Gesellschafter verpflichtet ist, sein Stimmrecht in einer bestimmten Weise auszuüben und beispielsweise einer Änderung des Gesellschaftsvertrags oder der Aufnahme eines Gesellschafters zuzustimmen hat.[137]

Im Falle einer Pflichtverletzung haftet der Gesellschafter für den daraus entstandenen Schaden nach den allgemeinen Regeln des Vertragsrechts, im Zweifel aus Pflichtverletzung nach § 280 BGB. Die Gesellschafter haben bei der Erfüllung der ihnen aus dem Gesellschaftsverhältnis insgesamt erwachsenden Verpflichtungen nach § 708 BGB nur für diligentia quam in suis (Sorgfalt, die Sie in eigenen Angelegenheiten anzuwenden pflegen) einzustehen. Damit kann allenfalls die Haftung für leichte, nicht aber für grobe Fahrlässigkeit ausgeschlossen sein.[138]

---

133 Vgl. BGH, Urt. v. 10.10.1994, II ZR 18/94, NJW 1995, S. 194; OLG Stuttgart, Urt. v. 19.04.2000, 20 U 96/99, NZG 2000, S. 835; MünchKomm. BGB/Ulmer, P./Schäfer, C., § 707 Rn. 5.

134 Vgl. Hueck, G./Windbichler, C., § 7 Rn. 3.

135 Vgl. MünchKomm. BGB/Ulmer, P., § 705 Rn. 158.

136 Vgl. Staudinger/Habermeier, S., § 705 Rn. 52; MünchKomm. BGB/Ulmer, P., § 705 Rn. 194 ff.

137 Vgl. BGH, Urt. v. 28.04.1975, II ZR 16/73, BGHZ 64, S. 253; BGH, Urt. v. 20.10.1986, II ZR 86/85, JZ 1987, S. 95 mit Anmerkungen von H. P. Westermann; OLG München NJW-RR 1997, 611; Ulmer, P., in Staub, H., Großkomm. HGB § 105 Rn. 244 ff.; Schmidt, K., Gesellschaftsrecht, § 20 IV 2 a).

138 Vgl. RG, Urt. v. 18.01.1934, 369/33, RGZ 143, S. 212, 215. Zur Frage, ob die Haftungsbeschränkung des § 708 BGB auch bei Körperverletzung eines Flug-

d) Geschäftsführung

Unter Geschäftsführung ist jede für eine Gesellschaft vorgenommene Handlung zu verstehen.[139] Die Gesellschaft kann als solche nicht selbst handeln. Die Gesellschafter als natürliche Personen müssen für sie tätig werden. Bei dieser Tätigkeit unterscheidet man zwischen Geschäftsführung und Vertretung. Die Regeln der Geschäftsführung besagen, was der einzelne Gesellschafter im Innenverhältnis (Verhältnis zu Mitgesellschaftern) vornehmen darf oder muss. Für die GbR ist die Geschäftsführung in den §§ 709 bis 713 BGB geregelt. Die Regeln der Vertretung bestimmen, ob der einzelne Gesellschafter im Außenverhältnis (Verhältnis zu Dritten) wirksam Rechtsgeschäfte für und gegen die Gesellschaft tätigen kann. Die Vertretung ist in §§ 164 bis 181 BGB geregelt.

Nach § 709 Abs. 1 BGB steht das Recht zur Führung der Geschäfte allen Gesellschaftern gemeinschaftlich zu; für jedes Geschäft ist die Zustimmung aller Gesellschafter erforderlich (Grundsatz der Gesamtgeschäftsführung).[140] Diese Regelung bietet dem einzelnen Gesellschafter zwar weitgehenden Schutz, ist aber bei größeren Gesellschafterzahlen unpraktikabel. Deshalb lässt das Gesetz über §§ 709 Abs. 2, 710, 711 BGB zu, in dem Gesellschaftsvertrag andere Geschäftsführungsregeln zu treffen. Alle Gesellschafter nehmen grundsätzlich an der Geschäftsführung teil und fassen ihre Entscheidungen durch Beschlüsse, die auch Mehrheitsbeschlüsse sein können (grds. nach Köpfen[141], aber nach Kapitalanteilen wären Mehrheitsfindungen auch zulässig[142]). Die Führung der Geschäfte kann nach § 710 Satz 1 BGB aber auch einem oder mehreren Gesellschaftern übertragen werden. Gleichzeitig können die übrigen Gesellschafter von der Geschäftsführung ausgeschlossen und auch das Widerspruchsrecht des § 711 BGB abbedungen werden.[143]

---

gasts im Luftverkehr gilt, vgl. BGH, Urt. v. 25.05.1971, VI ZR 248/69, MDR 71, S. 918.

139 Vgl. auch Soergel/Hadding, W., § 709 Rn. 9; Schlegelberger, F./Martens, K.-P., § 114 Rn. 4 zur OHG; MünchKomm. BGB/Ulmer, P./Schäfer, C. § 709 Rn. 7.

140 Vgl. MünchHdb. GesR I/Ditfurth, H. v., § 7 Rn. 28.

141 Vgl. Palandt/Sprau, H., § 709 Rn. 2.

142 Vgl. Soergel/Hadding, W., § 709 Rn. 17.

143 Der bei Personengesellschaften geltende Grundsatz der Selbstorganschaft korrespondiert mit dem so genannten Verbot der Drittorganschaft und bedeutet, dass die Gesellschafter einer Personengesellschaft wegen der sie normalerweise treffenden unbeschränkten Haftung auch selbst die Geschäfte führen sollen (vgl. hierzu MünchKomm. BGB/Ulmer, P./Schäfer, C., § 709 Rn. 5 m. w. N.).

e) Aufwendungsersatzanspruch

Wird eine Schuld der Gesellschaft durch einen Gesellschafter getilgt, so hat dieser gegen die Gesellschaft einen Ausgleichsanspruch auf Erstattung aus dem Gesellschaftsvermögen nach §§ 713 i. V. m. 670 BGB (so genannte Sozialverpflichtung). Dieser Anspruch ist für geschäftsführende Gesellschafter direkt, für nicht geschäftsführende Gesellschafter entsprechend anwendbar.[144]

Gegen die anderen Gesellschafter hat der einzelne Gesellschafter keinen Anspruch analog § 128 HGB. Die Gesellschafter haften zwar analog § 128 HGB für Verbindlichkeiten der Gesellschaft als Gesamtschuldner für Drittgläubigerforderungen; für Ansprüche der Gesellschafter untereinander ist aber § 128 HGB nicht anwendbar. Die Gesellschafter sind untereinander als Gesamtschuldner nach § 426 BGB ausgleichspflichtig. Danach kann der Gesellschafter nur in Höhe seiner Beteiligung (pro rata) in Anspruch genommen werden. Außerdem ist die Haftung der Mitgesellschafter gegenüber der Haftung der Gesamthand mit dem Gesellschaftsvermögen lediglich subsidiär. Diese Haftung greift nur dann, wenn aus dem Gesamthandsvermögen keine Befriedigung zu erlangen ist.[145]

f) Ergebnisbeteiligung, Rechnungsabschluss

Nach der gesetzlichen Regelung des § 722 Abs. 1 BGB sind die Gesellschafter ohne Rücksicht auf die Höhe des von ihnen zu erbringenden Beitrages mit dem gleichen Anteil am Ergebnis (Gewinn und Verlust) beteiligt. Im Gesellschaftsvertrag kann jedoch eine andere Ergebnisverteilung, bspw. nach Kapitalanteilen oder nach anderen Gesichtspunkten vereinbart werden.

Grundsätzlich können der Rechnungsabschluss und die Verteilung des Ergebnisses nach § 721 Abs. 1 BGB erst nach Auflösung der Gesellschaft verlangt werden. Gesellschaften von längerer Dauer haben im Zweifel jedoch am Ende eines jeden Geschäftsjahres Rechnung zu legen (§ 721 Abs. 2 BGB).

---

144 Vgl. Soergel/Hadding, W., § 714 Rn. 36.

145 Vgl. BGH, Urt. v. 02.07.1962, II ZR 204/60, BGHZ 37, S. 299; BGH, Urt. v. 15.01.1988, V ZR 183/86, BGHZ 103, S. 72; OLG Saarbrücken, Urt. v. 14.01.1998, 1 U 163/97-47, NJW-RR 1998, S. 550; Hadding, W./Häuser, F., WM 1988, S. 1585, S. 1588; Ensthaler, J., in GK-HGB, § 128 Rn. 18; a. A. MünchKomm. BGB/Ulmer, P./Schäfer, C., § 713 Rn. 15; Staudinger/Habermeier, S., § 713 Rn. 10.

g) Mitverwaltungs- und Informationsrechte

Alle Gesellschafter haben Mitverwaltungsrechte. Zu diesen Rechten zählt das Informationsrecht (§§ 713, 666 BGB) und das Recht auf persönliche Kontrolle der geschäftsführenden Gesellschafter (§ 716 BGB). Ein weiteres Mitverwaltungsrecht ist das Stimmrecht bei Gesellschafterbeschlüssen.

4) Außenverhältnis

a) Rechts- und Parteifähigkeit

Die GbR entsteht mit Abschluss des Gesellschaftsvertrages. Das Gesetz hat in den §§ 705 ff. BGB keine weiteren Voraussetzungen für das Wirksamwerden einer GbR aufgestellt. Der BGH hat zwischenzeitlich anerkannt, dass eine GbR, wenn sie Außengesellschaft ist, rechtsfähig ist.[146] Sie kann im Rechtsverkehr grundsätzlich jede Rechtsposition innehaben, sofern nicht besondere Gesichtspunkte entgegenstehen.[147] Die GbR kann Gesellschafterin einer GmbH, einer AG[148] und einer eG sein. Sie kann auch persönlich haftende Gesellschafterin einer OHG oder einer KG[149] sowie Gesellschafterin einer anderen GbR[150] sein. Da die GbR als Außengesellschaft Trägerin von Rechten und Pflichten sein kann, war es nur konsequent, ihr auch die Parteifähigkeit im Zivilprozess (§ 50 ZPO) zuzugestehen.[151]

Weiterhin umstritten ist die Frage, ob die GbR grundbuchfähig ist. Der Grundbuchfähigkeit stehen nach Ansicht des BayObLG die Besonderheiten des Grundbuchrechts und die Besonderheiten dinglicher Rechtspositionen entgegen.[152] Eigentum an einem Grundstück kann nach § 873 Abs. 1 BGB nur durch (Einigung und) Eintragung im Grundbuch erlangt werden. Da die GbR selbst keine natürliche Person ist, ist nach § 32 GBO erforderlich, einen Registernachweis (bspw. Handelsregistereintrag) zu führen. Da die GbR keine Registerpublizität besitzt, wird überwiegend die Meinung vertreten, sie sei nicht grundbuchfähig.[153]

---

146 Vgl. BGH, Urt. v. 29.01.2001, II ZR 331/00, BGHZ 146, S. 341 ff.; vgl. zum Rechtszustand davor: Schmidt, K., BGB-Außengesellschaft, NJW 2001, S. 993 ff.

147 Vgl. BGH, Urt. v. 04.11.1991, II ZB 10/91, BGHZ 116, S. 86; BGH, Urt. v. 15.07.1997, XI ZR 154/96, BGHZ 136, S. 254.

148 Vgl. BGH, Urt. v. 03.11.1980, II ZB 1/79, BGHZ 78, S. 311.

149 Vgl. BGH, Urt. v. 16.07.2001, II ZB 23/00, BGHZ 148, S. 291 ff.

150 Vgl. MünchKomm. BGB/Ulmer, P., § 705 Rn. 67 m. w. N.

151 Vgl. zur GbR im Zivilprozess: Pohlmann, P., WM 2002, S. 1421 ff.

152 BayObLG, Beschl. v. 31.10.2002, 2Z BR 70/02 (rkr.), ZIP 2002, S. 2175 ff.

153 Siehe bspw. Schmidt, K., Gesellschaftsrecht, § 58 IV 2.

b) Vertretung

Vertretungsmacht ist die Befugnis, im Namen der Gesellschaft mit Wirkung für und gegen alle Gesellschafter rechtsgeschäftliche Erklärungen (Willenserklärungen) abzugeben und entgegenzunehmen. Sie richtet sich bei einer GbR im Zweifel nach den im Gesellschaftsvertrag getroffenen Vereinbarungen. Nach §§ 714 i. V. m. 709 BGB steht die Vertretungsmacht grundsätzlich den Gesellschaftern zu. Dritte können zwar auch nach §§ 167 ff. BGB bevollmächtigt werden, aber nur gleichzeitig und neben Gesellschaftern (Grundsatz der Selbstorganschaft bzw. Verbot der Drittorganschaft).[154] Unternehmensleitung und persönliche Haftung sind nach herrschender Meinung miteinander gekoppelt.[155]

c) Haftung

Grundsätzlich ist bei Personengesellschaften zwischen der Haftung der Gesellschaft und der Haftung der Gesellschafter zu differenzieren. Nach der heute herrschenden Akzessorietätstheorie[156] entsteht für rechtsgeschäftliche Verbindlichkeiten eine Schuld der Gesellschaft. Für diese Schuld haften[157] die Gesellschafter kraft Gesetzes. Die Gesellschafter haften, analog § 128 HGB wie OHG-Gesellschafter, mit ihrem Privatvermögen akzessorisch für Schulden der Gesellschaft.[158] Der für eine Ver-

---

154 Vgl. BGH, Urt. v. 20.09.1993, II ZR 204/92, WM 1994, S. 237, 238; Staudinger/Habermeier, S. § 709 Rn. 12; Soergel/Hadding, W., § 714 Rn. 8.

155 Vgl. Wiedemann, H., Rechtsverhältnisse, WM, Sonderbeilage 4/1994, S. 11.

156 Die ältere Doppelverpflichtungstheorie kam ebenfalls zu einer Haftung des Gesellschafters, weil er durch Vertretung verpflichtet wurde und hierdurch aus juristischer Sicht auch im eigenen Namen gehandelt hat. (vgl. BGH, Urt. v. 07.03.1990, VIII ZR 25/89, NJW-RR 1990, S. 701, 702; BGH, Urt. v. 15.07.1997, XI ZR 154/96, BGHZ 136, S. 254; MünchKomm. BGB/Ulmer, P., § 705 Rn. 128-136; § 714 Rn. 31 ff.; Ulmer, P., Gesamthandsgesellschaft, AcP 198, S. 113, 137; Soergel/Hadding, W., vor § 705 Rn. 21, § 714 Rn. 2 ff.; § 718 Rn. 3; Habersack, M., Haftungsverfassung, JuS 1993, S. 1 ff.; ders., Bürgschaftsverpflichtungen, BB 1999, S. 61 ff.; Hommelhoff, P., Akzessorietätsdogma, ZIP 1998, S. 8; Wunderlich, N.-C., WM 2002, S. 271, 274.).

157 Haften verstanden als das Einstehenmüssen für eine fremde Schuld, vgl. hierzu Palandt/Heinrichs, H., Einl. vor § 241 Rn 11.

158 Vgl. BGH, Urt. v. 27.09.1999, II ZR 371/98, BGHZ 142, S. 315; BGH, Urt. v. 29.01.2001, II ZR 331/00, BGHZ 146, S. 341; BGH, Urt. v. 21.01.2001, II ZR 2/00, BGHZ 150, S. 1; BGH, Urt. v. 24.02.2003, II ZR 385/99, NJW 2003, S. 1445; Grunewald, B., Gesellschaftsrecht, S. 57, Rn. 107; Klunzinger, E., § 4 V. 1. b) aa); Timm, W., Rechtsfähigkeit, NJW 1995, S. 3209, 3215; Mülbert, P., AcP 199, S. 38 ff.; Ulmer, P., Gesellschafterhaftung, ZIP 1999, S. 554; ders., Haftungsverfassung, ZIP 2003, S. 1113, 1114; Altmeppen, H., Rechtsnatur, ZIP 1999, S. 1758; ders., Deliktshaftung, NJW 2003, S. 1553 ff.; Reiff, P., unternehmenstragende GbR, ZIP 1999, S. 517; ders., Beschränkung, ZIP 1999, S.

bindlichkeit der Gesellschaft in Anspruch genommene Gesellschafter kann entsprechend der folgerichtig ebenfalls sinngemäß anzuwendenden Rechtsgrundsätze der § 129 ff. HGB alle Einwendungen (z.B. Erfüllung, Erlass, Stundung) und Einreden (z.B. Verjährung) geltend machen, die der Gesellschaft selbst zustehen.[159]

Für unerlaubte Handlungen im Sinne des § 823 BGB haften primär diejenigen, die die Handlung begehen. Der Gesellschafter, der bei Erledigung der Geschäfte der Gesellschaft den Tatbestand der §§ 823 ff. BGB erfüllt, haftet grundsätzlich selbst. Sofern deliktisches Verhalten eines Gesellschafters bei seiner Tätigkeit für die Gesellschaft über § 831 BGB (Haftung für den Verrichtungsgehilfen) oder § 31 BGB (Organhaftung) der Gesellschaft zugerechnet werden kann, haftet die Gesellschaft Dritten gegenüber auch für unerlaubte Handlungen.[160] Sofern Dritte Forderungen aus ungerechtfertigter Bereicherung im Sinne des § 812 BGB geltend machen, kommt die Haftung eines Gesellschafters als Einzelperson auch in Frage; allerdings muss er persönlich als bereichert anzusehen sein.[161] Die Gesellschafter haften auch analog § 128 HGB[162] für Steuerschulden der Gesellschaft.[163] Gleiches gilt für die Tierhalterhaftung und die übrigen Tatbestände von § 833 bis § 838 BGB.[164]

1329; ders., Haftungsverfassung, NZG 2000, S. 281; Kindl, J., WM 2000, S. 697, 700 f.; Dauner-Lieb, B., BGB-Gesellschaft, DStR 2001, S. 356, 358; Nagel, R., DStR 2000, S. 2091; Peres, H., DStR 2000, S. 639; Goette, W., ZAP 2002, S. 395; Elsing, S. H., BB 2003, S. 909, 911; Derleder, P., BB 2001, S. 2485, 2488; Wertenbruch, J., DB 2003, S. 1099.)

159 Vgl. Schmidt, K., BGB-Außengesellschaft, NJW 2001, S. 993, 999; Ulmer, P., Haftungsverfassung, ZIP 2003, S. 1113, 1114.

160 Vgl. BGH, Urt. v. 24.02.2003, II ZR 385/99, NJW 2003, S. 1445; Gesmann-Nuissl, D., WM 2001, S. 973, 978; Dauner-Lieb, B., BGB-Gesellschaft, DStR 2001, S. 356, 359; Habersack, M., Anerkennung, BB 2001, S. 477, 478; Ulmer, P., GbR, ZIP 2001, S. 585, 597; Hadding, W., Rechtsfähigkeit, ZGR 2001, S. 712, 725; Ulmer, P., Haftungsverfassung, ZIP 2003, S. 1113, 1115; Flume, W., persönliche Haftung, DB 2003, S. 1775; Hadding, W., Haftungsbeschränkung, FS Rittner, 1991, S. 133, 143; Kübler, F./Assmann, H.-D., § 6 III 5 b) bb); Schmidt, K., Gesellschaftsrecht, § 60 II 4; Wiedemann, H., Selbständigkeit, FS Kellermann, 1991, S. 529, 543; MünchKomm. BGB/Ulmer, P., § 705 Rn. 260 ff. für Gesellschaften mit einer den Personenhandelsgesellschaften vergleichbaren Struktur.

161 Vgl. BGH, Urt. v. 24.02.2003, II ZR 385/99, ZIP 2003, S. 664; Grunewald, B., Gesellschaftsrecht, S. 61 Rn. 116; Schmidt, K., Gesellschaftsrecht, § 60 III 2 a).

162 Vgl. Reiff, P., Haftungsverfassung, NZG 2000, S. 281, 282; Schmidt, K., Gesellschaftsrecht, § 60 III 2 für die Mitunternehmer-GbR.

163 Vgl. BFH, Urt. v. 17.12.1992, IX R 7/91, NJW 1993, S. 2893; BFH, Urt. v. 17.12.1992, IX R 150/89, NJW 1993, S. 2895; wie der BFH zur Grunderwerbsteuerschuld, BVerwG, Urt. v. 26.02.1993, 8 C 35/92, NJW 1994, S. 602.

164 Vgl. Soergel/Hadding, W., § 714 Rn. 40; MünchKomm. BGB/Ulmer, P./Schäfer, C. § 714 Rn. 53; Reiff, P., Haftungsverfassung, NZG 2000, S. 281, 282.

Die Einschränkung der persönlichen Haftung der Gesellschafter (beispielsweise auf das Gesellschaftsvermögen oder auf die Höhe des Gesellschafteranteils am Gesellschaftsvermögen, quotale Haftung) ist grundsätzlich möglich,[165] wenn sie durch eine entsprechende individualvertragliche Vereinbarung im Konsens mit dem Vertragspartner verabredet wird.[166] Die generell wirksame Haftungsbeschränkung durch den Gebrauch der Bezeichnung „Gesellschaft bürgerlichen Rechts mit beschränkter Haftung" im Rechtsverkehr ist nicht zulässig.[167]

5) Gesellschafterwechsel

Der Zusammenschluss zu einer Gesellschaft bürgerlichen Rechts ist von dem besonderen persönlichen Vertrauen geprägt, das die Gesellschafter sich entgegenbringen. Der Fortbestand der Gesellschaft ist grundsätzlich von der unveränderten Zusammensetzung des Personenkreises abhängig. Im Zweifel wird die Gesellschaft mit dem Tod eines Gesellschafters aufgelöst (§ 726 BGB). Grundsätzlich muss sich auch kein Gesellschafter gegen seinen Willen einen neu hinzutretenden aufzwingen lassen.[168]

Der Beitritt von Gesellschaftern geschieht grundsätzlich unter Mitwirkung aller Gesellschafter durch einen so genannten Aufnahmevertrag.[169] Im Gesellschaftsvertrag kann aber auch eine Regelung vorgesehen werden, dass eine Mehrheitsentscheidung für die Zustimmung der Aufnahme eines neuen Gesellschafters genügt[170] oder sogar ein Gesellschafter allein über die Aufnahme entscheidet.[171] Bei dem Eintritt eines neuen Gesellschafters „wächst" ihm die vertraglich für ihn vorgesehene Quote an; in entsprechender Weise erfolgt bei den übrigen Gesellschaftern eine „Ab-

165 Vgl. Palandt/Sprau, H., § 714 Rn. 18.

166 Vgl. BGH, Urt. v. 27.09.1999, II ZR 371/98, BGHZ 142, S. 315; Dauner-Lieb, B., Unternehmen im Sondervermögen, S. 522 ff. m. w. N.

167 Zusammenfassend Reiff, P., unbeschränkte Gesellschafterhaftung, ZGR 2003, S. 550; vgl. BGH, Urt. v. 27.09.1999, II ZR 371/98, BGHZ 142, S. 315; BGH, Urt. v. 29.01.2001, II ZR 331/00, BGHZ 146, S. 341.

168 Es sei denn, seine Zustimmung ist auch unter Berücksichtigung seiner Belange zumutbar. Vgl. BGH, Urt. v. 28.04.1975, II ZR 16/73, BGHZ 64, S. 253 257; BGH JZ 1987, 95 mit Anm. Westermann, H. P.; OLG München, Urt. v. 05.02.1997, 7 U 4069/96, NJW-RR 1997, S. 611; Ulmer, P., in Staub, H., Großkomm. HGB § 105 Rn. 244 ff.; Schmidt, K., Gesellschaftsrecht, § 20 IV 2 a).

169 Vgl. MünchKomm. BGB/Ulmer, P./Schäfer, C., § 719 Rn. 17.

170 Vgl. MünchKomm. BGB/Ulmer, P./Schäfer, C., § 719 Rn. 21.

171 Vgl. Soergel/Hadding, W., § 726 Rn. 8; Vertretung ist möglich: BGH WM 1987, 1336; sie erfolgt vielfach bei Mehrheitsklauseln oder Alleinentscheidungsrecht über Neuaufnahmen, da in solchen Fällen davon auszugehen ist, dass eine entsprechende Vertretungsmacht erteilt ist. Zur Frage, ob ein Aufnahmevertrag auch zwischen einer Gesellschaft und einem Gesellschafter geschlossen werden kann, vgl. Wiedemann, H., Personengesellschaft, ZGR 1996, 286, 297.

wachsung".[172] Ein neu beitretender Gesellschafter haftet analog § 130 HGB für die Altschulden der Gesellschaft.[173]

Das Ausscheiden von Gesellschaftern erfolgt entsprechend der §§ 736, 737 BGB durch

- einvernehmliches Ausscheiden,
- Kündigung durch den Gesellschafter,
- Ausschließung des Gesellschafters,
- Tod des Gesellschafters oder
- Eröffnung des Insolvenzverfahrens über das Vermögen des Gesellschafters.

Der ausgeschiedene Gesellschafter haftet den Gläubigern auch nach dem Ausscheiden persönlich für alle Verbindlichkeiten, die bis zum Zeitpunkt seines Ausscheidens entstanden sind. Diese Ansprüche verjähren nach § 736 Abs. 2 BGB und § 160 HGB grundsätzlich nach 5 Jahren. Der Anteil des ausscheidenden Gesellschafters am Gesamthandsvermögen wächst den übrigen Gesellschaftern nach § 738 BGB zu. Im Gegenzug sind die übrigen Gesellschafter verpflichtet

- dem Ausscheidenden die zur Nutzung überlassenen Gegenstände zurückzugeben,
- ihn von den gemeinschaftlichen Schulden zu befreien und
- einen Abfindungsanspruch auszuzahlen.

Maßgeblicher Abfindungswert ist grundsätzlich der Verkehrswert oder ein vertraglich vereinbarter (niedrigerer) Wert. Ihre untere Grenze finden vertragliche Abfindungsregelungen insbesondere in den Fällen der Kündigungsvereitelung (Knebelung) oder der Gläubigerbenachteiligung (Gläubigergefährdung).[174] Eine Abfindungsklausel ist unwirksam, wenn ein erhebliches Missverhältnis zwischen dem Abfindungswert und dem wirklichen Wert die Freiheit des Gesellschafters, sich zu einer Kündigung zu entschließen, unvertretbar eingrenzt.[175] Die gesellschaftsvertragliche Herabsetzung des Abfindungsguthabens im Fall der Zwangsvollstreckung in das Vermögen des Ausscheidenden wäre ebenfalls unwirksam, wenn sie den Gläubigerzugriff vereiteln würde.[176]

---

172 Vgl. MünchHdb. GesR I, Piehler, K./Schulte, N., § 10 Rn. 34.

173 Vgl. Hadding, W., Rechtsfähigkeit, ZGR 2001, S. 712, 740; Huber, U., FS für Lutter, 2000, S. 107, 128.

174 Vgl. BGH, Urt. v. 16.12.1991, II ZR 58/91, BGHZ 116, S. 359.

175 Vgl. BGH, Urt. v. 23.05.1984, 4 AZR 129/82, NJW 1985 S. 91.

176 Vgl. BGH, Urt. v. 07.04.1960, II ZR 69/58, BGHZ 32, S. 152; BGH, Urt. v. 12.06.1975, II ZB/73, BGHZ 65, S. 22; Ulmer, P., Abfindungsklauseln, FS Quack, 1991, S. 477, 483; BGH NJW 1985, S. 192 (zur KG); BGH NJW 1989, S. 3272 (KG); Ulmer, P./Schäfer, C., ZGR 1995, S. 134, 152 f., geben als pau-

Eine Übertragung der Mitgliedschaft von einem ausscheidenden Gesellschafter auf einen neu hinzutretenden ist möglich, wenn dies im Gesellschaftsvertrag vorgesehen ist oder wenn die übrigen Gesellschafter zustimmen.[177] Der neue Gesellschafter tritt in die Rechtsstellung des Ausscheidenden. Dies gilt sowohl für Vermögensrechte (einschließlich Anspruch am Gewinn) als auch für Verwaltungsrechte (Geschäftsführungsbefugnis und Vertretungsmacht).[178] Der Ausscheidende hat gegen die Gesellschaft oder die übrigen Gesellschafter keinen Anspruch auf Abfindung, da er den Wert seiner Beteiligung durch Übertragung auf den eintretenden Gesellschafter realisiert. Der ausscheidende Gesellschafter kann nicht verlangen, von Verbindlichkeiten, für die er haftet, befreit zu werden. Jedoch gilt § 160 HGB (§ 736 Abs. 2 BGB) zu seinen Gunsten.[179]

Das Gesetz sieht in § 727 Abs. 1 BGB vor, dass bei Tod eines Gesellschafters die Gesellschaft aufzulösen ist, sofern im Gesellschaftsvertrag, wie es in Praxis oftmals festgelegt ist, keine Fortsetzung bestimmt ist. In diesen Fällen steht der Abfindungsanspruch den Erben oder der Erbengemeinschaft zu. Da eine Abfindung unter dem Verkehrswert zulässig ist, unter bestimmten Umständen für den Fall des Todes eines Gesellschafters sogar völlig ausgeschlossen werden kann,[180] wird in der Litera-

---

schalen Richtwert für eine Reduzierung des Abfindungsanspruchs ein Drittel an. Abfindungsklauseln unterliegen grundsätzlich einer Rechtskontrolle gem. § 138 BGB und einer Angemessenheitskontrolle gem. § 242 BGB. Sollte zwischen der (bspw. niedrigeren) gesellschaftsvertraglichen Abfindung und dem (bspw. höheren) wahren Wert ein auffälliges Missverhältnis bestehen, kann ein sittenwidriges Rechtsgeschäft nach § 138 BGB und damit eine nichtige Abfindungsklausel vorliegen (vgl. Sanfleber, S. 137, m. w. N.). Abfindungsklauseln, die den Gesellschafter aufgrund ihrer wirtschaftlich nachteiligen Wirkung indirekt zum Verzicht auf eine Kündigung veranlassen, können gem. § 737 Abs. 3 BGB gesetzeswidrig sein (vgl. BGH, Urt. v. 24.09.1984, II ZR 256/83, WM 1984, S. 1506). Die Nichtigkeitsregel des § 139 BGB gilt in den vorgenannten Fällen aber nicht (vgl. BGH, Urt. v. 29.01.1962, II ZR 172/60, WM 1962, S. 462). Die durch Nichtigkeit entstandene Lücke kann durch ersatzlose Streichung der Abfindungsregel mit gleichzeitiger Anwendung des dispositiven § 738 BGB (Anteil am wahren Wert), durch geltungserhaltende Reduktion oder durch Lückenfüllung mittels ergänzender Vertragsauslegung behoben werden, je nach dem, wie der Gesellschaftsvertrag und das vermutete Interesse der Gesellschafter insgesamt zu beurteilen ist.

177 Vgl. MünchKomm. BGB/Ulmer, P./Schäfer, C., § 719 Rn. 27.

178 Vgl. hierzu Soergel/Hadding, W., § 719 Rn. 17; Teichmann, A., NJW 1966, S. 2336, 2339; MünchKomm. BGB/Ulmer, P./Schäfer, C., § 719 Rn. 42.

179 So genannte Enthaftung über eine Dauer von fünf Jahren ab Eintragung des Ausscheidens in das Handelsregister; bzw. ab dem Zeitpunkt, ab dem der Gläubiger von dem Ausscheiden des Gesellschafters Kenntnis erlangt.

180 Vgl. BGH, Urt. v. 14.07.1971, III 91/70, WM 1971, S. 1338; Schmid, K., Gesellschaftsrecht, § 45 V 2 b); MünchKomm. BGB/Ulmer, P./Schäfer, C., § 738, Rn. 49.

tur in einem solchen Fall von einer zulässigen Art des „Russischen Roulettes" gesprochen.[181]

6) Auflösung und Beendigung

Die Gesellschaft ist nach § 723 ff. BGB insbesondere in folgenden Fällen aufzulösen:

- Kündigung,
- Zweckerreichung,
- Tod eines Gesellschafters,
- Eröffnung des Insolvenzverfahrens über das Vermögen eines Gesellschafters,
- Unmöglichwerden des Erreichens des Gesellschaftszwecks und
- Auflösungsbeschluss der Gesellschaft.

Bei Eintritt eines der Gründe, die zur Auflösung der Gesellschaft führen, ändert die Gesellschaft ihren Zweck[182] in den der Liquidation[183], d.h. sie ist ab diesem Moment auf Abwicklung gerichtet. Die Auflösung einer Gesellschaft führt noch nicht zu ihrer Beendigung, sondern zum Eintritt in die Auseinandersetzung. Nach §§ 729 bis 740 BGB sind hierbei

- zuerst die Gläubiger aus dem Vermögen der Gesellschaft wegen ihrer Forderungen gegen die Gesellschaft zu befriedigen und
- sodann das etwa noch übrig gebliebene Vermögen unter den Gesellschaftern zu verteilen.

Beendet ist die Gesellschaft, wenn die Abwicklung der Gesellschaft abgeschlossen, d.h. das Gesellschaftsvermögen vollständig an die Gläubiger und die Gesellschafter verteilt ist.[184]

b. Offene Handelsgesellschaft

1) Rechtsgrundlagen, Begriffsbestimmung und Bedeutung

Eine Gesellschaft, deren Zweck auf den Betrieb eines Handelsgewerbes unter gemeinschaftlicher Firma gerichtet ist, begründet eine offene Han-

---

181 Vgl. Grunewald, B., Gesellschaftsrecht, S. 77, Rn. 151.

182 Vgl. Kübler, F./Assmann, H.-D., § 7 VI 1; Baumbach, A./Hopt, K. J., § 145 Rn. 4.

183 Vgl. Sudhoff/Masuch, A. [Personengesellschaften], § 19 Rn. 67 ff.

184 Vgl. Soergel/Hadding, W., § 730 Rn. 13; MünchKomm. BGB/Ulmer, P./ Schäfer, C., § 730 Rn. 20.

delsgesellschaft (OHG), wenn bei keinem der Gesellschafter die Haftung gegenüber den Gesellschaftsgläubigern beschränkt ist (§ 105 Abs. 1 HGB). Gesellschaften, deren Gewerbebetrieb nicht schon nach § 1 Abs. 2 HGB ein Handelsgewerbe ist oder die nur eigenes Vermögen verwalten, sind offene Handelsgesellschaften, wenn die Firma des Unternehmens in das Handelsregister eingetragen ist (§ 105 Abs. 2 HGB). Auf die offene Handelsgesellschaft finden, soweit nicht die §§ 105 bis 160 HGB ein anderes vorschreiben, über die Verweisungsnorm des § 105 Abs. 3 HGB die Vorschriften des BGB über die Gesellschaft (§§ 705 bis 740 BGB) Anwendung.

Die OHG unterscheidet sich von der GbR im Wesentlichen durch folgende Punkte:[185]

- Der gemeinsam angestrebte Zweck ist der Betrieb eines kaufmännischen Gewerbes (§§ 1 bis 3 HGB).
- Die OHG muss eine gemeinschaftliche Firma haben (§§ 17 ff., 105 Abs. 1 HGB).
- Die OHG erwirbt unter dieser Firma Rechte, geht Verbindlichkeiten ein und kann vor Gericht klagen und verklagt werden (§ 124 HGB)[186]

Eine OHG setzt regelmäßig das Vorhandensein mehrerer Gesellschafter voraus.[187] An einer OHG können grundsätzlich sowohl natürliche als auch juristische Personen als Gesellschafter beteiligt sein.[188]

Die wirtschaftliche Bedeutung der OHG ist als rückläufig einzustufen.[189] Dies liegt einerseits am hohen Haftungsrisiko der Gesellschafter und andererseits an der begrenzten Möglichkeit der OHG, Eigenkapital durch Teilnahme am Kapitalmarkt zu beschaffen.[190] Die OHG ist daher hauptsächlich im mittelständischen Bereich anzutreffen, insbesondere wenn alle Gesellschafter auch ihre volle Arbeitskraft und ihr gesamtes Vermögen als Grundlage für die Gesellschaft zur Verfügung stellen. Das Haftungsrisiko wird als Hauptgrund dafür angesehen, dass Gesellschaftsformen mit der Möglichkeit der Haftungsbeschränkung zunehmend präferiert werden und neben der Kommanditgesellschaft und der GmbH auch die Typenvermischung der GmbH & Co. KG zunehmende Beliebtheit erfährt.[191]

---

185 Vgl. Eisenhardt, U., Gesellschaftsrecht, S. 125, Rn. 194.

186 Zur zwischenzeitlich auch einer Gesellschaft bürgerlichen Rechts weitgehend zugestandenen Rechtsfähigkeit siehe oben B. 2. b. 4) aa).

187 Vgl. MünchKomm. HGB/Schmidt, K., § 105 Rn. 24.

188 Vgl. Röhricht/Westphalen/Gerkan, H. von/Haas, U., § 108 Rn. 57.

189 Vgl. Ulmer, P., in Staub, H., Großkomm. HGB, § 105 Rn. 12; auch Kübler, F./Assmann, H.-D., § 7 I 4.

190 Vgl. Meyer, J., GmbHR 2002, S. 177, 178.

191 Vgl. Eisenhardt, U., Gesellschaftsrecht, S. 129, Rn. 206.

2) Entstehung und Gesellschaftsvertrag

Die OHG entsteht – wie jede Gesellschaft – durch den Abschluss eines Gesellschaftsvertrages. Da der Abschluss eines Gesellschaftsvertrages ein Rechtsgeschäft ist, sind die allgemeinen Regeln über Rechtsgeschäfte anzuwenden. Der Inhalt des Gesellschaftsvertrages ist die Verpflichtung der Beteiligten, die Erreichung des gemeinsamen Zwecks in der im Vertrag vorgesehenen Art und Weise zu fördern. Der Abschluss ist grundsätzlich formfrei, es sei denn, ein enthaltenes Leistungsversprechen ist formbedürftig; in diesem Fall bedarf der gesamte Gesellschaftsvertrag der für das Leistungsversprechen erforderlichen Form.[192]

Der Gesellschaftsvertrag der OHG ist ein schuldrechtlicher Vertrag. Er regelt die wechselseitigen Rechte und Pflichten der Gesellschafter und die Bestimmungen über die Organisation der Gesellschaft.[193] Der Gesellschaftsvertrag ist kein Austauschvertrag, daher können die §§ 320 ff. BGB nicht auf ihn angewandt werden; denn es fehlt an der synallagmatischen Verknüpfung vertraglicher Leistungen.[194]

Grundsätzlich betreibt die OHG ein kaufmännisches Gewerbe und tritt im Geschäftsverkehr unter einer gemeinsamen Firma auf. Eine Gesellschaft bürgerlichen Rechts, die ein Gewerbe im Sinne des § 1 Abs. 2 HGB betreibt, wird von Gesetzes wegen ohne jeden weiteren Akt zu einer personen- und strukturgleichen OHG, sobald sie einen in kaufmännischer Weise eingerichteten Geschäftsbetrieb erfordert (§ 105 Abs. 1 i. V. m. § 1 HGB).[195] Tritt jemand als persönlich haftender Gesellschafter in das Geschäft eines Einzelkaufmanns ein, entsteht eine OHG, wenn ein Gesellschaftsvertrag abgeschlossen wird.[196]

Im Innenverhältnis, d.h. dem Verhältnis der Gesellschafter zu- und untereinander, entsteht die OHG mit Abschluss des Gesellschaftsvertrages.[197] Im Außenverhältnis, d.h. dem Verhältnis der Gesellschaft und der

---

192 Vgl. auch die Ausführungen zur GbR, lit. II. B. 1. a. 2.

193 Die zur GbR bereits dargestellten (vgl. oben: B. 1. b. 2)) Grundsätze der fehlerhaften Gesellschaft sind nach h. M. auch auf die OHG anzuwenden (vgl. Kübler, F./Assmann, H.-D., § 7 VII 2 c; m. w. N.). Es finden sich aber auch Meinungen, nach denen bei einer OHG § 173 HGB anzuwenden sei (vgl. Baumbach, A./Hopt, K. J., § 139 Rn. 47 m. w. N.).

194 Vgl. Schmidt, K., Gesellschaftsrecht, 20 III.

195 Vgl. BGH, Urt. v. 29.01.2001, II ZR 331/00, BGHZ 146, S. 341; BGH, Urt. v. 19.02.1990, II ZR 42/89, WM 1990, S. 586.

196 In einem solchen Fall regelt § 28 HGB den Übergang der Forderungen und Verbindlichkeiten, die im Geschäft des Einzelkaufmannes entstanden sind, auf die Gesellschaft, vgl. Baumbach, A./Hopt, K. J., § 29 Rn. 5.

197 Durch Abschluss eines Vorvertrages entsteht die OHG noch nicht. Der Vorvertrag ist auch nur dann wirksam, wenn er bereits so ausgestaltet ist, dass alle wesentlichen Elemente des Gesellschaftsvertrages geregelt sind und im Ge-

Gesellschafter zu Dritten, ist der Vertragsschluss für Dritte nicht ohne weiteres erkennbar; daher entsteht die OHG,

- wenn sie in das Handelsregister eingetragen ist (§ 123 HGB) oder
- vor Eintragung, wenn die Gesellschaft aufgrund eines gemeinsamen Beschlusses aller Gesellschafter mit ihren Geschäften begonnen hat, soweit sich aus §§ 2 und 105 Abs. 2 HGB nichts anderes ergibt.

3) Innenverhältnis

a) Rechtsgrundlagen

Das Verhältnis der Gesellschafter einer OHG untereinander ist in den §§ 109 – 122 HGB und, soweit in diesen Vorschriften keine Sonderregelung enthalten ist, ergänzend in den §§ 705 BGB geregelt. Nach § 109 HGB gilt auch für die OHG der Grundsatz der Privatautonomie; die Vertragschließenden können ihre Rechtsverhältnisse grundsätzlich frei gestalten; die Vorschriften der §§ 110 bis 122 HGB sind nach § 109 2. Halbsatz HGB dispositiv. Die §§ 109 ff. und §§ 705 ff. BGB sind daher nur dann anzuwenden, wenn sich aus dem Gesellschaftsvertrag nichts anderes ergibt. Das Innenverhältnis der Gesellschafter betreffend bestehen nur wenige gesetzliche Bestimmungen, die nicht dispositiv sind. Beispielsweise regelt § 118 Abs. 2 HGB, dass eine die Kontrollrechte ausschließende oder beschränkende Vereinbarung unwirksam ist, wenn Grund zur Annahme unredlicher Geschäftsführung besteht. In der Praxis sollte das Innenverhältnis den Bedürfnissen des konkreten Einzelfalles entsprechend geregelt werden.[198]

Wie für alle Personengesellschaften gilt der Grundsatz der gleichmäßigen Behandlung aller Gesellschafter.[199] Es gibt keinen Grundsatz der Gleichberechtigung aller Gesellschafter.[200] Gleichwohl geht die h. M. von einem Verbot einer unsachlichen Differenzierung zwischen den Gesell-

---

sellschaftsvertrag fehlende Elemente durch ergänzende Vertragsauslegung hätten geregelt werden können (vgl. RGZ, Urt. v. 22.10.1937, II 58/37, RGZ 156, S. 129; BGH LM Nr. 3 zu § 705 BGB).

Bei einer Scheingesellschaft (Abschluss eines OHG-Gesellschaftsvertrages nur zum Schein, bspw. um einen Kredit zu erschleichen) fehlt es schon am Abschluss eines wirksamen Gesellschaftsvertrages; mithin entsteht keine OHG. Die Gesellschafter können sich nicht auf das Recht der OHG berufen. Dritte, die auf den Rechtsschein vertraut haben, können nach den Grundsätzen der Vertrauenshaftung und der Rechtsscheinhaftung die Rechte geltend machen, die ihnen nach OHG-Recht zugestanden hätten (vgl. Canaris, C.-W., § 6 III m. w. N.).

198 Vgl. Eisenhardt, U., Gesellschaftsrecht, S. 143.

199 Vgl. MünchKomm. BGB/Ulmer, P., § 705 Rn. 199 ff., 202 m. w. N.

200 Vgl. Hueck, A., § 9 III.

schaftern aus.[201] Hiernach können die Gesellschafter verlangen, dass sie unter gleichen Bedingungen nach dem gleichen Maßstab behandelt werden, sodass sie gleiche Vorteile erhalten und gleiche Lasten zu tragen haben.[202]

Die so genannten Sozialansprüche, d.h. die Ansprüche der Gesellschaft gegen ihre Gesellschafter sind gerichtet auf

- Leistung von Beiträgen,
- Erfüllung von Geschäftsführerpflichten und
- Erfüllung von gesellschaftlichen Treuepflichten.[203]

Die so genannten Sozialverpflichtungen, d.h. die Ansprüche der Gesellschafter gegen ihre Gesellschaft sind gerichtet auf

- den Gewinnanteil,
- Ausübung des Stimmrechts
- Information und Kontrolle,
- Vergütung für Geschäftsführung und
- Aufwendungsersatz.

b) Beitragspflicht

Der Begriff „Beitrag" ist gesetzlich nicht definiert. Überwiegend werden als Beiträge diejenigen Einlagen angesehen, die in das Gesellschaftsvermögen übergehen und dieses mehren.[204] Die Pflicht zur Leistung von Beiträgen für die Gesellschafter einer OHG ergibt sich aus § 105 Abs. 3 HGB i. V. m. §§ 705, 706 BGB. Die Art und der Umfang der Beiträge bestimmen sich nach dem Gesellschaftsvertrag. Als Beiträge kommen in Frage Geldzahlungen, Einbringung von unbeweglichen und beweglichen Sachen und Rechten (z.B. Patente, Lizenzen),[205] Gestattung des Gebrauchs zur gemeinsamen Nutzung, Dienstleistungen (wie z.B. Ge-

---

[201] Vgl. Wiedemann, H., Gesellschaftsrecht, Bd. 1, § 8 II 2.

[202] Vgl. Schmidt, K., Gesellschaftsrecht, § 16 II 4.

[203] Insbesondere auf die Einhaltung des Wettbewerbsverbots, vgl. Baumbach, A./Hopt, K. J. § 112 Rn. 1.

[204] Vgl. Huber, U., Vermögensanteil, S. 191 f, m. w. N; MünchHdb. GesR I/Falkenhausen, J. v. /Schneider, H. C., § 60 Rn. 2, m. w. N.

[205] Als Einlage können nur solche Beiträge verbucht werden, die bei der Gesellschaft aktivierbar sind und auf die Gesellschaft zu Eigentum (quoad dominium) übergehen. Eine Übertragung lediglich zur Nutzung (quoad usum) oder eine Übertragung nur dem Werte nach (quoad sortem) stellt keine Eigentumsrechtsposition dar, kann nicht aktiviert werden und mehrt in diesem Sinne das Gesellschaftsvermögen nicht; solche Beiträge können keine Einlage darstellen (vgl. MünchHdb. GesR I/ Falkenhausen, J. v./Schneider, H. C., § 60 Rn. 14 bis 18).

schäftsführung),[206] Forderungen, ein ganzes Unternehmen mit Firma und Kundenstamm, die Kenntnis von Absatzmöglichkeiten und Bezugsquellen[207] sowie technische Erfahrungen, nicht dagegen der bloße Goodwill.[208]

Als Einlagen tauglich sind alle bilanzierungsfähigen Gegenstände; sie werden aktiviert und dem Gesellschafter auf seinem Kapitalkonto gutgeschrieben.[209] Dienstleistungen und bloße Gebrauchsüberlassungen können Beiträge, aber nicht Einlagen sein; gleichwohl kann eine Bareinlage vereinbart sein und durch die Verrechnung mit einem Gehalt, einem Miet- oder Pachtzins o. ä. sukzessive getilgt werden.[210] Das Verbot einer verdeckten Sacheinlage gibt es bei Personengesellschaften nicht.[211]

c) Treuepflicht und Wettbewerbsverbot

Das Verhältnis der Gesellschafter einer OHG untereinander ist durch die enge persönliche Beziehung geprägt und wird unter Anwendung des § 242 BGB vom Grundsatz der gegenseitigen Rücksichtnahme geprägt. Unbestritten haben alle Gesellschafter die Pflicht

- die Interessen der Gesellschaft wahrzunehmen und
- alles zu unterlassen, was diese Interessen schädigt.

Die Sanktionen für einen Verstoß gegen die Treuepflicht hängen vom Einzelfall des Verstoßes ab. Denkbar sind beispielsweise Schadenersatz-, Herausgabe-, Erfüllungs-, Unterlassungs-, Beseitigungs- oder Vertragsänderungsansprüche, Auflösungs-, Ausschließungs- oder Austrittsgründe sowie fehlerhafte Gesellschafterbeschlüsse.[212]

Ausfluss der Treuepflicht ist das Wettbewerbsverbot, das bei der OHG nicht wie bei der GbR aus § 242 BGB hergeleitet werden muss; es ist speziell in § 112 Abs. 1 HGB kodifiziert. Hiernach darf ein Gesellschafter ohne Einwilligung der anderen Gesellschafter

- weder in dem Handelszweig der Gesellschaft Geschäfte tätigen
- noch an einer anderen gleichartigen Handelsgesellschaft als persönlich haftender Gesellschafter teilnehmen.

---

206 Vgl. Sudhoff, H., Dienstleistungen, NJW 1964, S. 1249 ff.
207 Vgl. RG, Urt. v. 14.03.1919, Rep. II 393/18, RGZ 95, S. 147.
208 Vgl. MünchKomm. HGB/Schmidt, K., §§ 171, 172 Rn. 9.
209 Vgl. Schmidt, K., Gesellschaftsrecht, § 20 II 3 a) aa).
210 Vgl. MünchKomm. HGB/Schmidt, K., § 105 Rn. 179 ff.
211 Vgl. MünchKomm. HGB/Schmidt, K., §§ 171, 172 Rn. 9.
212 Vgl. MünchKomm. HGB/Schmidt, K., § 105 Rn. 193.

Die Rechtsfolgen eines Verstoßes gegen das Wettbewerbsverbot sind in § 113 HGB geregelt. Die OHG kann Schadensersatz fordern (§ 113 Abs. 1, 1 Halbsatz HGB) oder stattdessen ein Eintrittsrecht geltend machen oder Herausgabe oder Abtretung des Erlangten verlangen (§ 113 Abs. 1, 2. Halbsatz HGB).[213] Daneben bleibt es den Gesellschaftern unbenommen, nach §§ 117[214], 133[215] oder 140[216] HGB vorzugehen.

d) Geschäftsführung

Geschäftsführung einer Personengesellschaft ist die auf die Verfolgung des Gesellschaftszwecks gerichtete Tätigkeit, die in tatsächlichen und rechtlichen Handlungen bestehen kann. Nach § 114 Abs. 1 HGB sind alle Gesellschafter zur Führung der Geschäfte der Gesellschaft sowohl berechtigt als auch verpflichtet (Einzelgeschäftsführungsbefugnis). Diese Befugnis erstreckt sich nach § 116 Abs. 1 HGB auf alle Handlungen, die der gewöhnliche Betrieb des Handelsgewerbes der Gesellschaft mit sich bringt (einfache Geschäftsführung). Macht ein anderer geschäftsführender Gesellschafter von seinem Widerspruchsrecht nach § 115 Abs. 1 HGB Gebrauch, muss die geplante Maßnahme unterbleiben. Das Widerspruchsrecht fußt in der Gleichberechtigung aller geschäftsführenden Gesellschafter.[217] Der geschäftsführende Gesellschafter muss immer das Interesse der Gesellschaft im Auge haben. Verstößt er, bspw. bei Einlegung eines solchen Widerspruchs, schuldhaft gegen diese sich aus

---

213 Zu weitergehenden Rechtsfolgen, wie bspw. Unterlassung, deliktische Ansprüche oder Vertragsstrafen siehe MünchKomm. HGB/Langhein, G. H., § 113 Rn. 11 bis 17 m. w. N.

214 Nach § 117 HGB kann einem Gesellschafter auf Antrag der übrigen Gesellschafter die Geschäftsführungsbefugnis entzogen werden, wenn ein wichtiger Grund vorliegt; insbesondere bei grober Pflichtverletzung oder bei Unfähigkeit zur ordnungsgemäßen Geschäftsführung.

215 Nach § 133 HGB kann auf Antrag eines Gesellschafters die Auflösung der Gesellschaft vor dem Ablauf der für ihre Dauer bestimmten Zeit oder bei einer für unbestimmte Zeit eingegangenen Gesellschaft ohne Kündigung durch gerichtliche Entscheidung ausgesprochen werden, wenn ein wichtiger Grund vorliegt. Ein solcher wichtiger Grund kann durch ein einem Gesellschafter zuzurechnendes treuwidriges Verhalten gegeben sein, durch welches bspw. eine unüberwindbare Zerrüttung der Vertrauensgrundlage gegeben ist (vgl. MünchKomm. HGB/Schmidt, K., § 133 Rn. 19 ff.; 24).

216 Wenn in der Person eines Gesellschafters ein Umstand eintritt, der nach § 133 HGB für die übrigen Gesellschafter das Recht begründet, die Auflösung der Gesellschaft zu verlangen, kann vom Gericht nach § 140 Abs. 1 HGB auf Antrag der übrigen Gesellschafter anstatt der Auflösung die Ausschließung dieses Gesellschafters aus der Gesellschaft ausgesprochen werden (vgl. zur Kasuistik der verhaltensbezogenen Ausschließungsgründe: MünchKomm. HGB/Schmidt, K., § 140 Rn. 39 bis 52.

217 Vgl. BGH, Urt. v. 11.01.1988, II ZR 192/87, WM 1988, S. 968.

der gesellschaftlichen Treuepflicht ergebende Verpflichtung, so kann er sich eines Anspruchs aus Pflichtverletzung (§ 280 BGB) ausgesetzt sehen.

Für eine über den gewöhnlichen Betrieb des Handelsgewerbes hinausgehende Handlung (qualifizierte Geschäftsführung) ist nach § 116 Abs. 2 HGB ein Beschluss sämtlicher Gesellschafter erforderlich. Hiervon zu unterscheiden sind die Grundlagengeschäfte, die außerhalb des Gesellschaftszwecks oder des Unternehmensgegenstandes liegen können. Die Grundlagengeschäfte erfordern ebenfalls einen Beschluss aller Gesellschafter.[218]

e) Aufwendungsersatzanspruch

Nach § 110 Abs. 1 HGB hat jeder Gesellschafter, auch der nicht zur Geschäftsführung befugte, einen Anspruch gegen die Gesellschaft auf Ersatz von Aufwendungen, die er in Gesellschaftsangelegenheiten den Umständen nach für erforderlich halten durfte. Die Gesellschaft ist zudem ersatzpflichtig für Verluste, die ein Gesellschafter unmittelbar durch seine Geschäftsführung oder damit untrennbar verbundene Gefahren erleidet. § 110 Abs. 1 HGB betrifft alle im Interesse der Gesellschaft gemachten vermögenswerten Opfer eines Gesellschafters, ohne aufgrund einer Beitragspflicht hierzu verpflichtet zu sein.[219] Ansprüche eines Gesellschafters aus § 110 HGB können während der Dauer des Bestehens der Gesellschaft grundsätzlich nur gegen diese, nicht gegen andere Gesellschafter geltend gemacht werden; dies gilt auch, wenn der Gesellschafter aus dem Vermögen der Gesellschaft keine Befriedigung erlangen kann.[220] Wenn aber ein Gesellschafter von einem Gesellschaftsgläubiger nach § 128 HGB in Anspruch genommen worden ist und er eine Gesellschaftsverbindlichkeit getilgt hat, dann wäre es nicht gerechtfertigt, dem betreffenden Gesellschafter den Rückgriff auf andere Gesellschafter zu versagen, wenn von der Gesellschaft kein Ersatz zu erlangen ist. In diesem Falle hätte doch jeder andere Mitgesellschafter

---

218 Dogmatisch gesehen stehen Grundlagengeschäfte außerhalb der Geschäftsführungskompetenz und können daher nicht von § 116 Abs. 1 HGB (gewöhnliche Geschäftsführung) und § 116 Abs. 2 HGB (darüber hinausgehende Geschäftsführung) erfasst sein. Der sich aus einer historischen Perspektive ergebende Streit, ob der Wortlaut von Art. 103 Abs. 1 ADHGB, der als außergewöhnliche Geschäfte auch solche qualifizierte, die dem Zweck der Gesellschaft nicht entsprachen, kann hier dahinstehen, da einhellige Meinung ist, dass Grundlagengeschäfte wegen ihrer besonderen Bedeutung eines Beschlusses aller Gesellschafter bedürfen (vgl. BGH, Urt. v. 11.02.1980, II ZR 41/79, BGHZ 76, S. 160.

219 Vgl. Schlegelberger-Martens, K.-P., § 110 Rn. 15 ff.; Staub, H./ Ulmer, P., Großkomm. HGB, § 110 Rn. 12.

220 Vgl. BGH, Urt. v. 02.07.1962, II ZR 204/60, BGHZ 37, S. 299.

ebenso in Anspruch genommen werden können. Diesem Ausgleichsanspruch steht auch nicht § 707 BGB entgegen; denn er beruht auf § 426 Abs. 1 BGB und richtet sich in diesem Falle nicht nach Kopfteilen, sondern nach der Verlustbeteiligung des jeweiligen Gesellschafters.[221]

f) Ergebnisbeteiligung, Rechnungsabschluss

Sofern keine individuelle gesellschaftsvertragliche Regelung[222] getroffen wurde, enthält das Gesetz in den §§ 120 bis 122 HGB Bestimmungen über die jährliche Ermittlung des Geschäftsergebnisses, die Verteilung von Gewinn und Verlust sowie zur Behandlung von Entnahmen. Die OHG ist als Formkaufmann gem. § 6 Abs. 1 HGB am Ende eines jeden Geschäftsjahres nach § 242 Abs. 1 Satz 1 HGB zur Aufstellung einer Bilanz[223] und nach § 242 Abs. 2 HGB zur Aufstellung einer Gewinn- und Verlustrechnung verpflichtet. § 120 Abs. 1 HGB ordnet speziell für die OHG an, dass am Schlusse jedes Geschäftsjahrs der Gewinn oder der Verlust des Jahres zu ermitteln und für jeden Gesellschafter sein Anteil daran zu berechnen ist. Die Verteilung des Jahresergebnisses erfolgt teils nach kapitalistischen und teils nach personalistischen Grundsätzen. Nach § 121 Abs. 1 HGB sind zunächst die Kapitalkonten mit 4 v. H. zu verzinsen. Sodann wird der verbleibende Jahresgewinn nach Köpfen verteilt (§ 121 Abs. 3 HGB).

In der OHG arbeiten in aller Regel die Gesellschafter mit; ihre Tätigkeit wird so zur Lebensgrundlage. Daher müssen die Gesellschafter einer OHG ihren Lebensunterhalt durch „Entnahmen“[224] alimentieren können. Entnahme ist jede unmittelbare oder mittelbare vermögenswerte Leistung aus dem Vermögen der Gesellschaft an den Gesellschafter in seiner Eigenschaft als Gesellschafter (societatis causa).[225] Folgerichtig regelt § 122 HGB die Berechtigung eines jeden Gesellschafters „...aus der Gesellschaftskasse Geld bis zum Betrage von vier vom Hundert seines für das letzte Geschäftsjahr festgestellten Kapitalanteils zu seinen Lasten zu erheben...“ (§ 122 Abs. 1, 1. Halbsatz HGB). Dieses Recht be-

---

221 Vgl. OLG Koblenz, Urt. v. 15.12.1994, 6 U 289/91, NJW-RR 1995, S. 486.

222 In der kautelarjuristischen Praxis sind zur Ergebnisverteilung von Personengesellschaften fast ausnahmslos detaillierte individuell vereinbarte schriftliche Regelungen anzutreffen, sodass die gesetzlichen Vorschriften der §§ 120-122 HGB regelmäßig nicht unmittelbare Anwendung finden. Daher wird hier nur eine knappe Darstellung der gesetzlichen Regelung vorgenommen.

223 Die Gewinnermittlung durch Bilanzierung ist im Wesentlichen in den §§ 238 ff. HGB und §§ 4 Abs 1 sowie 5 EStG geregelt.

224 In der gesellschaftsrechtlichen Literatur wird in Bezug auf die Entnahmen und den Zusammenhang mit der Einbringung ihrer Arbeitskraft durch die Gesellschafter teilweise sogar die Bezeichnung „Geschäftsführergehälter“ verwandt (vgl. bspw. Klunzinger, E., S. 84).

225 Vgl. MünchKomm. HGB/Priester, H.-J., § 122 Rn. 5.

steht unabhängig davon, ob die OHG auch tatsächlich Gewinn erzielt hat.[226] Die Auszahlung eines höheren Gewinnanteils kann darüber hinaus verlangt werden, soweit dies nicht zum offenbaren Schaden der Gesellschaft gereicht (§ 122 Abs. 1, 2. Halbsatz HGB).

Für die OHG fehlen besondere Vorschriften über das Gesellschaftsvermögen; daher finden die Regelungen über die GbR (§§ 718 ff. BGB) Anwendung (§ 105 Abs. 3 HGB), sofern im Einzelfall im Gesellschaftsvertrag keine Regelung enthalten ist.

g) Mitverwaltungs- und Informationsrechte

Da bei der OHG grundsätzlich alle Gesellschafter zugleich an der Geschäftsführung beteiligt sind, können sie sich jederzeit über die Angelegenheiten der OHG selbst informieren. § 716 BGB und § 118 HGB sind sprachlich und inhaltlich fast deckungsgleich. § 118 HGB verdrängt als lex specialis § 716 BGB[227] und stellt eine direkte verbandsrechtliche Anspruchsgrundlage dar.[228] Demgegenüber leitet der Anspruch aus § 716 BGB seine materiellrechtliche Auskunftsverpflichtung über §§ 713, 666 BGB her.[229]

Außerhalb bestehender Rechtsverhältnisse stehen gemäß § 810 BGB beispielsweise ausgeschiedenen Gesellschaftern ein Recht zur Einsicht in Urkunden der Gesellschaft zu.[230] Die tatsächliche Verpflichtung zur Vorlage von Urkunden im Zivilprozess ist in § 422 ZPO geregelt und hängt im Wesentlichen davon ab, ob der Prozessgegner nach materiellrechtlichen Vorschriften zur Herausgabe oder Vorlage verpflichtet ist.[231]

4) Außenverhältnis

a) Rechts- und Parteifähigkeit

Das Außenverhältnis, d.h. das Rechtsverhältnis der Gesellschafter zu Dritten, wird in den §§ 123 bis 130b HGB geregelt. Nach § 123 Abs. 1 HGB tritt die Wirksamkeit der OHG grundsätzlich erst dann ein, wenn sie

---

226 Vgl. MünchHdb. GesR I/Falkenhausen, J. v./Schneider, H. C., § 64 Rn. 14.

227 Vgl. Baumbach, A./Hopt, K. J., § 105 Rn. 16.

228 Vgl. MünchKomm. HGB/Enzinger, M., § 118 Rn. 12 m. w. N.

229 Vgl. MünchKomm. HGB/Enzinger, M., § 118 Rn. 4.

230 Nicht gedeckt vom rechtlichen Interesse ist die Ausforschung von Beweismitteln, vgl. Ermann/Heckelmann, D./Wilhelmi, R., Bd. II, § 810 Rn. 3.

231 Vgl. Zöller/Geimer, R., ZPO, 25. Aufl., § 422 Rn. 2.; Baumbach, A./Lauterbach, W./Albers, J./Hartmann, P., § 422 Rn. 5; MünchKomm. ZPO/Schreiber, K., § 422 Rn. 3.

im Handelsregister eingetragen ist. Sie muss ins Handelsregister eingetragen werden (§ 106 HGB). Betreibt die OHG ein Handelsgewerbe im Sinne des § 1 Abs. 2 HGB, dann ist die Eintragung nur deklaratorisch; im Verhältnis zu Dritten wird die OHG schon mit ihrem tatsächlichen Geschäftsbeginn wirksam.[232] Betreibt die OHG ein Gewerbe i. S. d. § 2 HGB oder verwaltet sie nur eigenes Vermögen, dann ist die Eintragung konstitutiv; die OHG entsteht erst mit Eintragung (§ 105 Abs. 2 HGB).[233]

b) Vertretung

Nach der gesetzlichen Regelung des § 125 HGB kann jeder Gesellschafter im Namen der Gesellschaft mit Wirkung für und gegen alle Gesellschafter rechtsgeschäftliche Erklärungen abgeben und entgegennehmen. Der Umfang der gesetzlichen Vertretungsmacht ist nach § 126 HGB unbeschränkt. Dritten gegenüber ist eine Beschränkung des Umfanges der Vertretungsmacht nach § 126 Abs. 2 HGB unwirksam.[234]

Bei der OHG gilt der Grundsatz der Selbstorganschaft, d.h. (mindestens) einer der Gesellschafter muss geschäftsführungs- und vertretungsbefugt sein.235 Dieses Gebot der Selbstorganschaft bedeutet ein Verbot der Drittorganschaft und ist Ausfluss des so genannten Abspaltungsverbots, nach dem die Abspaltung einzelner Verwaltungsrechte auf Dritte nicht zulässig ist, weil dies mit dem Wesen der Gesamthandsgemeinschaft grundsätzlich nicht zu vereinbaren ist.[236] Die Vertretungsmacht kann einem Gesellschafter nur unter denselben Voraussetzungen wie die Geschäftsführungsbefugnis entzogen werden (§ 127 HGB). Jede Abweichung von der Einzelvertretungsmacht der Gesellschafter muss nach § 125 Abs. 4 HGB zur Eintragung in das Handelsregister angemeldet werden. Nur die Publizität des Handelsregisters garantiert klare Rechtsverhältnisse; daher richten sich die Rechtsfolgen von vollzogenen oder von unterbliebenen Eintragungen nach § 15 HGB.[237]

---

232 Vgl. MünchHdb. GesR I/Happ, W., § 47 Rn. 12.

233 Vorher war sie aber schon eine Gesellschaft, allerdings im Rechtskleid einer anderen Gesellschaftsform, im Zweifel eine GbR.

234 Da die (Mit-)Gesellschafter eine eventuelle Beschränkung der Vertretungsmacht eines Gesellschafters kennen (müssen), können diese sich nicht hierauf berufen (vgl. BGH ZIP 1997, 1419).

235 Vgl. Kübler, F./Assmann, H.-D., § 21 II 3 c); BGH, Urt. v. 12.07.1965, II ZR 118/63, BGHZ 44, S. 158.

236 Vgl. BGH, Urt. v. 10.11.1951, II ZR 111/50, BGHZ 3, S. 354, 356 ff.; BGH, Urt. v. 14.05.1956, II ZR 229/54, BGHZ 20, S. 363.; BGH, Urt. v. 12.12.1960, II ZR 255/59, BGHZ 34, S. 27; BGH, Urt. v. 22.01.1962, II ZR 11/61, BGHZ 36, S. 292.

237 Eingetragene Tatsachen muss ein Dritter nach §15 Abs. 2 HGB gegen sich gelten lassen. Auf nicht eingetragene Tatsachen kann sich derjenige, für den sie einzutragen gewesen wären, grds. nicht berufen (§ 15 Abs. 1 HGB).

c) Haftung

Die Gesellschafter haften für die Verbindlichkeiten der Gesellschaft den Gläubigern als Gesamtschuldner persönlich (§ 128 Satz 1 HGB). Diese nicht beschränkte Haftung bedeutet, dass neben der Gesamthandsverbindlichkeit der Gesellschaft die Haftungsverbindlichkeit der einzelnen Gesellschafter nebeneinander besteht[238] und jeder Gesellschafter

- von den Gläubigern unmittelbar und direkt in Anspruch genommen werden kann, ohne zuvor bei der Gesellschaft Befriedigung gesucht zu haben,
- der Gesellschafter mit seinem gesamten Privatvermögen und nicht nur mit seinem Anteil am Gesellschaftsvermögen und
- mit den anderen Gesellschaftern als Gesamtschuldner haftet.

Jeder Gesellschafter kann aber alle Einwendungen der Gesellschaft gegenüber dem ihn in Anspruch nehmenden Gesellschaftsgläubiger entgegen setzen, sofern die Einwendungen von der Gesellschaft erhoben werden können (§ 129 HGB). Ein für oder gegen die Gesellschaft ergangenes rechtskräftiges Urteil muss der Gesellschafter auch gegen sich gelten lassen, es sei denn, das Urteil ist durch kollusives Zusammenwirken entstanden.[239]

Eintretende Gesellschafter in eine bestehende Gesellschaft haften zwingend für bereits bestehende Verbindlichkeiten (§ 130 Abs. 1 HGB). Entgegenstehende Vereinbarungen sind unwirksam (§ 130 Abs. 2 HGB). Lediglich im Verhältnis zwischen den Gesellschaftern kann (intern) wirksam vereinbart werden, dass Altgesellschafter neu hinzutretende Gesellschafter freistellen.[240]

5) Gesellschafterwechsel

Für den Wechsel von Gesellschaftern in Form des Beitritts, des Austritts und der Sonderrechtsnachfolge gelten im Grunde die bereits dargestellten Regelungen für die GbR. Bei der OHG ist der Eintritt eines neuen Gesellschafters in das Handelsregister einzutragen (§ 107 HGB).

§ 131 Abs. 3 Satz lit. 1. bis 6 HGB zählt die Gründe bzw. Ereignisse auf, die mangels abweichender Regelung im Gesellschaftsvertrag nicht zur Auflösung der Gesellschaft, sondern zum Ausscheiden des Gesellschafters führen. Der Gesellschafter scheidet mit Eintritt des ihn betreffenden Ereignisses aus, im Falle einer Kündigung mit Ablauf der Kündigungsfrist

---

238 Vgl. Flume, W., Gesellschaftsschuld, in FS für Knur, S. 125 f.

239 Vgl. BGH, Urt. v. 11.12.1995, II ZR 220/94, NJW 1996, S. 658.

240 Vgl. BGH, Urt. v. 08.05.1089, II ZR 237/88, WM 1989, S. 1219.

(§ 131 Abs. 3 Satz 2 HGB). Gegen seinen Willen kann ein Gesellschafter nur ausgeschlossen werden, wenn ein Gericht dies auf Antrag der übrigen Gesellschafter ausspricht (§ 140 Abs. 1 HGB).

6) Auflösung und Beendigung

Wie die Auflösung einer OHG zu erfolgen hat, ist in den §§ 145 bis 158 HGB geregelt. Mit der Auflösung der OHG ändert sich der Gesellschaftszweck; die Gesellschaft wird zur Abwicklungsgesellschaft. [241]

Eine OHG ist aufzulösen, wenn einer der in § 131 Abs. 1 lit. 1 bis 4 HGB aufgezählten Gründe (Zeitablauf, Gesellschafterbeschluss, Eröffnung Insolvenzverfahren oder gerichtliche Entscheidung) gegeben ist. Darüber hinaus kann der Gesellschaftsvertrag weitere Gründe enthalten. Die Auflösung ist in das Handelsregister einzutragen (§ 143 Abs. 1 HGB). Die Kündigung der Gesellschaft durch einen Privatgläubiger ist nach § 135 HGB möglich, allerdings ist, anders als bei der GbR, zuvor die erfolglose Zwangsvollstreckung in das bewegliche Vermögen des Gesellschafters innerhalb der letzten 6 Monate erforderlich.[242]

c. Kommanditgesellschaft

1) Rechtsgrundlagen, Begriffsbestimmung und Bedeutung

Für die Kommanditgesellschaft (KG) gelten vorrangig die §§ 161 bis 177a HGB. Soweit diese Normen keine spezielle Regelung enthalten, greifen über die Verweisungsnorm des § 161 Abs. 2 HGB die §§ 105 bis 160 HGB. Ist auch in den §§ 105 ff. HGB nichts Einschlägiges geregelt, gelten über die weitere Verweisungsnorm des § 105 Abs. 3 HGB die §§ 705 ff. BGB. Das Zusammenspiel dieser Normen lässt sich wie folgt darstellen:

---

[241] Die Gesellschaft ist nunmehr auf die Auseinandersetzung des Gesamthandsvermögens gerichtet. Daher besteht grundsätzlich kein Unterschied zu der Abwicklungsgesellschaft nach dem BGB (§ 730 Abs. 1 BGB).

[242] Die Kündigung einer OHG durch einen Privatgläubiger ist nach § 135 HGB nur mit einer Frist von 6 Monaten zum Geschäftsjahresende möglich. Bei einer GbR kann der Privatgläubiger seine Kündigung der Gesellschaft nach § 725 Abs. 1 BGB jederzeit fristlos ausbringen.

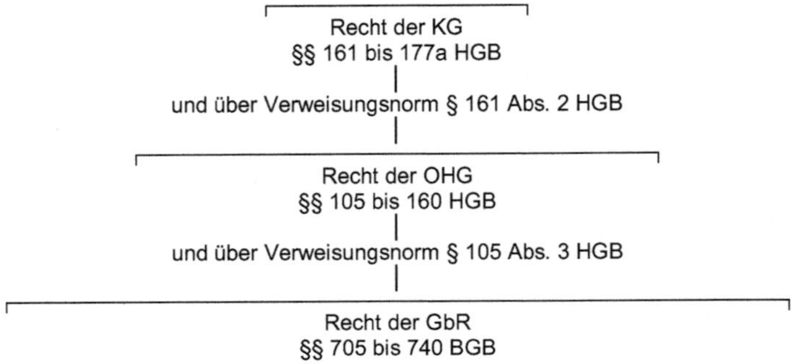

Schaubild 6: Kodifikationen der Personengesellschaften und deren Verweisungsnormen

Die KG ist, wie ein Vergleich zwischen § 105 Abs. 1 HGB und § 161 Abs. 1 HGB zeigt, eine Sonderform der OHG, wobei beide Gesellschaftsformen sich dadurch unterscheiden, dass es bei der KG zwei Arten von Gesellschaftern gibt:[243]

- Komplementäre:
  Die Komplementäre führen die Geschäfte, vertreten die Gesellschaft nach außen und haben im Wesentlichen die gleiche Stellung wie die persönlich haftenden Gesellschafter einer OHG. Ein Komplementär kann nicht zugleich auch Kommanditist sein.[244]

- Kommanditisten:
  Jede KG muss mindestens einen Kommanditisten haben. Diese Gesellschafter haften den Gesellschaftsgläubigern gegenüber nur beschränkt auf den Betrag einer bestimmten Vermögenseinlage (§ 161 Abs. 1 HGB); sie sind von der Geschäftsführung ausgeschlossen (§ 164 HGB) und zur Vertretung der KG nicht befugt (§ 170 HGB).

Die Normen der §§ 162 ff. HGB gelten nahezu ausschließlich für die Rechtsstellung der Kommanditisten; für Komplementäre gilt durchweg dasselbe wie für die Gesellschafter der OHG. Da das Recht der OHG wiederum auf die für die GbR geltenden Bestimmungen verweist, gelten diese somit ergänzend auch für die KG.[245]

---

243 Vgl. Baumbach, A./Hopt, K. J., § 161 Rn. 3 und 4.
244 Vgl. OLG Hamm, Beschl. v. 22.09.1981, 15 W 219/81, MDR 1982, S. 55.
245 Vgl. MünchKomm. HGB/Grunewald, B., § 161 Rn. 43, 44.

Im Wirtschaftsleben hat die KG im Verhältnis zur OHG oder zur GbR ständig an Bedeutung zugenommen.[246] Die KG ist als Rechtsform für personalistisch strukturierte Familiengesellschaften geeignet, da die Zugehörigkeit als Gesellschafter auch den Familienmitgliedern ermöglicht wird, die nicht zur persönlichen Mitarbeit willens, in der Lage oder geeignet sind. Gleichzeitig ist die KG sehr beliebt bei den kapitalistisch strukturieren Publikumsgesellschaften, da bei ihnen eine GmbH als Komplementärin eingesetzt und somit bei allen Gesellschaftern die Haftung auf die Einlage beschränkt werden kann. Durch den Einsatz einer GmbH als Komplementärin gilt das Verbot der Drittorganschaft[247] nicht, da Geschäftsführer dieser GmbH auch Nichtgesellschafter werden können. Aufgrund der Stellung der Kommanditisten und der Möglichkeit der vollständigen Haftungsbegrenzung durch Einschaltung einer Komplementär-GmbH hat eine solche KG einen „kapitalistischen Einschlag“ und ist einerseits den Kapitalgesellschaften und andererseits der stillen Gesellschaft angenähert.[248] Derzeit geht man von rund 135.000 aktiven Kommanditgesellschaften aus, davon rund 100.000 in der Rechtsform einer GmbH & Co. KG.[249]

2) Entstehung und Gesellschaftsvertrag

Das Recht der KG unterscheidet sich im Wesentlichen nicht von dem der OHG;[250] es ist grundsätzlich dispositiv.[251] Auch die KG entsteht grundsätzlich durch Gesellschaftsvertrag als Neugründung. Sie kann auch im Zuge eines Formwechsels, einer Verschmelzung oder einer Spaltung entstehen.[252] Bei der KG können sowohl natürliche als auch juristische Personen Gesellschafter sein und die KG formfrei gründen. Bei der Anmeldung zum Handelsregister muss bei der KG, im Verhältnis zur OHG, zusätzlich

- die Bezeichnung der Kommanditisten und
- der Betrag jeder Kommanditeinlage angegeben werden.

---

246 Vgl. Dauner-Lieb, B., Kommanditistenhaftung, FS für Lutter 2000, S. 835, 845; Schmidt, K., unbeschränkte Kommanditistenhaftung, GmbHR 2002, S. 341, 346.

247 Vgl. MünchKomm. HGB/Grunewald, B., § 161 Rn. 77.

248 Vgl. Klunzinger, E., S. 111-112.

249 Vgl. MünchHdb. GesR I/Happ, W., § 47 Rn. 14

250 Siehe oben Lit. II. B. 2. c. 2).

251 Zu den Grenzen der Vertragsfreiheit siehe Baumbach, A./Hopt, K. J., § 163 Rn. 6.

252 Vgl. MünchKomm. HGB/Grunewald, B., § 161 Rn. 14-20.

Während bei der OHG die Namen aller Gesellschafter vom Handelsregister bekannt zu machen sind, werden nach § 162 Abs. 2 HGB keine Angaben zu den Kommanditisten gemacht. Mangels Haftungsdurchgriff auf die Kommanditisten erfordert die Registerpublizität nicht die Veröffentlichung dieser Namen.

3) Innenverhältnis

a) Rechtsgrundlagen

Im Innenverhältnis einer KG gilt grundsätzlich die Vertragsfreiheit. Gesetzliche Vorschriften greifen nur dann ein, wenn der Gesellschaftsvertrag nichts Abweichendes regelt. Es ist zulässig, Einflussmöglichkeiten der Kommanditisten stark einzuengen. Es ist aber auch möglich, die Kommanditistenstellung auf Kosten der Komplementäre auszuweiten. Derartige Regelungen haben ihre Grenzen im Außenverhältnis, bspw. in § 170 HGB (Vertretungsmacht)[253] und dem Verbot der Drittorganschaft.[254]

b) Beitragspflicht

Die Verpflichtung des Gesellschafters zur Erbringung eines Beitrags ergibt sich aus § 161 HGB i. V. m. § 105 Abs. 3 HGB und §§ 705, 706 BGB. Art und Umfang bestimmt der Gesellschaftsvertrag.[255] Da Komplementäre den Gläubigern gegenüber unbeschränkt haften, ergeben sich keine Unterschiede zur OHG. Für Kommanditisten ist nach § 172

---

253 Die organschaftliche Vertretungsmacht steht bei einer KG ausschließlich den Komplementären zu, da insofern auf sie das Recht der OHG (§§ 125 ff. HGB) anzuwenden ist. Dritten und damit auch Kommanditisten kann jedoch eine sehr weitgehende rechtsgeschäftliche Vertretungsmacht (bspw. Einzelvollmacht, Prokura, Handlungsvollmacht, Generalvollmacht) erteilt werden (vgl. MünchKomm. HGB/Grunewald, B., § 170 Rn. 15 ff.).

254 Vgl. BGH, Urt. v. 11.07.1960, II ZR 260/59, BGHZ 33, S. 105; BGH, Urt. v. 22.01.1962, II ZR 11/61, BGHZ 36, S. 292; BGH, Urt. v. 25.05.1964, II ZR 42/62, BGHZ 41, S. 367; BGH, Urt. v. 09.12.1968, II ZR 33/67, BGHZ 51, S. 198; BGH, Urt. v. 05.10.1981, II ZR 203/80, WM 82, S. 394.

255 Denkbar sind Geldzahlungen sowie Einbringung von Sachen und Rechten zur Erbringung der Hafteinlage. Die Pflichteinlage kann darüber hinaus auch durch Dienstleistungen erbracht werden. Einlagen, die nicht in Geld bestehen, müssen der bezeichneten Summe entsprechen. Im Falle einer Überbewertung (bspw. einer Dienstleistung) gilt die Einlage in Höhe der Differenz als nicht erbracht. Siehe zur vorstehenden Problematik: Schilling, W., in Staub, H., Großkomm. HGB, § 161 Rn. 19; MünchHdb. KG/ Falkenhausen, J. v./Schneider, H. C., § 17 Rn. 46.

Abs. 1 HGB für den Umfang der Haftung grundsätzlich der im Handelsregister als Einlage[256] eingetragene Betrag maßgebend. Die im Handelsregister eingetragene Hafteinlage[257] muss nicht identisch sein mit der im Gesellschaftsvertrag im Innenverhältnis übernommenen Pflichteinlage.[258] Haft- und Pflichteinlage können differieren. Eine nicht in Geld bestehende Pflichteinlage kann jedoch nur in Höhe ihres objektiven Werts zu einem Haftungsausschluss nach § 172 Abs. 1, 2. Halbsatz HGB führen. Wenn das Gesetz in §§ 167 Abs. 2 und 169 Abs. 1 HGB von „bedungener Einlage" spricht, ist hierunter die Hafteinlage zu verstehen.[259]

Das (durch Erbringung der Beiträge) entstandene Gesellschaftsvermögen ist Gesamthandsvermögen und gehört der KG.[260]

c) Treuepflicht und Wettbewerbsverbot

Hinsichtlich der Treuepflichten ist zwischen den Komplementären und den Kommanditisten zu unterscheiden. Komplementäre unterliegen den allgemeinen Treuepflichten wie bei der OHG und damit auch dem Wettbewerbsverbot nach § 161 Abs. 2 i. V. m. §§ 112, 113 HGB. Für Kommanditisten gilt lediglich der Grundsatz, alles zu unterlassen, was der KG zum Schaden gereichen würde. Das Wettbewerbsverbot für Kommanditisten hat der Gesetzgeber in § 165 HGB grundsätzlich abbedungen. Über den Gesellschaftsvertrag kann jedoch ein Wettbewerbsverbot für Kommanditisten vereinbart werden, solchenfalls gilt § 112 HGB. Wenn einem Kommanditisten weitgehende rechtsgeschäftliche Vertretungsmacht eingeräumt wird und er in Bezug auf Leitung und Einfluss eine einem Komplementär vergleichbare Stellung inne hat, hat er ein entsprechendes Wettbewerbsverbot zu beachten.[261]

---

256 Vgl. MünchKomm. HGB/Schmidt, K., §§ 171, 172 Rn. 7.

257 Im Schrifttum wird vielfach von „Haftsumme" gesprochen und hierbei der Maßstab für den Haftungsumfang des Kommanditisten im Außenverhältnis gemeint, vgl. Baumbach, A./Hopt, K. J., § 171 Rn. 1.

258 Die Pflichteinlage - auch „Pflichtsumme" genannt – wird als Kennzeichnung des Werts der den Mitgesellschaftern im Innenverhältnis versprochenen Beitragsleistung verstanden. Der wesentliche Unterschied zwischen der Haft- und der Pflichteinlage besteht darin, dass letztere nicht zwingend aus einer Geldzahlung bestehen muss, sondern durch Einbringung von Sachen und Rechten oder auch durch eine Dienstleistung erbracht werden kann (vgl. MünchHdb. KG/Falkenhausen, J. v./Schneider, H. C., § 17 Rn. 6 ff.).

259 Vgl. MünchKomm. HGB/Schmidt, K., §§ 171, 172 Rn. 5.

260 Vgl. zum Gesamthandsvermögen der KG: MünchHdb. KG/Falkenhausen, J. v./Schneider, H. C., § 20 Rn. 2 ff.

261 Vgl. zusammenfassend Ebenroth, C. T./Boujong, K./Joost, D./Strohn, L./Henze, H., § 177a Anh. A Rn. 94 f.

d) Geschäftsführung

Das Gesetz unterscheidet zwischen Geschäftsführung (§ 114 HGB) und Vertretung (§ 125 HGB). Die Geschäftsführung bezieht sich auf das Rechtsverhältnis der Gesellschafter untereinander, während die Vertretung das Rechtsverhältnis der Gesellschafter zu Dritten betrifft.[262] Jede Form der Vertretung der KG ist zugleich auch Geschäftsführung, aber nicht jede Geschäftsführung ist gleichzeitig auch Vertretung.[263] Speziell für die KG bestimmt § 164 Satz 1, 1. Halbsatz HGB, dass die Geschäftsführung den Komplementären obliegt; Kommanditisten sind diesbezüglich ausgeschlossen. Kommanditisten können jedoch Handlungen der Komplementäre, die über den gewöhnlichen Geschäftsverlauf[264] hinausgehen, widersprechen.

e) Aufwendungsersatzanspruch

Hinsichtlich der Ansprüche der Gesellschafter gegen ihre Gesellschaft gilt § 110 HGB auch für Komplementäre sowie für Aufwendungen von Kommanditisten für die KG, wenn sie diese für erforderlich halten durften.[265] Mit dem Aufwendungsersatzanspruch aus § 110 Abs. 1 HGB kann ein Kommanditist gegen seine offene Beitragsschuld aufrechnen; solchenfalls ist seine Hafteinlage hierdurch erbracht.

f) Ergebnisbeteiligung, Rechnungsabschluss

Für den Fall, dass die KG keine speziellen Regelungen in ihrem Gesellschaftsvertrag getroffen hat, gelten die §§ 167 bis 169 i. V. m. 120 bis 122 HGB subsidiär. Die KG hat am Schluss eines jeden Geschäftsjahres aufgrund der Bilanz den Gewinn oder Verlust und für jeden Gesellschafter seinen Anteil daran zu ermitteln. Zunächst ist nach § 168 HGB der Kapitalanteil eines jeden Gesellschafters mit 4 v. H. zu verzinsen.[266] Der darüber hinausgehende Gewinn soll nach § 169 Abs. 2 HGB in einem

---

262 Vgl. MünchHdb. KG/Wirth, G., § 7 Rn. 1.

263 Vgl. MünchKomm. HGB/Grunewald, B., § 170 Rn. 1.

264 Vgl. zur Abgrenzung zwischen gewöhnlichen und außergewöhnlichen Geschäften: Baumbach, A./Hopt, K. J., § 116 Rn. 1 ff.

265 Vgl. BGH, Urt. v. 30.04.1984, II ZR 132/83, NJW 1984, S. 2290; Heymann-Horn, N., § 71 Rn. 22; MünchKomm. HGB/Schmidt, K., §§ 171, 172 Rn. 50.

266 Die Bemessungsgrundlage (der Kapitalanteil) für diese Vorabdividende ist in § 168 HGB nicht definiert. Wenn die KG feste Kapitalanteile auf einem Kapitalkonto I verbucht hat und daneben ein Kapitalkonto II führt, nimmt dieses nur dann an der Vorabdividende teil, wenn es gesellschaftsrechtlich als Beteiligungsrecht und nicht als bloße schuldrechtliche Forderung zu qualifizieren ist (vgl. MünchHdb. KG/Falkenhausen, J. v./Schneider, H. C., § 23 Rn. 6).

angemessenen Verhältnis der Anteile verteilt werden. Rechtsprechung und Literatur haben einen Katalog von Faktoren für die Beurteilung der Angemessenheit entwickelt, ohne jedoch Einigkeit über deren Gewichtung herbeizuführen.[267] Gleiches gilt für eventuell entstandene Verluste.[268]

Der auf die Kommanditisten entfallende Gewinn wird nach § 167 Abs. 2 HGB seinem Kapitalanteil so lange gutgeschrieben, bis die Höhe der bedungenen Einlage[269] erreicht ist. Soweit die bedungene Einlage der KG eingezahlt wurde und ungeschmälert erhalten bleibt, kann der Kommanditist nach § 169 HGB den darüber hinausgehenden Gewinn ungeschmälert entnehmen. Der Kommanditist ist nicht verpflichtet, bezogenen Gewinn zum Ausgleich späterer Verluste zurückzuzahlen.[270]

g) Mitverwaltungs- und Informationsrechte

Der Komplementär kann sich grundsätzlich nach § 118 HGB persönlich unterrichten sowie in die Bücher und Papiere der KG Einsicht nehmen.

Die Kommanditisten haben ein nach § 166 Abs. 1 HGB eingeschränktes Kontrollrecht und können

- eine Abschrift des Jahresabschlusses verlangen und
- dessen Richtigkeit durch Einsichtnahme der Bücher und Papiere prüfen.

Die weitergehenden Rechte des § 118 HGB sind über § 166 Abs. 2 HGB grundsätzlich ausgeschlossen. Ausnahmsweise, namentlich wenn „wichtige Gründe vorliegen“, haben die Kommanditisten über § 166 Abs. 3 HGB ein außerordentliches Kontrollrecht, können gerichtliche Hilfe in Anspruch nehmen und sonstige weitere Aufklärungen fordern. Ausgeschiedenen Kommanditisten steht das Kontrollrecht des § 166 HGB nicht mehr zu. Bei Vorliegen eines rechtlichen Interesses können jedoch über

---

267 Genannt werden beispielsweise das Haftungsrisiko der Komplementäre, die Geschäftsführungstätigkeit, das Wettbewerbsverbot, besonders hohe Kapitalrisiken und die Überlassung von Know-how oder Gebrauchsüberlassungen (vgl. MünchHdb. KG/Falkenhausen, J. v./Schneider, H. C., § 24 Rn. 9 ff.).

268 Vgl. Baumbach, A./Hopt, K. J., § 168 Rn. 3 und 4.

269 Gemeint ist die „Pflichteinlage“.

270 Die Vorschrift des § 169 Abs. 2 HGB hat lediglich klarstellenden Charakter und soll etwaigen sich aus § 169 Abs. 1 Satz 2 HGB ergebenden Missverständnissen vorbeugen (vgl. Schlegelberger/Martens, K.-P., § 169 Rn. 14; Staub, H./Schilling, W., Großkomm. HGB, § 169 Rn. 7.).

§§ 810, 242 BGB die Bücher und Papiere aus der Zeit der Zugehörigkeit eingesehen werden.[271]

4) Außenverhältnis

a) Rechts- und Parteifähigkeit

Bereits mit Abschluss und Wirksamkeit des Gesellschaftsvertrages entsteht im Innenverhältnis die Gesamthandsgemeinschaft, die dann sofort Träger von Rechten und Pflichten sein kann.[272] Im Verhältnis zu Dritten, für die derartige Vorgänge nicht immer eindeutig erkennbar sind, bedarf es einer Kundgebung nach außen, die regelmäßig durch die Eintragung ins Handelsregister erfolgt.[273]

b) Vertretung

Sowohl im Innen- als auch im Außenverhältnis haben die unterschiedliche Beteiligungsform der Komplementäre und der Kommanditisten Konsequenzen. Da es dem Kommanditisten in der Regel um eine kapitalistische Beteiligung geht, ist er nach der gesetzlichen Leitvorstellung grundsätzlich von der Geschäftsführung ausgeschlossen und nach § 170 HGB zur Vertretung der Gesellschaft nicht ermächtigt.[274] Dies gilt uneingeschränkt für die so genannte organschaftliche Vertretungsbefugnis. Dem Kommanditisten können jedoch rechtsgeschäftlich alle Arten von gesetzlich vorgesehenen Vertretungsbefugnissen erteilt werden.[275]

c) Haftung

Die KG kann wie die OHG nach § 124 Abs. 1 HGB i. V. m. § 161 Abs. 2 HGB unter ihrer Firma Verbindlichkeiten eingehen und haftet mit ihrem Gesamthandsvermögen selbst. Die Komplementäre haften für Gesell-

---

271 Dies gilt beispielsweise, wenn die Unterlagen für die Berechnung des Abfindungsanspruchs von Bedeutung sind, vgl. BGH, Urt. v. 17.04.1989, II ZR 258/88, GmbH-Rdsch. 1989, S. 289.

272 Vgl. MünchHdb. KG/Happ, W., § 2 Rn. 24.

273 Vgl. MünchHdb. KG/Happ, W., § 2 Rn. 24.

274 Vgl. MünchKomm. HGB/Grunewald, B., § 170 Rn. 2.

275 Die Erteilung von Einzelvollmachten, Generalvollmachten, Handlungsbevollmächtigungen und Prokuren für Kommanditisten ist möglich. Ihre Grenze finden derartige rechtgeschäftliche Vertretungsbefugnisse im Grundsatz der Selbstorganschaft, bspw. wenn ein Komplementär nur zusammen mit einem Kommanditisten-Prokuristen handlungsbevollmächtigt sein soll, weil in einem solchen Fall die rein organschaftliche Vertretung nicht mehr gewährleistet wäre, vgl. Baumbach, A./Hopt, K. J., § 170 Rn. 1; § 125 Rn. 5 und 20.

schaftsschulden wie Gesellschafter der OHG unmittelbar, unbeschränkt, unbeschränkbar, primär, gesamtschuldnerisch und akzessorisch (§§ 161 Abs. 1, letzter Halbsatz, 162 Abs. 2 i. V. m. 128 HGB).

Kommanditisten haften vom Grundsatz her genauso wie Komplementäre, insbesondere dann, wenn eine noch nicht im Register eingetragene KG mit Zustimmung des Kommanditisten die Geschäfte bereits aufgenommen hat (§ 176 Abs. 1 HGB). Die Haftung des Kommanditisten kann auf die Hafteinlage beschränkt werden, wenn diese im Handelsregister eingetragen worden ist (§ 171 Abs. 1 HGB). Die Haftung entfällt, wenn die Einlage geleistet wurde. Wird die Einlage zurückgewährt, lebt die Haftung insoweit wieder auf (§ 172 Abs. 4 Satz 1 HGB). Gleiches gilt, wenn ein Kommanditist Gewinne entnimmt, während durch vorherige Verluste oder Entnahmen sein Kapitalanteil unter seine Hafteinlage gemindert war; § 172 Abs. 4 Satz 2 HGB setzt einen solchen Fall einer Einlagenrückgewähr gleich.[276]

Die Verjährung von Ansprüchen sowie die Nachhaftung der Gesellschafter richtet sich nach dem Recht der OHG (§§ 161 Abs. 2 i. V. m. 159 und 160 HGB).[277]

5) Gesellschafterwechsel

Hinsichtlich des Gesellschafterwechsels ist auf das Recht der OHG zu verweisen. Bei der Übertragung von Einlagen eines ausscheidenden auf einen eintretenden Kommanditisten sollte ein Rechtsnachfolgevermerk im Register veröffentlicht werden, weil im Hinblick auf außen stehende Gläubiger der Eindruck vermieden werden sollte, die Haftsumme würde durch die des Eintretenden erweitert.[278]

6) Auflösung und Beendigung

Auf die Auflösung und Liquidation einer KG sind nach § 161 Abs. 2 HGB die Vorschriften der OHG anzuwenden (§§ 131 bis 144 (Auflösung) und 145 bis 158 (Liquidation) HGB).

Das Ausscheiden des einzigen Komplementärs, bspw. durch Tod oder Ausschluss,[279] führt zwingend zur Auflösung der KG, weil sie ohne Komplementär nicht bestehen kann. Bei Tod eines Kommanditisten wird die

---

276 Vgl. MünchKomm. HGB/Schmid, K., § 171, § 172 Rn. 79 ff.
277 Vgl. Baumbach, A./Hopt, K. J., § 160 Rn 1.
278 Vgl. MünchHdb. KG/Piehler, K./Schulte, N., § 35 Rn. 58.
279 Vgl. BGH, Urt. v. 14.05.1952, II ZR 40/51, BHGZ 6, S. 113.

KG mangels abweichender vertraglicher Regelungen mit seinen Erben fortgesetzt (§ 177 HGB).

d. Stille Gesellschaft

1) Rechtsgrundlagen, Begriffsbestimmung und Bedeutung

Die stille Gesellschaft gilt als eine der ältesten kaufmännischen Betätigungsformen. Bereits im Soester Stadtrecht aus dem Jahre 1120 wird der reisende Kaufmann, der seine Arbeitskraft zur Verfügung stellt (tractator) und der Mitbürger (commendator), der Geld (bona) zum Betrieb eines Handelsgewerbes (ad negociandum) mitgibt, erwähnt.[280] Geldgeber, die in der Zeit des kanonischen Zinsverbots ihr Kapital gewinnbringend anlegen wollten, mussten nach anderen Wegen als der Darlehensvergabe suchen; diese Konstruktionen waren daher ursächlich für die Entwicklung und die weitere Verbreitung dieses als commenda, accomodia oder sendeve bezeichneten Rechtsverhältnisses.[281] Im späten Mittelalter fand man sie als societas per modum participationis als die übliche Form der Kapitaleinlage in dem Geschäft eines Kaufmanns oder einer Societät.[282] Die gesetzliche Regelung, mit der die stille Gesellschaft in das ADHGB von 1861 aufgenommen und 1897 im HGB fortgeschrieben worden war, hatte sich in den romanischen Ländern als Gesellschaftsform aus der commenda heraus gebildet und im 17. Jahrhundert in Frankreich als société en commandite Eingang in die Gesetzgebung gefunden.[283]

Abgrenzungsschwierigkeiten bestehen hinsichtlich eines partiarischen Darlehens, bei dem ein bestimmtes Kapital gegen Beteiligung am erwirtschafteten Gewinn überlassen wird.[284] Das partiarische Darlehen geht aber nicht in das Vermögen des Unternehmers über; es bleibt als Darlehen bestehen, ist im Zweifel nicht an Verlusten beteiligt und verfolgt auch nicht den gemeinsamen Zweck des Betriebs eines Handelsgewerbes.[285]

---

280 Siehe die ausführliche Darstellung zu den Wurzeln der stillen Gesellschaft und ihre Stellung im ausländischen Recht in: Blaurock, U., § 3 Rn. 3.1. ff.

281 Vgl. Blaurock, U., § 3 Rn. 3.2.

282 Vgl. zu der Geschichte der Stillen Gesellschaft: Lastig, in Endemann, S. 710-733.

283 Vgl. Goldschmidt, L., S. 270, m. w. N.

284 Partiarische Schuldverhältnisse (Dienstverträge, Darlehen, Miet-, Pacht-, Lizenzverträge) können vom Geschäftsinhaber auch neben der stillen Gesellschaft eingegangen werden, ohne dass es einer Zustimmung des stillen Gesellschafters bedarf (vgl. MünchHdb. StG/Kühn, W., § 80 Rn. 20).

285 Vgl. Blaurock, U., § 8 IV. Rn. 8. 16; MünchHdb. StG/Bezzenberger, G./Keul, T., § 73 Rn. 9 bis 11.

Die Rechtsgrundlagen der stillen Gesellschaft sind in §§ 230 bis 236 HGB gesetzlich geregelt. Gleichwohl eine generelle Verweisungsnorm wie bspw. §§ 105 Abs. 2 und 161 Abs. 2 HGB fehlt, unterliegt nach h. M. das Gesellschaftsverhältnis im Übrigen den allgemeinen Grundsätzen der §§ 705 bis 740 BGB,[286] sofern nicht andere einzelgesetzliche Spezialverweisungen vorzufinden sind.[287]

Man unterscheidet in typische und atypische stille Gesellschaft. Bei der typischen stillen Gesellschaft ist der stille Gesellschafter am Gewinn und ggf. am Verlust beteiligt, nicht jedoch am Gesellschaftsvermögen, d.h. an den stillen Reserven. Bei der atypisch stillen Gesellschaft ist der stille Gesellschafter neben seiner Gewinn- und Verlustbeteiligung an den stillen Reserven, am Geschäftswert sowie ggf. auch an der Geschäftsführung beteiligt und trägt das Unternehmerrisiko und die Unternehmerinitiative mit.

2) Entstehung und Gesellschaftsvertrag

Die stille Gesellschaft entsteht, wenn eine Beteiligung an dem Handelsgewerbe eines anderen erfolgt.[288] Die stille Gesellschaft wird grundsätzlich durch Abschluss eines formlosen Vertrages begründet.[289] Im Falle einer Beteiligung an einer Gesellschaft, die kein Handelsgewerbe betreibt, liegt keine stille Gesellschaft, sondern eine GbR vor.[290]

3) Innenverhältnis

Der stille Gesellschafter hat den im Gesellschaftsvertrag festgelegten Beitrag[291] zu leisten; zur Mitarbeit ist er grundsätzlich nicht verpflichtet. Der Beitrag des Unternehmers besteht darin, die Geschäfte auf gemeinsame Rechnung zu führen.[292] Eine stille Gesellschaft kann nur aus zwei

---

286 Vgl. BGH, Urt. v. 10.10.1994, II ZR 220/93, JuS 1995, S. 268 f.; Schmidt, K., Gesellschaftsrecht, § 62 I 1.

287 Vgl. Soergel/Hadding, W., vor § 705 Rn. 1; Staub, H./Zutt, J., Großkomm. HGB, § 230 Rn. 7; Schön, W., ZGR 1993, S. 210, 219.

288 Vgl. Schmidt, K., Gesellschaftsrecht, § 62 II 1. a).

289 Vgl. Baumbach, A./Hopt, K. J., § 230 Rn. 10.

290 Auf die aber die §§ 230 ff. HGB analog Anwendung finden (vgl. MünchHdb. StG/Bezzenberger, G.,/Keul, T., § 72 Rn. 10.

291 Der Beitrag muss nicht zwingend aus einer Geldleistung bestehen; es können auch Sachen und Rechte eingelegt oder auch Dienste geleistet oder die Nutzung von Grundstücken oder Patenten vereinbart werden (vgl. Schmidt, K., Gesellschaftsrecht, § 62 III 2.).

292 Vgl. Blaurock, U., § 12 Rn. 12.4.

Gesellschaftern bestehen, dem Inhaber des Handelsgeschäfts und dem Stillen.[293]

Das Gesetz legt weder für den Unternehmer noch für den Stillen ein spezielles Wettbewerbsverbot fest. Es gilt aber, wie in allen Gesellschaften, auch in der stillen Gesellschaft eine wechselseitige Treuepflicht.[294] Darüber hinaus ist der Geschäftsinhaber verpflichtet, die in seinem Unternehmen erzielbaren Gewinne auf gemeinsame Rechnung zu tätigen; für ihn gilt also ein diesbezügliches Wettbewerbsverbot.[295]

Der stille Gesellschafter tritt als Gesellschafter einer reinen Innengesellschaft nach außen nicht in Erscheinung; der Unternehmergesellschafter führt sein Geschäft auf gemeinsame Rechnung.[296] Die Informations- und Kontrollrechte des stillen Gesellschafters bestimmen sich nach § 233 HGB und entsprechen im Wesentlichen denen des Kommanditisten (§ 166 Abs. 1 HGB).[297] Ein Widerspruchsrecht des stillen Gesellschafters besteht grundsätzlich nicht. Lediglich bei erheblichen wirtschaftlichen Umge-staltungen des Unternehmens bedarf es aber der Zustimmung des Stillen.[298] Sollte der Unternehmer pflichtwidrig handeln, hat der Stille einen Verschulden nach § 708 BGB (eigenübliche Sorgfalt) voraussetzenden Schadensersatzanspruch.[299]

Der stille Gesellschafter ist zwingend am Gewinn und Verlust des Unternehmergesellschafters beteiligt (§ 231 Abs. 2 HGB). Sofern der Gesellschaftsvertrag nichts regelt, bestimmt § 231 Abs. 1 HGB einen „angemessenen Anteil" als bedungen.[300] Stehengelassener Gewinn erhöht die Einlage nicht; vielmehr hat der stille Gesellschafter einen Anspruch aus Darlehen (§ 488 BGB). Haben Verluste die Einlage gemindert, können Gewinne erst wieder entnommen werden, wenn das Einlagekonto wieder aufgefüllt ist (§ 232 Abs. 2 S. 2 HGB). Die Verlustbeteiligung kann vertraglich abbedungen werden (§ 231 Abs. 2 HGB).

293 Vgl. Baumbach, A./Hopt, K. J., § 230 HGB Rn. 7.

294 Vgl. BGH, Urt. v. 11.07.1951, II ZR 45/50, BGHZ 3, S. 75; MünchKomm. HGB/Schmidt, K., § 230 Rn. 140, 154.

295 Vgl. MünchKomm. HGB/Schmidt, K., § 230 Rn. 141; enger: Heymann/Horn, N., HGB, § 230 Rn. 37.

296 Vgl. Schmidt, K., Gesellschaftsrecht, § 62 III 2.

297 Vgl. Blaurock, U., § 12 Rn. 12.65, 12.67.

298 Vgl. Staub, H./ Zutt, J., Großkomm. HGB, § 230 Rn. 86.

299 Vgl. Kübler, F./Assmann, H.-D., § 9 II 2 b).

300 Wenn keine klare vertragliche Regelung vorliegt, kann die Berechnung des auf den stillen Gesellschafter entfallenden Gewinns oder Verlustes schwierig und umstritten sein (vgl. Schmidt, K., Gesellschaftsrecht, § 62 IV 3.).

4) Außenverhältnis

Die stille Gesellschaft ist eine Personengesellschaft in Gestalt einer Innengesellschaft, bei der sich der stille Gesellschafter mit einem festgelegten Beitrag an dem Handelsgeschäft eines Kaufmanns beteiligt.[301] Sie betreibt selbst kein Handelsgewerbe, wird nicht im Handelsregister eingetragen, führt selbst keine Firma, ist nicht rechtsfähig und kann keine Rechte erwerben oder Verbindlichkeiten eingehen.[302]

5) Gesellschafterwechsel

Bei Tod des Unternehmergesellschafters wird die Gesellschaft aufgelöst (§ 727 Abs. 1 BGB).[303] Die Stellung als Stiller ist übertragbar, wenn dies im Vertrag so vorgesehen ist. Stirbt der Stille, treten die Erben an seine Stelle (§ 234 Abs. 2 HGB).

6) Auflösung und Beendigung

Die stille Gesellschaft ist aufzulösen bei[304]

- Zeitablauf, auflösende Bedingung oder Aufhebungsvertrag,
- Tod des Geschäftsinhabers (nicht dagegen bei Tod des stillen Gesellschafters (§§ 727 BGB, 234 Abs. 2 HGB),
- Zweckerreichung oder Zweckvereitelung (§ 726 BGB),
- Insolvenz eines Gesellschafters (§ 728 BGB),
- ordentlicher Kündigung (§ 234 Abs. 1 HGB i. V. m. §§ 132, 134 und 135 HGB) und
- außerordentlicher Kündigung (§§ 723 ff. BGB).

Mit Hilfe einer Schlussabrechnung nach § 235 HGB[305] wird der Anspruch des Stillen auf Auszahlung seines Auseinandersetzungsguthabens ermittelt.

---

301 Vgl. Schmidt, K., Gesellschaftsrecht, § 62 I 1 b) ff.

302 Vgl. MünchHdb. StG/Bezzenberger, G./Keul, T., § 72 Rn. 16 bis 22.

303 Vgl. Blaurock, U., § 15 Rn. 15.42. Sofern im Gesellschaftsvertrag die Fortsetzung der Stillen Gesellschaft und bspw. den Erben des Geschäftsinhabers vereinbart ist, wird die Gesellschaft auch bei Tod des Geschäftsinhabers fortgesetzt, vgl. Blaurock, § 15 Rn. 15.43.

304 Vgl. Schmidt, K., § 62 V 1. a).

305 Mittels der Schlussrechnung bei der Beendigung einer typisch stillen Gesellschaft hat sich der Geschäftsinhaber mit dem stillen Gesellschafter rein schuldrechtlich auseinanderzusetzen; es findet keine gesellschaftsrechtliche Auseinandersetzung, also keine Liquidation statt (vgl. Blaurock, U., § 16 Rn. 16.59; Koenigs, F., S. 283 ff.; Baumbach, A./Hopt, K. J., § 235 Rn.1; Heymann/Horn, N., HGB § 235 Rn. 1; MünchHdb. StG/Bezzenberger, G./Keul, T., § 92 Rn. 1 f;

e. Sonstige Personengesellschaften

1) Unterbeteiligungsgesellschaft

Bei der Beteiligung einer Person an der von einer anderen Person gehaltenen Beteiligung an der Hauptgesellschaft spricht man von einer Unterbeteiligung.[306] Die Unterbeteiligung entsteht durch Abschluss eines entsprechenden Gesellschaftsvertrages; es entsteht eine Innengesellschaft, bei der kein Gesamthandsvermögen gebildet wird.[307] Eine Unterbeteiligungsgesellschaft ist nicht rechtsfähig; dem Unterbeteiligten stehen im Hinblick auf die Hauptgesellschaft keine Gesellschaftsrechte zu.[308] Zivilrechtlich ist die Unterbeteiligungsgesellschaft als Innengesellschaft, damit als eine GbR, die der stillen Gesellschaft nahe steht, einzustufen.[309] Je nach Ausgestaltung kann es sich im Einzelfall um eine typische oder atypische stille Beteiligung handeln.[310]

2) Partnerschaftsgesellschaft

Für die Partnerschaftsgesellschaft (PartG) gelten die Regelungen des PartGG. Soweit das PartGG keine speziellen Regelungen enthält und keine Verweisungen auf das Recht der OHG vorsieht, wie bspw. §§ 4 Abs. 1, 6 Abs. 3, 8 Abs. 1, 9 Abs. 1, 10 PartGG, finden die Vorschriften der § 705 ff. BGB entsprechende Anwendung. Hinsichtlich der internen Organisation ist die PartG in ihren wesentlichen Punkten der OHG angenähert. § 7 PartGG verweist unter anderem bezüglich der rechtlichen Selbständigkeit und Vertretungsbefugnis auf §§ 124, 125 HGB. Der Gesellschaftsvertrag bedarf der Schriftform, hat einen Mindestinhalt, die Namensbezeichnung hat firmenähnlichen Charakter und muss den Namen mindestens eines Partners, den Zusatz „und Partner“ oder „Partnerschaft“ sowie alle in der Partnerschaft vertretenen Berufe enthalten.

Staub, H./ Zutt, J., Großkomm. HGB, § 235 Rn. 1). Der atypisch stille Gesellschafter ist abzufinden wie ein ausscheidender Gesellschafter (§ 738 BGB). Er scheidet aufgrund einer Vermögensbilanz (einschließlich stiller Reserven und Geschäftswert) aus der Hauptgesellschaft aus; er kann keine „Versilberung“ des Gesellschaftsvermögens verlangen, sondern erhält einen Auszahlungsanspruch gegen den Inhaber des Handelsgeschäfts (vgl. MünchKomm. HGB/Schmidt, K., § 235 Rn. 58).

306 Vgl. BGH, Urt. v. 22.03.1965, II ZR 196/62, WM 1965, S. 458; BGH, Urt. v. 11.07.1968, II ZR 179/66, BGHZ 50, S. 316.

307 Vgl. BGH, Urt. v. 26.06.1989, II ZR 128/88, NJW 1990, S.573.

308 Vgl. BGH, Urt. v. 11.07.1968, II ZR 179/66, BGHZ 50, S. 316.

309 Vgl. BFH, Urt. v. 27.01.1994, IV R 114/91, BStBl. 1994 II, S. 635; BFH, Urt. v. 06.07.1995, IV R 79/94, BStBl. 1996 II, S. 269.

310 Vgl. BFH, Urt. v. 08.08.1979, I R 82/76, BStBl. 1979 II, S. 768.

Die Partnerschaft entsteht mit Abschluss des Gesellschaftsvertrages, wird wirksam mit Eintragung ins Partnerschaftsregister, kann unter ihrem Namen Rechte erwerben und Verbindlichkeiten eingehen, Eigentum und andere Rechte an Grundstücken erwerben, vor Gericht klagen und verklagt werden (§ 7 Abs. 2 PartGG i. V. m. § 124 HGB).

Die Vertretung der Partnerschaft erfolgt grundsätzlich mit Einzelvertretungsbefugnis (§ 7 Abs. 3 PartGG). Grundsätzlich haften für Verbindlichkeiten der Partnerschaft das Gesellschaftsvermögen und daneben die Partner als Gesamtschuldner (§ 8 Abs. 1 PartGG). Für berufsrechtliche Fehler ist die Haftung auf denjenigen Partner beschränkt, der mit der Bearbeitung des Auftrags befasst war (§ 8 Abs. 2 PartGG).

§ 1 Abs. 2 S. 2 PartGG enthält eine in Anlehnung an § 18 EStG (unter Auslassung der Notare) erfolgte Aufzählung der „freien" Berufe (Ärzte, Anwälte, Steuerberater, Wirtschaftsprüfer, Ingenieure usw.),[311] für die die Gesellschaftsform der PartG vorgesehen ist. Die Partnerschaft ist auch für interprofessionelle Zusammenschlüsse offen, sofern das jeweilige Standesrecht nichts anderes vorschreibt (§ 1 Abs. 3 PartGG).

3) Europäische Wirtschaftliche Interessensvereinigung

Im Hinblick auf den zum 1.1.1993 zu verwirklichenden gemeinsamen Binnenmarkt hat der Rat der Europäischen Gemeinschaften mit der so genannten EWIV-VO[312] die erste supranationale Gesellschaftsform geschaffen: die Europäische Wirtschaftliche Vereinigung (EWIV). Da § 1 EWIVG bei Regelungslücken auf die §§ 105 ff HGB verweist, wird bei der Beschreibung der Struktur die (deutsche) EWIV schlagwortartig auch als „OHG mit GmbH-Geschäftsführung" bezeichnet.[313] Die EWIV soll die grenzüberschreitende wirtschaftliche Tätigkeit ihrer Mitglieder unterstützen und fördern; sie kann nicht den Zweck haben, eigene wirtschaftliche Zielsetzungen, beispielsweise Gewinn für sich selbst zu erzielen, zu verfolgen.[314] Sie kann auch nicht als herrschendes Unternehmen oder als Holding eingesetzt werden. Aus diesen Gründen wird im Hinblick auf die

---

311 Kritisch Schmidt, K., Freiberufliche Partnerschaft, NJW 1995, S. 1, 2, da in der Aufzählung des § 1 Abs. 2 Nr. 2 PartGG über die traditionell nicht handelsgewerblichen, berufsrechtlich geprägten Freien Berufe weit hinausgegangen wird.

312 Verordnung EWG Nr. 2137/85 vom 25.07.1985, Abl. der Europäischen Gemeinschaften L 199 vom 31.07.1985, 1 ff., auch veröffentlicht als Beilage 3/87 zum Bulletin der EG; in Kraft getreten am 1.7.1989. Die EWIV-VO wird in der Bundesrepublik Deutschland ergänzt durch das EWIV-Ausführungsgesetz, BGBl. 1988 Teil I, S. 514.

313 Vgl. Klunzinger, E., S. 371.

314 Vgl. Baumbach, A./Hopt, K. J., Anh. § 160 A I Rn. 5.

hier interessierenden Zwecke auf eine weiterführende Darstellung dieser Rechtsform verzichtet.

4) Reederei / Partenreederei

Die Reederei (oder auch Partenreederei) hat sich im Mittelalter herausgebildet und wird in der heutigen Literatur als altertümliche Form der Mitunternehmerschaft in der Seewirtschaft[315] oder als gesellschaftliche Organisationsform des Kleinkapitals von typisch mittelalterlichem Gepräge[316] bezeichnet. Die Blütezeit der Partenreederei war die Zeit der Segelschiffahrt bis etwa Mitte des 19. Jahrhunderts. Das fünfte Buch des HGB regelt in §§ 476 bis 905 das Seehandelsrecht. Bei der Reederei schließen sich nach § 489 Abs. 1 HGB mehrere Personen (Mitreeder) zusammen, um ein ihnen gemeinschaftlich zustehendes Schiff zum Erwerb durch die Seefahrt für gemeinschaftliche Rechnung zu verwenden.

Da in der heutigen Zeit größere Schifffahrtsunternehmen, wegen des enormen Kapitalbedarfs, meist in der Rechtsform von Aktiengesellschaften organisiert sind und Seehandelsgesichtspunkte im Zusammenhang mit der Schweiz von untergeordneter Bedeutung sind, wurde diese Rechtsform der Vollständigkeit halber erwähnt, aber an dieser Stelle grundsätzlich nicht weiter ausgeführt.

Allerdings wird an dieser Stelle auf eine gesellschaftsrechtliche Spezialität der Partenreederei hingewiesen: Jeder Mitreeder hat ein „Abadon-Recht". Wenn ein Mitreeder die Kosten für die Reparatur oder die Ausrüstung für eine neue Reise nicht mittragen möchte, kann er seinen Part aufgeben (§ 501 Abs. 1 HGB). Dieser Part fällt den übrigen Mitreedern nach dem Verhältnis ihrer Parten zu (§ 501 Abs. 3 HGB). Anders als beim Recht der Personengesellschaften (§ 738 Abs. 1 Satz 2 BGB) und abweichend vom Abandon gem. § 27 GmbHG erhält der ausscheidende Reeder ausdrücklich keine Abfindung.[317]

---

315 Vgl. MünchHdb. GesR I/Bote, P., § 87 Rn. 1 ff.

316 Vgl. Wüstendörfer, H., in Ehrenberg, Siebenter Band, § 84 A. I., S. 445 f.

317 Vgl. MünchHdb. GesR I/Bote, P., § 90 Rn. 65.

2. Sonderformen von Personengesellschaften

a. Kapitalistische Personengesellschaften

Mit einer so genannten Grundtypenvermischung[318] kann erreicht werden, dass eine Personengesellschaft am Markt auftritt, ohne dass eine natürliche Person voll haftet. Auf diese so genannten kapitalistischen Personengesellschaften sind §§ 19 Abs. 2, 125a, 130a, 172 Abs. 6, 172a, 177a HGB als Spezialvorschriften anzuwenden.

b. GbR oder OHG mit beschränkter Haftung

Gesellschafter einer GbR oder einer OHG können sowohl natürliche als auch juristische Personen sein. Im Baugewerbe ist häufig die Bildung von Argen erforderlich, um die Leistungsfähigkeit von mehreren Bauunternehmen zu bündeln und beispielsweise besonders große Bauvorhaben abwickeln zu können. In solchen Fällen kann es durchaus vorkommen, dass als Arge eine GbR gegründet wird und Gesellschafter ausschließlich Kapitalgesellschaften sind. Bei einer solchen Gestaltung haften lediglich die Kapitalgesellschaften, da sie die einzigen Gesellschafter der GbR sind. Mittels einer solchen Gestaltung kann man die unbeschränkte Haftung einer GbR oder einer OHG wirksam auf die begrenzte Haftung der hinter der Personengesellschaft stehenden Kapitalgesellschaften beschränken.

---

318 Karsten Schmidt steht der Grundtypenvermischung skeptisch gegenüber und bezeichnet derartige Konstrukte als „künstliches Gebilde“ (vgl. Schmidt, K., Gesellschaftsrecht, § 56 I. 2. b.).

c. GmbH & Co. KG

1) Rechtsgrundlagen, Begriffsbestimmung und Bedeutung

Die Anerkennung der GmbH & Co. KG war nicht nur früher umstritten,[319] auch heute noch wird sie kritisch betrachtet[320]; manch einer Stimme in der Literatur bereitet sie sogar „Unbehagen“.[321]

Ihren Durchbruch hatte diese Rechtsform aus steuerlichen Gründen. Nach Aufkommen der Körperschaftsteuergesetze[322] entstand die steuerliche Doppelbelastung für die GmbH und für die Gesellschafter. Als Vermeidungsstrategie wurde die GmbH & Co. KG als Grundtypenvermischung entdeckt und beliebt, da sie einerseits den Haftungsschutz und andererseits die nur einmalige Besteuerung des unternehmerischen Gewinns beim Gesellschafter gewähren kann. Zwar haben sich schon ausgangs des 19. Jahrhunderts Kapitalgesellschaften und natürliche Personen zu Kommanditgesellschaften zusammengeschlossen; sie scheiterten aber alle am Widerstand der Registergerichte, diese Gesellschaften einzutragen.[323] Hauptbedenken waren die Abweichung von der gesetzlichen Idealvorstellung mit zumindest einer voll haftenden natürlichen Person und von dem Grundsatz der Selbstorganschaft.[324] Erstmals hat das Bayerische Oberste Landesgericht mit Beschluss vom 16.02.1912 die Zulässigkeit dieser Rechtsform bejaht.[325] Nachdem auch das Kammergericht[326] sich dem BayObLG angeschlossen hatte, bestätigte auch das Reichsgericht durch seinen grundlegenden Beschluss

---

319 Bereits vor 1900 wurde die Anerkennung des Zusammenschlusses von Kapitalgesellschaften mit natürlichen Personen zu Personengesellschaften verwehrt, indem die Registergerichte die Eintragung verweigerten, vgl. MünchHdb. GmbH & Co. KG/Gummert, H., § 49 Rn. 1, m. w. N.

320 Vgl. Schmidt, K., Gesellschaftsrecht, § 56 I 3 m. w. N.; Karsten Schmidt spricht auch nicht, wie die deutlich überwiegende Mehrheit aller Autoren, von der GmbH & Co. KG, sondern bezeichnet diese grundtypengemischte Gesellschaftsform als GmbH & Co. Nach Meinung von Karsten Schmidt hat die GmbH & Co. KG „... im allgemeinen Rechtsverkehr wohl unter allen gesellschaftlichen Gestaltungen die schlechteste Reputation.“, Schmidt, K., Gesellschaftsrecht § 56 I 3. b) aa), und verweist stützend auf: Hueck, G./Windbichler, C., § 37 I 5 b).

321 Schmidt bezeichnet die GmbH & Co. KG auch als „Kind der Gesetzesumgehung“, vgl. Schmidt, K., Gesellschaftsrecht § 56 I 3 b bb.

322 In Bayern durch Gesetz vom 14.8.1910 und mit Geltung für das Deutsche Reich mit Gesetz vom 20.03.1920, vgl. MünchHdb. GmbH & Co. KG/Gummert, H., § 49 Rn. 1 m. w. N.

323 Vgl. MünchHdb. GmbH & Co. KG/Gummert, H., § 49 Rn. 1 m. w. N.

324 Vgl. Klunzinger, E., S. 335.

325 Vgl. Sudhoff, H./Liebscher, T., GmbH & Co. KG, § 1 Rn. 9.

326 Vgl. Sudhoff, H./Liebscher, T., GmbH & Co. KG, § 1 Rn. 9 mit Verweis auf KG DJZ 1913, S.1500.

vom 04.07.1922[327] die gesellschaftsrechtliche Zulässigkeit der GmbH & Co. KG.

Steuerrechtlich verlief die Entwicklung parallel, aber zeitlich verzögert. Nach dem o. g. Beschluss des BayObLG verneinte die Finanzverwaltung ausdrücklich die steuerliche Zulässigkeit der Rechtsform der GmbH & Co. KG, bezeichnete die Gewinnbezugsberechtigung der Kommanditisten „... als nicht ernstlich gewollt ...“[328] und veranlagte den erzielten Gewinn sowohl für die GmbH als auch (doppelt) für die Kommanditisten. Die in 1919 in Kraft getretene Reichsabgabenordnung gab in § 5 RAO[329] dem Reichsfinanzhof noch (letztmals) in seinem Urteil vom 30.06.1922[330] die Handhabe, die Anerkennung einer GmbH & Co. KG zu verneinen und die doppelte Besteuerung als zulässig zu betrachten. Er sah in der GmbH & Co. KG eine ungewöhnliche Rechtsform, für die wirtschaftliche Gründe nicht erkennbar seien.[331]

Die steuerliche Anerkennung der GmbH & Co. KG steht heute jedoch außer Frage; für den BFH ist selbstverständlich, dass es dem Steuerpflichtigen nicht verwehrt werden kann, die für ihn günstigste rechtliche Form zu wählen.[332]

Die Gründe für die Beliebtheit der GmbH & Co. KG sind insbesondere:

- Zulässigkeit der Dritt- bzw. Fremdorganschaft,[333]
- Flexibilität bei der Gründung,[334]
- Haftungsbeschränkung aller beteiligten natürlichen Personen,
- nur indirekte Geltung des MitbestG[335] und keine des BetrVG,[336]

---

327 Vgl. RG, Beschl. v. 04.07.1922, II B 2/22, RGZ 105, 101.

328 Vgl. hierzu Stellungnahme der bayerischen Oberberufungskommission vom 18.12.1914, gefunden bei: Klunzinger, E., S. 336.

329 § 5 RAO war der Vorgänger des heutigen Missbrauchtatbestands § 42 AO.

330 Vgl. RFH, Urt. v. 30.06.1922, II A 132/22, RFHE 10, S. 65.

331 Vgl. ebenda.

332 Vgl. BFH, Urt. v. 22.08.1951, IV 246/50 S, BStBl. 1951 III, S. 181.

333 Vgl. Sudhoff, H./van Randenbourg, L., Personengesellschaften, § 1, Rn. 20, 21.

334 Die Gründung einer KG kann formfrei erfolgen; es besteht sehr weitgehende Vertragsfreiheit.

335 Grundsätzlich sind Personengesellschaften durch den Gesetzgeber bewusst von der Mitbestimmung ausgenommen worden. Den hierdurch in der Praxis erfolgten Vermeidungsstrategien (Bildung von doppel- oder mehrstöckigen personengesellschaftlich geprägten Unternehmenstrukturen) ist der Gesetzgeber entgegengetreten, indem er die GmbH verpflichtet, als hinzutretendes Organ einen mitbestimmten Aufsichtsrat zu bilden, wenn die nachgeordnete KG mehr als 2000 Arbeitsnehmer beschäftigt. Dennoch kann es bei bestimmten weiteren Gestaltungen aus mitbestimmungsrechtlichen Gründen vorkommen, dass sich einer mehrstöckigen GmbH & Co. KG bedient wird (vgl. hierzu MünchHdb. GmbH & Co. KG/Gummert, H., § 51 Rn. 13 und 14).

- steuerliche Vorteile,[337]
- Erleichterungen bei den Publizitätspflichten,[338]
- firmenrechtliche Überlegungen,[339]
- Kapitalbeschaffung (insbesondere bei Publikumsgesellschaften zur Finanzierung von Großprojekten),
- Unternehmensperpetuierung und Nachfolgeregelung und
- Ein-Mann GmbH & Co. KG.[340]

Auf die GmbH & Co. KG finden als Kommanditgesellschaft das KG-Recht mit § 161 ff. HGB und ergänzend hierzu die Vorschriften über die OHG und die GbR Anwendung. Auf die Komplementär-GmbH ist das GmbHG anzuwenden. Der Gesetzgeber hat zwar keine einheitliche und umfassende Regelung für die GmbH & Co. KG geschaffen. Gleichwohl sind die o. g. Sonderregelungen für kapitalistische Personengesellschaften zusätzlich zu beachten.[341]

2) Entstehung und Gesellschaftsvertrag

Die GmbH & Co. KG setzt die Existenz von zwei Gesellschaften voraus: einer GmbH und einer KG. Die GmbH gründet zusammen mit einer anderen (natürlichen oder juristischen) Person die KG und wird deren Komplementär. Der Gesellschaftsvertrag der KG hat, wie bei allen Personengesellschaften, keinerlei Formerfordernisse; er kann mündlich oder schriftlich vereinbart werden.[342] Nach Gründung muss die KG jedoch zwingend mit notarieller Unterschriftsbeglaubigung der vertretungsberechtigten Personen und aller Kommanditisten in das Handelsregister angemeldet werden, da § 162 HGB die Anmeldung einer KG zur Eintragung in das Handelsregister zwingend vorschreibt.

---

336 Von der Anwendung des BetrVG sind alle Personengesellschaften, damit auch die GmbH & Co. KG, ausgenommen (vgl. MünchKomm. HGB/Grunewald, B., § 161 Rn. 52.

337 Vgl. zu den steuerlichen Überlegungen der Wahl der Rechtsform einer GmbH & Co. KG: Kübler, F./Assmann, H.-D., § 22 I 2 a); Sieker, S., S. 164, 176.

338 Durch die Ausgestaltung der Komplementär-GmbH als kleine (mittelgroße) GmbH durch Nichtüberschreitung von zwei der nachfolgenden drei Kriterien des § 267 Abs. 1 (Abs. 2) HGB i. d. F. v. 29.05.2009 von nicht mehr als Euro 4,84 (19,25 Mio.) Bilanzsumme, Euro 9,68 (38,5) Mio. Umsatzerlöse und 50 (250) Arbeitnehmer können sich Publizitätserleichterungen entsprechend §§ 326, 327 HGB ergeben.

339 Durch das Handelsrechtsreformgesetz v. 22.06.1998 ist das Firmenrecht der Personenhandelsgesellschaften grundlegend geändert worden. Personenhandelsgesellschaften können nunmehr Personen-, Sach- oder Phantasiefirma sein (vgl. Begr. RegE, BT-Drucks. 13/8444, S. 37).

340 Vgl. Vgl. MünchHdb. GmbH & Co. KG/Gummert, H., § 51 Rn. 1 m. w. N.

341 Insbesondere §§ 19 Abs. 2, 125a, 130 a, 172 Abs. 6, 172a und 177a HGB.

342 Vgl. MünchKomm. HGB/Grunewald, B., § 161 Rn. 63, 21, 25.

3) Erscheinungsformen

Eine typische, echte oder personengleiche GmbH & Co. KG[343] liegt vor, wenn die Gesellschafter der GmbH und die der KG identisch und die Beteiligungsverhältnisse gleich sind. Wenn Gesellschafter an der KG, aber nicht an der GmbH beteiligt sind, spricht man von einer unechten oder nicht personengleichen GmbH & Co. KG. Eine Einmann-GmbH & Co. KG entsteht durch Gründung einer Einmann-GmbH, die sodann mit ihrem GmbH-Gesellschafter zusammen eine (GmbH & Co.)KG gründet. Von der so genannten Einheitsgesellschaft wird dann gesprochen, wenn die Geschäftsanteile der GmbH von der (GmbH & Co.)KG gehalten werden.[344] Bei der mehrstufigen GmbH & Co. KG (auch mehrstöckige GmbH & Co. KG genannt) ist Komplementärin wiederum eine GmbH & Co. KG (kleine GmbH & Co. KG genannt), damit die mehrstufige GmbH & Co. KG eine „reinrassige" Personengesellschaft ist.[345] In der Literatur findet sich auch noch die Bezeichnung sternförmige GmbH & Co. KG für Gestaltungen, bei denen eine GmbH Komplementärin bei mehreren KG ist.[346]

4) Sonstiges

Hinsichtlich des Innen- und Außenverhältnisses, des Gesellschafterwechsels, der Auflösung und Beendigung gilt das oben zur KG Ausgeführte für die GmbH & Co. KG entsprechend.[347]

---

343 Vgl. MünchHdb. GmbH & Co. KG/Gummert, H., § 51 Rn. 1; MünchKomm. HGB/Grunewald, B., § 161 Rn. 92 f.

344 Vgl. MünchHdb. GmbH & Co. KG/Gummert, H., § 51 Rn. 2 und MünchHdb. GmbH & Co. KG/Riegger, B., § 53 Rn. 12 bis13.

345 Die mehrstufige GmbH & Co. KG wurde aus steuerlichen Gründen als Vermeidungstrategie für die Kapitalverkehrsteuer (KVStG, „Gesellschaftsteuer") angewandt, weil die KVStG nur für Kapital- und nicht für Personengesellschaften Anwendung fand. Ein weiterer steuerlich motivierter Grund für Einschaltung der mehrstöckigen GmbH & Co. KG war die Nichtabzugsfähigkeit der Geschäftsführergehälter (vgl. BFH, Beschl. v. 25.02.1991, GrS 7/89, BStBl. 1991 II, S. 691). Seit Abschaffung der KVStG zum 1.1.1992 und Regelung der Nichtabzugsfähigkeit der Geschäftsführergehälter durch das StÄndG 1992 spielt die mehrstufige GmbH & Co. KG keine praktische steuerliche Rolle mehr; sie veranschaulicht aber aus rechtshistorischem Interesse die steuerlich bedingte Gestaltungsvielfalt des Gesellschaftsrechts.

346 Karsten Schmidt bezeichnet als sternförmig die Gestaltung, bei der ein und dieselbe GmbH Komplementärin mehrerer Kommanditgesellschaften ist (vgl. Schmidt, K., Sternförmige GmbH & Co. KG, FS Wiedemann, S. 1199 ff.).

347 Siehe oben lit. II. B. 2. c.

d. GmbH & Still

1) Erscheinungsformen

Der stille Gesellschafter kann sich nach § 230 HGB an dem Handelsgeschäft eines Anderen in der Form einer Innengesellschaft mittels Vermögenseinlage beteiligen. Das Handelsgeschäft des Anderen kann in der Rechtsform als Einzelunternehmer, als Personengesellschaft oder durchaus auch als Kapitalgesellschaft betrieben werden. Die stille Gesellschaft kann sich auf einen Teil des Handelsgeschäfts, beispielsweise auf einzelne Niederlassungen oder Geschäftszweige beschränken.[348] In der Praxis ist des Öfteren die Gestaltung anzutreffen, dass der (Mehrheits-) Gesellschafter einer GmbH noch zusätzlich eine Stille Gesellschaft mit seiner GmbH eingeht. Eine derartige Konstruktion ist überwiegend steuerlich motiviert, da man die Gestaltung im Falle der typischen Stille Gesellschaft so wählen kann, dass das Geschäftsführergehalt und der Gewinnanteil des Stillen bei der GmbH als Betriebsausgabe abzugsfähig sind.[349]

2) Gegenüberstellung GmbH & Co. KG und GmbH & Stille Gesellschaft

Eine vergleichende Gegenüberstellung der GmbH & Co. KG und der GmbH & Stille Gesellschaft kann wie folgt dargestellt werden:[350]

---

[348] Vgl. BFH, Urt. v. 13.05.1998, V III R81/96, BFH/NV 1999, S. 355; BFH, Urt. v. 06.12.1995, I R 109/94, BFHE 179, S. 427.

[349] Der Abzug als Betriebsausgabe hat zur Folge, dass in Höhe des Gewinnanteils des stillen Gesellschafters die Bemessungsgrundlage der Gewerbesteuer gemindert wird. Der Gewerbesteuereffekt wurde durch die Einführung der Anrechnung der Gewerbesteuer auf die Einkommensteuer durch das Steuersenkungsgesetz vom 23.10.2000 (vgl. BGBl. 2000 I S. 1433) und das Unternehmensteuerreformgesetz 2008 (vgl. BGBl. 2007 I S. 1912) abgemildert; im Idealfall von exakt 380% Hebesatz gleichen sich die Steuereffekte aus. Da aber in fast allen westdeutschen Ballungsgebieten und Großstädten Hebesätzen von deutlich mehr als 380% anzutreffen sind (vgl. IDW Steuerberater- und Wirtschaftsprüfer-Jahrbuch 2009, S. 823-825), kann der Gewerbesteuer-Effekt auch weiterhin durchaus beachtlich sein.

[350] Vgl. Klunzinger, E., S. 349.

GmbH & Co. KG	GmbH & Still
Kommanditisten sind Mitinhaber des Gesellschaftsvermögens	Stille Gesellschafter sind keine Mitinhaber des Gesellschaftsvermögens
Kommanditisten treten nach außen in Erscheinung	Stille Gesellschafter bleiben anonym
Kommanditisten haften im Rahmen der §§ 171 ff. HGB	Stille Gesellschafter haften nicht; aus Rechtsgeschäften wird ausschließlich der Geschäftsinhaber verpflichtet
Kommanditisten verlieren im Insolvenzfall ihre Einlage	Stille Gesellschafter können im Insolvenzfall Ansprüche als Insolvenzgläubiger geltend machen (§ 236 HGB)
Gesellschaftsgläubiger können sich bei noch nicht eingezahlter Kommanditeinlage direkt an das Privatvermögen des Kommanditisten halten	Gegen säumige stille Gesellschafter be- steht kein Anspruch; der Insolvenzverwalter kann lediglich die Einlageforderung gegenüber dem Stillen geltend machen
Verzinsung der Komplementäreinlage muss Haftungsrisiko, Arbeitseinsatz und Kapitaleinsatz entsprechen	Da im Außenverhältnis nur das Kapital der GmbH repräsentiert wird, muss der angemessene Gewinn der GmbH über dem bei der GmbH & Co. KG liegen
Steuerlich: Bei GmbH & Co. KG sind GmbH-Geschäftsführergehälter an Kommandi- tisten (Mitunternehmer) steuerlich nicht abzugsfähig	Steuerlich: Geschäftsführergehälter können als Betriebsausgabe den Gewinn mindern, wenn der GmbH-Geschäftsführer gleichzeitig typisch stiller Gesellschafter (kein Mitunternehmer) ist

Schaubild 7: Gegenüberstellung GmbH & Co. KG und GmbH & Stille Gesellschaft

e. Betriebsaufspaltung

Bei der GmbH & Co. KG oder der GmbH & Still wird das Handelsgewerbe in einer Handelsgesellschaft ausgeübt. Bei der auch als Doppelgesellschaft[351] bezeichneten Betriebsaufspaltung wird das Handelsgeschäft in eine Besitzunternehmen[352] und Betriebsunternehmen[353] aufgespalten.[354] Auf diese Weise kann man die unternehmerisch erforderlichen Vermögensgegenstände in der Besitzgesellschaft vor dem unternehmerischen Risiko der am Markt agierenden Betriebsgesellschaft abschotten. Aus steuerlichen Erwägungen heraus wird regelmäßig für die Besitzgesellschaft die Rechtsform einer Personengesellschaft gewählt. Die Betriebsgesellschaft, die dem höheren Haftungsrisiko ausgesetzt ist, tritt überwiegend in der Rechtsform einer Kapitalgesellschaft auf und ist lediglich mit einer sich am Notwendigsten orientierenden Kapitalausstattung ausgestattet.[355]

f. Publikumspersonengesellschaften

1) Rechtsgrundlagen, Begriffsbestimmung und Bedeutung

Unter einer Publikumspersonengesellschaft wird eine auf Beitritt zahlreicher Kapitalanleger angelegte Personengesellschaft verstanden.[356] Typischerweise treten Publikumspersonengesellschaften in der Rechtsform einer (GmbH & Co.)KG auf[357] und werden als Publikums-KG, aber auch als Massen-KG, Massenanlagegesellschaft, Abschreibungs- und Verlustzuweisungs-KG bezeichnet.[358] Publikumsgesellschaften können aber auch als BGB-Gesellschaften, Stille Gesellschaften oder als Partenreedereien organisiert sein. Soweit sich nicht aus rechtsformspezifischen Besonderheiten für die vorgenannten Gesellschaften etwas Anderes ergibt, lassen sich die nachfolgenden Ausführungen, die von einer Publikums-KG ausgehen, auch allgemein auf alle Personenpublikumsgesellschaften übertragen.

Die kapitalistisch organisierte Publikums-KG hat, ähnlich der Aktiengesellschaft (AG), regelmäßig drei Organe:

---

351 Vgl. Klunzinger, E., S. 361 ff.

352 Regelmäßig in der Rechtsform eines Einzelunternehmens oder einer Personengesellschaft.

353 Überwiegend trifft man Betriebsgesellschaften wegen der erwünschten zivilrechtlichen Haftungsbeschränkung in der Rechtsform einer GmbH an.

354 Vgl. Niehus, U./Wilke, H., S. 403.

355 Vgl. Klunzinger, E., S. 312.

356 Vgl. Schmidt, K., Gesellschaftsrecht, § 57 I. 1. a).

357 Vgl. Hesselmann, M./Tillmann, B., Rn. 754; Dietrich, J., S. 1 ff.

358 Vgl. MünchHdb. Publikums-KG/Gummert H., § 61 Rn. 1.

- die Gesellschafterversammlung,
- den (von der Gesellschafterversammlung gewählten) Aufsichts-, Verwaltungs- oder Beirat[359] und
- die Geschäftsführung (bei der Publikums-KG die Komplementäre).

Aufgrund von diversen Missständen, die bei Publikums-Gesellschaften aufgetreten sind, hat der BGH seit 1972 eine Art Sonderrecht für diese Gesellschaften herausgebildet. Dieses Sonderrecht zum Schutz der Anleger und der Gesellschaft gilt unabhängig von der Rechtsform der Publikumspersonengesellschaft.[360]

2) Treuhandkonstruktionen

Zur Vereinfachung des Beitritts und der Willensbildung treten Gesellschafter der Gesellschaft nicht direkt bei, sondern überlassen die Funktion als Gesellschafter Treuhändern. Dies hat den Vorteil, dass der Treugeber weder im Handelsregister eingetragen noch nach außen offiziell bekannt gegeben werden muss. Da die Treugeber keine Gesellschafter werden, haben sie auch keine Ansprüche gegen die Gesellschaft, sondern nur gegen den Treuhänder.[361] Das Rechtsverhältnis zwischen dem Treugeber und dem Treuhänder ist üblicherweise ein entgeltlicher Geschäftsbesorgungsvertrag gem. § 675 BGB.[362]

3) Besondere Ansprüche der Kapitalanleger

Wenn eine Publikumspersonengesellschaft scheitert oder sich nicht so entwickelt, wie es dem Anleger in Aussicht gestellt wurde, dann gibt der BGH dem geschädigten Anleger einen Anspruch aus culpa in contrahendo (§ 280 BGB) unmittelbar gegen den geschäftsführenden Gesellschafter. Da es sich hierbei meist um eine kleine GmbH handelt, würde der Anleger leer ausgehen, hätte nicht der BGH die Haftung auf alle Personen erweitert, die das Vertrauen des Anlegers in Anspruch genommen und mit ihm ein gesetzliches Schuldverhältnis begründet haben. Neben dem Komplementär haften demzufolge alle (das Management bildende) Initiatoren, die Vertriebsorganisation, jeder einzelne Vermittler und auch

---

359 Die Verwendung des Begriffs „Aufsichtsrat" hat zur Folge, dass auf dieses Organ das Aktienrecht anzuwenden ist. Da die Anwendung dieser strengen Regeln meist vermieden werden soll, wird dieses Organ vorzugsweise Verwaltungsrat oder Beirat genannt. Vgl. Eisenhardt, U., Gesellschaftsrecht, Rn. 718.

360 BGH, Urt. v. 22.01.1979, II ZR 178/77, BB 1979, S. 802; BGH, Urt. v. 30.03.1987, II ZR 163/86, DB 1987, S. 1527; Krieger, A., FS für Stimpel, S. 307/313 ff.

361 Vgl. OLG Frankfurt, Urt. v. 09.11.1976, 5 U 188/75, OLGZ 1977, S. 339 ff.

362 Vgl. Coing, H., S. 92; BGH, Urt. v. 28.01.1980, II ZR 250/78, BGHZ 76, S. 127.

der Treuhänder für unzutreffende, unvollständige oder irreführende Prospektangaben,[363] sofern dem Betreffenden ein Verschulden zur Last gelegt werden kann. Der Anspruch des Geschädigten richtet sich auf den Vertrauensschaden, also auf den Betrag, den er erzielt hätte, wäre er nicht durch die schädigenden Handlungen von einer anderen sicheren und rentierlichen Anlage abgehalten worden.[364]

4) Inhaltskontrolle der Gesellschaftsverträge

Nach § 310 Abs. 4 BGB finden die Vorschriften über die Allgemeinen Geschäftsbedingungen (§§ 305 ff. BGB) auf dem Gebiet des Gesellschaftsrechts keine Anwendung. Hiernach wäre lediglich der Maßstab der §§ 134, 138 und 242 BGB anzuwenden. Der BGH hat aber festgestellt, dass bei Publikumsgesellschaften die Rechtslage ähnlich ist wie bei Allgemeinen Geschäftsbedingungen sowie Formularverträgen, hat deshalb seine Zurückhaltung aufgegeben und unterzieht auch Gesellschaftsverträge von Publikumsgesellschaften der Inhaltskontrolle.[365]

g. Sonstige Sonderformen

1) Metagesellschaften

Metagesellschaften liegen vor, wenn mehrere Parteien (Metisten) sich zur Durchführung von Geschäften zusammenfinden und jeder Metist im Außenverhältnis im eigenen Namen auftritt.[366] Metagesellschaften sind grundsätzlich als GbR einzustufende Innengesellschaften.[367] Im Kreditgeschäft sind Metaverbindungen wegen § 25a Abs. 2 KWG ausgeschlossen und regelmäßig als Unterbeteiligungsgesellschaften ausgestaltet.[368]

---

363 Vgl. BGH, Urt. v. 24.05.1982, II ZR 124/81, BGHZ 84, S. 141.

364 Vgl. Eisenhardt, Kapitalanlegerschutz, S. 41.

365 Vgl. BGH, Urt. v. 14.04.1975, II ZR 147/73, BGHZ 64, S. 238; BGH, Urt. v. 13.07.1981, II ZR 56/80, BGHZ 81, S. 263; BGH, Urt. v. 03.05.1982, II ZR 78/81, BGHZ 84, S. 11; BGH, Urt. v. 21.03.1988, II ZR 135/87, BGHZ 104, S. 50.

366 Vgl. MünchKomm. BGB/Ulmer, P., vor § 705 Rn. 72; MünchHdb. GesR I/ Eyles, U./Schaffelhuber, K. A., § 31 Rn.15.

367 Vgl. Lange, J./Hunfeld, H.-G., Rn. 116; BFH, Urt. v.18.12.2002, I R 92/01, BFH/NV 2003, S. 964.

368 Vgl. Schimansky, H./Bunte, H-J./Lwowski, H-J./Hadding, W./Häuser, F., § 87 Rn. 19.

2) Joint Venture

Unter dem im anglo-amerikanischen Sprachraum vorzufindenden Begriff Joint Venture[369] ist jede Art von unternehmerischer Kooperation zu verstehen.[370] Grundsätzlich finden sich bei einem Joint Venture zwei (oder mehr) Partner für eine zumeist grenzüberschreitende Kooperation zusammen und regeln die Zusammenarbeit in einem Joint Venture Vertrag. Üblicherweise bildet dieser Vertrag die Grundlage für zahlreiche weitere Verträge (bspw. Gesellschaftsverträge), die anschließend abgeschlossen werden. Gesellschaftsrechtlichen Gehalt hat der Ausdruck Joint Venture aber nicht. [371]

3) Venture Capital und Private Equity Fonds

In als "Venture Capital" und "Privat Equity Fonds" bezeichneten Gesellschaften[372] handelt es sich um Zusammenschlüsse von Kapitalanlegern, beispielsweise zum Zwecke der Finanzierung junger Unternehmen, des Wachstums mittelständischer Unternehmer, der Ausgliederung von Unternehmensteilen, von IPO`s oder der Ermöglichung der Nachfolge.[373] Die Unternehmen, in die investiert wird, werden Portfolio-Gesellschaften genannt.[374] Einzelne Portfolio-Investitionen haben einen Zeitraum von rd. 3-5 Jahren; die Fonds werden weitgehend für eine Laufzeit von 8 bis 12 Jahren ausgelegt und überwiegend in der Rechtsform einer GmbH & Co. KG betrieben.[375]

4) Erbengemeinschaften

Die Erbengemeinschaft ist als Gemeinschaft zur gesamten Hand ausgestaltet und damit im BGB die dritte Gesamthandsgemeinschaft neben der GbR und der Gütergemeinschaft. Die Erbengemeinschaft besitzt keine eigene Rechtspersönlichkeit und ist nach der überwiegenden Meinung[376] als solche nicht rechts- oder parteifähig. Die Erbengemeinschaft unterscheidet sich trotz der bei ihr bestehenden gesamthänderischen

---

369 Der Begriff leitet sich aus „joint adventure" ab und kann verstanden werden als „gemeinsames Abenteuer, gemeinsames Wagnis" (vgl. MünchHdb. GesR I/Baumanns, A., § 28 Rn. 1).
370 Vgl. MünchHdb. GesR I/Schücking, C., § 4 Rn. 37.
371 Vgl. MünchHdb. GesR I/Schücking, C., § 4 Rn. 38.
372 Auch als „Wagniskapitalgesellschaften" bezeichnet, vgl. Hohaus, B./Inhester, M., DB 2003, 1080, m. w. N.
373 Vgl. hierzu BMF v. 16.12.2003, IV A6-S 2240-153/03, BStBl. 2004 I, S. 40.
374 Vgl. Rodin, A./Veith, A./Bärenz, U., DB 2004, S. 103.
375 Vgl. Lange, J./Grützner, D., Rn. 126.
376 Vgl. BGH, Urt. v. 21.12.1988, VIII ZR 277/87, NJW 1989, S. 2133.

Vermögensbildung deutlich von den Personengesellschaften des bürgerlichen Rechts und des Handelsrechts. Im Unterschied zum Gesellschafter hat jeder Miterbe nach §§ 2033 Abs. 1, 2042 Abs. 2 BGB das Recht, über seinen Anteil an der Erbengemeinschaft zu verfügen sowie jederzeit Auflösung zu verlangen. Ferner ist jeder Miterbe in seiner Haftung nach § 2059 Abs. 1 BGB auf den Nachlass beschränkt. Aus diesen Gründen besitzt die Erbengemeinschaft keine Rechtsfähigkeit.[377] Im Gesellschaftsrecht hat der II. Senat des BGH im Wege der Rechtsfortbildung der GbR als Außengesellschaft Rechtsfähigkeit zuerkannt, um den Bedürfnissen des Rechtsverkehrs Rechnung zu tragen.[378] Derzeit wird kontrovers darüber diskutiert, ob diese Rechtsfortbildung auch auf die Erbengemeinschaft ausgeweitet werden sollte.[379]

5) Familienrechtliche Gütergemeinschaften

Das Vermögen von Mann und Frau werden Gesamtgut (§ 1416 Abs. 1 Satz 1 BGB), wenn sie als Ehegatten gem. § 1415 BGB die Gütergemeinschaft vereinbaren. Zivilrechtlich wird hierdurch jedoch keine Gesellschaft begründet, die rechtsfähig ist.[380] Entsprechendes gilt, wenn Partner einer eingetragenen Lebenspartnerschaft eine der Gütergemeinschaft entsprechende Vermögensgemeinschaft in einem Lebenspartnerschaftsvertrag i. S. d. § 7 LPartG vereinbaren.

h. Ausländische Gesellschaften

Nach ausländischem Recht errichtete Gesellschaften sind danach zu untersuchen, ob sie als Personengesellschaft oder als Kapitalgesellschaft zu beurteilen sind, wenn sie Aktivitäten im Inland entfalten oder sich an ihnen im Inland unbeschränkt steuerpflichtige natürliche oder juristische Personen beteiligt haben und sich Sachverhalte ergeben, die für die inländische Besteuerung von Bedeutung sein könnten. Hierbei ist entscheidend, ob eine ausländische Gesellschaft als Personengesellschaft oder als Kapitalgesellschaft einzustufen ist. Das Steuerrecht folgt grund-

---

377 Andere Ansicht insbesondere Grunewald, B., Rechtsfähigkeit, AcP 197 (1997), 306 ff.; Dauner-Lieb, B., Unternehmen im Sondervermögen, 1998, S. 301 ff., 396 m. w. N.

378 Vgl. Palandt/Sprau, H., § 705 Rn. 24; Palandt/Edenhofer, W., Einführung 1) vor § 2032 Rn. 1.

379 Vgl. BGH, Urt. v. 11.09.2002, XII ZR 187/00, NJW 2002, S. 3389 m. A. v. Marotzke; MittBayNot 2003, S. 193; Eberl-Borges, C., ZEV 2002, S. 125; Heil, H.-J., ZEV 2002, S. 296; Weipert, L., ZEV 2002, S. 300; Marotzke, W., ZEV 2002, S. 506.

380 Vgl. BayObLG, Beschl. v. 22.01.2003, 3Z BR 238/02, 239/02 und 240/02, DB 2003, S. 715.

sätzlich dem Zivilrecht. Nach der bisherigen Rechtsprechung[381] werden zivilrechtlich nach ausländischem Recht errichtete juristische Personen im Inland als rechtsfähig angesehen, wenn Sie – nach der Sitztheorie – nach dem Recht des Staates errichtet wurden, in dem sie ihren tatsächlichen Verwaltungssitz haben.[382] Die hierzu im Gegensatz stehende Gründungstheorie stellt für die Frage der Rechtsfähigkeit ausschließlich auf das Recht des Staates ab, in dem sie gegründet wurde; der Ort des tatsächlichen Verwaltungssitzes hat keine Bedeutung.

Nach mittlerweile ständiger Rechtsprechung des EuGH[383] ist es mit EU-Recht nicht vereinbar, einer innerhalb der EU errichteten Gesellschaft nach Verlegung des tatsächlichen Verwaltungssitzes in ein anderes EU-Land die Rechtsfähigkeit mit Verweis auf die Sitztheorie zu versagen.[384] Hierauf aufbauend hat der BFH im Hinblick auf das sich aus Art. 24 Abs. 4 DBA-USA ergebende Diskriminierungsverbot eine nach dem Recht des Staates Delaware gegründeten US-Kapitalgesellschaft mit statuarischem Sitz in den USA, die den tatsächlichen Verwaltungssitz nach Deutschland verlegt hatte, im Inland als rechtsfähig angesehen.[385]

---

381 Vgl. BGH, Urt. v. 21.03.1986, V ZR 10/85, BGHZ 97, S. 269; BGH, Urt. v. 17.11.1970, III ZR 70/93, BGHZ 128, S. 41; BGH DB 2000, S. 114.

382 Der zivilrechtliche relevante Verwaltungssitz als Ort, an dem die grundlegenden Entscheidungen der Unternehmensleitung in Geschäftsführungsakte umgesetzt werden (vgl. BGHZ 97, 269), ist dem tatsächlichen Ort der Geschäftsleitung im Sinne von § 10 AO vergleichbar.

383 Vgl. EuGH, Urt. v. 27.09.1988, Rs. C-81/87 (Daily Mail), Slg. 1988 I, S. 5505; EuGH, Urt. v. 09.03.1999, Rs. C-212/97 (Centros), Slg. 1999 I, S. 1459; EuGH, Urt. v. 05.09.2002, Rs. C-208/00 (Überseering), Slg. 2002 I, S. 9919; EuGH, Urt. v. 30.09.2003, Rs. C-167/01 (Inspire Art), Slg. 2003 I, S. 10155.

384 Vgl. Forsthoff, U., DB 2003, S. 979.

385 Vgl. BFH, Urt. v. 29.01.2003, I R 6/99, BFHE 201, S. 463; BFH, Urt. v. 29.01.2003, I R 6/99, DB 2003, S. 1200.

III. Besteuerung von Personengesellschaften nach deutschem Steuerrecht

A. Besteuerung inländischer Einkünfte

1. Steuersubjekt

Die Behandlung der Personengesellschaft in verschiedenen Teilgebieten des Steuerrechts ist nicht einheitlich. Bei der Gewerbe-, Umsatz-, Grunderwerb- und Grundsteuer ist die Gesellschaft selbst steuerrechtsfähig und Steuerschuldner.[386] Im Recht der Einkommen- und Erbschaftsteuer ist nicht die Personengesellschaft, sondern der Gesellschafter[387] oder Erbe Steuersubjekt. Entfaltet eine ausländische Personengesellschaft Aktivitäten im Inland, sind ihre nicht im Inland ansässigen Gesellschafter nach § 1 Abs. 4 EStG oder § 2 Nr. 1 EStG beschränkt steuerpflichtig und unterliegen der Besteuerung der Einkünfte aus dieser Beteiligung, soweit es sich um inländische Einkünfte i. S. d. § 49 EStG handelt.[388]

2. Gewerbesteuer

Die Gewerbesteuer ist eine so genannte Realsteuer.[389] Nach § 2 Abs. 1 Satz 1 GewStG unterliegt der Gewerbesteuer jeder im Inland betriebene stehende Gewerbebetrieb. Hierunter ist nach § 2 Abs. 1 Satz 2 GewStG jedes gewerblich tätige Unternehmen i. S. d. § 15 Abs. 1 Satz 1 Nr. 2 EStG oder jedes gewerblich geprägte Unternehmen i. S. d. § 15 Abs. 3 Nr. 2 EStG zu verstehen, d.h. es muss selbstständig, nachhaltig mit Gewinnerzielungsabsicht sich am allgemeinen wirtschaftlichen Verkehr beteiligen und es darf sich nicht um Land- und Forstwirtschaft, selbständige Arbeit oder bloße Vermögensverwaltung handeln.[390] Gewerbebetrieb kraft Rechtsform sind nach § 2 Abs. 2 Satz 1 GewStG die drei Kapitalgesellschaften GmbH, AG und KGaA, die Erwerbs- und Wirtschafts-

---

386 Vgl. Sudhoff, H./Walpert, K., Personengesellschaften, § 27 Rn. 1.

387 Der im Handelsrecht als „Gesellschafter" bezeichnete Personenkreis wird im Einkommensteuerrecht als „Mitunternehmer" bezeichnet (vgl. § 15 Abs. 1 Nr. 2 EStG; H 15.8 EStR).

388 Vgl. Lange, J./Grüntzner, D., Rn. 202.

389 Neben der Gewerbesteuer ist die Grundsteuer die zweite Realsteuer (§ 3 Abs. 2 AO). Realsteuern sind Gemeindesteuern, Sachsteuern und Objektsteuern, da sie unabhängig von den persönlichen Verhältnissen des Inhabers erhoben werden.

390 Nichtgewerbliche Einkünfte werden insgesamt in gewerbliche Einkünfte umqualifiziert, wenn nur ein kleiner Anteil an gewerblichen Einkünften enthalten ist (so genannte „Abfärbetheorie", vgl. hierzu: Schmidt, L./Wacker, R., EStG, § 15 Rn. 188 m. w. N.).

genossenschaften, die VVaG sowie die europäische Aktiengesellschaft (SE) und die europäische Privatgesellschaft (SPE).

Steuerschuldner ist gemäß § 5 Abs. 1 Satz 3 GewStG die Personengesellschaft. Mit Aufnahme der werbenden Tätigkeit entsteht die Gewerbesteuerpflicht;[391] demzufolge sind alle bis dahin entstandenen Aufwendungen gewerbesteuerrechtlich irrelevant.[392] Mit der tatsächlichen Einstellung des Betriebs, d. h. der Abwicklung des letzten Geschäftsvorfalles des werbenden Betriebs, endet die Steuerpflicht.[393] Bemessungsgrundlage ist nach § 7 Satz 1 GewStG der Gewerbeertrag,[394] wie er aus der Steuerbilanz der Mitunternehmerschaft unter Berücksichtigung von Sonderbetriebseinnahmen, Sonderbetriebsausgaben und Sondervergütungen als „Gewinn aus Gewerbebetrieb" ermittelt wird. Diese Bemessungsgrundlage wird durch Hinzurechnungen und Kürzungen in das Ergebnis des gedachten Standardbetriebs umgerechnet.
Die Ermittlung der Gewerbesteuer lässt sich schematisch wie folgt darstellen:

---

391 Vgl. Abschn. 18 Abs. 1 Satz 2 GewStR.

392 Vgl. BFH, Urt. v. 03.02.1994, III R 23/89, BStBl. 1994 II, S. 709; BFH, Urt. v. 22.11.1994, VIII R 44/92, DStR 1995, S. 255.

393 Liquidationsgewinne sind nicht gewerbesteuerpflichtig, vgl. Abschn. 39 Abs. 1 lit. 1 GewStR; BFH, Urt. v. 07.02.1995, VIII R36/93, BStBl 1995 II, S. 770.

394 Seit dem Erhebungszeitraum 1998 wird die Gewerbesteuer in allen Bundesländern nur noch auf den Ertrag erhoben. Auf das Gewerbekapital wurde sie nur in den alten Bundesländern bis 31.12.1997 erhoben und durch „Gesetz zur Fortführung der Unternehmenssteuerreform" abgeschafft. In den neuen Bundesländern fand die Gewerbesteuer auf das Kapital mit Genehmigung durch die Europäische Kommission auch für die Erhebungszeiträume 1991 bis 1997 keine Anwendung.

	Gewinn aus Gewerbebetrieb[395]
+/-	Gewinn/Verlust aus Veräußerung (Teil-)Betrieb(e), Mitunternehmeranteil(e)[396]
-	Kürzung um bestimmte Entschädigungen (§ 24 EStG)[397]
+	Hinzurechnungen (§ 8 GewStG)[398]
-	Kürzungen (§ 9 GewStG)[399]
-	Verlustvortrag (§ 10a GewStG)[400]

---

395 Ab Erhebungszeitraum 2004 sind die §§ 3 Nr. 40, 3c Abs. 2 EStG bzw. § 8b KStG bei Ermittlung des Gewerbeertrags einer Personengesellschaft auf Erträge aus Beteiligungen an Kapitalgesellschaften anzuwenden (vgl. § 7 Abs. 4 GewStG).

396 Die Gewinne aus Veräußerung von Mitunternehmeranteilen sind steuerpflichtig, sofern sie nicht unmittelbar einer natürlichen Person gehören (§ 7 Satz 2 GewStG).

397 Beispielsweise für Ausgleichzahlungen an Handelsvertreter nach § 89b HGB, Abfindung für Auflösung eines Dienstverhältnisses, Entgelt für Wettbewerbsverbot (bspw. eines Versicherungsvertreters, H 24.1 EStR) sowie nachträgliche Einkünfte aus einer ehemaligen Tätigkeit (R 24.2 EStR).

398 Durch das Unternehmensteuerreformgesetz 2008 (vgl. BGBl. 2007 I S. 1912) wurden weitere ertragsunabhängige Elemente einbezogen und die Höhe der Hinzurechnung modifiziert. Hinzuzurechnen sind im Wesentlichen ein Viertel der Schuldzinsen, Betrieblichen Renten und dauernde Lasten, Gewinnanteile typisch stiller Gesellschafter, Dividenden einer in- und ausländischen Kapitalgesellschaft, eines Fünftels der beim Mieter anfallenden Miet- und Pachtzinsen für Gegenstände des beweglichen Anlagevermögens, dreizehn Zwanzigstel der beim Mieter anfallenden Miet- und Pachtzinsen für Gegenstände des unbeweglichen Anlagevermögens, ein Viertel der Aufwendungen für Konzessionen und Lizenzen (vgl. § 8 Nr. 1 GewStG); Gewinnanteile des Komplementärs (vgl. § 8 Nr. 2 GewStG); nach § 3 Nr. 40 EStG oder § 8b Abs. 1 KStG außer Ansatz gebliebene Dividenden (vgl. § 8 Nr. 5 GewStG); Verlustanteile aus einer in- oder ausländischen Mitunternehmerschaft (vgl. § 8 Nr. 8 GewStG); bestimmte Spenden (nur bei Kapitalgesellschaften; § 8 Nr. 9 GewStG i. V. m. § 9 Abs. 1 Nr. 2 KStG); Teilwertabschreibungen auf Anteile an Körperschaften (vgl. § 8 Nr. 10 GewStG) sowie ausländische Steuern (vgl. § 8 Nr. 13 GewStG).

399 Die Summe des Gewinns und der Hinzurechnungen ist insbesondere zu kürzen um Grundstücke (1,2 v. H. des Einheitswerts (§20 GewStDV) plus Zuschlag 40 v. H. (§ 121a BewG)), Gewinnanteile aus in- oder ausländischen Mitunternehmerschaften (Spezialschachtelprivileg), Dividenden von in- und ausländischen Körperschaften bei Beteiligungen von mindestens 10% (Schachtelprivileg), Gewerbeertrag aus ausländischen Betriebsstätten, beim Vermieter die Hälfte der Miet- und Pachtzinsen für Mobilien des Anlagevermögens, Ausgaben für steuerbegünstigte Zwecke i. S. d. § 10b EStG (vgl. § 9 GewStG).

400 Ein (vortragsfähiger) Gewerbeverlust wird gesondert festgestellt (§ 10a Satz 4 GewStG), zeitlich unbegrenzt vorgetragen (Abschn. 66 GewStR) und muss, da kein Wahlrecht existiert, in den Folgejahren bis Null abgezogen werden, auch wenn der Freibetrag verloren geht (§ 11 Abs. 1 GewStG). Der Verlustabzug er-

= Gewerbeertrag vor Freibetrag

- Abrundung auf volle Euro 100 (§ 11 Abs. 1 Satz 3 1. Halbsatz GewStG)
- Freibetrag Euro (§ 11 Abs. 1 S. 3 2. Hlbs. Nr. 1 GewStG)[401]
= Gewerbeertrag nach Freibetrag

x Steuermesszahl (§ 11 Abs. 2 GewStG)[402] [403]
= Steuermessbetrag (§§ 11 Abs. 1, 14 GewStG)[404]

x Hebesatz (§ 16 GewStG)[405]
= Gewerbesteuer

---

folgt bis maximal Euro 1 Mio. unbeschränkt, darüber hinaus nur bis 60 v. H. des verbleibenden Gewerbeertrags (§ 10a Satz 2 GewStG). Während die einkommensteuerliche Verlustmasse vererbt wird (§ 10d EStG), gehen gewerbesteuerliche Verluste mit dem Tod des Unternehmers unter (§ 10a GewStG), da für einen Verlustvortrag Voraussetzung ist, dass es sich um dasselbe Unternehmen und denselben Unternehmer handelt (vgl. Sudhoff, H.,/Walpert, K., Personengesellschaften, § 30 Rn. 39; Lange, J./ Driesch, K., Rn. 3898 ff.).

401 Dieser Freibetrag ist auf den Gewerbeertrag begrenzt und steht mit maximal Euro 24.500,00 nur natürlichen Personen oder Personengesellschaften zu (vgl. § 11 Abs. 1 Satz 3 Nr. 1 GewStG). Von der Gewerbesteuer befreite sonstige juristische Personen des privaten und des öffentlichen Rechts erhalten einen Freibetrag von Euro 3.900,00 für das Ergebnis aus ihrem wirtschaftlichen Geschäftsbetrieb (vgl. § 11 Abs. 1 Satz 3 Nr. 2 GewStG).

402 Die Steuermesszahl beträgt nach § 11 Abs. 2 i. V. m. § 36 Abs. 9a GewStG seit dem Erhebungszeitraum 2008 einheitlich 3,5%.

403 Die Steuermesszahlen ermäßigen sich auf 56% (ab EZ 2004, davor 50%) bei Hausgewerbetreibenden und ihnen gleichgestellten Personen (vgl. § 11 Abs. 3 GewStG).

404 Durch Gewerbesteuermessbescheid (Grundlagenbescheid, § 171 Abs. 10 AO) wird der Gewerbesteuermessbetrag vom Betriebsstättenfinanzamt festgesetzt und bindet die Steuerverwaltung der Gemeinde, die mittels Gewerbesteuerbescheid (Folgebescheid) die zu zahlende Gewerbesteuer erhebt (§§ 14, 16 GewStG). Der einheitliche Messbetrag wird in einem Zerlegungsbescheid auf die Gemeinden verteilt (§ 28 GewStG), in denen sich Betriebsstätten befinden. Zerlegungsmaßstab sind die Arbeitslöhne (§§ 29, 31 Abs. 2 GewStG).

405 Der Hebesatz beträgt nach § 16 Abs. 4 Satz 2 GewStG seit 2004 mindestens 200 v. H. (Untergrenze) und wird von der hebeberechtigten Gemeinde für ihr Gebiet bestimmt (§ 16 Abs. 1 GewStG). Die derzeit bundesweit anzutreffenden Höchstsätze erheben Frankfurt am Main und München mit jeweils 490 v. H.

Dividendeneinnahmen können nach dem nationalen Schachtelprivileg des § 9 Nr. 2a GewStG freigestellt sein.[406] Für Zwecke der Gewerbesteuer ist eine generelle Freistellung ausländischer Betriebsstätteneinkünfte in § 9 Nr. 3 GewStG vorgesehen. Sollte eine gewerbesteuerliche Kürzung von Dividenden nach § 9 Nr. 7 GewStG nicht möglich sein, kann sich eine Steuerfreistellung auch aus dem Schachtelprivileg eines Doppelbesteuerungsabkommens ergeben.[407]

Bei Verpachtung eines Gewerbebetriebs hat der Verpächter ein Wahlrecht[408] zwischen einem ruhenden Gewerbebetrieb und der Erklärung der Betriebsaufgabe (§ 16 Abs. 3 EStG). Sollte der Verpächter den Finanzbehörden gegenüber keine Erklärung abgeben, hat er weiterhin Einkünfte aus Gewerbetrieb; gleichzeitig entfällt die Gewerbesteuer mangels werbender Tätigkeit nach § 15 Abs. 1 Nr. 1 EStG.[409] Der Verpächter versteuert zu dem Zeitpunkt, zu dem er die Betriebsaufgabe erklärt, die vorhandenen stillen Reserven (ohne Geschäftswert)[410] als privilegierten Aufgabegewinn[411] und hat danach Einkünfte aus Vermietung und Verpachtung (§ 21 EStG).

In § 2 Abs. 2 S. 2 GewStG ist die Organschaft geregelt, durch die positive und negative Gewerbeerträge innerhalb des Organkreises ausgeglichen werden. Durch die Organschaft versucht der Gesetzgeber zu verhindern, dass die Unternehmen eines Organkreises das Hebesatzgefälle zwischen den Gemeinden durch entsprechende Verlagerung der Gewinne ausnutzen.[412] Für Gesellschaften hat die Organschaft den Vorteil, dass sie zwischen Organträger und Organgesellschaft eine Verlustverrechnung[413] vornehmen sowie § 8b KStG vermeiden[414] können.

---

406 Vgl. Heurung, R./Klübenspies, M., BB 2003, S. 2491.

407 Vgl. Heurung, R./Seidel, P., FS für Christiana Djanani, S. 314 ff.

408 Zum Verpächterwahlrecht vgl. BMF v. 17.10.1994, IV B2-S 2242-47/94, BStBl. 1994 I, S. 771; BFH, Urt. v. 23.04.1996, VIII R13/95, BStBl. 1998 II, S. 325 und BFH, Urt. v. 17.04.2002, X R 8/00, BStBl. 2002 II, S. 527.

409 Abschn. 11 Abs. 3 Satz 1 GewStR.

410 Der Geschäftswert bleibt ein „eingefrorenes Betriebsvermögen", die diesbezüglichen stillen Reserven werden nicht realisiert, vgl. Schmidt, L./Heinicke, W., § 4 Rn. 262.

411 Die Realisierung der stillen Reserven führt nur zu einer Belastung mit Einkommensteuer gem. §§ 16 Abs. 3, Abs. 4 i. V. m. 34 Abs. 2 EStG; Gewerbesteuer fällt mangels Teilnahme am allgemeinen wirtschaftlichen Verkehr nicht an.

412 Vgl. BFH, Urt. v. 27.06.1990, I R 183/85, BStBl. 1990 II, S. 916.

413 Vgl. Lange, J./Driesch, K., Rn. 4019 ff.

414 Vgl. BFH, Urt. v. 27.06.1990, I R 183/85, BStBl. 1990 II, S 916; BFH, Urt. v. 25.07.1995, III R 54/93, BStBl. 1995 II, S. 794.

Im Falle einer Betriebsaufspaltung handelt es sich gewerbesteuerlich um zwei unabhängige gewerbliche Unternehmen; daher sind sowohl die Besitz- wie auch die Betriebsgesellschaft gewerbesteuerpflichtig.[415]

Eine GmbH & Co. KG ist im Hinblick auf § 15 Abs. 3 Nr. 2 EStG als gewerblich geprägte Personengesellschaft grundsätzlich gewerbesteuerpflichtig.[416]

Bei einer Realteilung wird die Gesellschaft aufgelöst und natural unter den Gesellschaftern aufgeteilt. Diese Betriebsaufgabe ist nach § 16 Abs. 3 Sätze 2 bis 4 EStG, auf den § 7 Abs. 1 GewStG verweist, grundsätzlich steuerfrei. Hierunter fällt auch der Gewinn, der bei einer Erbauseinandersetzung nach den Regeln der Realteilung als Spitzenausgleich gezahlt wird.[417]

Durch den seit 1.1.2001 in Kraft getretenen § 35 EStG beabsichtigt der Gesetzgeber eine steuerrechtliche Angleichung der Personen- an die Kapitalgesellschaften[418] zu erreichen, indem er die Anrechnung der Gewerbesteuer auf die Einkommensteuer herbei geführt hat.[419] Die durch § 35 EStG eingeführte Ermäßigung der tariflichen Einkommensteuer wurde durch das Unternehmensteuerreformgesetz 2008[420] vom 1,8fachen auf das 3,8fache des jeweiligen Gewerbesteuer-Meßbetrags erhöht. Gleichzeitig wurde § 4 Abs. 5b EStG eingeführt, nach dem mit Wirkung ab dem 1.1.2008 die Gewerbesteuer keine abzugsfähige Betriebsausgabe darstellt und über § 35 Abs. 1 S. 2 EStG der Steuerabzugsbetrag im Sinne einer Obergrenze auf die tatsächlich zu zahlende Gewerbesteuer beschränkt.[421]

---

415 Vgl. BFH, Urt. v. 25.07.1995, III R 54/93, BStBl. 1995 II, S. 794, m. w. N.

416 Eine GmbH & Co. KG kann nicht Organgesellschaft sein, vgl. Abschn. 14 Abs. 5 Satz 4 GewStR; BFH, Urt. v. 25.06.1984, GrS 4/82, BStBl. 1984 II, S. 751.

417 Vgl. BFH, Urt. v. 17.02.1994, VIII R 13/94, BStBl. 1994 II , S. 809.

418 Unter Annahme der Thesaurierung hat bis 31.12.2007 die lineare Steuerbelastung einer Kapitalgesellschaft bei 25% KSt, 5,5% SolZ hierauf (1,375%) und einer Gewerbesteuer bei einem angenommenen Hebesatz von 400 v. H. (14%) insgesamt 40,375% betragen. Bei einem progressiven Einkommensteuertarif und einem Spitzensteuersatz von 42% war eine annähernd gleiche steuerliche Belastung eines Personenunternehmens und einer Kapitalgesellschaft erreicht, wenn nicht durch deutlich über 400 liegende Hebesätze zusätzlich zur Einkommensteuer weitere Gewerbesteuer angefallen ist, vgl. Schmidt, L./Glanegger, P., § 35 Rn. 4.

419 Die Anrechnung erfolgt, indem der sich nach § 35 Abs. 1 EStG ergebende Pauschalbetrag auf die Einkommensteuer angerechnet wird, die im zu versteuernden Einkommen als gewerbliche Einkünfte enthalten sind.

420 Vgl. BGBl. 2000 I S. 1433.

421 Nach § 35 Abs. 1 S. 5 EStG ist der Abzug der Steuerermäßigung auf die tatsächlich zu zahlende Gewerbesteuer beschränkt (Anrechnungshöchstbetrag). Seit 01.01.2008 beträgt unter Annahme der Thesaurierung die lineare Steuer-

Die Anwendung des § 35 EStG ist beschränkt auf natürliche Personen, die als Einzelunternehmer gem. § 15 Abs. 1 Satz 1 Nr. 1 EStG oder als Mitunternehmer nach § 15 Abs. 1 Satz 1 Nr. 2 EStG beschränkt oder unbeschränkt steuerpflichtig sind. Bei einer Personengesellschaft (Mitunternehmerschaft) wird der Anrechnungsbetrag auf die Mitunternehmer entsprechend ihrer Gewinnverteilungsabrede aufgeteilt.[422]

Diese Steuerermäßigung bei Einkünften aus Gewerbebetrieb kann nicht beansprucht werden, wenn der Steuerpflichtige zwar mit Gewerbesteuer belastet ist, aber z. B. aufgrund eines Verlustabzugs keine Einkommensteuer schuldet (Anrechnungsüberhang). Ist also zwar Gewerbesteuer, aber keine Einkommensteuer zu zahlen, wird das Entlastungspotenzial aus der Anrechung der Gewerbesteuer nicht ausgenutzt. Ein solcher Anrechnungsüberhang verfällt ersatzlos. Dieses Ergebnis begegnet keinen verfassungsrechtlichen Bedenken. Der Gesetzgeber durfte den Abzug des Steuerermäßigungsbetrags von einer Doppelbelastung mit Einkommen- und Gewerbesteuer abhängig machen.[423]

Im Rahmen der Besteuerung nach dem EStG und nach dem KStG, insbesondere nach Absenkung des KSt-Satzes 2008, können sich Anrechnungsüberhänge aus der Anrechnung ausländischer Steuern ergeben, die jedoch nicht auf die GewSt angerechnet werden können, da weder das GewStG noch die Kommunalabgabengesetze eine entsprechende Anrechnungsnorm enthalten.[424]

---

belastung einer Kapitalgesellschaft bei 15% KSt, 5,5% SolZ hierauf (0,83%) und einer Gewerbesteuer bei einem angenommenen Hebesatz von 400 v. H. (14%) insgesamt rd. 29,83% und kennt keine dem § 35 EStG nachgebildete Norm im Körperschaftsteuerrecht; mithin ist die tarifliche Körperschaftsteuer durch die anfallende Gewerbesteuer nicht zu ermäßigen.

422 Diesbezüglich verweist § 35 Abs. 3 S. 2 auf § 35 Abs. 2 S. 1 und dieser weiter auf § 15 Abs. 1 S. 1 EStG.

423 Vgl. Schmidt, L./Glanegger, P., § 35 Rn. 12 ff. m. w. N.

424 Vgl. Heurung, R./Seidel, P., IWB, Fach 3, Gruppe 5, S. 76.

3. Einkommensteuer

a. Allgemeines

Die Personengesellschaft als Subjekt ist verpflichtet, ihren Buchführungs- und Aufzeichnungspflichten nach §§ 140, 141 AO nachzukommen.[425] Die so ermittelten Einkünfte sind gesondert und einheitlich für die Gesellschaft und für die Gesellschafter festzustellen.[426] Die aus einer Personengesellschaft erzielten Einkünfte sind von den Gesellschaftern, die natürliche Personen sind, der Einkommensteuer und von den Gesellschaftern, die juristische Personen sind, der Körperschaftsteuer zu unterwerfen.[427]

Kraft gesetzlicher Festlegung in § 8 Abs. 2 KStG erzielen Kapitalgesellschaften ausschließlich Einkünfte aus Gewerbebetrieb. Hingegen können die Gesellschafter einer Personengesellschaft Einkünfte erzielen aus Land- und Forstwirtschaft (§ 13 EStG), aus Gewerbebetrieb (§ 15 bis 17 EStG), aus selbständiger Arbeit (§ 18 EStG), aus Kapitalvermögen (§ 20 EStG) und aus Vermietung und Verpachtung (§ 21 EStG). Da die Einkünfte aus Land- und Forstwirtschaft, aus selbständiger Arbeit, aus Kapitalvermögen und aus Vermietung und Verpachtung nicht im Blickpunkt dieser Arbeit stehen, beschränkt sich die nachfolgende Darstellung auf die Einkünfte aus Gewerbebetrieb.

b. Einkünfte aus Gewerbebetrieb

Einkünfte aus Gewerbebetrieb i. S. d. §§ 2 Abs. 1 Satz 1 Nr. 2 i. V. m. 15 Abs. 1 Satz 1 Nr. 2 EStG liegen vor, wenn die Tätigkeit als gewerblich zu qualifizieren ist, ein Gesellschaftsverhältnis besteht und der Gesellschafter als Mitunternehmer anzusehen ist.

Als gewerblich ist die Tätigkeit anzusehen, wenn sie selbstständig, nachhaltig und mit Gewinnerzielungsabsicht unternommen wird und sich als Beteiligung am allgemeinen wirtschaftlichen Verkehr darstellt (§ 15 Abs. 2 Satz 1 EStG). Selbstständig ist die Tätigkeit, wenn sie auf eigene

---

425 Die Personengesellschaft ermittelt ihr Ergebnis grundsätzlich durch Betriebsvermögensvergleich (§§ 4 Abs. 1 oder 5 EStG). Kleinere Gesellschaften i. S. d. § 141 Abs. 1 AO sowie Gesellschaften, deren Tätigkeit alleine aus Vermögensverwaltung (§§ 20, 21 EStG) besteht, können ihr Ergebnis durch Einnahmen-Überschuss-Rechnung (§ 4 Abs. 3 EStG) ermitteln.

426 Die Feststellung der Besteuerungsgrundlagen erfolgt nach §§ 180 Abs. 1 Nr. 2a AO.

427 Vgl. Krawitz, N./Büttgen-Pöhland, D./Hick, C., FR 2003, S. 123.

Gefahr und Rechnung[428] sowie weisungsunabhängig[429] ausgeübt wird. Nachhaltig wird die Tätigkeit ausgeübt, wenn sie auf Wiederholung angelegt und nicht nur gelegentlich ausgeübt wird.[430] Die Gewinnerzielungsabsicht verlangt das Streben nach einem Totalgewinn für die Lebensdauer der Gesellschaft.[431] Bei der Ermittlung eines Totalgewinns sind die steuerfreien Einnahmen ebenso einzubeziehen[432] wie auch die Ergebnisse der Sonderbilanzen und der Ergänzungsbilanzen der Mitunternehmer.[433] Die Gewinnerzielungsabsicht[434] ist zunächst auf der Ebene der Gesellschaft und sodann für jeden einzelnen Gesellschafter festzustellen.[435] Der Gesetzeswortlaut „Beteiligung am allgemeinen wirtschaftlichen Verkehr“[436] impliziert, dass am allgemeinen Markt für jeden Dritten Güter und Leistungen gegen Entgelt angeboten werden.[437]

Nach § 15 Abs. 3 Nr. 1 EStG gelten die Einkünfte der Personengesellschaft als gewerblich, wenn neben nicht-gewerblichen auch gewerbliche

---

428 Die Selbstständigkeit setzt denknotwendig (Mit-)Unternehmerinitiative und (Mit-)Unternehmerrisko voraus (vgl. BFH, Urt. v. 24.09.1991, VIII R 349/83, BStBl. 1992 II, S. 330; GrS 2/92, Beschl. v. 03.05.2003, VIII R4/88, BStBl. 1993 II, S. 616; BFH, Urt. v. 04.02.1998, XI R 35/97, BStBl. 1998 II, S. 542; BFH, Urt. v. 04.11.2004, III R21/02, BStBl. 2005 II, S. 168). Die (Mit-) Unternehmerinitiative bedeutet Teilhabe an den unternehmerischen Entscheidungen, wobei mindestens die Möglichkeit der Ausübung der Stimm-, Kontroll- und Widerspruchsrechte eines Kommanditisten oder eines Gesellschafters einer GbR nach § 716 Abs. 1 BGB gegeben sein muss (vgl. BFH, Beschl. v. 25.06.1984, GrS 4/82, BStBl. 1984 II, S. 751). Das (Mit-)Unternehmerrisiko setzt die Beteiligung am Gewinn und Verlust des Unternehmens sowie an den stillen Reserven einschließlich des Geschäftswerts voraus (BFH, Beschl. v. 25.06.1984, GrS 4/82, BStBl. 1984 II, S. 751; BFH, Urt. v. 28.10.1999, VIII R66-70/97, BStBl. 2000 II, S. 183).

429 Die Weisungsunabhängigkeit impliziert Arbeitsmittel, Ort, Zeit und Umfang der Tätigkeit sowie Delegation an eigene Arbeitsnehmer selbst bestimmen zu können (BFH, Urt. v. 14.12.1978, I R 121/76, BStBl. 1979 II, S. 188; BFH, Urt. v. 14.06.1985, VI R 150/82, BStBl. 1985 II, S. 661; BFH, Urt. v. 18.01.1995, XI R 71/93, BStBl. 1995 II, S. 559).

430 Vgl. BFH, Urt. v. 10.12.1998, III R 61/97, BStBl. 1999 II, S. 390; BFH, Urt. v. 07.10.2004, IV R 27/03, BStBl. 2005 II, S. 164.

431 Vgl. Schmidt, L./ Wacker. R., EStG, § 15 Rn. 24 ff.

432 Vgl. Schmidt, L./ Wacker. R., EStG, § 15 Rn. 30.

433 Vgl. BFH, Urt. v. 25.06.1996, VIII R28/94, BStBl. 1997 II, S. 202.

434 Die Absicht, Steuern zu sparen, genügt nicht (§ 15 Abs. 2 S. 2 EStG). Bei Einkünften aus Verlustzuweisungsgesellschaften ist auf § 2b EStG hinzuweisen.

435 Einem Mitunternehmer kann die Gewinnerzielungsabsicht bei Dauerverlusten in seinem Sonderbereich oder wegen Befristung seiner Gesellschafterstellung abgesprochen werden (vgl. BFH, Urt. v. 30.06.1999, IX R68/96, BStBl. 1999 II, S. 718; Schmidt, L./Wacker, R., EStG, § 15 Rn. 183).

436 Vgl. § 15 Abs. 2 Satz 1 EStG.

437 Vgl. Schmidt, L./Weber-Grellet, H., EStG, § 15 Rn. 20-21 m. w. N.

Einkünfte erwirtschaftet werden.[438] Der BFH hat im Jahr 2000 die bis dahin herrschende Auffassung aufgegeben, jede auch noch so geringe gewerbliche Betätigung mache insgesamt alle Einkünfte zu gewerblichen, zollt nunmehr dem Verfassungsgrundsatz der Verhältnismäßigkeit Rechnung und legt den § 15 Abs. 3 Nr. 1 EStG einschränkend aus.[439] Da nunmehr ein „äußerst geringer Anteil" gewerblicher Einkünfte keine Abfärbewirkung mehr haben soll, besteht derzeit Unklarheit, wo die Grenze exakt zu ziehen ist.[440] Die gewerblich geprägte Personengesellschaft[441] erzielt immer gewerbliche Einkünfte (§ 15 Abs. 3 Nr. 2 EStG).[442] Diese Normierung eröffnet Gestaltungsspielraum, bspw. können mittels bewusst herbeigeführter Gewerblichkeit Vorteile wie Sonderabschreibungen, Investitionszulagen und Bewertungsfreiheiten nach §§ 6 Abs. 2, 6b oder 6d EStG in Anspruch genommen werden.[443]

Wegen der Einheitlichkeit des Gewerbebetriebs einer Personengesellschaft sind zunächst die gemischten Tätigkeiten hinsichtlich ihrer Einstufung als gewerblich zu prüfen; erst danach ist für jeden einzelnen selbstständigen Tätigkeitsbereich die Gewinnerzielungsabsicht zu untersuchen.[444]

c. Ermittlung der Einkünfte

Das Vermögen einer Mitunternehmerschaft setzt sich aus zwei Vermögensgruppen zusammen: aus dem Gesamthandsvermögen der Personengesellschaft und dem Sonderbetriebsvermögen der Gesellschafter. Entsprechend dieser Zweistufigkeit wird das Ergebnis der Gesellschaft

---

438 Die Vorschrift des § 15 Abs. 3 Nr. 1 EStG enthält die so genannte Abfärbe- oder Infektionstheorie.

439 Zur Abfärberegelung bzw. Infektionstheorie vgl. BFH, Urt. v. 11.08.1999, XI R12/98, BStBl. 2000 II, S. 229; BFH, Urt. v. 29.11.2001, IV R91/99, BStBl. 2002 II, S. 221.

440 Ein gewerblicher Anteil von 1,25% bis 2% soll „äußerst geringfügig", ein Anteil von 6% bis 10% schädlich sein (vgl. Kirchhof, P./Reiß, W., § 15 Rn. 144 mit Hinweis auf EFG 2002, S. 129;); Wehrheim, M./Brodthage, S., DStR 2003, S. 485; Schmidt, L./Wacker, R., EStG, § 18 Rn. 44.

441 Die gewerbliche Prägung liegt vor, wenn die persönlich haftenden Gesellschafter ausschließlich Kapitalgesellschaften und nur diese oder Nicht-Gesellschafter zur Geschäftsführung berufen sind.

442 Der Gesetzgeber hat § 15 Abs. 3 Nr. 2 EStG eingeführt, als der BFH die frühere Geprägerechtsprechung aufgab und Gewerbesteuerausfälle zu befürchten waren.

443 Weitere Gestaltungsmöglichkeiten siehe: Sudhoff, H./Walpert, K., Personengesellschaften, S. 536, m. w. N., bspw. Knobbe-Keuk, B., § 9 II 1 d, S. 375.

444 Vgl. R 15.8 (6) EStR; BFH, Urt. v. 25.06.1997, VIII R28/94, BStBl. 1997 II, S. 202.

auf zwei Ebenen ermittelt. Schematisch lässt sich die Vorgehensweise wie folgt darstellen:[445]

	Ergebnis der Steuerbilanz der Mitunternehmerschaft
+ / -	Ergebnis etwaiger Ergänzungsbilanzen einzelner Mitunternehmer
=	Steuerbilanzergebnis der Mitunternehmerschaft (Ergebnis Stufe 1)
+ / -	Ergebnis etwaiger Sonderbilanzen einzelner Mitunternehmer
=	Steuerliches Ergebnis der Mitunternehmerschaft[446] (Ergebnis Stufe 2)

Hinsichtlich der Ermittlung des Steuerbilanzergebnisses für das Gesamthandsvermögen gelten die allgemeinen Gewinnermittlungsvorschriften der § 15 Abs. 1 Satz 1 Nr. 2, § 2 Abs. 2 Nr. 1 mit §§ 4 bis 7 k EStG. Demzufolge ist der steuerliche Gewinn grundsätzlich nach § 4 Abs. 1 EStG und bei Gewerbetreibenden nach §§ 4 Abs. 1 i. V. m. 5 EStG zu ermitteln. Personenhandelsgesellschaften haben nach § 6 Abs. 1 i. V. m. §§ 242 bis 342a HGB (Drittes Buch des HGB) handelsrechtliche Jahresabschlüsse aufzustellen, aus denen die Steuerbilanz der Gesellschaft abgeleitet wird.[447] Die Darstellung des Gesellschaftsvermögens in der aus der Handelsbilanz abgeleiteten Steuerbilanz erfolgt zu den Werten, die sich nach den von der Gesellschaft zu beachtenden Bilanzierungs- und Bewertungsvorschriften ergeben. Wenn ein Gesellschafter außerhalb der Gesellschaft zusätzliche steuerliche Merkmale verwirklicht hat,[448] müssen in einer Ergänzungsbilanz entsprechende Korrekturen im Verhältnis zum Gesamthandsvermögen vorgenommen und der durch Fortschreibung entstehende Aufwand und Ertrag erfasst werden.[449]

In den Sonderbilanzen werden die Wirtschaftsgüter abgebildet, die Mitunternehmern gehören und notwendiges oder gewillkürtes Betriebsver-

---

445 Vgl. Lange, J./Grützner, D., Rn. 668.

446 Die vorstehende Herleitung des steuerlichen Ergebnisses der Mitunternehmerschaft wird in der Literatur teilweise auch als Gesamtbilanz oder als Additionsmethode bezeichnet (vgl. Beck`schesHdb. PersGes/Friedrich, K., § 6, Rn. 42.

447 Vgl. Winnefeld, R., Rn. 665-784.

448 Dies gilt beispielsweise bei Eintritt eines Gesellschafters, Erwerb eines Mitunternehmeranteils, Übertragung von Wirtschaftsgütern (§ 6 Abs. 5 EStG) oder eines Betriebs oder Teilbetriebs in eine Mitunternehmerschaft (§ 24 UmwStG) zu einem vom Buchwert abweichenden Preis oder Übergang des Vermögens einer Kapitalgesellschaft auf eine Personengesellschaft bei Aufstockung der Buchwerte oder auch Inanspruchnahme nur einzelnen Mitunternehmern zustehender Sondervergünstigungen (z. B. erhöhte Absetzungen, Sonderabschreibungen, Übertragung stiller Reserven nach § 6b EStG).

449 Vgl. MünchHdB. GmbH & Co. KG/Levedag, C., § 57 Rn. 96.

mögen sind,[450] weil sie entweder unmittelbar dem Betrieb der Personengesellschaft dienen (Sonderbetriebsvermögen I) oder unmittelbar zur Begründung oder Stärkung der Beteiligung des Mitunternehmers an der Personengesellschaft eingesetzt werden sollen (Sonderbetriebsvermögen II).[451] Sondervergütungen, d. h. Vergütungen, die ein Mitunternehmer für seine Dienste, für die Hingabe von Darlehen oder Überlassung von Wirtschaftsgütern von seiner Personengesellschaft bezogen hat, sind ebenfalls im steuerlichen Ergebnis der Personengesellschaft zu berücksichtigen und zählen zu den gewerblichen Einkünften nach § 15 Abs. 1 Satz 1 Nr. 2 EStG. Sondervergütungen sind handelsrechtlich bei der Gesellschaft den Gewinn mindernde Ausgaben und beim Gesellschafter den Gewinnanteil erhöhende Einnahmen.[452] Auf der zweiten Stufe der Gewinnermittlung sind ferner die Sonderbetriebseinnahmen[453] und die Sonderbetriebsausgaben[454] als das steuerliche Ergebnis des Mitunternehmers beeinflussend zu berücksichtigen.

Wenn bei mehrstöckigen Mitunternehmerschaften Personen lediglich mittelbar über eine Personengesellschaft oder eine Kette von mehreren Personengesellschaften beteiligt sind, werden sie über § 15 Abs. 1 Satz 1 Nr. 2 Satz 2 EStG den unmittelbar beteiligten Personen gleichgestellt und ihnen Sonderbetriebsvermögen, Sonderbetriebseinnahmen und –ausgaben sowie Sondervergütungen zugerechnet. [455] Damit sind die

---

450 Vgl. Schmidt, L./Wacker, R, § 15 Rn. 527.

451 Vgl. R 4.2 (2) EStR, Beck´sches Hdb. der Steuerveranlagungen, ESt, § 4 Rn. 73.

452 Ratio legis der steuerrechtlichen Qualifikationsnorm des § 15 Abs. 1 S. 1 Nr. 2 EStG ist die so genannte Gleichstellungsthese, nach der eine Mitunternehmerschaft einem Einzelunternehmer, der mit sich selbst keine Verträge abschließen kann, angenähert werden soll (vgl. BFH BStBl. 1992 II S. 798, 800). Gäbe es § 15 Abs. 1 S. 1 Nr. 2 EStG nicht, würden Geschäftsführergehälter, Pensionszusagen, Gesellschafterdarlehen sowie Miet- und Pachtzinszahlungen an Gesellschafter den Gewinn der Personengesellschaft mindern und beim Zahlungsempfänger andere Einkunftsarten (bspw. §§ 18, 19, 20, 21, 22, 23 EStG) darstellen (vgl. Schmidt, L./Wacker, R., EStG, § 15 Rn. 161, 561 m. w. N.).

453 Sonderbetriebseinnahmen sind alle Vorgänge, die zu Erträgen im Rahmen des Sonderbetriebsvermögens eines Gesellschafters führen, wie bspw. von der Gesellschaft an den Gesellschafter gezahlte Tätigkeitsvergütungen, Mieteinnahmen eines evt. teilweise fremd vermieteten Grundstücks; Dividende der Komplementär-GmbH.

454 Aufwendungen eines Mitunternehmers, die ihm selbst für Wirtschaftsgüter des Sonderbetriebsvermögens entstehen oder in Zusammenhang mit dem Betrieb der Gesellschaft oder seiner Beteiligung an ihr entstehen, sind Sonderbetriebsausgaben (vgl. Schmidt, L./Wacker, R., EStG, § 15 Rn. 640 ff. m. w. N.).

455 Der Gesetzgeber hat mit § 15 Abs. 1 S. 1 Nr. 2 S. 2 EStG die Abschirmwirkung einer zwischengeschalteten Personengesellschaft, die durch § 15 Abs. 1 S. 1 Nr. 2 S. 1 EStG gegeben wäre, beseitigt und eine spezielle Form der Mitunternehmer, auch als Sondermitunternehmer bezeichnet, geschaffen (vgl. Sudhoff, H./Walpert, K., Personengesellschaften, S. 576).

Gesellschafter der Obergesellschaft bei dieser (direkt) Mitunternehmer und gleichzeitig bei der Untergesellschaft (indirekt beteiligte) Sondermitunternehmer.[456] Bei der steuerlichen Gewinnermittlung sind die zwischen der Ober- und Untergesellschaft sowie die zwischen ihnen und ihren Gesellschaftern bestehenden schuldrechtlichen Beziehungen nach den oben dargestellten Grundsätzen im jeweiligen Gesellschaftsgewinn zu berücksichtigen.[457]

Unter der Voraussetzung, dass eine Personengesellschaft ein gewerbliches Unternehmen i. S. v. § 15 Abs. 1 Satz 1 Nr. 2 EStG betreibt, kann sie im Rahmen einer körperschaftsteuerlichen Organschaft Organträger sein.[458]

Der auf den stillen Gesellschafter entfallende Gewinnanteil wird im Falle einer typischen stillen Gesellschaft als Einkünfte aus Kapitalvermögen i. S. v. § 20 Abs. 1 Nr. 4 EStG versteuert, wobei diese Einkünfte nach § 43 Abs. 1 Nr. 3 EStG dem Steuerabzug von dem Kapitalertrag unterliegen.

Bei der so genannten atypisch Stillen Gesellschaft wird der auf den stillen Gesellschafter entfallende Gewinnanteil im Wege der einheitlichen Gewinnfeststellung direkt zugerechnet und der auf das Handelsgeschäft entfallende Gewinn entsprechend reduziert. Der Gewinnanteil des atypisch stillen Gesellschafters (Mitunternehmer) wird im Rahmen der Einkommensbesteuerung als Einkünfte aus Gewerbebetrieb i. S. v. § 15 Abs. 1 Satz 1 Nr. 2 EStG veranlagt.

Ist die Stellung des stillen Gesellschafters im Hinblick auf das Kapitalverlustrisiko mit der eines Kommanditisten vergleichbar, findet auf Verlustanteile des stillen Gesellschafters § 15a EStG entsprechend Anwendung.[459]

---

456 Vgl. BFH, Urt. v. 26.01.1995, IV R 23/93, BStBl. 1995 II, S. 467; BFH, Urt. v. 25.06.1997, VIII R28/94, BStBl. 1997 II, S. 202.

457 Vgl. Schmidt, L.,/Wacker, R., EStG, § 15 Rn. 619 bis 622.

458 Vgl. Heurung, R. in: Erle/Sauter, Einführung KStG, Rn. 287 ff.; Schmidt, L.,/Wacker, R., EStG, § 15 Rn. 175.

459 Vgl. BFH, Urt. v. 23.07.2002, VIII R 36/01, BStBl. 2002 II, S. 858; BFH, Urt. v. 05.02.2002, VIII R 31/01, BStBl. 2002 II, S. 464.

d. Überführung und Übertragung von Wirtschaftsgütern (§ 6 Abs. 5 EStG)

§ 6 Abs. 5 EStG regelt die Überführung[460] und die Übertragung[461] von Wirtschaftsgütern. Für die Überführung schreibt § 6 Abs. 5 Sätze 1 und 2 EStG die Buchwertfortführung vor, sofern die Besteuerung der stillen Reserven auch nach der Überführung sichergestellt ist.[462] Schwierigkeiten ergaben sich bei einer Überführung von Wirtschaftsgütern aus einer inländischen in eine ausländische oder in ein ausländisches Unternehmen desselben Steuerrechtssubjekts, da sehr viele Doppelbesteuerungsabkommen[463] die Besteuerung nach dem so genannten Betriebsstättenprinzip vorsehen und der Betriebsstättenstaat die Besteuerungshoheit über die Betriebsstättengewinne hat. In diesen Fällen ermöglichte das BMF-Schreiben vom 12.2.1990[464] die Überführung von Wirtschaftsgütern auch zu Buchwerten, indem im Überführungszeitpunkt der Fremdvergleichspreis zu ermitteln und der Differenzbetrag zum Buchwert als steuerneutraler Ausgleichsposten so lange anzusetzen war, so lange das Wirtschaftsgut die ausländische Betriebsstätte nicht verlassen hat.[465]

Seit dem Veranlagungszeitraum 2006 wurde durch das SEStEG[466] mit der Überführung von Wirtschaftsgütern in einen ausländischen Betrieb oder eine ausländische Betriebsstätte ein neuer Entstrickungstatbestand eingeführt, da nunmehr nach § 4 Abs. 1 Satz 3 EStG der mit der Verbringung eines Wirtschaftsguts ins Ausland einhergehende Ausschluss oder die Beschränkung des Besteuerungsrechts Deutschlands

---

460 Von *Überführungen* (für die § 6 Abs. 5 S. 1 und 2 EStG einschlägig sind) spricht man, wenn ein Wirtschaftsgut in der Sphäre ein und desselben Steuerrechtssubjekts von einem (Sonder-) Betriebsvermögen in ein anderes (Sonder-)Betriebsvermögen wechselt.

461 Von *Übertragungen* (die in § 6 Abs. 5 S. 3 bis 6 EStG geregelt sind) spricht man, wenn Wirtschaftsgüter von einem (Sonder-)Betriebsvermögen in ein anderes (Sonder-)Betriebsvermögen wechseln und gleichzeitig bei der Übertragung auch das Rechtssubjekt, dem das Wirtschaftsgut zugerechnet wird, wechselt (Rechtsträgerwechsel).

462 Die Sicherstellung der Besteuerung hat ausschließlich die Einkommen- und Körperschaftsteuer im Auge, nicht jedoch die Gewerbesteuer. Die Überführung von Wirtschaftsgütern aus gewerblichem Betriebsvermögen in selbstständiges Betriebsvermögen ist nach § 6 Abs. 5 S. 1 EStG auch zu Buchwerten durchzuführen.

463 Das OECD-Musterabkommen empfiehlt das Betriebsstättenprinzip; daher wurde und wird es in sehr viele DBA übernommen (vgl. Art. 7 OECD-MA).

464 Vgl. BMF v. 12.02.1990, IV B2-S 2135-4/90, BStBl. 1990 I, S, 72.

465 Bspw. durch Veräußerung, Zerstörung oder Verbrauch.

466 Gesetz über steuerliche Begleitmaßnahmen zur Einführung der Europäischen Gesellschaft und zur Änderung weiterer steuerrechtlicher Vorschriften, vgl. BGBl. 2006 I, S. 2782.

der Entnahme gleich gestellt wurde. Da nach § 6 Abs. 1 Nr. 4 Satz 1, 2. Hs. EStG die Entnahme i. S. v. § 4 Abs. 1 Satz 3 EStG mit dem gemeinen Wert anzusetzen ist, führt die Überführung stets zu einer Aufdeckung der stillen Reserven. Im Hinblick auf eine möglicher Weise denkbare Europarechtswidrigkeit[467] wurde für Fälle der Verbringung von Wirtschaftsgütern des Anlagevermögens in eine EU-Betriebsstätte durch den ebenfalls neu eingeführten § 4g EStG die antragsabhängige Möglichkeit eingeführt, durch Bildung eines Ausgleichspostens die Sofortversteuerung zu vermeiden. Nach § 4g Abs. 2 Satz 1 EStG ist dieser Ausgleichsposten im Wirtschaftsjahr der Bildung und in den vier folgenden Wirtschaftsjahren mit jeweils 20 v. H. gewinnerhöhend aufzulösen.

Die Übertragung von Wirtschaftsgütern im Übrigen regelt § 6 Abs. 5 Sätze 3 bis 6 EStG.[468] Nach § 6 Abs. 5 Satz 3 ist eine Übertragung von Wirtschaftsgütern zu Buchwerten geboten, wenn ein Wirtschaftsgut

- unentgeltlich oder gegen Gewährung oder Minderung von Gesellschaftsrechten aus
  - einem Betriebsvermögen des Mitunternehmers in das Gesamthandsvermögen einer Mitunternehmerschaft und umgekehrt,
  - dem Sonderbetriebsvermögen eines Mitunternehmers in das Gesamthandsvermögen derselben oder einer anderen Mitunternehmerschaft, an der er beteiligt ist, und umgekehrt oder
- unentgeltlich zwischen den jeweiligen Sonderbetriebsvermögen verschiedener
  Mitunternehmer derselben Mitunternehmerschaft

übertragen wird[469, 470] und die Besteuerung der stillen Reserven sichergestellt ist.[471] Durch die enumerative Aufzählung hat der Gesetzgeber

---

467 Verstoß gegen die Niederlassungsfreiheit, vgl. hierzu Förster, G., DB 2007, S. 72.

468 Aufgrund des Gesetzeswortlauts ist in der Literatur Streit darüber ausgebrochen, ob Bruchteilsgemeinschaften und atypisch stille Gesellschaften, denen das für die Anwendung des § 6 Abs. 5 Sätze 3 bis 6 EStG erforderliche Gesamthandsvermögen fehlt, ohne erkennbare steuersystematische Gründe bewusst von einer Buchwertfortführung ausgeschlossen worden sind (vgl. hierzu: Reiß, W., BB 2000, Revitalisierung, S. 1965, 1966 und ders. BB 2001, Fortentwicklung, S. 1225, 1228; Lishaut, I., DB 2001, S. 1519; Brandenberg, H. B., DStZ 2002, S. 551, 555) oder ob schlicht gesetzgeberisches Versehen vorliegt (so z. B.: Wendt, M., FR 2002, S. 53; 53, 58; Schulze zur Wiesche, D., DStZ 2002, S. 740, 743; Kirchhof, P./ Reiß, § 15 Rn. 454 EStG). Situationsbedingt sollte eine verbindliche Auskunft vor der Überführung von Wirtschaftsgütern in und aus Bruchteilsgemeinschaften oder atypisch stillen Gesellschaften mit gewünschter Buchwertfortführung eingeholt werden.

469 Bis einschließlich 1998 wurde der Transfer von Wirtschaftsgütern nach dem so genannten Mitunternehmererlass (vgl. BMF v. 20.12.1977, IV B2-S 2241-

klargestellt, dass andere Übertragungen, insbesondere entgeltliche Übertragungen oder Überführungen von Wirtschaftsgütern in das Privatvermögen die Gewinnrealisierung zur Folge haben.

Unentgeltlichkeit ist nur dann gegeben, wenn der Übertragung keinerlei Gegenleistung gegenübersteht.[472] Die Übertragung ohne Gegenleistung hat meist außerhalb der Gesellschaft liegende Gründe[473] und hat zur Folge, dass stille Reserven auf Mitgesellschafter übergehen und so die ertragsteuerliche Verstrickung gewährleistet bleibt. Regelmäßig wird in diesen Fällen ein schenkungsteuerlicher Tatbestand realisiert, der nach dem ErbStG separat zu beurteilen ist. Bei einer Übertragung gegen ein unter dem Teilwert liegendes Entgelt wenden die Finanzverwaltung[474] und die Rechtsprechung[475] die so genannte Trennungstheorie an und berechnen die Gewinnrealisation nach dem Verhältnis des Kaufpreises

---

231/77, BStBl. 1978 I, S. 8) beurteilt und die Übertragung zum Buchwert, Teilwert oder einem Zwischenwert durchgeführt. Ratio legis war die Erfassung der steuerverstrickten stillen Reserven erst dann, wenn die Wirtschaftsgüter die betriebliche Sphäre des Steuerpflichtigen verlassen (vgl. Kirchhof, P./Fischer, P., § 6 Rn. 186; Hoffmann, W.-D., GmbHR 2002, S. 125, 126).

470 Durch das StEntlG 1999 ff. wurde parallel zur Außerkraftsetzung des Mitunternehmererlasses § 6 Abs. 5 S. 3 neu gefasst und die Gewinnneutralität auf Transfers beschränkt, bei denen kein Rechtsträgerwechsel eintrat (vgl. § 52 Abs. 16 S. 17 EStG). Da schnell klar wurde, dass diese Regelung Umstrukturierungen im mittelständischen Bereich insbesondere bei vorweggenommener Erbfolge erheblich behinderte, wurde ihre Anwendung auf die Jahre 1999 und 2000 beschränkt, indem durch das UntStFG ab VZ 2001 die jetzige Fassung des § 6 Abs. 5 S. 3 EStG zur Anwendung gebracht wurde (vgl. § 52 Abs. 16a S. 1 EStG). Da das eigentliche gesetzgeberische Ziel es war, den Mitunternehmererlass in das EStG einzubinden, muss man von nicht ganz geglückter handwerklicher gesetzgeberischer Arbeit sprechen, da im Gegensatz zum Mitunternehmererlass das Gesetz kein Wahlrecht zwischen Buchwert, Teilwert oder Zwischenwert gewährt, sondern zwingend den Buchwertansatz vorschreibt (vgl. Schmidt, L./Glanegger, P., EStG, § 6 Rn. 515).

471 Durch Bezugnahme auf § 6 Abs. 5 S. 1 EStG stellt der Gesetzgeber sicher, dass die Wirtschaftsgüter den betrieblichen Bereich nicht verlassen dürfen.

472 Gegenleistung kann sein die Gewährung von Gesellschaftsrechten (die aber separater Ausnahmetatbestand in § 6 Abs. 5 S. 3 Ziff. 1 und 2 EStG ist), die Bezahlung eines Preises oder die Übernahme von Verbindlichkeiten, nicht jedoch der Vorbehalt eines Nießbrauchs, eines anderen Nutzungsrechts, einer Versorgungsrente oder einer dauernden Last nach dem Rentenerlass (vgl. Sudhof, H.,/Walpert, K., Personengesellschaften, § 29 Rn. 23 m. w. N.).

473 In der überwiegenden Anzahl dieser Fälle handelt es sich um solche der vorweggenommenen Erbfolge.

474 Vgl. BMF v. 12.10.1994, IV B 2 – S 2241- 51/94, BB 1994, S. 2318; H 40 a EStR.

475 Vgl. BFH, Urt. v. 12.11.2001, VIII R 58/98, BStBl. 2002 II, S. 420.

zum Verkehrswert des übertragenen Wirtschaftsguts.[476] Nach der Gegenauffassung soll es nur dann zu einer Gewinnrealisierung kommen, wenn das (Teil-)Entgelt den steuerlichen Buchwert des übertragenen Wirtschaftsguts übersteigt.[477] Im Falle einer Übertragung gegen Übernahme von Verbindlichkeiten gehen beachtliche Stimmen in der Literatur davon aus, dass § 6 Abs. 5 EStG nicht auf Wirtschaftsgüter des Anlagevermögens beschränkt ist, sondern auch die Übertragung von Verbindlichkeiten umfasst und kommen so zu einer vollständigen Buchwertfortführung.[478] Die Finanzverwaltung und die Rechtsprechung behandeln aber auch die Fälle der Übertragung von Wirtschaftsgütern gegen zeitgleiche Übernahme von Verbindlichkeiten als Fälle der Teilentgeltlichkeit.[479]

Die Übertragung von Wirtschaftsgütern gegen Gewährung oder Minderung von Gesellschaftsrechten wird von der Finanzverwaltung und der Rechtsprechung als tauschähnlicher Umsatz gewertet,[480] für den eigentlich § 6 Abs. 6 EStG einschlägig ist. Durch die Verweisung in § 6 Abs. 6 Satz 4 EStG wird jedoch für Fälle des § 6 Abs. 5 EStG diese Norm für vorrangig anwendbar erklärt mit der Folge, dass bei tauschähnlichem Umsatz mit Gewährung oder Minderung von Gesellschaftsrechten die Buchwertfortführung zwingend ist. Hinsichtlich der Gewährung oder Minderung von Gesellschaftsrechten fordert die Finanzverwaltung,[481] dass die Buchung des Vorganges auf das für die Beteiligung des Mitunternehmers am Gesellschaftsvermögen maßgebliche Kapitalkonto[482] zu erfolgen hat.

---

476 Nach Auffassung er Finanzverwaltung ist der Vorgang aufzuteilen in einen voll entgeltlichen und einen voll unentgeltlichen Teil. Bei dem voll entgeltlichen Teil erfolgt die Aufdeckung aller stillen Reserven, während hinsichtlich des unentgeltlichen Teils zwingend die Buchwerte fortzuführen sind, vgl. H 140 Abs. 4 EStH.

477 Vgl. BFH, Urt. v. 06.09.2000, IV R 18/99, BStBl. 2001 II, S. 229; a. A. Blümich/Ehmcke, T., EStG, § 6 Rn. 1320.

478 Vgl. Schulze zur Wiesche, D., DStZ 2002, S. 740, 745; Patt, J., GmbHR 1998, S. 970, 973; Groh, M., DB 2002, S. 1904.

479 Vgl. BMF v. 07.06.2001, IV A 6-S 2241-52/01, BStBl. 2001 I, S. 367; BMF v. 28.04.1998, IV B2-S 2241-42/98, BStBl. 1998 I, S. 583; BFH, Urt. v. 12.11.2001, VIII R 58/98, BStBl. 2002 II, S. 420.

480 Vgl. BFH, Urt. v. 15.07.1976, I R 17/74, BStBl. 1976 II, S. 748; BFH, Urt. v. 25.11.1980, VIII R 32/77, BStBl. 1981 II, S. 419; BMF v. 29.03.2000, IV C2-S 2178-4/00, BStBl. 2000 I ,S. 462; Kirchhof, P./Reiß, W., § 15 Rn. 454.

481 Vgl. Tz. 24 des Mitunternehmererlasses BMF v. 20.12.1977, IV B2 –S 2241-231/77, BStBl. 1978 I, S. 8; BMF v. 29.03.2000, IV C2-S 2178-4/00, BStBl. 2000 I, S. 462.

482 Dies wird regelmäßig das Kapitalkonto I mit der Einbuchung des Verkehrswerts des übertragenen Wirtschaftsguts sein. Gleichzeitig erfolgt in einer steuerlichen Ergänzungsbilanz des betroffenen Gesellschafters der Ansatz eines die Ge-

Die Übertragung von Wirtschaftsgütern zu Buchwerten nach § 6 Abs. 5 Satz 3 EStG löst die Sperrfrist des § 6 Abs. 5 Satz 4 EStG aus, nach der innerhalb eines Zeitraums von drei Jahren nach Abgabe der Steuererklärung für das Wirtschaftsjahr der Übertragung die Wirtschaftsgüter nicht entnommen oder veräußert werden dürfen. Ein Verstoß gegen die Sperrfrist hat die Versteuerung aller stillen Reserven rückwirkend auf den Zeitpunkt der Übertragungshandlung zur Folge.

Um zu verhindern, dass stille Reserven auf Kapitalgesellschaften übertragen werden, bei denen Anteilsveräußerungen oder Ausschüttungen nach dem Teileinkünfteverfahren (§ 3 Nr. 40 EStG, § 8b KStG) begünstigt sind, hat die Übertragung von Einzelwirtschaftsgütern auf eine Kapitalgesellschaft nach § 6 Abs. 5 Satz 5 EStG grundsätzlich zu Teilwerten zu erfolgen, auch wenn Personengesellschaften zwischengeschaltet werden. Erhöht eine Kapitalgesellschaft ihren Anteil an einer Personengesellschaft innerhalb eines Zeitraums von 7 Jahren nach Übertragung von Wirtschaftsgütern zum Buchwert auf die Personengesellschaft, ist nach § 6 Abs. 5 Satz 6 EStG rückwirkend auf den Zeitpunkt der Übertragung der Teilwert anzusetzen.

e. Besteuerung von Betriebsstätten

Nach § 12 AO ist eine Betriebsstätte jede feste Geschäftseinrichtung oder Anlage, die der Tätigkeit eines Unternehmens dient. Ein Unternehmen kann mehrere Betriebsstätten haben.[483] Rechtlich ist eine Betriebsstätte ein unselbständiger Teil eines Unternehmens.[484] Alle Vermögensgegenstände der Betriebsstätte sind grundsätzlich dem Gesamthandsvermögen des Unternehmens zuzuordnen.[485] Lieferungen und Leistungen zwischen dem Stammhaus und den Betriebsstätten und umgekehrt können keine zivilrechtlichen Forderungen oder Verbindlichkeiten begründen, da es sich insoweit um Innentransaktionen handelt.[486] Entsprechend § 242 HGB hat jeder Kaufmann eine Bilanz mit allen Vermögensgegenständen und Schulden aufzustellen sowie eine Gewinn- und Verlustrechnung mit allen Aufwendungen und Erträgen des Geschäftsjahrs zu erstellen. Nach den für die steuerliche Gewinnermittlung einschlägigen Vorschriften[487] ermittelt sich der Gewinn grundsätzlich als Unterschiedsbetrag zwischen dem Betriebsvermögen am Schluss des Wirtschaftsjahres und dem Betriebsvermögen am Schluss des vorangegan-

---

winnrealisierung verhindernden Korrekturpostens (vgl. Schmidt, L./Wacker, R., § 15 Rn. 460 ff.).

483 Vgl. Schmidt, L./Loschelder, F., § 49 Rn. 17.

484 Vgl. Wassermeyer, F./Andresen, U./Ditz, X., Rn. 1.3.

485 Vgl. MünchKomm. BGB/Ulmer, P., § 705 Rn. 2.

486 Vgl. Wassermeyer, F./Andresen, U./Ditz, X., Rn. 1.3.

487 Vgl. § 2 Abs. 2 i. V. m. §§ 4 bis 7 k EStG.

genen Wirtschaftsjahres, vermehrt um Entnahmen und vermindert um Einlagen. Die Einkünfte der Betriebsstätte sind somit Teil der Gewinnermittlung aller Einkünfte eines Unternehmens.[488]

f. Generelle Behandlung von Verlusten

Mittels des so genannten horizontalen Verlustausgleichs können die positiven und die negativen Einkünfte eines Steuerpflichtigen aus derselben Einkunftsart i. S. v. § 2 Abs. 1 Nr. 1 bis 7 und §§ 13 bis 24 EStG grundsätzlich ohne Einschränkung miteinander ausgeglichen werden. Gleiches gilt für Einkünfte von Ehegatten aus derselben Einkunftsart, sofern eine Zusammenveranlagung durchgeführt wird (§ 26 b EStG).

Durch schlichte Addition der Einkünfte aller Einkunftsarten wird bei der Ermittlung der Summe der Einkünfte (§ 2 Abs. 3 EStG) der *vertikale Verlustausgleich* grundsätzlich ermöglicht.[489] Dieser Grundsatz wird durch die nachfolgend aufgezählten Verlustausgleichsverbote modifiziert:

- ausländische Verluste aus bestimmten Einkunftsquellen (§ 2a EStG),
- Verluste bei beschränkt haftenden Personengesellschaften (§ 15a EStG),
- Verluste aus Steuerstundungsmodellen (§ 15b EStG),
- Verluste aus gewerblicher Tierzucht oder Tierhaltung (§ 15 Abs. 4 S. 1 und 2 EStG),
- Verluste aus Termingeschäften in Form von Sicherungsgeschäften auf Aktien (§ 15 Abs. 4 S. 3 EStG),
- Verluste aus stillen Gesellschaften, Unterbeteiligungen oder sonstigen Innengesellschaften an Kapitalgesellschaften, bei denen der Gesellschafter oder Beteiligte als Mitunternehmer anzusehen ist (§ 15 Abs. 4 S. 6 bis 8 EStG; § 20 Abs. 1 Nr. 4 EStG),
- Verluste aus privaten Veräußerungsgeschäften (§ 23 Abs. 3 S. 8 EStG),
- Verluste aus gelegentlicher Vermietung beweglicher Gegenstände (§ 22 Nr. 3 S. 3 EStG) und
- kein Verlustausgleich bei beschränkt Steuerpflichtigen mit positiven Einkünften aus steuerabzugspflichtigen Einkünften und Kapitaleinkünften i. S. d. § 20 Abs. 1 Nr. 5 und Nr. 7 EStG (§ 50 Abs. 2 EStG).

---

488 Vgl. BMF v. 12.04.2005, IV B 4-S 1341-1/05, BStBl. 2005 I, S. 570 (Verwaltungsgrundsätze-Verfahren).

489 In den Veranlagungszeiträumen 1999 bis 2003 war durch die so genannte Mindestbesteuerung der vertikale Verlustausgleich von Gewinnen und Verlusten aus verschiedenen Einkunftsarten eingeschränkt (vgl. § 2 Abs. 3 Sätze 2 bis 6 EStG a. F.; Schmidt, L./Seeger, S. F., § 2 Rn. 57).

Nach § 2a Abs. 1 Nr. 2 EStG dürfen negative Einkünfte aus einer in einem Drittstaat belegenen Betriebsstätte nur mit positiven Einkünften der jeweils selben Art und dem jeweils selben Staat ausgeglichen werden. Nach § 2a Abs. 1 S. 1, letzter Hs. EStG ist ein Verlustrücktrag nach § 10d EStG ausgeschlossen.

Führt der Steuerpflichtige den Nachweis, dass die negativen Einkünfte aus einer gewerblichen Betriebsstätte stammen, die „aktiven" Tätigkeiten i. S. d. § 2a Abs. 2 S. 1 EStG nachgeht, ist über § 2a Abs. 2 S. 1 EStG § 2a Abs. 1 Nr. 2 EStG nicht anwendbar, mit der Folge, dass diese Verluste voll ausgleichsfähig sind.

Durch den mit JStG[490] neu gefassten § 2a EStG kann nicht nur die Einkünfteminderung, sondern auch der negative Progressionsvorbehalt des § 32b EStG ausgeschlossen sein. Nach § 32b Abs. 1 S. 2 Nr. 2 und S. 3 EStG sind negative „nicht aktive" Betriebsstätteneinkünfte im Sinne des § 2a Abs. 2 S. 1 EStG, die nach einem Abkommen zur Vermeidung der Doppelbesteuerung freigestellt sind, vom negativen Progressionsvorbehalt auszunehmen.[491]

Wegen massiver europarechtlicher Bedenken[492] wurde § 2a EStG durch das JStG geändert und sein Anwendungsbereich auf Drittstaaten begrenzt. Drittstaaten i. S. d. § 2a Abs. 2a S. 1 EStG sind Staaten, die nicht Mitgliedstaaten der Europäischen Union sind oder ihnen nach § 2a Abs. 2a S. 2 EStG gleich gestellt werden.[493]

Bis zum Ende der 1970-er Jahre konnten über so genannte Verlustzuweisungsgeselschaften in der Rechtsform der GmbH & Co. KG steuerliche Verluste geltend gemacht werden, die ein Vielfaches des Eigenkapitaleinsatzes überstiegen. Diesen Verlustzuweisungspraktiken trat der Gesetzgeber entgegen, indem er im Jahr 1980 § 15a EStG[494] einführte. Gleichwohl beachtliche Stimmen der Literatur § 15a EStG als „Missgeburt"[495] des Steuerrechts bezeichneten oder heftig kritisierten,[496] ist diese Norm nach ständiger Rechtsprechung des BFH als verfassungsgemäß

---

490 Vgl. Jahressteuergesetz vom 19.12.2008, BGBl. I 2008 S. 2794.

491 Vgl. Schmidt, L./Heinicke, W, § 2 a Rn. 46.

492 Vgl. EuGH, Urt. v. 21.02.2006, Rs. C.152/03 (Ritter-Coulais), DStR 2006, S. 362.

493 Nach § 2a Abs. 2a S. 2 EStG sind den EU-Mitgliedstaaten die EWR-Staaten gleichgestellt, mit denen ein gegenseitiges Amtshilfe- und Auskunftsrecht besteht, d. h. Island und Norwegen (vgl. Schmidt, L./Heinicke,W, § 2 a Rn. 8).

494 Vgl. Gesetz zur Änderung des EStG, des KStG und anderer Gesetze vom 20.08.1980 (vgl. BGBl. I 1980, S. 1545).

495 Vgl. Knobbe-Keuk, B., § 11 a III, S. 487, m. w. N.

496 Vgl. Littmann, E./Bitz, H./Pust, H., § 15a Rn. 5. m. w. N.

zu beurteilen.[497] Im Außenverhältnis haftet ein Kommanditist lediglich mit seiner im Handelsregister eingetragenen Haftsumme.[498] Im Innenverhältnis haftet der Kommanditist in Höhe seiner „bedungenen Pflichteinlage", zu deren Erbringung er sich bspw. durch das Stehenlassen von Gewinnen in einer Kapitalrücklage verpflichten kann. Der Begriff des Kapitalkontos eines Kommanditisten ist gesetzlich nicht definiert. Das handelsrechtliche Eigenkapital von einer Kapitalgesellschaft & Co. KG ist nach § 264c Abs. 2 HGB wie folgt darzustellen:

- Kapital,
- Rücklagen,
- Gewinn- und Verlustvortrag und
- laufendes Jahresergebnis.

Das steuerrechtliche Eigenkapital wird durch die Finanzverwaltung[499] und die neuere Rechtsprechung[500] als sich aus dem Kapitalkonto des Kommanditisten in der Gesellschaft sowie dem Kapital aus Ergänzungsbilanzen zusammensetzend definiert.[501]

Der Gesetzgeber lässt über § 15a Abs. 1 Satz 1 EStG den steuerlichen Verlustausgleich und Verlustabzug (§ 10d EStG) grundsätzlich nur zu, solange kein negatives steuerliches Kapitalkonto entsteht. Besteht ein negatives steuerliches Kapitalkonto, wird der Verlaustausgleich und –abzug ausnahmsweise dann zugelassen, wenn der Kommanditist hierfür im Außenverhältnis auch tatsächlich haftet (§ 15a Abs. 1 Satz 2 und 3 EStG). Darüber hinausgehende nicht ausgleichsfähige Verluste können nach § 15a Abs. 2 EStG unter Beachtung der Subjekt- und Anteilsidentität[502] mit in der Zukunft entstehenden Gewinnen verrechnet werden (ver-

---

497 Vgl. BFH, Beschl. v. 19.05.1987, VIII B 104/85, BStBl. 1988 II, S. 5; BFH, Urt. v. 17.12.1992, IX R 7/91, BStBl. 1994 II, S. 492; BFH, Urt. v. 30.11.1993, IX R 60/91, BStBl. 1994 II, S. 496; BFH, Urt. v. 14.12.1999, IX R 7/95, BStBl. 2000 II, S. 265.
BFH, Urt. v. 05.09.1996, IV R 75/93, BStBl. 1996 II, S. 474; BFH, Urt. v. 11.11.1997, VIII R 39/94, BFH/NV 98, S. 1078; BFH, Urt. v. 14.12.1999, IX R 7/95, BStBl. 2000 II, S. 265.

498 Vgl. § 171 Abs. 1 Halbsatz 1, § 172 Abs. 1 HGB. Diese Haftsumme wird regelmäßig als Einlageverpflichtung auf das so genannte Kapitalkonto I gebucht.

499 Vgl. BMF v. 30.05.1997, IV B2-S 2241 a-51/93 II, BStBl. 1997 I, S. 627.

500 Vgl. BFH, Urt. v. 16.10.2008, IV R 98/06, BStBl. 2009 II, S. 272; Ley, U., DStR 2009, S. 613-620.

501 Entsprechend der oben dargestellten Gewinnermittlung auf der Stufe 1; vgl. oben Lit. 3. 2) cc., d. h. das Sonderbetriebsvermögen bleibt außer Betracht (vgl. BFH, Urt. v. 14.05.1991, VIII R21/88, BStBl. 1992 II, S. 167.

502 Aus der Gesetzesformulierung „...aus seiner Beteiligung..." folgert die herrschende Meinung, dass die zukünftigen Gewinne nur dann mit früheren Verlusten verrechnet werden können, wenn der Beteiligte und die Einkunftsquelle identisch sind (vgl. Schmidt, L./Wacker, R., EStG, § 15a Rn 106, m. w. N.).

rechenbare Verluste). Sofern negative Kapitalkonten entstehen oder sich erhöhen, indem Einlagen- oder Haftungsminderungen vorgenommen werden, führen diese Vorgänge zu fiktiven steuerlichen Gewinnen in den Jahren der Vornahme (§ 15a Abs. 3 EStG). Der jährlich entstehende verrechenbare Verlust ist nach § 15a Abs. 4 EStG gesondert festzustellen. Über § 15a Abs. 5 EStG wird der Anwendungsbereich des § 15a Abs. 1 bis 4 EStG erweitert auf die dort genannten (Mit-)Unternehmer, deren Haftung mit der eines Kommanditisten „vergleichbar" sein soll.[503] Eine zutreffende Besteuerung im Sinne der vorstehenden Vorschriften setzt regelmäßig voraus, dass das gesamte Betriebsergebnis einer Personengesellschaft auf die inländischen Betriebsteile und die ausländische(n) Betriebsstätte(n) aufgeteilt wird.

Wegen der unterschiedlichen Tatbestandsmerkmale besteht zwischen den Regelungen der § 2a Abs. 1 EStG und § 15a EStG keine Anwendungskonkurrenz; sie stehen nebeneinander und sind kumulativ zu prüfen.[504]

Neben dem Verlustausgleich innerhalb eines Veranlagungszeitraums sind auch der Verlustrücktrag und der Verlustvortrag möglich. Der Verlustrücktrag erfolgt in der Weise, dass negative Einkünfte, die bei der Ermittlung des Gesamtbetrags der Einkünfte nicht ausgeglichen werden, bis zu einem Betrag von Euro 511.500[505] vom Gesamtbetrag der Einkünfte des Vorjahres abgezogen werden können (§ 10d Abs. 1 S. 1 EStG).

---

503 Als im Hinblick auf die Haftungssituation eines Kommanditisten vergleichbar sieht § 15a Abs. 5 EStG vergleichbare ausländische Beteiligungsformen, Mitreeder einer Reederei, atypisch stille Gesellschafter und (Mit-) Unternehmer oder Gesellschafter einer GbR, bei denen die Haftungsinanspruchnahme ausgeschlossen ist bzw. Verbindlichkeiten nur in Abhängigkeit von Erlösen oder Gewinnen zu tilgen sind.

504 Vgl. Schmidt, L.,/Wacker, R., § 15a Rn. 35.

505 Im Falle der Zusammenveranlagung nach §§ 26, 26b EStG wird dieser Betrag verdoppelt.

B. Besteuerung ausländischer Einkünfte

1. Betriebswirtschaftliche Grundlagen im Hinblick auf Auslandsaktivitäten

Für Auslands-Aktivitäten deutscher Gesellschaften stehen folgende Handlungsalternativen zur Verfügung:

- Direktexport,
- Vertreter ohne Vertretungsmacht,
- Betriebsstätte,
- Beteiligung an einer Personengesellschaft[506] und
- Beteiligung an einer Kapitalgesellschaft.[507]

Unter Direktexport wird die Warenlieferung über die Grenze verstanden, wenn noch kein fester Stützpunkt im Zielland existiert[508] und eine unmittelbare Geschäftsbeziehung zum ausländischen Abnehmer besteht.[509] Auslandsbeziehungen in Form des Direktexports sind grundsätzlich dann anzutreffen, wenn ausländische Märkte neu erschlossen wurden und der Umfang der Geschäftstätigkeit noch sehr überschaubar war. In der heutigen Zeit eines die Globalisierung vorantreibenden Internets mit allen Möglichkeiten des E-Procurements ist der Direktexport wieder zu einer hochinteressanten Handlungsalternative geworden und erlebt hierdurch eine Renaissance.

Bei zunehmendem Umfang der Geschäftstätigkeit wird häufig ein Vertreter im Zielland eingeschaltet. Die vertragliche Ausgestaltung der Verträge mit einem Vertreter ist fließend; daher können sowohl die Unabhängigkeit als auch die Abhängigkeit fixierende Formulierungen vorgefunden werden. Als Vertreter kommen in Betracht:

---

506 Da die Beteiligung an einer ausländischen Personengesellschaft wie eine Betriebsstätte des Gesellschafters angesehen wird, sind beide Betätigungsformen steuerlich generell identisch. Im Detail jedoch sind eine Reihe von Besonderheiten zu beachten (bspw. Ergänzungs- und Sonderbilanzen, -vergütungen etc.; vgl. Beck`sches Hdb. Personengesellschaften/Neu, N., § 25).

507 Zur Einstufung einer ausländischen Gesellschaft als Personen- oder Kapitalgesellschaft vgl. BMF v. 24.12.1999, IV B4-S 1300-111/99, BStBl. 1999 I, S. 1076 (Betriebsstättenerlass), geändert durch BMF, v. 20.11.2000, IV B4-S 1300-222/00, BStBl 2000 I, S. 1509 sowie BMF v. 19.03.2004, IV B4-S 1301 USA-22/04, BStBl. 2004 I, S. 411 (zur LLC nach dem Recht der USA).

508 Vgl. Richter, H., Besteuerung, S. 28.

509 Vgl. Jacobs, O. H., S. 379.

- Handelsvertreter,
- Kommissionär,
- Eigenhändler und
- Vertragshändler.

Die Wahrnehmung der Interessen der exportierenden Gesellschaft durch einen unabhängigen Vertreter kann so gestaltet werden, dass sie beispielsweise nur variable Kosten verursacht und daher bei dem Erschließen von Auslandsmärkten aus Kostengesichtspunkten bevorzugt wird.

Sobald der Warenverkehr deutlich zunimmt und der mehr oder weniger (un-)abhängige Vertreter hohe Provisionen vereinnahmt, werden bevorzugt weisungsabhängige Person ohne Vertretungsmacht in Form so genannter „Reisender" eingeschaltet, weil man diese Personen durch Eingliederung in den eigenen Außendienst besser kontrollieren und anweisen kann sowie die Entlohnung in der Regel aus einer hohen fixen und einer weniger hohen variablen Komponente besteht und dazu führt, dass mit der Zunahme des Exports eine Vertriebskostendegression pro exportierter Einheit entsteht. Graphisch lässt sich die Ermittlung des Break-Even-Points wie folgt veranschaulichen:

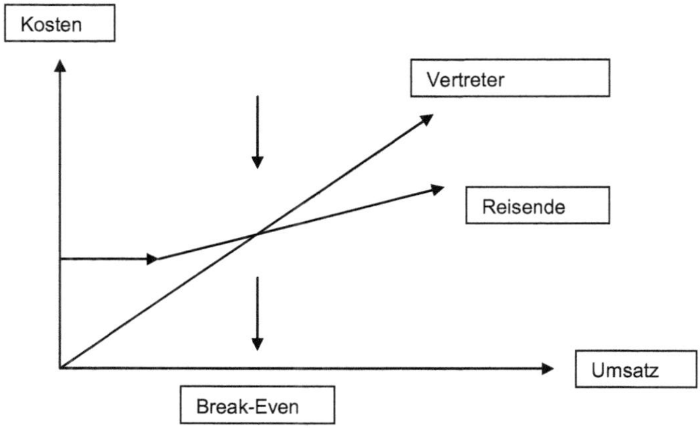

Schaubild 8: Kostenoptimierung Vertreter gegenüber Außendienst mit Reisenden[510]

---

510 Zur vereinfachten Darstellung der Kostenoptimierung bei dem Einsatz von Handelsvertretern oder Reisenden vgl. Meffert, H., S. 432 und Preißner, A./Engel, S., S. 159.

Ab dem Moment, ab dem für die exportierende Unternehmung maßgebliche Interessen in einem bestimmten Auslandsmarkt bestehen, wird das Unternehmen im Zielland eine eigenständige Niederlassung in Form einer so genannten Betriebsstätte errichten. Diese Niederlassung kann entsprechend des Geschäftsumfangs folgende Tätigkeiten übernehmen beziehungsweise zugeordnet bekommen:

- Marktanalysen,
- Kundenkontakte (Geschäftsanbahnung bis hin zum Abschluss),
- Montage oder Produktion,
- Konfektionierung,
- Auslieferung,
- Bearbeitung der Reklamationen,
- Rechnungsstellung und
- Inkasso.

Ab Erreichen eines im Einzelfall unterschiedlichen Marktanteils kann es für das Mutterunternehmen sinnvoll erscheinen, die geschäftlichen Aktivitäten im Zielland rechtlich als Tochtergesellschaft in der Rechtsform einer Personengesellschaft oder einer Kapitalgesellschaft zu organisieren.

2. Ermittlung ausländischer Einkünfte

Alle im Inland unbeschränkt Steuerpflichtigen unterliegen nach dem Welteinkommensprinzip,[511] unabhängig vom Ort der Belegenheit ihrer Einkunftsquellen, grundsätzlich im Inland der Besteuerung. Von diesem Grundsatz wird nur dann abgewichen, wenn in den Einzelsteuergesetzen oder in den Doppelbesteuerungsabkommen der Bundesrepublik Deutschland entsprechende Kürzungs- oder Befreiungstatbestände definiert sind.[512]

---

511 Das Welteinkommensprinzip gilt für Zwecke der Einkommensteuer nach § 1 Abs. 1 EStG und der Körperschaftsteuer nach § 1 Abs. 1 KStG. Nach § 2 Abs. 1 Satz 1 GewStG unterliegt der Gewerbesteuer jeder stehende Gewerbebetrieb mit allen seinen Einkünften, soweit er im Inland betrieben wird. Somit ist auch die Gewerbesteuer keineswegs als Territorialsteuer anzusehen. Lediglich die einer ausländischen Betriebsstätte zuzuordnenden Teile des Gewerbeertrags sind nicht zu berücksichtigen, indem der Gewerbeertrag nach § 9 Nr. 3 GewStG insofern zu kürzen ist. § 9 Nr. 3 GewStG hat insofern lediglich deklaratorische Bedeutung, da sich direkt aus § 2 Abs. 1 S. 1 GewStG ergibt, dass sowohl positive wie auch negative Gewerbeerträge, wenn sie aus ausländischen Betriebsstätten resultieren, auszuscheiden sind.

512 Vgl. bspw. §§ 9 Nr. 2, 9 Nr. 7 GewStG (qualifizierte Beteiligung von mindestens 10% an ausländischen Gesellschaften), §§ 2a mit 32b EStG (negativer Progressionsvorbehalt), § 3 Nr. 40 EStG (Teileinkünfteverfahren), § 8b Abs. 1 und Abs. 2 KStG (Außerachtlassung von Dividenden und Veräußerungsgewinnen

3. Steuerliche Grundlagen im Hinblick auf Auslandsaktivitäten

a. Internationale Doppelbesteuerung

Nach dem auf dem Völkerrecht basierenden Territorialitätsprinzip ist jeder Staat aufgrund seiner Gebietshoheit grundsätzlich berechtigt, alle in seinem Territorium verwirklichten Sachverhalte zum Anlass einer Besteuerung zu nehmen, und zwar unabhängig davon, ob die betreffende Person seiner Personalhoheit unterliegt oder nicht.[513] Ein Staat hat grundsätzlich zwei Möglichkeiten:

- Quellenbesteuerung, d.h. Zugriff auf die in seinem Hoheitsgebiet befindlichen Einkommens- und Vermögensquellen und
- Wohnsitzbesteuerung, d.h. Zugriff auf die in seinem Hoheitsgebiet befindlichen Personen.

In der Bundesrepublik Deutschland unterliegen alle natürlichen Personen[514], völlig unabhängig von ihrer Staatsangehörigkeit, mit Wohnsitz[515] oder gewöhnlichen Aufenthalt[516] der unbeschränkten Einkommensteuer-

---

aus ausländischen Kapitalgesellschaftsanteilen) mit § 4 Abs. 4 EStG und §§ 8b Abs. 3, 5 und 6 KStG (Ansatz von 5% der Dividenden bzw. Veräußerungsgewinne als nicht abziehbare Betriebsausgabe.

513 Vgl. BFH, Urt. v. 13.12.1989, I R 25/86, BStBl. 1990 I, 1056; BFH, Urt. v. 10.08.1990, VI R23-24/85, BStBl. 1990 II, S. 1056; BFH, Urt. v. 04.12.1990, V II R 52/88, BFHE 162, S. 531; BFH, Beschl. v. 16.05.2002, I B 80/01, BFH/NV 2002, S. 1423; BFH, Urt. v. 18.09.2003, X R 2/00, BStBl. 2004 II, S. 17; BFH, Urt. v. 31.05.2006, II R 66/04, BStBl. 2007 II, S. 49; BFH, Beschl. v. 10.01.2007, VII B 221/05, BFH/NV 2007, S. 1079; EuGH, Urt. v. 15.05.1997, Rs. C-250/95, (Futura Participations SA und Singer), EuZW 1997, S. 443; EuGH, Urt. v. 18.09.2003, Rs. C-168/01, (Bosal Holding BV), IStR 2003, S. 666, BFH/NV–Beilage 2004, S. 13.

514 Das deutsche Bürgerliche Gesetzbuch versteht den Oberbegriff „Person“ nicht in einem rechtsethischen, sondern in einem rechtstechnischen Sinn und unterscheidet in natürliche Personen (§§ 1 ff. BGB) und in juristische Personen (§§ 21 ff. BGB). Für den Personenbegriff des BGB ist das entscheidende Merkmal die Rechtsfähigkeit, d. h. die Fähigkeit, Träger von Rechten und Pflichten zu sein (vgl. Palandt, O./Heinrichs, H., Überbl. vor § 1 Rn. 1).

515 Nach § 8 AO hat jemand einen Wohnsitz dort, wo er eine Wohnung unter Umständen innehat, die darauf schließen lassen, dass er die Wohnung beibehalten und benutzen wird. Zur Konkretisierung dieser Norm vgl. AEAO zu § 8.

516 Nach § 9 AO hat jemand den gewöhnlichen Aufenthalt dort, wo er sich unter Umständen aufhält, die erkennen lassen, dass er an diesem Ort oder in diesem Gebiet nicht nur vorübergehend verweilt. Als gewöhnlicher Aufenthalt im Geltungsbereich dieses Gesetzes ist stets und von Beginn an ein zeitlich zusammenhängender Aufenthalt von mehr als sechs Monaten Dauer anzusehen; kurzfristige Unterbrechungen bleiben unberücksichtigt. Ausgenommen sind Aufenthalte zu Besuchs-, Erholungs-, Kur oder ähnlichen privaten Zwecke, die

pflicht nach § 1 Abs. 1 Satz 1 EStG. Der in Deutschland geltende verfassungsrechtliche Grundsatz der Besteuerung nach der persönlichen wirtschaftlichen Leistungsfähigkeit[517] stellt weder auf die räumliche Herkunft der Einkünfte noch auf die Nationalität der steuerpflichtigen Person ab, sondern auf das individuell verfügbare Einkommen, dass so genannte Welteinkommen.[518]

Solange die Einkünfte in der Bundesrepublik Deutschland erzielt und ausschließlich in Deutschland der Besteuerung unterworfen werden, ergeben sich keine systematischen Probleme. Wenn aber Einkünfte in Deutschland besteuert werden sollen, die im Ausland erzielt wurden und dort ebenfalls der Besteuerung unterworfen werden, wirft das System der Besteuerung nach dem Welteinkommen Probleme auf. Eine Konkurrenz von Steueransprüchen zweier Staaten kann zu einer „internationalen Doppelbesteuerung“ führen, wenn folgende Identitäten gegeben sind:

- Abgabepflichtiger,
- Besteuerungstatbestand,
- Gleichartigkeit der Steuer und
- Besteuerungszeitraum.

Die Besteuerung desselben Steuergegenstandes bei ein und demselben Steuersubjekt in zwei Staaten durch vergleichbare Steuern wird als (rechtliche) Doppelbesteuerung[519] verstanden.[520] Für das Entstehen einer Doppelbesteuerung sind folgende systematische Ursachen[521] verantwortlich:

- konkurrierende unbeschränkte Steuerpflicht,
- beschränkte und unbeschränkte Steuerpflicht,
- konkurrierende beschränkte Steuerpflicht,
- unterschiedliche Einkunftszurechnung und
- unterschiedliche Einkunftsqualifikation.

---

nicht länger als ein Jahr dauern. Zur Konkretisierung dieser Norm vgl. AEAO zu § 9 AO.

517 Vgl. Schmidt, L./Weber-Grellert, H., § 2 Rn. 13.

518 Vgl. BFH, Beschl. v. 24.03.1998, I B 100/97, BFHE 185, S. 467; BFH, Urt. v. 13.11.2002, I R 67/0, BStBl. 2003 II, S. 587; zur Vereinbarkeit mit dem EU-Recht und der Verfassungslage vgl. BFH, Urt. v. 05.02.2001, I B 140/00, BStBl. 2001 II, S. 598.

519 Vgl. Lang, M., IStR 2002, S. 609.

520 Vgl. Schmidt, L./Heinicke, W., EStG, § 1 Rn. 80.

521 Vgl. Strunk, G., S. 72.

Um die Doppelbesteuerung zu vermeiden und die Vergünstigungen des Außensteuerrechts in Anspruch nehmen zu können, muss die so genannte Subjektidentität[522] gegeben sein.

b. Internationales Steuerrecht

Der Staat ist aufgrund der verfassungsrechtlichen Vorgaben gegenüber seinen Staatsangehörigen und Steuerpflichtigen grundsätzlich verpflichtet, eine Doppelbesteuerung zu beseitigen oder zu mildern.[523] Zu diesem Zweck sind folgende Maßnahmen üblich:

- Unilaterale Maßnahmen
  - Progressionsvorbehalt bei Freistellung
  - Anrechnung der ausländischen Steuer
  - Anrechnung einer fiktiven ausländischen Steuer
  - Abzug der ausländischen Steuer bei Ermittlung der Einkünfte
  - Pauschalierung der inländischen Steuer
  - Besonderer Steuersatz für bestimmte Einkunftsquellen
- Bilaterale Maßnahmen
- Multilaterale Maßnahmen
- Supranationale Maßnahmen.

Mittels unilateraler (einseitiger) Maßnahmen versucht der jeweilige Staat durch nachfolgend dargestellte Regelungen in seinen nationalen Steuergesetzen eine Doppelbesteuerung zu mildern oder ganz zu beseitigen.

- Im Falle des Progressionsvorbehalts werden die von der inländischen Besteuerung freigestellten Einkünfte für Zwecke der Ermittlung des auf die im Übrigen steuerpflichtigen Einkünfte anzuwendenden Steuersatzes berücksichtigt (§§ 32b EStG).[524]

---

522 Vgl. BFH, Urt. v. 04.06.1991, X R 35, BStBl. 1992 II, S. 187.

523 Vgl. Schmidt, L./Weber-Grellert, H., EStG, § 2 Rn. 13; BFH, Urt. v. 20.04.1988, I R 219/82, BStBl 1990 II, S. 701.

524 Steuerfreie Einkünfte, die dem Progressionsvorbehalt unterliegen, wirken sich auf den Steuersatz aus, mit dem die steuerpflichtigen Einkünfte besteuert werden. Häufig unterliegen ausländische Einkünfte und Entgeltersatzleistungen dem Progressionsvorbehalt. Den Progressionsvorbehalt gibt es im Einkommensteuerrecht von Deutschland, Österreich, der Schweiz und weiteren Staaten. Die dem Progressionsvorbehalt unterliegenden Einkünfte E werden dem zu versteuernden Einkommen zvE1 (Steuerbemessungsgrundlage) hinzuaddiert und der Steuerbetrag S2 ermittelt, der auf ein zvE2=zvE1+E anfällt. Der Durchschnittsteuersatz D2 auf zvE2 ergibt sich aus S2/zvE2. Die steuerliche Berücksichtigung von E geschieht dadurch, dass auf zvE1 der höhere Durchschnittsteuersatz D2 anstatt D1 anfällt. D1 ergibt sich aus S1/zvE1 und ist aufgrund der Steuerprogression niedriger als D2, sofern zvE2 größer ist als der Grundfreibetrag G. Andernfalls sind sowohl D1 als auch D2 gleich 0.

- Bei der Methode der Anrechnung der ausländischen Steuer wird das steuerpflichtige Einkommen zwar einschließlich der ausländischen Einkünfte ermittelt, sodann aber die ausländische Steuer auf die inländische Steuerschuld angerechnet (§ 34c Abs. 1 EStG).[525]
- Wenn Entwicklungsländer ausländischen Investoren als besondere Anreize Steuerbefreiungen gewähren, dann kommen diese im Inland nur dann zum Tragen, wenn eine tatsächlich nicht gezahlte oder erhobene und damit fiktive Steuer auf die deutsche Steuerschuld angerechnet wird.[526]
- Anstelle einer Freistellung der Einkünfte oder einer Anrechnung der ausländischen Einkünfte kann auch die Methode gewählt werden, bei der die ausländische Steuer im Rahmen der Ermittlung der Einkünfte abgezogen wird (§ 34c Abs. 2 und 3 EStG).
- Bei der Pauschalierungsmethode wird ein gemilderter pauschaler Steuersatz auf die ausländischen Einkünfte erhoben; gleichzeitig muss die Freistellung oder die Anrechnung ausländischer Steuer ausgeschlossen sein (§ 34c Abs. 5 EStG).
- Ohne die Möglichkeit der Anrechnung oder des Abzugs von ausländischer Steuer werden bestimmte Einkünfte mit einem besonderen Steuersatz besteuert (siehe § 5a EStG zu Handelsschiffen im internationalen Verkehr).

Durch bilaterale (zweiseitige) Verträge werden zwischen zwei Staaten die Besteuerung und die Zuweisung des Besteuerungsrechts durch so genannte Doppelbesteuerungsabkommen bilateral geregelt.[527] Unter multilateralen (mehrseitigen) Maßnahmen versteht man mehrseitige völkerrechtliche Verträge oder Vereinbarungen.[528] Überstaatliche und übernationale (supranationale) Maßnahmen sind beispielsweise die innerhalb der Europäischen Union erfolgten Steuerharmonisierungen.

Auslandsaktivitäten deutscher Personengesellschaften sind aus dem Blickwinkel des so genannten internationalen Steuerrechts zu beurteilen. Unter dem Begriff „Internationales Steuerrecht" wird das Rechtsgebiet verstanden, das internationale Steuerfälle zum Gegenstand hat, d.h. Fälle, bei denen zumindest ein Umstand des Falles grenzüberschreitend

---

525 Die Anrechnung von in einem ausländischen Staat festgesetzter und gezahlter und keinem Ermäßigungsanspruch mehr unterliegender Steuer ist bis zur Höhe der deutschen Steuer, die auf diese Einkünfte entfällt, begrenzt. Stammen die Einkünfte aus mehreren Staaten, ist diese Berechnung für jeden einzelnen Staat gesondert durchzuführen (vgl. § 68a EStDV).

526 Vgl. BFH, Urt. v. 29.03.2000, I R 15/99, BStBl. 2000 II, S. 577.

527 Siehe hierzu die nachfolgende ausführliche Darstellung unter III. B. 6.

528 Bspw. Wiener Übereinkommen vom 18.04.1961 (BGBl. 1964 II, S. 958) über diplomatische Beziehungen (WÜD) auch betreffend Vorrechte und Befreiungen für zwischenstaatliche Organisationen.

ist.[529] Das nationale Außensteuerrecht regelt die Besteuerung von Inländern hinsichtlich ins Ausland reichender Sachverhalte (unbeschränkte Steuerpflicht bei Auslandssachverhalten)[530] und von Ausländern mit ins Inland reichender Sachverhalte (beschränkte Steuerpflicht bei Inlandssachverhalten).[531] Das internationale Doppelbesteuerungsrecht ist entweder zwischenstaatliches[532] oder supranationales Recht und grenzt die Steueransprüche mehrerer Staaten gegeneinander ab.

Schematisch lässt sich das Gebiet des internationalen Steuerrechts wie folgt darstellen:

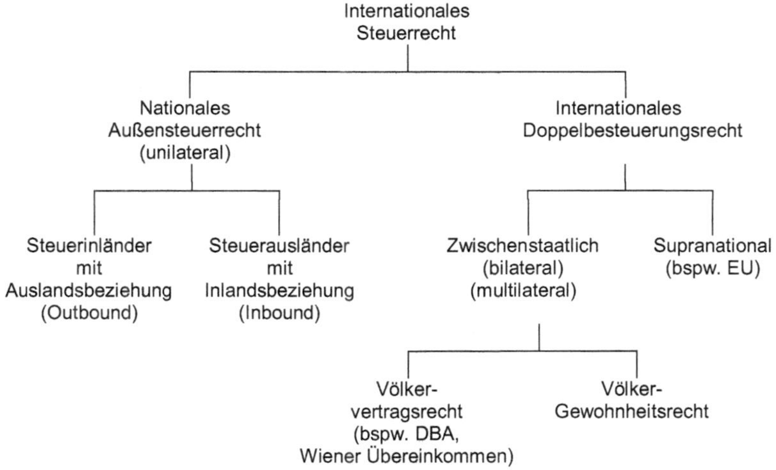

Schaubild 9: Internationales Steuerrecht

Die allgemeinen Rechtsquellen des nationalen Außensteuerrechts sind insbesondere das EStG, KStG, BewG, ErbStG. Als besondere Rechtsquellen kommen im Wesentlichen noch das AStG, AIG, EntwLStG, AuslInvG und das InvStG hinzu. Diese besonderen Rechtsquellen gehen als lex specialis den allgemeinen Rechtsquellen vor und können diese im Einzelfall modifizieren.

---

529 Vgl. Kluge, V., S. 11.

530 In der Literatur auch „Outbound-Fälle" genannt, vgl. Wilke, K.-M., S. 15.

531 In der Literatur auch als „Inbound-Fälle" bezeichnet, vgl. Wilke, K.-M., S. 15.

532 Das zwischenstaatliche Recht kann Völkergewohnheitsrecht mit allgemeinen Rechtsgrundsätzen oder Völkervertragsrecht in der Form der Doppelbesteuerungsabkommen sein.

c. Sonderfall bei Abzugsbesteuerung

Eine Anrechung ausländischer Steuern kann bei ausländischen Einkünften aus Kapitalerträgen nach § 32d Abs. 5 EStG erfolgen, wenn aufgrund des ab dem VZ 2009 grundsätzlichen Ausschlusses der konkreten Einzelbesteuerung nach § 32d Abs. 6 EStG durch Einführung der Abgeltungsteuer ansonsten eine Doppelbesteuerung erfolgen würde.

d. Gewerbesteuer bei ausländischen Betriebsstätteneinkünften

Im Hinblick auf die Gewerbesteuer ist § 9 Nr. 3 GewStG zu beachten. Hiernach sind ausländische Betriebsstättengewinne vom Gewerbeertrag inländischer Unternehmen zu kürzen. Gewinne von nicht im Inland belegenen Betriebsstätten unterliegen damit grundsätzlich lediglich der Einkommensteuer.[533] Durch Kürzung des auf ausländische Betriebsstätten entfallenden Gewinns wird der Messbetrag verringert, was dafür sorgt, dass der Anrechnungsbetrag nach § 35 EStG ebenfalls entsprechend gekürzt wird. Die Kürzung nach § 9 Nr. 3 GewStG hat unabhängig von Aktivitätsvoraussetzungen zu erfolgen. Bei der im Zusammenhang mit der Kürzung nach § 9 Nr. 3 GewStG vorzunehmenden Beurteilung, ob eine Betriebsstätte vorliegt, ist ausschließlich auf innerstaatliches Recht i. S. v. § 12 AO abzustellen.

4. Sonderprobleme bei Auslandssachverhalten

a. Mitwirkungspflichten

Aufgrund der völkerrechtlichen Grundsätze ist es deutschen Finanzbehörden grundsätzlich verwehrt, im Ausland Ermittlungsmaßnahmen zu ergreifen. Deshalb hat der deutsche Gesetzgeber in § 90 Abs. 2 AO für Steuerpflichtige eine erhöhte Mitwirkungspflicht[534] normiert, die eine umfassende Auskunfts- und Darlegungspflicht aller wirtschaftlichen Zusammenhänge zwischen Leistungen und Aufwendungen sowie eine Beweisvorsorge- und Beweisbeschaffungspflicht,[535] der Pflicht zur Vorlage ausländischer Jahresabschlüsse[536] und der Benennung eventuell hinter einer ausländischen Gesellschaft stehenden Personen beinhaltet.[537] De facto führt die Regelung des § 90 Abs. 2 AO zu einer Umkehrung der Beweislast, da die den Finanzbehörden und den Finanzgerichten oblie-

---

533 Vgl. Heurung, R./Seidel, P., GmbHR 2009, S. 1091.
534 Vgl. BFH, Urt. v. 16.04.1886, I R 32/84, BStBl. 1986 II, S. 736.
535 Vgl. BFH, Urt. v. 20.03.2002, II R 84/99, BFH/NV 2002, S. 1017.
536 Vgl. BFH. Urt. v. 16.04.1986, I R 32/84, BStBl. 1986 II, S. 736.
537 Vgl. BFH, Beschl. v. 25.11.1999, I B 34/99, BFH/NV 2000, S. 677; BFH, Beschl. v. 05.11.2001, VIII B 16/01, BFH/NV 2002, S. 312.

gende Amtsermittlungspflicht der §§ 86, 88 AO und § 76 FGO zu Lasten der Steuerpflichtigen geht. Der Steuerpflichtige kann sich auch nicht auf entgegenstehendes ausländisches Recht berufen.[538]

Durch das StVergAbG[539] wurde § 90 Abs. 3 AO eingeführt. Hiernach sind besondere Dokumentationspflichten über Art und Inhalt der Geschäftsbeziehung mit nahe stehenden Personen i. S. d. § 1 Abs. 2 AStG durch die dazu erlassene Gewinnaufzeichnungsverordnung vom 13.11.2003[540] zu beachten.[541]

b. Einkunftsermittlung

Als Ausfluss des völkerrechtlichen Grundsatzes der Gebietshoheit ist zur steuerrechtlichen Beurteilung internationaler Sachverhalte grundsätzlich das eigene nationale Steuerrecht anzuwenden.[542] Sogar wenn der Sachverhalt einem DBA unterliegen sollte, ist zunächst das nationale Recht anzuwenden, weil das DBA als völkerrechtlicher Vertrag nicht unmittelbar, sondern mittelbar und nur über ein Zustimmungsgesetz als innerstaatliches Recht Anwendung erlangen kann.[543] Ordnungsgemäß transformierte DBA haben Vorrang vor innerstaatlichem Recht,[544] solange der Gesetzgeber nicht später eine vom Zustimmungsgesetz abweichende Regelung getroffen hat, da diese entsprechend dem lex-posterior-Grundsatz[545] dem DBA vorrangig wäre (treaty override).[546]

---

538 Vgl. BFH, Urt. v. 16.04.1980, I R 75/8, BStBl. 1981 II, S .492; BFH, Urt. v. 16.04.1986, I R 32/84, BStBl. 1986 II, S. 736; BFH, Beschl. v. 20.04.2000, V B 156/99, BFH/NV 2000, S. 1347.

539 Vgl. Steuervergünstigungsabbaugesetz vom 16.05.2003 (BGBl. 2003 I, S. 660).

540 Vgl. BMF Schr. v. 13.11.2003, BStBl. 2003 I, S. 739 (GAufzV).

541 Vgl. hierzu ausführlich Cordes, M., S. 62, ff.

542 Vgl. Betriebsstätten-Verwaltungsgrundsätze, BMF v. 24.12.1999, IV B 4–S 1300–111/99, BStBl. 1999 I, S. 1076, Tz. 1.1.3.2.

543 Vgl. BFH, Urt. v. 13.07.1994, I R 120/95, BStBl, 1995 II, S. 129.

544 Vgl. BFH, Beschl. v. 28.11.2001, I B 169/00, BFH/NV 2002, S. 774.

545 Lex posterior derogat legi priori (lat.: „Das jüngere Gesetz hebt das ältere Gesetz auf") ist ein allgemeiner Grundsatz in der Rechtswissenschaft, der besagt, dass ein späteres Gesetz einem früheren Gesetz derselben Rangordnung vorgeht. Den Vorgang, mit dem die Rechtssetzungsautorität das Ende der Geltung und/oder Verbindlichkeit einer Rechtsvorschrift anordnet, wird in der juristischen Methodenlehre Derogation genannt. Ebenso wie bei der Novellierung gilt auch hier, dass die Rechtsetzungsautorität ausschließlich mittels Rechtsvorschriften über Geltung und Verbindlichkeit von Rechtsvorschriften disponieren kann. Die juristische Methodenlehre unterscheidet in formelle und materielle Derogation. Im Falle der formellen Derogation enthält die betreffende Rechtsvorschrift die Anordnung, dass eine bestimmte andere namentlich genannte Rechtsvorschrift „außer Kraft" treten soll. Eine materielle Derogation liegt vor, wenn eine bestimmte Rechtsvorschrift bestimmte Tatbestände regelt, ohne die konkrete An-

Die ausländischen Einkünfte sind unter Anwendung der handelsrechtlichen GoB und nach den Grundsätzen des deutschen EStG zu ermitteln.[547] Hiernach sind die Methoden der der § 4 Abs. 1 oder 5 Abs. 1 EStG oder § 4 Abs. 3 EStG[548] mit Berücksichtigung der Betriebausgaben nach § 4 Abs. 4 EStG[549] oder Werbungskosten nach § 9 EStG anzuwenden; dies gilt auch für Erträge aus einer Beteiligung an einer ausländischen Personengesellschaft.[550]

c. Qualifikationskonflikte

Durch unterschiedliche Wertungen der verschiedenen in- und ausländischen Rechts- und Steuersysteme können Schwierigkeiten bei der Beurteilung von grenzüberschreitenden Steuerfällen entstehen.[551] Die sich im Wesentlichen stellenden Kernfragen sind:

- Ist die ausländische Steuer festgesetzt und gezahlt und entspricht sie der deutschen Einkommensteuer?[552]
- Sind Einkünfte aus einer im Ausland getätigten Investition als Einkünfte aus einer Kapitalgesellschaft, aus einer Personengesellschaft oder aus selbständiger Tätigkeit zu qualifizieren?[553]

---

ordnung zu treffen, dass eine ältere, mit der neueren Rechtsvorschrift unvereinbare Regelung außer Kraft treten soll. In einem solchen Fall muss der Rechtsanwender durch Interpretation selbst ermitteln, was aufgehoben wurde und was in Geltung geblieben ist. Vgl. zu den vorstehenden Grundsätzen Weber-Grellet, H. § 25 Rn. 1 ff. m. w. N.

546 Vgl. BFH, Urt. v. 21.05.1997, I R 79/96, BStBl. 1998 II, S. 113; BFH, Beschl. v. 28.11.2001, I B 169/00, BFH/NV 2002, S. 774.

547 Vgl. BFH, Urt. v. 24.02.1985, IX R 143/83, BStBl. 1986 II, S. 287; BFH, Urt. v. 09.11.1988, I R 335/83, BStBl. 1989 II, S. 510; BFH, Urt. v. 02.03.1989, IV R 128/86, BStBl. 1989 II, S. 941; BFH, Beschl. v. 01.10.1992, I B 42-43/92, BFH/NV 1993, S. 156; BFH, Urt. v. 16.02.1996, I R 43/95, BStBl. 1997 II, S. 128.

548 Vgl. BFH, Urt. v. 22.05.1991, I R 32/90, BStBl. 1992 II, S. 94; BFH, Urt. v. 24.03.1999, I R 114/97, BStBl. 2000 II, S. 399.

549 Vgl. BFH, Urt. v. 29.03.2000, I R 15/99, BStBl. 2000 II, S. 577.

550 Vgl. BFH, Urt. v. 24.03.1999, I R 114/97, BStBl. 2000 II, S. 399. (betreffend eine österreichische Tochtergesellschaft).

551 Bspw. können bei italienischen Ehepartnern Probleme mit einer Mitunternehmerstellung des Ehepartners auftreten, da ohne speziellen Ehevertrag nach italienischem Eherecht ein der deutschen Gütergemeinschaft ähnlicher Güterstand vorliegt.
Zur Zusammenveranlagung eines mit mehreren Frauen verheirateten nordafrikanischen Gastarbeiters vgl., BFH, Urt. v. 06.12.1985, VI R 54/84, BStBl. 1986 II, S. 390; BFH, Urt. v. 25.03.1988, VI R 142/87, BStBl. 1988 II, S. 584; BFH, Urt, v. 17.04.1998, VI R 16/97, BStBl.. 1998 II, S. 473.

552 Vgl. BFH, Urt. v. 05.02.1992, I R 9/90, BStBl. 1992 II, S. 607.

553 Vgl. BFH, Urt. v. 19.03.1996, VIII R 15/94, BStBl. 1996 II, S. 312.

- Wie ist zu verfahren, wenn Einkünfte im Ausland als aus einer anderen Einkunftsart als in Deutschland bezogen eingeordnet werden?[554]
- Wie sind grenzüberschreitende Poolverträge zwischen verbundenen Unternehmen, beispielsweise im Leasingbereich einzuordnen (Zuordnung zum Leasinggeber oder Leasingnehmer)?[555]

Qualifikationskonflikte lassen sich nicht immer zur Zufriedenheit aller Beteiligten lösen. Sofern sich auch über die Auslegung von DBA eine effektive Doppelbelastung nicht vermeiden lässt, bleibt im Falle des Vorliegens eines DBA das Verständigungsverfahren zwischen den beteiligten Finanzbehörden[556] oder, ohne DBA, die Stellung eines Billigkeitsantrags im Wohnsitzstaat.

d. Benennung von Zahlungsempfängern

Der Abzug von Schulden, Lasten, Betriebsausgaben, Werbungskosten und anderen Ausgaben hängt davon ab, dass der in Deutschland Steuerpflichtige den Finanzbehörden auf Verlangen die Gläubiger oder Empfänger genau zu benennen hat (§ 160 Abs. 1 Satz 1 AO). Bei Auslandssachverhalten trifft den Steuerpflichtigen nach § 90 Abs. 2 AO in erhöhtem Maße eine Verpflichtung zur Erbringung von Nachweisen und zur Vorlage von Beweismitteln.[557] Je ungewöhnlicher der grenzüberschreitende Sachverhalt angesehen wird, desto größer ist das Maß der Erläuterungs- und Mitwirkungspflicht des Steuerpflichtigen.[558]

Bei einer für die Besteuerung relevanten Geschäftsbeziehung mit einer im Ausland ansässigen (Domizil-)Gesellschaft kann der Fall auftreten, dass nach Auffassung der deutschen Finanzbehörden nicht die (Domizil-)Gesellschaft, sondern die hinter ihr stehenden Personen benannt werden müssen, soll der steuerliche Abzug dieser Ausgaben erhalten bleiben.[559] Bei einer solchen Konstellation kann es vorkommen, dass der

---

554 Vgl. BFH, Urt. v. 01.12.1982, I R 238/81, BStBl. 1983 II, S. 213.

555 Eine als „double-dip“ bezeichnete Situation kann dadurch herbeigeführt werden, wenn unter Ausnutzung des lokalen Rechts bei einem cross-boarder-leasing die Abschreibungen beispielsweise in beiden Ländern in Anspruch genommen werden können.

556 Vgl. BFH, Urt. v. 29.01.2003, I R 6/99, BFH/NV 2003, S. 969.
Siehe auch: Merkblatt zum internationalen Verständigungs- und Schiedsverfahren auf dem Gebiet der Steuern vom Einkommen und vom Vermögen, BMF v. 13.07.2006, BStBl. 2006 I, S. 461-476.

557 Vgl. BFH, Urt. v. 30.08.1995, I R 126/94, BFH/NV 1996, S. 267; BFH, Beschl. v. 31.10.2002, IV B 126/01, BFH/NV 2003, S. 291.

558 Vgl. BFH, Urt. v. 17.06.1994, III R41/93, BFH/NV 1995, S. 2.

559 Vgl. BFH, Urt. v. 10.11.1998, I R 108/97, BStBl. 1999 II, S. 199; BFH, Beschl. v. 25.11.1999, I B 34/99, BFH/NV 2000, S. 677; BFH, Beschl. v. 13.12.1999, IV B

gewinnmindernde Abzug von Ausgaben in der ausländischen Gewinnermittlung der Niederlassung oder Betriebsstätte selbstverständlich ist, wohingegen nach deutschen Gewinnermittlungsgrundsätzen diese Ausgaben gewinnerhöhend hinzuzurechnen sind.[560, 561]

e. Anzeigepflichten von Auslandssachverhalten

Der gesetzgeberische Auftrag an die Finanzbehörde ist der Amtsermittlungsgrundsatz nach § 88 AO. Hiernach soll die Finanzbehörde den Umständen des Einzelfalls entsprechend den Sachverhalt ermitteln und hierbei alle für die Besteuerung relevanten Aspekte berücksichtigen.[562] Da die Finanzbehörde bei Auslandssachverhalten auf die Mitwirkung des Steuerpflichtigen angewiesen ist, sieht § 138 Abs. 2 AO folgende Mitteilungspflichtigen der Steuerpflichtigen vor:

- Gründung und Erwerb von Betrieben und Betriebsstätten im Ausland,
- Beteiligung an ausländischen Personengesellschaften oder deren Aufgabe oder Änderung und
- Erwerb von Beteiligungen im Sinne § 2 Abs. 1 KStG, d. h. Beteiligungen an Körperschaften, Personenvereinigungen und Vermögensmassen, die weder ihre Geschäftsleitung noch ihren Sitz im Inland haben, wenn damit unmittelbar eine Beteiligung von mindestens 10 v. H. oder mittelbar eine Beteiligung von mindestens 25 v. H. am Kapital oder am Vermögen der Beteiligungsgesellschaft erreicht wird oder wenn die Summe der Anschaffungskosten aller Beteiligungen mehr als Euro 150.000 beträgt.

41/99, BFH/NV 2000, S. 817; BFH, Beschl. v. 05.11.2001, VIII B 16/01, BFH/NV 2002, S. 312; BFH, Beschl. v. 16.01.2003, VIII B 114/02, BFH/NV 2003, S. 738.

560 Beispielsweise kann eine Zahlung von einer Schweizer Betriebsstätte an eine Schweizer (Domizil-) Gesellschaft bei der Ermittlung des Betriebsstättengewinns nach Schweizer Gewinnermittlungsgrundsätzen grundsätzlich als Betriebsausgabe angesetzt werden. Gleichzeitig können die deutschen Finanzbehörden bei der nach deutschen Grundsätzen zu erfolgenden Ermittlung des Betriebsstättengewinns, wenn die hinter der (Domizil-)Gesellschaft stehenden Personen nicht benannt werden (können), diese Betriebsausgaben nicht anerkennen (vgl. Tipke/Kruse, § 162 Rn. 4 ff.).

561 Hinsichtlich der steuerlichen Abzugsfähigkeit von Zahlungen für nützliche Aufwendungen, Schmiergeldern und Provisionen wird auf Schmidt, L./Heinicke, W., § 4 Rn. 607 verwiesen.

562 Grundsätzlich soll die Finanzbehörde entsprechend des Rechtsgedankens aus § 24 VwVfG nicht nur Sachverhalte ermitteln, die zu Lasten des Bürgers gehen und Steuerpflichten auslösen oder erhöhen, sondern auch Sachverhalte, die zugunsten des Steuerpflichtigen wirken oder zur Steuerfreiheit führen (vgl. Klein, F./Brockmeyer, H. B., AO § 88 Rn. 1 ff.).

Auf der Basis der Rechtsgrundlage von § 5 Abs. 1 Nr. 6 FVG wertet das BZSt alle Unterlagen und Informationen aus und pflegt sie in die finanzverwaltungsinterne Datenbank IZA ein.

f. Funktionsverlagerung

1) Motive für eine Funktionsverlagerung

Im Zuge der Globalisierung war eine zunehmende Verlagerung von Funktionen ins Ausland zu beobachten. Die Motive hierfür sind insbesondere:

- kostengünstigere Produktionsbedingungen,
- absatzmarktnahe oder rohstoffmarktnahe Fertigung,
- flexiblere Regelungen für Forschung und Genehmigungen,
- Ausnutzen von ausländischen Investitionsförderprogrammen,
- Fehlen von speziellem Personal im Inland,
- Bündelung von Schwerpunkttätigkeiten in internationalen Konzernen,
- attraktivere steuerliche Rahmenbedingungen und
- Nutzung von im Ausland bestehenden Verlustvorträgen.

2) Steuerliche Implikationen der Verlagerung

Der Deutsche Gesetzgeber will sicherstellen, dass die in Deutschland geschaffenen Werte und Produktionsmittel durch eine Verlagerung ins Ausland nicht der Besteuerung entzogen werden.[563] In diesem Sinne handelnd hat der Gesetzgeber durch das UntStRefG[564] § 1 Abs. 3 AStG erlassen und den Begriff der Funktionsverlagerung in Satz 9 wie folgt definiert:

> „Wird in den Fällen des Satzes 5 eine Funktion einschließlich der dazugehörigen Chancen und Risiken und der mit übertragenen oder überlassenen Wirtschaftsgüter und sonstigen Vorteile verlagert (Funktionsverlagerung), hat der Steuerpflichtige den Einigungsbereich auf der Grundlage einer Verlagerung der Funktion als Ganzes (Transferpaket) unter Berücksichtigung funktions- und risikoadäquater Kapitalisierungszinssätze zu bestimmen."

Auf Basis der Ermächtigungsgrundlage des § 1 Abs. 3 S. 13 AStG hat der Bundesfinanzminister am 12.08.2008 die FVerlV[565] erlassen und arbeitet derzeit an einem BMF Schreiben Verwaltungsgrundsätze-

---

[563] Vgl. BT-Drucks. 16/4841, S. 84.
[564] Vgl. Unternehmenssteuerreformgesetz vom14.08.2007, BGBl. 2007 I, S. 1912.
[565] Vgl. BGBl. 2008 I; 1680-1683.

Funktionsverlagerung, das derzeit in der Entwurfs-Fassung vom 17.07.2009 über 72 Seiten vom BMF auf seiner Homepage zum download veröffentlicht[566] und vom DStV[567] sowie in der Literatur[568] heftig kritisiert wird.

Im Wesentlichen werden in der Literatur folgende Fälle der Funktionsverlagerung unterschieden: [569]

- Bei der Funktionsausgliederung handelt es sich um die vollständige Übertragung einer Funktion mit allen Chancen und Risken auf das übernehmende Unternehmen.
- Bei der Funktionsabschmelzung wird ein Teil einer Funktion eingeschränkt, indem dieser Teil der Chancen und Risiken auf einen anderen Unternehmensteil übertragen wird.
- Bei der Funktionsabspaltung wird ein Teil einer Funktion abgespalten und auf das übernehmende Unternehmen übertragen, die Chancen und Risiken verbleiben jedoch beim verlagernden Unternehmen.

Keine Funktionsverlagerung liegt vor, wenn es sich um einen Fall der Funktionsverdopplung handelt, da der die Funktion beinhaltende Unternehmensteil unverändert bleibt und dieselbe Funktion von einem anderen Unternehmensteil zusätzlich ausgeübt wird.[570]

Nach den gesetzgeberischen Vorstellungen sollen die übertragenen Gewinnpotenziale, Transferpakt bezeichnet, mittels ertragswertorientierter Methoden bewertet und der deutschen Besteuerung im Moment der Verlagerung wie eine fiktive Teilbetriebsveräußerung unterworfen werden. Im Sinne einer Escape-Klausel kann bei Nachweis, dass keine wesentlichen immateriellen Vermögensgegenstände übertragen oder zur Nutzung überlassen werden, nach § 1 Abs. 3 S. 10 AStG auf eine Einzelbewertung der fraglichen Vermögensgegenstände abgestellt werden. Sofern sich in der Folgezeit herausstellt, dass zwischen der prognostizierten und der tatsächlichen Gewinnentwicklung erhebliche Abweichungen bestehen und unter Dritten eine Anpassung vereinbart worden wäre, kann der Transferpreis über die § 1 Abs. 3 S. 11 und 12 AStG angepasst werden.

---

566 Vgl. http://www.der-betrieb.de/pdf/BMF_Entwurf_Verw_grundsaetze_Funktionsverlagerung.pdf, abgerufen am 22.03.2010.

567 Vgl. Pressemitteilung des DStV Nr. 17/09 v. 31.08.2009; vgl. http://www.dstv.de/presse/pressemitteilungen/pm17-09, abgerufen am 22.03.2010.

568 Vgl. Kroppen, H.-K./Rasch, S., IWB 2009, S. 789 ff., 846, m. w. N.

569 Vgl. Scheffler, W., S. 513.

570 Vgl. Scheffler, W., S. 514.

5. Ausländische Einkünfte ohne besondere Vereinbarungen

Besteht mit dem Staat, in dessen Territorium Wirtschaftsbeziehungen unterhalten werden, kein Doppelbesteuerungsabkommen[571], unterliegen die ausländischen Einkünfte[572] der allgemeinen inländischen Besteuerung. Die Vermeidung einer Doppelbesteuerung von ausländischen Einkünften aus Ländern ohne Doppelbesteuerungsabkommen ist in §§ 34c und 34d EStG geregelt.

Ausländische Gesellschafter einer inländischen Personengesellschaft, die im Inland weder Wohnsitz noch gewöhnlichen Aufenthalt haben, sind nach §§ 1 Abs. 4 i. V. m. 49 Abs. 1 Nr. 2 EStG lediglich mit den Einkünften aus Gewerbebetrieb nach §§ 15 bis 17 EStG steuerpflichtig, für die im Inland eine Betriebsstätte unterhalten wird oder ein ständiger Vertreter bestellt ist. Gleiches gilt für die Einkünfte aus selbständiger Arbeit nach §§ 1 Abs. 4 i. V. m. 49 Abs. 1 Nr. 3 EStG.

Im Inland ansässige Gesellschafter einer Personengesellschaft sind nach § 1 Abs. 1 EStG unbeschränkt steuerpflichtig und haben ihr Welteinkommen, d.h. ihre inländischen und ausländischen Einkünfte in Deutschland der Einkommensbesteuerung zu unterwerfen.

Um eine doppelte Besteuerung sowohl im Ausland als auch im Inland zu vermeiden, ist bei unbeschränkt Steuerpflichtigen mit ausländischen Einkünften die festgesetzte und gezahlte und um einen entstandenen Ermäßigungsanspruch gekürzte der deutschen Einkommensteuer entsprechende ausländische Steuer auf die deutsche Einkommen-steuer anzurechnen, die auf die Einkünfte aus diesem Staat entfällt (§ 34c Abs. 1 Satz 1 EStG). In diesem Zusammenhang führt § 34d Nr.2 a) EStG ausdrücklich als ausländische Einkünfte die durch eine im Ausland belegene Betriebsstätte erzielten Einkünfte auf.

Statt der Anrechnung nach § 34c Abs. 1 EStG kann der Steuerpflichtige die für die ausländischen Einkünfte entstandene ausländische Steuer auf Antrag auch bei der Ermittlung der Einkünfte abziehen (§ 34c Abs. 2 EStG). Scheidet sowohl der Abzug nach § 34c Abs. 2 EStG als auch die Anrechnung nach § 34c Abs. 1 EStG aus, weil die Voraussetzungen

---

571 Mittels der DBA vereinbaren die Vertragsparteien, welcher Staat für welchen Vorgang die Besteuerungshoheit erhält (vgl. ausführlicher hierzu: Schmidt, L./Heinicke, W., EStG, § 1 Rn. 90-93 m. w. N.). Die Finanzverwaltung veröffentlicht jährlich eine DBA-Zusammenstellung, z. B. BStBl. 2010 I, S. 35.

572 Durch § 34d EStG werden abschließend die ausländischen Einkünfte bestimmt, für die nach §§ 34c, 50 Abs. 6 EStG und § 26 KStG Tarifvergünstigungen in Anspruch genommen werden können. Hierbei wird als Ausland jedwedes Hoheitsgebiet verstanden, das nach deutschem Einkommensteuerrecht nicht zum Inland zählt (vgl. Schmidt, L./Heinicke, W., § 34d Rn. 2, m. w. N.).

ganz oder teilweise nicht vorliegen, ist nach § 34c Abs. 3 EStG ein Abzug der ausländischen Steuer bei der Ermittlung der Einkünfte vorzunehmen, soweit sie auf im Inland steuerpflichtige ausländische Einkünfte entfällt. Wesentliche Fälle des § 34c Abs. 3 EStG sind

- die ausländischen Steuer entspricht nicht der deutschen Einkommensteuer,
- die ausländische Steuer wird von einem anderen Staat erhoben als dem Staat, aus dem die Einkünfte stammen und
- die ausländischen Staaten erheben auf Einkünfte Steuern, die nach deutschen Grundsätzen inländische Einkünfte sind.

Durch die vorstehenden Methoden der Steueranrechnung erreicht der Gesetzgeber, dass die Betriebsstätteneinkünfte letztendlich mit dem jeweils höheren Steuerniveau belastet werden.

Soweit § 34c Abs. 1 bis 3 EStG im konkreten Einzelfall zu Ergebnissen führt, die außenwirtschaftlich nicht gewünscht sind, ermöglicht § 34c Abs. 5 EStG die auf die ausländischen Einkünfte entfallende deutsche Steuer ganz oder teilweise zu erlassen oder mit einem Pauschalbetrag festzusetzen. In diesem Zusammenhang sind der Pauschalierungserlass[573], der Auslandstätigkeitserlass[574] und weitere Einzelregelungen[575] zu erwähnen.

---

573 Vgl. BMF v. 10.04.1984, IV C6-S 2293-11/84, BStBl. 1984 I, S. 252.

574 Vgl. BMF v. 31.10.1983, IV B6-S 2293-50/83, BStBl. 1983 I, S. 470.

575 Bspw. der Erlass der Einkommensteuer für Arbeitnehmer, die zur Errichtung einer deutschen Forschungsstation in die Antarktis entsandt wurden; vgl. Erlass des Finanzministers von Niedersachsen vom 30.09.1982, DB 1982, S. 2060; BFH, Urt. v. 14.06.1991, VI R 185/87, BStBl. 1991 II, S. 926.

6. Ausländische Einkünfte mit besonderen Vereinbarungen

a. Supranationale Regelungen

1) EU-Regelungen

a) Grundlagen

Die Europäische Union beruht auf folgenden vier Gründungsverträgen:

- Vertrag über die Gründung der Europäischen Gemeinschaft für Kohle und Stahl (EGKS), unterzeichnet am 18.04.1951 in Paris, in Kraft getreten am 23.07.1952 und ausgelaufen am 23.07.2002,
- Vertrag zur Gründung der Europäischen Wirtschaftsgemeinschaft (EGV), unterzeichnet am 25.03.1957 in Rom, in Kraft getreten 1958,[576]
- Vertrag zur Gründung der Europäischen Atomgemeinschaft (Eurato, EAG), unterzeichnet auch am 25.03.1957 in Rom, in Kraft getreten am 01.01.1958 und
- Vertrag über die Europäische Union (EUV), unterzeichnet am 07.02.1992 in Maastricht, in Kraft getreten am 01.11.1993 (durch diesen Vertrag wurde ein neues politisches und wirtschaftliches Gemeinschaftssystem geschaffen, insbesondere die Europäischen Gemeinschaften, die gemeinsame Außen- und Sicherheitspolitik sowie die Zusammenarbeit auf der Ebene der Polizei und der Justiz).

Die vorgenannten Verträge haben, insbesondere anlässlich von Beitritten neuer Mitglieder, mehrfache Änderungen erfahren. Weitere Änderungen der Institutionen und der Zuständigkeiten der Europäischen Organe wurden durch folgende Verträge veranlasst:

- Fusionsvertrag, unterzeichnet am 08.04.1965 in Brüssel, in Kraft getreten am 01.07.1967,
- Einheitliche Europäische Akte (EEA), unterzeichnet in Luxemburg am 17.02.1986, in Kraft getreten am 01.07.1987,
- Vertrag von Amsterdam, unterzeichnet am 02.10.1997, in Kraft getreten am 01.05.1999,
- Vertrag von Nizza, unterzeichnet am 26.02.2001, in Kraft getreten am 01.02.2005 und
- Vertrag von Lissabon, unterzeichnet am 13.12.2007, in Kraft getreten am 01.12.2009.[577]

---

[576] Dieser Vertrag zur Gründung der Europäischen Gemeinschaft (EGV) wurde durch den Vertrag von Lissabon umbenannt in „Vertrag über die Arbeitsweise der Europäischen Union“ (AEUV) (vgl. ABL. 2008/C 115/01).

Die EU hat nach Maßgabe des EUV die Förderung des wirtschaftlichen und sozialen Fortschritts und eines hohen Beschäftigungsniveaus sowie die Herbeiführung einer ausgewogenen und nachhaltigen Entwicklung, insbesondere durch Schaffung eines Raumes ohne Binnengrenzen, durch Stärkung des wirtschaftlichen und sozialen Zusammenhalts und durch Errichtung einer Wirtschafts- und Währungsunion mit einer einheitlichen Währung zu verfolgen.[578]

b) Organe und Rechtsakte

Zur Erfüllung der vorgenannten Verträge und der gemeinsamen Ziele aller Mitgliedstaaten agieren die Organe der EU,[579] insbesondere

- das Europäische Parlament (Art. 14 EUV und Art. 223 – 234 AEUV),[580]
- der Europäische Rat (Art. 15 EUV und Art. 235 – 236 AEUV),[581]
- der Rat (Art. 16 EUV und Art. 237 - 243 AEUV),[582]
- die Europäische Kommission (im Folgenden „Kommission“; Art. 244 – 250 AEUV),[583]
- der Gerichtshof der Europäischen Union (Art. 251 - 281 AEUV),[584]
- die Europäische Zentralbank (Art. 282 – 284 AEUV) und
- der Rechnungshof (Art. 285 – 278 AEUV)

---

577 Die offizielle Bezeichnung lautet: „Vertrag von Lissabon zur Änderung des Vertrags über die Europäische Union und des Vertrags zur Gründung der Europäischen Gemeinschaft“ (vgl. ABL. 2007/C 306/01).

578 Die vorstehenden Ziele entsprechen inhaltlich dem Text des ex-Art. 2 EUV, welcher durch den Vertrag von Lissabon aufgehoben und auf längere sowie detailliertere Textpassagen des neuen Art. 3 EUV übertragen wurde.

579 Die Organe der EU sind nunmehr enumerativ in Artikel 13 Abs. 1 EUV aufgeführt.

580 Das Europäische Parlament setzt sich zusammen aus 750 für eine Amtszeit von fünf Jahren frei gewählten Vertretern der Unionsbürgerinnen und Unionsbürger zuzüglich des Präsidenten (vgl. Art. 14 Abs. 2 EUV).

581 Der Europäische Rat setzt sich zusammen aus den Staats- und Regierungschefs der Mitgliedstaaten sowie dem Präsidenten des Europäischen Rats und dem Präsidenten der Kommission (vgl. Art. 15 Abs. 2 EUV).

582 Der Rat besteht aus je einem Vertreter jedes Mitgliedstaats auf Ministerebene (vgl. Art. 16 Abs. 2 EUV).

583 Die Kommission besteht aus unabhängigen Mitgliedern, die nach einem bestimmten Rotationssystem ausgewählt werden (vgl. Art. 17 Abs. 5 i. V. m. Art. 244 EUV).

584 Der Gerichtshof der Europäischen Union umfasst den Gerichtshof, das Gericht und Fachgerichte; er sichert die Wahrung des Rechts bei der Auslegung und Anwendung der Verträge (vgl. Art. 19 Abs. 1 EUV).

durch Rechtsakte (Verordnungen, Richtlinien, Beschlüsse, Empfehlungen und Stellungnahmen, Art. 288 AEUV). Das ordentliche Gesetzgebungsverfahren besteht in der gemeinsamen Annahme einer Verordnung, einer Richtlinie oder eines Beschlusses durch das Europäische Parlament und den Rat auf Vorschlag der Kommission (Art. 289 Abs. 1 AEUV).

Verordnungen haben unmittelbar in jedem Mitgliedstaat direkt für jede Person allgemeine Geltung (Art. 288, Satz 2 AEUV). Grundsätzlich ist die Umsetzung von Verordnungen in nationales Recht nicht erforderlich.[585] Richtlinien dagegen sind grundsätzlich nicht unmittelbar anwendbar[586] und lediglich hinsichtlich des in ihnen definierten Ziels verbindlich, da sie nicht an Personen, sondern an die Mitgliedstaaten gerichtet sind, die in der Wahl und der Form der Mittel der Zielerreichung frei sind (Art. 288 Satz 3 AEUV).[587] Stellungnahmen und Empfehlungen sind unverbindlich (Art. 288 Satz. 5 AEUV).[588]

Der Europäische Gerichtshof (EuGH)[589] ist nach Rechtsprechung des BVerfG[590] gesetzlicher Richter im Sinne des Art. 101 GG[591] und urteilt

---

585 Ausnahmsweise kann es in Einzelfällen einer innerstaatlichen Ergänzung bedürfen, wie beispielsweise bei dem Gesetz zur Ausführung der EG-VO über die Europäische Wirtschaftliche Interessenvereinigung v. 14.04.1988 (vgl. BGBl. 1988 I, S. 514).

586 Nach ständiger Rechtsprechung des EuGH können Richtlinien ausnahmsweise dann für den Bürger im Verhältnis zum Staat anwendbar sein, wenn ein Mitgliedstaat eine Richtlinie unzulänglich umgesetzt hat, die Umsetzungsfrist abgelaufen ist und die Bestimmungen der Richtlinie dem Einzelnen direkt Rechte verleihen. Im Verhältnis zwischen den Bürgern entfalten nicht oder unzulänglich umgesetzte Richtlinien keine (horizontale) Wirkung.

587 Vgl. VO Nr. 139/2004 des Rats v. 20.01.2004 (ABl. EG 2004 L 24 S. 1).

588 Beispielsweise ist die von der Kommission am 21.12.1993 ausgesprochene Empfehlung die Besteuerung bestimmter Einkünfte betreffend, die von Nichtansässigen in einem anderen Mitgliedstaat als dem Wohnsitzstaat erzielt werden, nicht verbindlich (ABl. EG 1994 L 39 S. 22).

589 Der Gerichtshof der Europäischen Union mit Sitz in Luxemburg ist die höchste richterliche Instanz der EU. Seine Aufgabe besteht in der Wahrung des EU-Rechts bei Anwendung und Auslegung der Gemeinschaftsverträge. Der EuGH besteht grundsätzlich aus einem Richter je Mitgliedstaat (vgl. Art. 19 EUV). Der EuGH wird von acht Generalanwälten unterstützt (vgl. Art. 252 Satz 1 AEUV). Nur der EuGH ist befugt, über die Interpretation von EU-Recht zu befinden.

590 Wenn das BVerfG die Verfassungsmäßigkeit einer Norm verneint, ist die Norm nichtig. Wenn nach einem Urteil des EuGH eine nationale Vorschrift mit EU-Recht nicht vereinbar ist, bleibt die jeweilige nationale Norm gültig und in Kraft. Sollte aber die nationale Verwaltung diese Norm weiterhin anwenden, stellt dies einen Verstoß gegen EU-Recht dar und kann die Schadensersatzpflicht des Mitgliedstaats auslösen (vgl. EuGH, Urt. v. 25.11.2003, Rs. C-278/01 (lexetius.com), Slg. 2003 I, S. 2509).

durch Entscheidungen, die innerhalb kürzestmöglicher Frist von den Mitgliedstaaten umzusetzen sind.[592] Im Konflikt geht das EU-Recht dem nationalen Recht vor;[593] nationales Recht ist grundsätzlich nicht anwendbar, wenn EU-Recht entgegensteht.[594]

c) Änderungen durch den Vertrag von Lissabon

Der zunächst beabsichtigte und gescheiterte EU-Grundlagenvertrag (Verfassung) sollte alle bisherigen Verträge aufheben und durch einen einheitlichen Text ersetzen. Der Vertrag von Lissabon behält die Struktur von mehreren aufeinander Bezug nehmenden Verträgen bei und ist ein so genannter Änderungsvertrag, der die bisher bestehenden Verträge nicht ersetzt, sondern ändert.[595] Die im Verhältnis zur vorherigen Rechtslage wesentlichen Änderungen durch den Vertrag von Lissabon sind insbesondere folgende:

- Ausweitung der gesetzgeberischen Zuständigkeiten des Europäischen Parlaments, das nun in den meisten Politikbereichen dem Rat der Europäischen Union (umgangssprachlich auch als Ministerrat bezeichnet) gleichgestellt sein soll,
- Ausweitung der Mehrheitsentscheidungen im Rat der Europäischen Union und die Einführung der doppelten Mehrheit als Abstimmungsverfahren (allerdings erst ab 2014), um die Möglichkeit eines einzelstaatlichen Vetos zu reduzieren,

---

591 Vgl. BVerfG, Beschl. des 2. Senats v. 22.10.1986, 2 BvR 197/83, BVerfGE 73, S. 339 (Leitsatz 1: „Der Gerichtshof der Europäischen Gemeinschaften ist gesetzlicher Richter im Sinne des Art. 101 I S. 2 GG. Er ist ein durch die Gemeinschaftsverträge errichtetes hoheitliches Rechtspflegeorgan, das auf der Grundlage und im Rahmen normativ festgelegter Kompetenzen und Verfahren Rechtsfragen nach Maßgabe von Rechtsnormen und rechtlichen Maßstäben in richterlicher Unabhängigkeit grundsätzlich endgültig entscheidet.“).

592 Vgl. EuGH, Urt. v. 30.01.1992, C-328/90, EWS 1993, S. 154.

593 Vgl. EuGH, Urt. v. 15.07.1964 C-6/54, EuGHE 1964, S. 1251; ständige Rechtsprechung des BVerfG, vgl. BVerfG, Beschl. des 2. Senats v. 07.06.2000, BvL 1/97, BVerfGE 102, S. 147.

594 Vgl. BVerfG, Urt. v. 12.10.1993, 2 BvR 2134, 2159/92, BVerfGE 89, S. 155 (Maastricht-Urteil).

595 Entsprechend einer Untersuchung von Open Europe unterscheiden sich der Verfassungsvertrag und der Vertrag von Lissabon in nur 10 von 250 Vorschlägen, mithin werden 96 v. H. der Inhalte des „gescheiterten“ Verfassungsvertrags durch den Vertrag von Lissabon umgesetzt („The analysis finds that only 10 out of 250 proposals in the new treaty are different from the proposals in the original EU Constitution. In other words, 96% of the text is the same as the rejected Constitution”; http://www.openeurope.org.uk/media-centre/pressrelease.aspx?pressreleaseid=51; abgerufen am 23.03.2010).

- Neues Amt des Präsidenten des Europäischen Rates, der künftig für je zweieinhalb Jahre vom Europäischen Rat ernannt werden soll, um eine größere Kontinuität in dessen Aktivitäten zu sichern (Art. 15 EUV),
- Einführung eines „EU-Außenministers“ (allerdings unter der Bezeichnung Hoher Vertreter für Außen- und Sicherheitspolitik), der vom Europäischen Rat ernannt wird und zugleich Vorsitzender des Außenministerrats und Vizepräsident der Kommission ist (Art. 18 EUV),
- Einrichtung eines Europäischen Auswärtigen Dienstes, der sich aus Beamten der Kommission, des Ratssekretariats und der diplomatischen Dienste aller Mitgliedstaaten zusammensetzt,
- Formulierung eines Kompetenzkatalogs, der die Zuständigkeiten der EU deutlicher als bisher definiert,
- Institutionalisierung der verstärkten Zusammenarbeit, durch die eine Gruppe von Mitgliedstaaten untereinander weitergehende Integrationsschritte verwirklichen kann, auch wenn andere sich nicht daran beteiligen,
- Ausweitung der gemeinsamen Sicherheits- und Verteidigungspolitik (GSVP), unter anderem durch den Ausbau der Europäischen Verteidigungsagentur und die Einführung eines Anschubfonds zur kurzfristigen Finanzierung militärischer Aktivitäten (an dem sich jedoch nur die Mitgliedstaaten beteiligen, die dazu bereit sind),
- Ausstattung der EU mit eigener Rechtspersönlichkeit (bislang der EG vorbehalten),
- Beitritt der EU zur Europäischen Menschenrechtskonvention (Art. 6 EUV),
- Einführung einer europaweiten Bürgerinitiative,
- Verschärfung der Beitrittskriterien,
- Regelung des freiwilligen Austritts von Mitgliedstaaten aus der EU und
- Umbenennung des EG-Vertrags (EGV) in Vertrag über die Arbeitsweise der Europäischen Union (AEUV).

d) Steuerliche Harmonisierung

Im siebten Titel des AEUV sind in Art. 101 bis 118 AEUV die gemeinsamen Regeln betreffend Wettbewerb, Steuerfragen und Angleichung der Rechtsvorschriften geregelt. Das dortige 2. Kapitel regelt mit Art. 110 bis 113 AEUV steuerliche Vorschriften. Vor dem Hintergrund der europarechtlich garantierten Grundfreiheiten, namentlich

- des Diskriminierungsverbots aufgrund der Staatsangehörigkeit (Art. 18 AEUV),
- der Allgemeinen Freizügigkeit (Art. 21 AEUV),
- der Warenverkehrsfreizügigkeit (Art. 28 -29 AEUV),

- der Freizügigkeit der Arbeitnehmer (Art. 45 – 48 AEUV),
- der Niederlassungsfreiheit (Art. 49 – 55 AEUV),
- der Dienstleistungsfreiheit (Art. 56 – 62 AEUV) und
- der Kapitalverkehrsfreiheit (Art. 63 – 69 AEUV)

wird in Art. 110 bis 113 AEUV die Harmonisierung der Vorschriften über die indirekten Steuern geregelt. Im AEUV ist die Harmonisierung der direkten Steuern nicht ausdrücklich geregelt; sie wird aus Art. 114 bis 117 AEUV und den Vorschriften über die Errichtung und das Funktionieren des Gemeinsamen Marktes und das Verhindern von Wettbewerbsverfälschungen hergeleitet.[596]

Bei den indirekten Steuern ist hinsichtlich der Umsatzsteuer das Harmonisierungsbestreben am weitesten fortgeschritten. Bei Inkrafttreten des EGV 1958 waren in den 6 Mitgliedstaaten 4 verschiedene Umsatzsteuersysteme anzutreffen; heute gibt es in allen Mitgliedstaaten das Allphasen-Nettoumsatz-steuersystem mit Vorsteuerabzug.[597]

Bei den direkten Steuern werden laufend Richtlinien sowie Änderungen der Richtlinien verabschiedet, die in innerstattliches Recht umzusetzen sind. Insbesondere sind zu nennen:

- EG-Fusions-Richtlinie[598],
- EG-Mutter/Tochter-Richtlinie[599],
- EG-Schiedskonvention[600],
- EG-Zins- und Lizenzgebührenrichtlinie[601] und
- EG-Zinsertragsteuerrichtlinie[602].

Um einem Ausweichen von Steuerpflichtigen im Zusammenhang mit der Zinsertragsteuerrichtlinie in steuerlich besonders attraktive Gebiete au-

---

596 Mitteilung der Kommission vom 23.05.2001 an den Rat, das Europäische Parlament und den Wirtschafts- und Sozialausschuss betreffend Steuerpolitik der Europäischen Union - Prioritäten für die nächsten Jahre, KOM(2001) 260 endgültig.

597 Zur weiteren Strategie der EU siehe KOM(2003) 614 endgültig.

598 RL 90/434/EWG v. 23.07.1990 (ABl. EG Nr. L 225 S. 1), zuletzt geändert durch Richtlinie v. 17.02.2005 (ABl. EG Nr. L 58 S. 19).

599 RL 90/435/EWG v. 23.07.1990 (ABl. EG Nr. L 225 S. 6), zuletzt geändert durch Richtlinie v. 02.12.2003 (ABl. EG 2004 Nr. L 7 S. 41).

600 RL 90/436EWG v. 23.07.1990 (ABl. EG Nr. L 225 S. 19), zuletzt geändert durch Änderungsprotokoll v. 25.05.1999 (BGBl. II S. 1083).

601 RL 2003/49/EWG v. 03.06.2003 (ABl. EG Nr. L 157 S. 49), zuletzt geändert durch Richtlinie v. 26.04.2004 (ABl. EG 2004 Nr. L 168 S. 35). Diese Richtlinie wurde durch das EG-Amtshilfegesetz (BGBl. 2004 I, S. 3112; EG-Amtshilfe-Anpassungsgesetz v. 02.12.2004, BStBl. 2004 I, S. 1148) und der Einführung des § 50 g EStG sowie § 50 d EStG umgesetzt.

602 RL 2003/48/EWG v. 03.06.2003 (ABl. EG Nr. L 157 S. 38).

ßerhalb der EU zu begegnen, hat die EU es sich zum Ziel gesetzt, entsprechende bilaterale Abkommen mit den entsprechenden Staaten abzuschließen und am 24.06.2005 die „Green-Light-Note“ verabschiedet[603], welche die Anwendung der vereinbarten Maßnahmen in den Mitgliedstaaten[604], in fünf europäischen Drittländern (Andorra, Liechtenstein, Monaco, San Marino und Schweiz) bewirkt. Beispielsweise ist das diesbezügliche Abkommen zwischen der EU und der Schweiz am 01.07.2005 in Kraft getreten.[605]

e) Rechts-, Amts- und Beitreibungshilfe

Mit dem Ziel der Bekämpfung der internationalen Steuerflucht und Steuerumgehung einschließlich der künstlichen Gewinnverlagerung innerhalb von Konzernen hat der Rat die Richtlinie über die gegenseitige Amtshilfe im Bereich der direkten Steuern am 19.12.1977 erlassen.[606] Mittels Änderungs-Richtlinie vom 06.12.1979 wurde die gegenseitige Amtshilfe auch auf die Umsatzsteuer erweitert.[607]

Auskünften zum Zwecke der zutreffenden Festsetzung und Erhebung von Steuern werden nach § 1 Abs. 2 EGAHiG erteilt. Die Amtshilfe umfasst auch die Zustellung von Steuerverwaltungsakten, von behördlichen Entscheidungen sowie den Auskunftsaustausch bei der Durchführung gleichzeitiger Prüfungen eines oder mehrerer Steuerpflichtiger in zwei oder mehr Mitgliedstaaten. In dem „Merkblatt für die zwischenstaatliche Amtshilfe durch Auskunftsaustausch in Steuersachen“ sind die Einzelheiten für die Abwicklung des Auskunftsverkehrs festgehalten.[608]

---

603 Vgl. bspw. KOM(2004) 564 endgültig (Andorra); KOM(2004) 569 endgültig (Liechtenstein).

604 Sowohl die Niederlande hat in Bezug auf die Niederländischen Antillen als auch Großbritannien hinsichtlich der Kanalinseln, der Isle of Man sowie der Gebiete in der Karibik zugesichert, in diesen abhängigen und assoziierten Gebieten dafür Sorge zu tragen, dass die Besteuerung von Zinserträgen entsprechend der so genannten Zinsrichtlinie (EU-Zinsertragsteuerrichtlinie) harmonisiert wird.

605 Vgl. Bilaterales Abkommen II v. 26.10.2004, Schweizer Bundesblatt 2004, S. 5965 (ABl. EG 2004 L 385 S. 30).

606 Vgl. ABl. EG 1977 L 336 S. 15; siehe hierzu: EuGH, Urt. v. 13.04.2000, C-420/98, IStR 2000, S. 334 betreffend die Unterrichtung spanischer Finanzbehörden durch die niederländischen Finanzbehörden über Unterhaltszahlungen in die Schweiz.

607 Vgl. ABl. EG 1979 L 331 S. 8.

608 Vgl. BMF v. 25.01.2006, IV B1-S 1320-11/06, BStBl. 2006 I, S. 26.

Die EG-Beitreibungsrichtlinie vom 15.03.1976[609] soll die Mitgliedstaaten bei der Vollstreckung von Erstattungen, Interventionen, Abschöpfungen, Zöllen, Verbrauchsteuern und Umsatzsteuern unterstützen. Die Finanz- oder die Hauptzollämter sind nach § 2 Abs. 3 EGBeitrG Vollstreckungsbehörde, soweit es sich um das Beitreiben von Steuern vom Einkommen, Ertrag, Vermögen sowie Umsatzsteuerforderungen handelt. Einzelheiten sind dem „Merkblatt zur zwischenstaatlichen Amtshilfe bei Steuererhebung (Beitreibung)“ zu entnehmen.[610]

Aus der Sicht des BMF werden die deutschen Besteuerungsrechte derzeit nicht hinreichend sichergestellt. Die Erfolgsquote der Vollstreckung von deutschen Steuerforderungen liege nach den Erfahrungen des BMF innerhalb der EU bei durchschnittlich nur 1%, wohingegen die Erfolgsquote der deutschen Finanzbehörden bei der Beitreibung ausländischer Steuerforderungen bei fast 39% betrage.[611]

f) EU-Rechtswidrigkeit deutscher Normen

Bereits Zweifel an der EG-Konformität einer entscheidungserheblichen Norm ermöglichen in Verfahren vor Untergerichten die Vorlage der Fragestellung an den EuGH (Art. 267 Abs. 2 AEUV). Die Obergerichte, deren Entscheidungen nicht mehr angefochten werden können, sind gezwungen, bei derartigen Zweifeln die Fragestellung dem EuGH vorzulegen (Art. 267 Abs. 3 AEUV).

Anhand der jedes Jahr zu Jahresbeginn als Beilage zu der Zeitschrift „Der Betrieb“ veröffentlichten Auflistung der „EU-rechtlichen Vorgaben zur Neuordnung der direkten Steuern in Deutschland“[612], in der über 100 Normen des deutschen Steuerrechts als derzeit potentiell EU-rechtswidrig eingestuft werden, ist erkennbar, dass der Handlungsbedarf für den deutschen Fiskus erdrückend groß ist.

2) EFTA-, EWR- und sonstige multinationale Regelungen

Nach dem Beitritt von Dänemark und dem Vereinigten Königreich (1973), Portugal (1986) zur Europäischen Gemeinschaft und den damit

---

609 Diese EG-Richtlinie wurde in Deutschland umgesetzt durch das Gesetz zur Durchführung der EG-Beitreibungsrichtlinie (EG-Beitreibungsgesetz, EGBeitrG) vom 19.08.1979, vgl. BGBl. 1979 I, S. 1429 mit nachfolgenden Änderungen.

610 Vgl. BMF v. 19.01.2004, IV B4-S 1320-1/04, BStBl. 2004 I, S. 66.

611 Vgl. LEXinform aktuell Nr. 43/2006 vom 27.10.2006, S. 11 (Anhörung im Deutschen Bundestag zum SEStEG).

612 Vgl. Kessler, W./Spengel, Ch., DB, Beilage Nr. 1/2010.

einhergehenden Austritten aus der EFTA[613] umfasste diese nur noch sieben Staaten, nämlich Finnland, Österreich und Schweden sowie Island, Norwegen, Liechtenstein und Schweiz. Wegen der immer enger werdenden Kooperation zwischen den Ländern der EU und der EFTA und deren Teilnahme am Binnenmarkt wurde 1992 zwischen den Ländern der EFTA und der EU das Abkommen über den EWR ausgehandelt. Da bis auf die Schweiz[614] alle anderen EFTA-Staaten dieses Abkommen zum 01.01.1994. ratifizierten, musste das Abkommen wegen der Schweiz modifiziert werden. Letztendlich traten zum 01.01.1995 Finnland, Österreich und Schweden der EU bei und aus der EFTA aus, sodass gegenwärtig lediglich die EFTA-Länder Island, Norwegen und Liechtenstein auch Mitgliedsstaaten des EWR sind.

Die EU ist die mit Abstand wichtigste Partnerin der Schweiz – politisch, kulturell und wirtschaftlich. Die Länder der EU und die Schweiz haben gemeinsame Grundwerte wie Demokratie, Menschenrechte und Rechtsstaatlichkeit. Über zwei Drittel der Exporte der Schweiz gehen in den EU-Raum, rund vier Fünftel der Importe stammen von dort. Zwar hat der Schweizer Bundesrat am 26.05.1992 ein offizielles Beitrittsgesuch in Brüssel hinterlegt. Aber nach dem Volksentscheid vom 06.12.1992 und der am 04.03.2001[615] gescheiterten eidgenössische Volksinitiative „Ja zu Europa", die eine sofortige Aufnahme von Beitrittsverhandlungen durchzusetzen versuchte, wird ein EU-Beitritt sowohl seitens der Schweiz als auch seitens der EU nicht weiter verfolgt.

Derzeit ist die Schweiz weder Mitglied der EU noch Mitglied des EWR. Die Schweiz verfolgt deshalb ihre Interessen und regelt ihre Zusammenarbeit mit der EU auf dem „bilateralen Weg", d.h. durch Abkommen in

---

613 Die Europäische Freihandelsassoziation (engl. European Free Trade Association, EFTA) ist eine am 04.01.1960 in Stockholm (Schweden) gegründete Internationale Organisation. Das entsprechende Übereinkommen trat am 03.05.1960 in Kraft. Zielsetzung war die Förderung von Wachstum und Wohlstand ihrer Mitgliedstaaten und die Vertiefung des Handels und der wirtschaftlichen Zusammenarbeit zwischen den westeuropäischen Ländern wie auch der Welt insgesamt. Gleichzeitig sollte sie ein Gegengewicht zu den Europäischen Gemeinschaften und deren politischen Zielen bilden; vgl. http://www.seco.admin.ch/themen/00513/00515/00516/index.html?lang=de, abgerufen am 23.03.2010.

614 Die Bürger der Schweiz haben mit Bundesbeschluss (Volksentscheid) vom 06.12.1992 die Ratifizierung des EWR-Abkommens mit einem Abstimmungsergebnis von 49,7% (Ja) zu 50,3% (nein) bei einer Beteiligung von 78,7% abgelehnt; vgl. http://www.admin.ch/ch/d/pore/va/19921206/index.html, abgerufen am 23.03.2010.

615 Mit Bundesbeschluss vom 04.03.2001 hat das Schweizer Volk sich mit 23,2% (Ja) zu 76,8% (Nein) bei einer Beteiligung von 55,8% sehr deutlich gegen die Aufnahme von Beitrittsverhandlungen entschieden; vgl. http://www.admin.ch-/ch/d//pore/va/20010304/index.html, abgerufen am 23.03.2010.

klar umgrenzten Bereichen. Die für diese Arbeit relevanten bilateralen Vereinbarungen sind unter Tz. B. 6. b. im Einzelnen dargestellt. Der Schweiz wurde in den EWR-Gremien der EU Beobachterstatus zugebilligt, damit sie die Entwicklung des EU- und des EWR-Rechts verfolgen und entsprechende Normenanpassungsmaßnahmen ergreifen kann.

3) OECD-Musterabkommen

a) Grundlagen

Das internationale Steuerrecht ist ein relativ junges Rechtsgebiet, das erst Ende des 19. Jahrhunderts entstanden ist und mit dem Abschluss der ersten Doppelbesteuerungsabkommen zwischen Preußen und Sachsen sowie zwischen Österreich und Ungarn im Jahre 1869 seinen Anfang nahm.[616] Das älteste derzeit in Deutschland noch gültige Abkommen ist das Abkommen auf dem Gebiet der Erbschaftsteuer mit Griechenland v. 18.11.1910/01.12.1910.[617] Erstmals nach dem zweiten Weltkrieg gelang es der OECD[618] 1963 ein Musterdoppelbesteuerungsabkommen (OECD-MA) vorzulegen. Die 1977 vorgelegte überarbeitete Fassung des OECD-MA hat für die internationale Abkommenspraxis Leitfunktion.619 Zwischenzeitlich sind verschiedene Teilrevisionen ver-

---

616 Vgl. Morgenthaler, G., S. 293.

617 Vgl. BStBl. 1953 I, S. 377.

618 Die Organisation für wirtschaftliche Zusammenarbeit und Entwicklung (Organisation for Economic Cooperation and Development, OECD) ist eine Internationale Organisation mit Sitz in Paris. Nach den satzungsgemäßen Zielen hat die OECD zu einer optimalen Wirtschaftsentwicklung und einem steigenden Lebensstandard in ihren Mitgliedstaaten beizutragen, in ihren Mitgliedsländern und den Entwicklungsländern das Wirtschaftswachstum zu fördern und eine Ausweitung des Welthandels zu begünstigen. Die OECD ist keine supranationale Organisation, sondern hat eher den Charakter einer permanent tagenden Konferenz. Die Organisation ist strikt intergouvernemental verfasst, ihre Beschlüsse sind völkerrechtlich bindend, in den Mitgliedstaaten aber nicht unmittelbar anwendbar. An ihrer Spitze steht der Rat, der in relativ kurzen Abständen tagt und in dem alle Mitglieder mit ihrem ständigen Vertreter repräsentiert sind. In der Regel einmal pro Jahr tagt der Rat auf Ministerebene. Alle Entscheidungen und Empfehlungen bedürfen der Einstimmigkeit; jedoch besteht die Möglichkeit der Enthaltung; macht ein Land von dieser Möglichkeit Gebrauch, muss es die betreffende Empfehlung nicht anwenden. Die praktische Arbeit findet in Fachausschüssen und Arbeitsgruppen statt, in denen neben Regierungsvertretern auch unabhängige Experten vertreten sein können, die jedoch lediglich eine beratende Funktion einnehmen. Insgesamt sehen sich Sekretariat und Direktorate in erster Linie als Denkfabrik, die Probleme frühzeitig erkennt und Lösungsmöglichkeiten zur Diskussion stellt.

619 Neben dem OECD-MA existiert ein Vertragsmodell der Vereinten Nationen für DBA zwischen Industrie- und Entwicklungsländern sowie ein US-DBA-Modell.

abschiedet wurden. Zurzeit wendet der BMF die Version 2003 an.[620] Die OECD publiziert derzeit auf ihrer Homepage die am 15.07.2005 beschlossene neueste Version des Musterabkommens.[621] [622] Neben dem vorgenannten die Ertragsteuern betreffenden OECD-MA existiert ferner ein OECD-MA zur Vermeidung der Doppelbesteuerung von Nachlässen und Erbschaften.[623]

Ein DBA ist ein völkerrechtlicher Vertrag zwischen zwei Staaten. Das Wiener Übereinkommen über das Recht der Verträge (WÜRV) vom 23.05.1969[624] ist für derartige Verträge hinsichtlich des Abschlusses, der Anwendung und der Auslegung sowie der Einhaltung zu beachten.

Es sind ferner Versuche unternommen worden, multinationale DBA abzuschließen. Allerdings hat keines dieser multinationalen Abkommen Bedeutung für Deutschland.

620 Vgl. OECD-Musterabkommen 2003 zur Vermeidung der Doppelbesteuerung auf dem Gebiet der Steuern vom Einkommen und vom Vermögen (OECD-MA 2003) - Stand: Januar 2003, BMF v. 18.02.2004, IV B6-S 1315-8/04, BStBl. 2004 I, S. 286, sowie Anhang S. 301; http://www. bundesfinanzministerium.de/cln_02/nn_3792/DE/Aktuelles/BMF__Schreiben/1740.html, abgerufen am 23.03.2010.

621 Vgl. Model Tax Convention on Income and on Capital, consensed version - July 2005; vgl. http://www.oecd.org; http://www.oecdbookshop.org/oecd/display.asp?K=5L4RVBL6FCZV&lang=EN&plang=en&sort=sort_date%2Fd&stem=true&sf1=Title&st1=model+tax+convention+on+income+and+capital+2005&sf3=SubjectCode&st4=not+E4+or+E5+or+P5&sf4=SubVersionCode&ds=model+tax+convention+on+income+and+capital+2005%3B+All+Subjects%3B+&m=4&dc=12, abgerufen am 23.03.2010.

622 Die OECD hat bei der Neufassung des Musterabkommens am 28.01.2003 auch einen (Muster-) Kommentar gebilligt; vgl. BMF v. 18.02.2004, IV B6-1315-8/04, BStBl. 2004 I, S. 287.

623 OECD Musterabkommen Nachläse, Erbschaften und Schenkungen von 1982, vgl. Rehrmann, F./Fischer, S., Bd. II, S. 499.

624 Das Wiener Übereinkommen über das Recht der Verträge (WÜV) v. 23.05.1969 (auch: Wiener Vertragsrechtskonvention [WVK], engl. Vienna Convention on the Law of Treaties [VCLT]) regelt das Recht der Verträge zwischen Staaten. Damit ist es ein grundlegendes Gesetz im Völkerrecht (vgl. BGBl. 1985 II, S. 927).

b) Aufbau und Wirkungsweise

Das OECD-Musterabkommen[625] ist wie folgt aufgebaut:

I. Geltungsbereich (Art. 1-2),
II. Begriffsbestimmungen (Art. 3-5),
III. Besteuerung des Einkommens (Art. 6-21),
IV. Besteuerung des Vermögens (Art. 22),
V. Methoden zur Vermeidung der Doppelbesteuerung (Art. 23),
VI. Besondere Bestimmungen (Art. 24-29) und
VII. Schlussbestimmungen (Art. 30-31).

Das OECD-MA kennt zwei Methoden, um die Doppelbesteuerung zu verhindern oder zu mildern:

- Freistellung (mit Progressionsvorbehalt) und
- Anrechnung (der ausländischen Steuer).

Nach der Freistellungsmethode richtet sich die Steuerbelastung der ausländischen Einkünfte nach dem Quellenstaat. Dem Besteuerungsprinzip der Leistungsfähigkeit wird dadurch Rechnung getragen, dass der inländische Steuersatz unter Berücksichtigung der ausländischen Einkünfte ermittelt wird (Progressionsvorbehalt). Nach der Anrechnungsmethode wird die inländische Steuer auf die ausländischen Einkünfte ermittelt und die ausländische Steuer bis zur Höhe der inländischen Steuer angerechnet. Sollte die ausländische Steuer höher als die inländische sein, kann sie insoweit nicht angerechnet werden.

Mit der Anrechnungsmethode erreicht der Gesetzgeber die Kapitalexportneutralität, da das ausländische Besteuerungsniveau nicht zum Tragen kommt, sollte es niedriger als das inländische sein. Mit der Freistellungsmethode erreicht der Gesetzgeber die Kapitalimportneutralität, da der im Ausland agierende inländische Unternehmer durch die Freistellung im Inland mit seinen Konkurrenten im Ausland gleich gestellt wird.

Grundsätzlich regelt das DBA die Beseitigung einer möglichen Doppelbesteuerung. Mithin soll theoretisch-abstrakt verhindert werden, dass die aus einer Quelle stammenden Einkünfte zweimal der Besteuerung unterworfen werden. Da jeder Staat sein Besteuerungsrecht selbständig regelt, kann und darf für eine Freistellung in einem Staat es grundsätz-

---

625 Das von der Bundesrepublik Deutschland angewandte OECD-Musterabkommen ist im Anlagenteil unter laufender Nummer 1 beigefügt.

lich nicht Voraussetzung für die Anwendung eines DBA sein, dass der andere Staat diese Einkünfte auch tatsächlich besteuert.[626] Wenn nicht geprüft wird, ob im Quellenstaat auch tatsächlich eine Besteuerung durchgeführt wird, kann es zu so genannten „weißen Einkünften" kommen, d. h. Einkünften, die in keinem der beiden Vertragstaaten der Besteuerung unterliegen. Zur Verhinderung von weißen Einkünften wird in Übereinstimmung mit der Rechtsprechung[627] in den neueren DBA eine Rückfall- oder Subjekt-to-tax-Klausel berücksichtigt, nach der eine Freistellung im Inland nur erfolgen soll, wenn die Einkünfte im Ausland auch tatsächlich besteuert worden sind.[628]

Weiter findet sich in neueren DBA die so genannte Switch-over-Klausel[629]. Hierdurch hat ein Vertragstaat die Möglichkeit, wenn beispielsweise ein Besteuerungskonflikt nicht durch eine Verständigungsvereinbarung gelöst werden kann, durch einseitige Erklärung von der Freistellungs- zur Anrechnungsmethode zu wechseln.

Wenn die Wirkungen eines abgeschlossenen DBA durch spätere nationale Regelungen überlagert und damit faktisch aufgehoben werden, spricht man von „treaty override".[630] Beispielsweise § 50d Abs. 1 EStG stellt einen solchen Vorgang dar: Für beschränkt Steuerpflichtige ist

---

[626] Vgl. BFH, Urt. v. 19.05.1993, I R 64/92, BFH/NV 1994, S. 11; BFH, Urt. v. 14.07.1993, I R 71/92, BFHE 172, S. 422; BFH, Urt. v. 27.08.1997, I R 127/95, BFH/NV 1998, S. 379.

[627] Vgl. BFH, Urt. v. 05.02.1993, I R 158/90, BStBl. 1992 II, S. 660; Änderung der Rechtsprechung durch BFH, Urt. v. 17.12.2003, I R 14/02, BStBl. 2004 II, S. 562; EuGH, Urt. v. 06.12.2007, Rs. C-298/05 (Columbus Container Services BVBA & Co.), DStR 2007, S. 2308; BFH, Urt. v. 21.10.2009, I R 114/08, DStR 2010, S. 37.

[628] In diesem Zusammenhang wurde § 50d Abs. 8 EStG mit Wirkung ab dem Veranlagungszeitraum 2004 durch Gesetz vom 15.12.2003 (BGBl. I S. 2645) eingeführt. Hiernach ist die Freistellung der Einkünfte aus nichtselbständiger Arbeit von dem durch den Steuerpflichtigen geforderten Nachweis abhängig, dass diese Einkünfte im Quellenstaat besteuert wurden.

[629] Vgl. bspw. OFD Nürnberg v. 26.08.2004, S 1300 – 247/St 32; Art. 45 Abs. 1 DBA-Dänemark (BMF v. 21.02.2000, IV D3-S 1301 Dän-19/99, BStBl. 2000 I, S. 310); Nr. 18 des Schlussprotokolls DBA-Italien; Nr. 12 des Schlussprotokolls DBA-Mexiko.

[630] Der Begriff des „treaty override" oder „treaty overriding" stammt aus dem amerikanischen Steuerrecht und stellt eine Völkerrechtsverletzung durch eine Partei eines DBA dar, die dadurch begangen wird, dass sie nationale Regelungen erlässt, die zu einem bestehenden Abkommen im Widerspruch stehen. Die Verletzung des Völkerrechts führt nicht zwangsläufig zur Ungültigkeit der gegen ein Abkommen verstoßenden innerstaatlichen Norm. Die Verletzung einer völkerrechtlichen Verpflichtung gibt dem Vertragspartner das Recht, Sanktionen zu ergreifen. Art. 60 WÜRV benennt konkret die Möglichkeit, den Vertrag zu kündigen oder seine Anwendung zu suspendieren (vgl. Vogel, K./Lehner, M./Vogel, K, Einl. Rn. 193 ff.).

nach § 50d Abs. 1 EStG die Vorschrift des § 50a anzuwenden mit der Folge, dass ungeachtet der Tatsache, ob nach einem DBA Einkünfte in Deutschland steuerfrei sind oder nicht, nach § 50a EStG die Einbehaltung, Abführung und Anmeldung der Steuer durch den Vergütungsschuldner zu erfolgen hat.[631] Der Steuerpflichtige kann anschließend die Erstattung nach § 50d Abs. 1 EStG für bereits einbehaltene Beträge beziehungsweise die Freistellung nach § 50d Abs. 2 EStG für zukünftige Beträge beantragen.

c) Gegenüberstellung der Einkunftsarten

Zum Zwecke der Vergleichbarmachung werden nachfolgend die Regelungen des Deutschen Einkommensteuerrechts und des OECD-MA hinsichtlich der Einkunftsarten gegenüber gestellt:

---

631 Bisher hat der BFH in ständiger Rechtsprechung entschieden, dass die Regelung des § 50a EStG rechtmäßig sei; vgl. BFH, Urt. v. 21.05.1997, I R 79/96, BStBl. 1998 II, S. 113; BFH, Beschl. v. 28.11.2001, I B 169/00, BFH/NV 2002, S. 774. In seiner Begründung führt der BFH aus, man müsse scharfkantig zwischen dem völkerrechtlichen Vertrag (DBA) und dem Zustimmungsgesetz gem. Art. 59 Abs. 2 GG unterscheiden. Die Änderung des Zustimmungsgesetzes setze nicht die Kündigung des völkerrechtlichen Vertrages voraus und sei rechtmäßig und wirksam, wenn bei der Änderung des Zustimmungsgesetzes die im GG dafür vorgesehene Form beachtet worden sei.

EStG (§§)		OECD-MA (Art.)	
	Einkünfte aus		
13-14a	Land- und Forstwirtschaft	1	unbeweglichem Vermögen
15-17	Gewerbebetrieb	7	Unternehmensgewinne
18	Selbständige Arbeit	8	See-, Binnenschiff- und Luftfahrt
19	Nichtselbständige Arbeit	10	Dividenden
20	Kapitalvermögen	11	Zinsen
21	Vermietung- und Verpachtung	12	Lizenzgebühren
22, 23	Sonstige Einkünfte	13	Veräußerungsgewinne
		15	unselbständiger Arbeit
		16	Aufsichts- und Verwaltungsrat
		17	Künstler und Sportler
		18	Ruhegehälter
		19	Öffentlicher Dienst
		20	Studenten
		21	andere Einkünfte

Schaubild 10: Gegenüberstellung der Einkunftsarten nach deutschem EStG und nach OECD-MA

Die sieben Einkunftsarten des Deutschen Einkommensteuerrechts und die vierzehn Einkunftsarten des OECD-MA erscheinen im Wesentlichen deckungsgleich, auch wenn sie in unterschiedlicher Systematik und in unterschiedlicher Tiefe gegliedert sind. Die Zuordnung der OECD-Einkunftsarten zu den deutschen Einkunftsarten erfolgt anhand von weiteren Merkmalen, die bei den OECD-Einkünften gegeben sind.

d) Besonderheiten bei Personengesellschaften

Die Rechtsansichten einiger Staaten hinsichtlich der DBA-Berechtigung von Personengesellschaften sind unterschiedlich. Im OECD-MA findet sich hierfür keine eindeutige Regelung. Der OECD-Kommentar erwähnt lediglich die mit den Personengesellschaften zusammenhängenden Fragen.[632] Der Begriff einer Personengesellschaft ist unbestimmt[633] und hat

632 Vgl. OECD 1977 und 1992 Nr. 1 Ziffern 2-6; L`application du Monde de Convention fiscale de l`OCDE aux sociétés de personnes, OECD, Paris 1999; OECD 2000 Nr. 1 Ziffern 2-6, Nr. 4 Ziffer 8.4 und Nr. 23 Ziffer 32.1-32.7, 56.1-56.3 und 69.1-69.3.

633 Nach Auffassung der Schweiz und vieler anderer Staaten fallen Personengesellschaften unter die Definition der „Person“. Nach der deutschen Auffassung

in verschiedenen Staaten unterschiedliche Bedeutung.[634] Es gibt Staaten, in denen Personengesellschaften für Einkommen und Vermögen selbst besteuert werden. Die wohl meisten Staaten behandeln die Personengesellschaften als transparent, d.h. die Gesellschafter haben ihren Anteil am Gewinn und am Vermögen persönlich zu versteuern. Es gibt aber auch Staaten, in denen die Personengesellschaften zwischen beiden Besteuerungsmethoden wählen dürfen.[635] Dies kann in einigen Staaten zur Folge haben, dass der Gewinnanteil eines nichtansässigen Gesellschafters einer inländischen Personengesellschaft nicht besteuert wird. Die sich hieraus ergebenden Zurechnungskonflikte können gelöst werden, wenn der Quellenstaat nach Empfehlung von OECD 2000 Nr. 1 Ziffer 6.3 der Qualifikation des Ansässigkeitsstaats folgt.[636] Wird bei der Besteuerung nicht auf die Personengesellschaft, sondern auf jeden Gesellschafter abgestellt, so können, je nach Wohnsitz der Gesellschafter, unterschiedliche DBA auf das gleiche Einkommen oder Vermögen aus dem gleichen Quellenstaat anzuwenden sein.

e) Auslegungsmethode

Sind in einzelnen Abkommen besondere Auslegungsregeln enthalten, sind diese vor allgemeinen Auslegungsregeln anzuwenden. In den meisten von der Bundesrepublik Deutschland abgeschlossenen DBA ist eine dem Art. 3 Abs. 2 OECD-MA vergleichbare Auslegungsklausel, die den allgemeinen völkervertraglichen Auslegungsregeln vorgeht, enthalten. Hiernach ergibt sich folgende Reihenfolge der Abkommensauslegung:

- spezielle Begriffsdefinitionen des Abkommens,
- allgemeine Begriffsdefinitionen des Abkommens,
- Auslegung nach dem Sinnzusammenhang und
- Erläuterung nach dem innerstaatlichen Recht des Anwenderstaats.[637] [638]

---

sind Personengesellschaften aber nicht als „Person“ im Sinne des DBA D-CH anzusehen; daher fehlen sie in der Definition der „Person“ in DBA D-CH 3(1)d. Auch in englischsprachigen Ländern sind bereits Zweifel geäußert worden, ob Personengesellschaften (partnerships) unter den englischen Begriff „body of persons“ fallen. Der Ausdruck weicht ebenso von der französischen Fassung, die „groupements de personnes“ verwendet, ab, wie auch von der deutschen Fassung, in der der Begriff der Personenvereinigung verwendet wird (vgl. Locher, P., S. 205.)

634 In Deutschland werden die oben unter Lit. II.B.1-2 dargestellten Gesellschaften als Personengesellschaften angesehen; in der Schweiz werden die unten unter Lit. B.5.c.4) als Personengesellschaften eingestuft.

635 Vgl. Locher, P., S. 204, m. w. N.

636 Vgl. Vogel, K./Lehner, M./Vogel, K, Einl. Rn. 150 ff.).

637 Diese Auslegungsart erfolgt nach dem lex fori-Prinzip (lex fori, lat. für Recht bzw. Gesetz des Gerichts) bezeichnet eine der wesentlichen Rechtsanwen-

Sofern die speziellen und die allgemeinen Auslegungsregeln der Doppelbesteuerung nicht entgegenstehen, können subsidiär nicht völkerrechtliche Auslegungsregeln, wie beispielsweise Art. 31. ff. WÜRV in Betracht kommen.

Als weitere Hilfsmittel der Auslegung stehen neben den Abkommen selbst die zu dessen Bestandteil erklärten Protokolle und Briefwechsel zur Verfügung.

b. Bilaterale Vereinbarungen zwischen der EU und der Schweiz

Die vertraglichen Beziehungen zwischen der Schweiz und der EU haben sich seit dem Abschluss des Freihandelsabkommens von 1972 ständig entwickelt und in mehreren Etappen ausgeweitet. Die Schweiz und die EU haben 1999 nach mehrjährigen Verhandlungen sieben Abkommen abgeschlossen.[639] Diese „bilateralen“ Abkommen I, in erster Linie klassische Marktöffnungsverträge, wurden am 21.5.2000 vom Schweizer Volk angenommen.[640]

---

dungsregeln für das Internationale Privatrecht. Der Begriff "lex fori" bezeichnet im Internationalen Privatrecht das am Ort des angerufenen Gerichts geltende Recht. Es ist also dasjenige Recht, das am Gerichtsstand gilt. Dieses Recht ist insbesondere für Fragen des Prozessrechts maßgebend, daneben aber auch für einige sonstige Fragen des Internationalen Privatrechts (vgl. Palandt/Heldrich, A., Einl. v. EGBGB 3 (IPR), Rn. 27 ff.).

638 Nach dem lex-fori-Prinzip hat in steuerlichen Angelegenheiten die Auslegung zunächst nach dem Steuerrecht des Vertragsstaats zu erfolgen und erst dann, wenn sich hieraus keine Erkenntnis ableiten lassen, die Auslegung nach den Bestimmungen des sonstigen Rechts zu erfolgen (vgl. Vogel, K./Lehner. M./Vogel., K., Einl. Rn. 152).

639 Die bilateralen Abkommen zwischen der Schweiz und der EU von 1999 umfassen sieben spezifische Bereiche: Personenfreizügigkeit, technische Handelshemmnisse, öffentliches Beschaffungswesen, Luftverkehr, Landverkehr, Landwirtschaft sowie Forschung. Diese Beschränkung auf einige Sektoren stellt das eigentliche Kennzeichen dieses Vertragswerkes dar. Es wird daher auch oft von den «sektoriellen Abkommen Schweiz-EU» gesprochen (vgl. http://www.admin.ch/ch/d/eur/, abgerufen am 23.03.2010).

640 Die vollständigen Texte der sieben sektoriellen Abkommen sind ebenso erhältlich wie erläuternde Materialien zu den bilateralen Verträgen sowie weitere Informationen über die schweizerische Europapolitik bei dem Schweizer Integrationsbüro (vgl. http://www.europa.admin.ch/suchen/index.html?lang=de&keywords=sektorielle+abkommen&search_mode=AND&from_day=&from_month=&from_year=&to_day=&to_month=&to_year=&column=&dokumenttyp=&site_mode=intern#volltextsuche, abgerufen am 23.03.2010).

Das zweite Verhandlungspaket wurde 2004 abgeschlossen.[641] Die acht „bilateralen“ Abkommen II dehnen die Zusammenarbeit der Schweiz mit der EU über diverse neue wirtschaftliche Anliegen auf eine Reihe weiterer politischer Bereiche aus wie bspw. auf die Sicherheits- und Asylpolitik, die Umwelt, Statistik und Kultur. Gegen die Sicherheits- und Asylzusammenarbeit von Schengen/Dublin wurde das Referendum ergriffen. Das Abkommen wurde am 05.06. 2005 durch Bundesbeschluss angenommen. Im September des gleichen Jahrs entschied sich das Schweizer Volk auch für die Ausdehnung der Personenfreizügigkeit (Abkommen des Bilateralen I) auf die neuen EU-Staaten.

Die für steuerliche Zwecke dienenden Abkommen zwischen der Schweiz und der EU sowie zwischen der Schweiz und anderen Staaten werden in der jeweils gültigen Fassung auf der Homepage der Eidgenössische Steuerverwaltung (ESTV) bereitgestellt.[642]

Da die Schweiz nicht an der EU-Mutter-Tochter-RL und auch nicht an der EU Zins-/Lizenzgebühren-RL partizipiert, wurde ein Parallelabkommen, das EU-CH Zinsbesteuerungsabkommen abgeschlossen.[643] Hierdurch wurde die Besteuerung von Dividenden, Zinsen und Lizenzgebühren zwischen verbundenen Unternehmen im Quellenstaat weitgehend abgeschafft, sofern seit zwei Jahren eine unmittelbare Beteiligung von mindestens 25% besteht (Art. 15 des EU-CH Zinsbesteuerungsabkommen). Zugleich wurde ein „Memorandum of Understanding“ zum Zinsbesteuerungsabkommen zwischen der EU und der Schweiz abgeschlos-

---

641 Die Bilateralen II sind die Fortsetzung der bilateralen Abkommen I von 1999 und somit die Fortsetzung des bilateralen Wegs. Dieser wurde nach der Ablehnung des Beitritts der Schweiz zum Europäischen Wirtschaftraum (EWR) von 1992 eingeschlagen: Er besteht darin, einerseits konkret anstehende Interessen und Probleme in der Beziehung der Schweiz zur EU durch bilaterale, sektorspezifische Verhandlungen und Abkommen in pragmatischer Weise zu regeln, andererseits das bestehende Vertragswerk auszubauen und zu systematisieren, wo dies im gegenseitigen Interesse ist. Nach Abschluss der Bilateralen I war die EU-Kommission grundsätzlich skeptisch gegenüber neuen Verhandlungen mit der Schweiz. Dass sie trotzdem zur Eröffnung einer neuen Verhandlungsrunde bereit war, lag daran, dass die EU ihrerseits zwei wichtige Anliegen an die Schweiz hatte: Die Schweiz sollte erstens in das von der EU geplante System der grenzüberschreitenden Zinsbesteuerung eingebunden werden. Zweitens wollte Brüssel die Zusammenarbeit mit der Schweiz bei der Betrugsbekämpfung im Bereich der indirekten Steuern (namentlich gegen den Zigarettenschmuggel) intensivieren.

642 Siehe: http://www.europa.admin.ch/themen/00500/index.html, abgerufen am 23.03.2010.

643 Das Abkommen zwischen der Schweiz und der EU über die Zinsbesteuerung ist Bestandteil der Bilateralen II, die am 26.10.2004 in Luxemburg von der Schweiz und der EU unterzeichnet wurden. Das Abkommen trat am 01.07.2005 in Kraft.

sen. Hiernach akzeptierte die Schweiz dem Grunde nach eine erweiterte Amtshilfe für Holdinggesellschaften.[644] Diese Amthilfe muss aber noch bei den Revisionen der individuellen DBA auf bilateralem Weg mit jedem einzelnen EU-Staat einvernehmlich ausformuliert werden.

Hinsichtlich der indirekten Steuern, der Subventionen und des öffentlichen Beschaffungswesens hat die Schweiz mit der EU am 23.10.2008 das so genannte Betrugsbekämpfungsabkommen abgeschlossen und wendet es seit dem 8.4. 2009 an, wenn eine Wesentlichkeitsgrenze von Euro 25.000,00 überschritten ist und wenn eine doppelte Strafbarkeit sowohl in der Rechtsordnung des anfragenden Staats als auch in der Schweiz gegeben ist.[645] Der in der EU aufgekommenen Diskussion, das Betrugsbekämpfungsabkommen auch auf direkte Steuern auszudehnen, steht die Schweiz ablehnend gegenüber und verweist auf die mit jedem EU-Staat individuell zu führenden Verhandlungen über die Revision der Doppelbesteuerungsabkommen.[646]

c. Bilaterale Vereinbarungen zwischen Deutschland und der Schweiz

Eine Übersicht über den aktuellen Stand sämtlicher bilateraler Vereinbarungen in Form von Doppelbesteuerungsabkommen zwischen Deutschland und anderen Staaten wird zu Jahresbeginn vom BMF im Bundessteuerblatt veröffentlicht.[647] Das dort nachgewiesene DBA auf dem Gebiet der Steuern vom Einkommen und Vermögen zwischen Deutschland und der Schweiz wurde am 11.08.1971 abgeschlossen, ist seit dem 01.01.1972 anwendbar, wurde zwischenzeitlich mehrfach geändert und ist derzeit in der Fassung vom 12.03.2002 anzuwenden.[648] Das DBA auf dem Gebiet der Erbschaft- und Schenkungsteuern zwischen der

---

644 Vgl. Kreisschreiben Nr. 9 vom 22.06.2005 der Eidgenössischen Steuerverwaltung, Hauptabteilung direkte Bundessteuer, Verrechnungsteuer und Stempelabgaben, betreffend den Nachweis des geschäftsmäßig begründeten Aufwands bei Ausland-Ausland-Geschäften.

645 Vgl. Amtsblatt der EU vom 17.02.2009, L 46/35.

646 Vgl. Verlautbarung der EFD unter: http://www.efd.admin.ch/dokumentation/zahlen/00579/00611/00659/index.html?lang=de; abgerufen am 23.03.2010.

647 Vgl. BMF v. 12.01.2010, IV B2-S 1301/07/10017-01, BStBl. I, S. 35 (Stand der DBA).

648 Vgl. Gesetz zu dem Revisionsprotokoll vom 12.03.2002 zu dem Abkommen vom 11.08.1971 zwischen der Bundesrepublik Deutschland und der Schweizerischen Eidgenossenschaft zur Vermeidung der Doppelbesteuerung auf dem Gebiete der Steuern vom Einkommen und vom Vermögen (BGBl, 2003 II, S. 67; BStBl. 2003 I, S. 165).

Schweiz und Deutschland gilt seit dem 28.09.1980 unverändert in seiner Ursprungsfassung vom 30.11.1978.[649]

Die Schweiz ist insbesondere im Jahr 2009 im Zusammenhang mit der Finanzkrise und der in diesem Zusammenhang kritisierten Begünstigung von Steuerhinterziehung unter Druck geraten. Die Schweiz hatte es in der Vergangenheit immer abgelehnt, eine dem Art. 26 OECD-MA entsprechende Klausel (Amtshilfe bei Steuerhinterziehung[650]) in ihre Doppelbesteuerungsabkommen aufzunehmen. Hierdurch wurde die Schweiz auf die so genannte „graue Liste", die vom OECD-Sekretariat für die G-20 zusammengestellt wurde, gesetzt. Diesen Staaten drohte, dass Ausgangsrechnungen ihrer Unternehmen in den Adressatenländern nicht mehr als Betriebsausgaben anerkannt werden. Um von der so genannten "grauen Liste" gestrichen zu werden, müssen zwölf Abkommen mit dem OECD-Standard bei der Amtshilfe unterzeichnet werden. Aus dieser Situation ist die Schweiz im Begriff sich zu befreien, indem sie kurzfristig neue Doppelbesteuerungsabkommen abschließt, in denen die dem Art. 26 OECD-MA entsprechende Amtshilfeklausel enthalten ist.[651]

Nachdem die Schweiz im Juli 2009 zwölf Doppelbesteuerungsabkommen mit den Ländern Dänemark, Luxemburg, Norwegen, Frankreich, Mexiko, den USA, Japan, den Niederlanden, Polen, Großbritannien, Österreich und Finnland abgeschlossen oder paraphiert hat, wurden auch Verhandlungen über die Revision des Doppelbesteuerungsabkommens zwischen der Schweiz und der Bundesrepublik Deutschland am 08.09.2009 in Bern aufgenommen.

Grundsätzlich ist für die Rechtshilfe zwischen Deutschland und der Schweiz der zwischen beiden Staaten am 13.01.1969 abgeschlossene Zusatzvertrag[652] zu dem Europäischen Übereinkommen über die Rechtshilfe in Strafsachen vom 20.04.1959[653] maßgebend. Hiernach leis-

---

649 Vgl. Gesetz zu dem Abkommen vom 30.11.1978 zwischen der Bundesrepublik Deutschland und der Schweizerischen Eidgenossenschaft zur Vermeidung der Doppelbesteuerung auf dem Gebiet der Nachlass- und Erbschaftsteuern (BGBl. 1980 I, S. 594; BStBl. 1980 I, S. 243).

650 In dem Rechtssystem der Schweiz wird feinsinnig zwischen Steuerhinterziehung (Art. 175–177 DBG) und Steuerbetrug (Art. 186 DBG) unterschieden. Steuerbetrug ist nur dann gegeben, wenn über den Tatbestand einer Steuerhinterziehung hinausgehend gefälschte, verfälschte oder inhaltlich unwahre Urkunden verwendet werden (vgl. Hild, D./Hild, E., S. 205).

651 Die Gewährung von Schweizer Amtshilfe zur Durchsetzung des (deutschen) innerstaatlichen Rechts setzt nach derzeit gültigem DBD D-CH voraus, dass nach Schweizer Recht ein Betrugsdelikt gegeben sein muss (vgl. Art. 27 Abs. 1 lit. b) DBA D-CH).

652 In Kraft getreten am 01.01.1977, vgl. BGBl. 1976 II, S. 1799.

653 Vgl. BGBl. 1964 II, S. 1386.

tet die Schweiz dann Amthilfe, wenn nach schweizerischem Recht ein Fall des Steuerbetrugs vorliegt.

d. Schweizer Einkünfte nach dem DBA Deutschland-Schweiz

1) Grundlagen

Das Doppelbesteuerungsabkommen Deutschland-Schweiz entspricht den Grundzügen des OECD-MA. Allerdings beinhaltet das DBA D-CH auch eine Reihe von elementaren Abweichungen, sodass die für diese Arbeit wesentlichen Abweichungen nachfolgend dargestellt werden. Die aufgrund des durch die OECD aufgebauten Drucks auf die Schweiz (Stichwort: „graue Liste") im September 2009 aufgenommenen Revisionsverhandlungen werden dazu führen, dass vorhersehbar die Amtshilfeklausel zukünftig dem Art. 26 des OECD-MA entsprechen wird.[654] Alle anderen Artikel des DBA Deutschland-Schweiz sind durchaus auch weiter in der derzeitigen Version denkbar und daher Grundlage der weiteren Ausführungen.

2) Art. 4 DBA D-CH (Ansässige Person)

Art. 4 des DBA D-CH weicht deutlich von dem OECD-MA ab. Gilt im Falle einer Doppelansässigkeit eine in beiden Staaten steuerpflichtige Person nach der tie-breaker-rule des Abs. 2 als nur in der Schweiz ansässig, gewährt Art. 4 Abs. 3 über die so genannte „überdachende Besteuerung" Deutschland ein zusätzliches Besteuerungsrecht, wenn die Person in Deutschland eine Wohnstätte oder einen gewöhnlichen Aufenthalt von mindestens sechs Monaten hat.[655]

Art. 4 Abs. 4 regelt die Besonderheiten der erweitert beschränkten Steuerpflicht bei Wegzug einer natürlichen Person in die Schweiz, indem die

---

654 Der Bundesrat der Schweizer Eidgenossenschaft hat am 13.03.2009 beschlossen, die internationale Zusammenarbeit bei Fiskaldelikten zu verstärken und künftig bei der Amtshilfe in Steuersachen den Standard gem. Art. 26 des OECD-MA zu übernehmen. Darüber hinaus hat der Bundesrat am 29.05.2009 entschieden, die bei der Amtshilfe bereits beschlossene Ausdehnung der Zusammenarbeit auf Fälle von Steuerhinterziehung in einem zweiten Schritt auch bei der Rechtshilfe umzusetzen (vgl. http://www.parlament.ch/D/Suche/Seiten/geschaefte.aspx?gesch_id=20093384, abgerufen am 23.03.2010).

655 Diese Vorschrift stellt eine einseitige Begünstigung Deutschlands dar, da das nach Art. 4 Abs. 2 eingeschränkte Besteuerungsrecht Deutschlands im Rahmen des Art. 4 Abs. 3 wieder auflebt, vgl. Debatin, H./Wassermeyer, F./Hamminger, A., DBA D-CH, Art. 4, Rn. 100.

Schweiz als Ansässigkeitsstaat für diese Personen grundsätzlich zwar das unbeschränkte Besteuerungsrecht besitzt, aber aufgrund des Abs. 4 Deutschland im Jahr des Wegzugs und in den fünf Folgejahren die Besteuerungshoheit für die in Deutschland belegenen Einkunftsquellen überlässt. Diese Hoheit übt Deutschland über § 2 AStG aus. Gleichzeitig stellt die Schweiz durch Anwendung der Art. 6 bis 8, 13 bis 22 DBA-D-CH die der deutschen Besteuerung zugewiesenen Einkunftsquellen von der schweizerischen Steuerpflicht frei.[656]

Die Schweiz bietet zuziehenden Ausländern oder Schweizern, die länger als 10 Jahre im Ausland waren, eine besondere Besteuerungsform, die Besteuerung nach dem Aufwand (Pauschalbesteuerung)[657]. Personen, die in der Schweiz nach dem Aufwand besteuert werden, gelten aufgrund der Nichtansässigkeitsfiktion des Art. 4 Abs. 6 DBA D-CH nicht als in der Schweiz ansässig.[658] Damit entfallen für diese Personen grundsätzlich[659] sämtliche DBA-Schutzwirkungen.[660]

3) Art. 5 DBA D-CH (Betriebsstätte)

Wegen der zentralen Bedeutung des Begriffs der Betriebsstätte für das zwischen Deutschland und der Schweiz bestehende Rechtsverhältnis sind die Begriffe „Betriebsstätte“ von Art. 5 OECD-MA und von Art. 5 des DBA D-CH in Anlage 1 in Form einer Gegenüberstellung dargestellt.

Der Betriebsstättenbegriff des DBA D-CH ist zwar ein eigenständiger, knüpft jedoch an das innerstaatliche Recht an, welches für Deutschland in § 12 AO und für die Schweiz in Art. 4 Abs. 2 DBG[661] die Betriebsstätte individuell definiert. Die innerstaatlichen Definitionen des Begriffs „Betriebsstätte“ sind in Anlage 2 in Form einer weiteren Gegenüberstellung dargestellt.

---

656 Vgl. Debatin, H./Wassermeyer, F./Hamminger, A., DBA D-CH, Art. 4, Rn. 138.

657 Vgl. Art. 14 DBG und Art. 6 StHG.

658 Letztlich sind von Art. 4 Abs. 6 alle Fälle der pauschalen Aufwandsbesteuerung in der Schweiz betroffen (vgl. hierzu: Debatin, H./Wassermeyer, F./Hamminger, A., DBA D-CH, Art. 4, Rn. 185 ff.).

659 Ausnahmsweise kann auch die Methodenvariante „Modifizierte Besteuerung nach Aufwand“ gewählt werden. Hierbei werden die beispielsweise aus Deutschland stammenden Einkünfte der ordentlichen Schweizer Besteuerung zugeführt und gleichzeitig das DBA D-CH im Übrigen in vollem Umfang angewandt (vgl. Höhn, E./Waldburger, R., Band I, § 14 Rn. 172-178).

660 Beispielsweise eine Entlastung von ausländischen Quellensteuern oder Anwendung der übrigen Abkommensklauseln.

661 Art. 51 Abs. 2 DBG entspricht Art. 4 Abs. 2 DBG mit dem Unterschied, dass in Art. 4 Abs. mit den Worten „oder ein freier Beruf“ dieser Erwähnung findet, wohingegen Art. 51 Abs. 1 in seinem Regelungszusammenhang für juristische Personen stehend den „freien Beruf“ nicht erwähnt.

Vergleicht man die vier vorstehend dargestellten Begriffsdefinitionen, kommt man zu keinem wesentlichen Unterschied in der Begrifflichkeit und der Bedeutung. Auf die Nuancen der Abweichungen und der Unterschiede wird in der weiteren Arbeit noch näher einzugehen sein.

Generell und auch im Verhältnis zur Schweiz ist zunächst zu prüfen, ob die Einkünfte unter das Abkommen fallen und ob nach den Regeln dieses Abkommens eine Betriebsstätte vorliegt. Die Errichtung einer Betriebsstätte im Ausland führt grundsätzlich zu der Begründung der beschränkten Steuerpflicht der Gesellschafter der deutschen Personengesellschaft im Betriebsstättenstaat.[662] Die Bundesrepublik Deutschland stellt in der Abkommenspraxis grundsätzlich Gewinne aus ausländischen Betriebsstätten unter bestimmten Umständen[663] im Inland von der Besteuerung frei. Allerdings ist auf das (übrige) zu versteuernde Einkommen ein besonderer Steuersatz anzuwenden, der sich ergibt, wenn bei der Berechnung der Einkommensteuer das zu versteuernde Einkommen um die steuerfreien Einkünfte vermehr oder vermindert wird.[664]

Die Voraussetzungen zur Begründung einer Betriebsstätte richten sich zunächst nach nationalem Schweizer Recht (Art. 4 Abs. 2 DBG, Art. 4 Abs. 1 StHG). Hiernach gilt als Betriebsstätte jede feste Geschäftseinrichtung, in der die Geschäftstätigkeit eines Unternehmens oder eines freien Berufs ganz oder teilweise ausgeübt wird. Betriebsstätten sind insbesondere Zweigniederlassungen, Fabrikationsstätten, Werkstätten, Verkaufsstellen, ständige Vertretungen, Bergwerke und andere Stätten der Ausbeutung von Bodenschätzen sowie Bau- oder Montagestellen von mindestens zwölf Monaten Dauer[665] (Art. 4 Abs. 2 DBG). Nach Art. 5 Abs. 1 DBA D-CH ist für das Vorliegen einer Betriebsstätte lediglich eine feste Geschäftseinrichtung erforderlich, in der die Tätigkeit des Unternehmens ganz oder teilweise ausgeübt wird. Art. 5 Abs. 4 DBA D-CH stellt an die Begründung einer so genannten Vertreterbetriebsstätte geringere Anforderungen. In diesem Fall würde eine Betriebsstätte bereits begründet werden, wenn eine in der Schweiz agierende Person eine Vollmacht besitzt, im Namen des Unternehmens Verträge abzuschließen und diese Vollmacht in der Schweiz auch gewöhnlich ausübt.

---

662 Vgl. Krawitz, N./Hick, C., RIW 2002, S. 532.

663 Beispielsweise in ergänzenden Protokollen oder Notenwechseln aufgeführte Aktivitätsklauseln oder besondere Voraussetzungen nach dem AStG.

664 So genannter Progressionsvorbehalt, § 32b Abs. 1 Nr. 2 bis 5 EStG.

665 Die durch § 12 Satz 2 letzter Halbsatz AO normierte Dauer von mindestens sechs Monaten ist bei der Beurteilung des vorliegenden Falles wegen der Einschlägigkeit des Schweizer Rechts unbeachtlich.

4) Art. 7 DBA D-CH (Unternehmensgewinne)

Die Zuweisung der Besteuerungshoheit im Zusammenhang mit unternehmerischen Aktivitäten, die letztlich in einer Betriebsstätte erzielt werden, regelt im Verhältnis zwischen Deutschland und der Schweiz Art. 7 des DBA D-CH. Auch bei Art. 7 DBA D-CH werden die Unterschiede zum OECD-MA deutlich, wenn man beide Vorschriften synoptisch gegenübergestellt.

Die als Anlage 3 beigefügte Gegenüberstellung der Begriffe „Unternehmensgewinne“ von Art. 7 OECD-MA und von Art. 7 DBA D-CH macht deutlich, dass die Abs. 1 bis 5 des DBA D-CH mit wenigen Abweichungen dem OECD-MA entsprechen. Abs. 6 des OECD-MA entspricht Art. 6 des DBA D-CH wörtlich. Auch die Subsidiaritätsklausel des Abs. 7 OECD-MA findet sich wörtlich in Abs. 8 DBA-D-CH wieder. Die wesentliche Abweichung zwischen dem OECD-MA und dem DBA D-CH findet sich in Abs. 7 des DBA D-CH, da dieser Absatz keine Entsprechung im OECD-MA findet. Abs. 7 regelt die Anwendung des Art. 7 DBA D-CH auch auf Einkünfte aus Personengesellschaften und auf Vergütungen, die ein Gesellschafter von der Personengesellschaft erhält, wenn diese nach dem Recht des Vertragstaats den Einkünften aus der Betriebsstätte zugerechnet werden.

Insbesondere bei Personengesellschaften können bei der Anwendung von Doppelbesteuerungsabkommen generell besondere Qualifikationsprobleme bei zwischen der Gesellschaft und den Gesellschaftern gezahlten Vergütungen für besondere Leistungsbeziehungen (bspw. Zinsen, Dividenden, Tätigkeitsvergütungen, Mieten, Pachteinnahmen) auftreten. Während die Finanzverwaltung diese Einkünfte als gewerbliche Einkünfte qualifiziert,[666] geht der BFH mittlerweile davon aus, dass den spezielleren Regelungen der Doppelbesteuerungsabkommen Vorrang zu gewähren ist.[667]

Art. 7 des DBA D-CH ist insofern eine Spezialregelung, regelt die abkommensrechtliche Behandlung von Einkünften aus der Beteiligung an Personengesellschaften und geht als lex specialis Art. 8 des DBA D-CH vor. Art. 7 ist in dem OECD-MA ohne entsprechendes Vorbild und zollt dem speziell deutschen Konzept der Mitunternehmerschaft und den hiermit in Zusammenhang stehenden Einkünften Rechnung. Der dahinter stehende Rechtsgedanke findet sich auch an anderen Stellen im DBA D-CH wieder:

---

666 Vgl. BMF v. 24.12.1999, IV B 4 – S 1300-111/99, BStBl. 1999 I, S. 1076, geändert durch BMF v. 20.11.2000 sowie geändert durch BMF v. 25.08.2009, IV B 5 – S 1341/07/10004, Tz. 1.1.5. Betriebsstätten-Verwaltungsgrundsätze.

667 Vgl. BFH, Urt. v. 16.10.2002, I R 17/01, BStBl. 2003 II, S. 631.

- Beispielsweise werden nach Art. 10 (Dividenden) Abs. 5 Dividenden, die für eine Beteiligung gezahlt werden, die „tatsächlich zu dieser Betriebsstätte gehört“ von der Zuweisung der Art. 1 bis 3 ausgenommen und über den Verweis in Art. 10 Abs. 5 S. 2 der Zuweisung des Art. 7 unterstellt.
- Ferner wird in Art. 11 (Zinsen) Abs. 3 des DBA D-CH die Besteuerung von Zinsen für eine Forderung, die „tatsächlich zu dieser Betriebsstätte gehört“, dem Betriebsstättenstaat über den Verweis nach Art. 11 Abs. 3 S. 2 zugewiesen.
- Auch bei der Zuweisung des Besteuerungsrechts für Lizenzgebühren einer Betriebsstätte, die „tatsächlich zu dieser Betriebsstätte gehören“, wird mittels Art. 12 Abs. 3 S. 2 die Zuweisung der Besteuerung nach Art. 7 verwiesen.
- In Art. 14 Abs. 1 wird dem vorstehenden Rechtsgedanken entsprechend verfahren, auch wenn anstelle einer Betriebsstätte eine „feste Einrichtung“ gefordert wird und sachlogisch zutreffend der Verweis auf Art. 7 fehlt.

7. Prüfungsreihenfolge

In Fortführung der reichsgerichtlichen Rechtsprechung,[668] die sich für eine vorrangige Prüfung des nationalen Außensteuerrechts aussprach, geht auch der BFH davon aus, dass die Frage der inländischen Steuerpflicht in der Regel zuerst zu prüfen ist, dass sich die Anwendung von DBA erübrige, wenn bereits nach innerstaatlichem Recht feststeht, dass keine Steuerpflicht besteht.[669]

Dagegen spricht sich Debatin[670] aus rechtssystematischen Gründen dafür aus, zunächst DBA zu prüfen und begründet dies damit, dass die Abkommen lex specialis seien, aufgrund ihrer begrenzten Wirkung Schranken auf das innerstaatliche Recht legten und als „stärkere Norm“ zuerst zu prüfen sei.

In der Rechtspraxis ist keine vorrangige Prüfungsreihenfolge festzustellen, sondern die Einzelfallentscheidung anzutreffen, mit welchem Normenkomplex man beginnt.[671] Die Tatbestandsvoraussetzungen der DBA-Verteilungs-normen treten als zusätzliche Voraussetzung der Steuerpflicht neben das nationale Steuerrecht.[672]

---

668 Vgl. RFH v. 03.10.1935, III A 267/34, RStBl. S. 1935, S. 1399; Becker, E., StuW 1939 I, S. 745, S. 762.

669 Vgl. BFH, Urt. v. 12.10.1978, I R 69/75, BStBl. 1979 II, S. 64.

670 Vgl. Debatin/Wassermeyer, Systematik III, Rn. 52 f.

671 Vgl. Vogel, K./Lehner, M./Vogel, K., Einl., Rn. 90; Wassermeyer, F., StuW 1990, S. 404, 411.

672 Vgl. Vogel, K., IStR 2003, S. 523.

IV. Ertragsteuerliche Behandlung von Outbound-Investitionen in der Schweiz

A. Schweizer Besteuerungssystem

1. Grundlagen

Die Schweizer Eidgenossenschaft wurde in mehreren Verträgen (Bünden) begründet, die zwischen dem dreizehnten und dem sechzehnten Jahrhundert zwischen verschiedenen Gemeinwesen (Ort oder Stände, später Kantone genannt) verbindlich vereinbart wurden. Derartige Vereinbarungen bezogen sich zunächst auf die gegenseitige Hilfeleistung bei Angriffen und Aufständen, die Möglichkeit Streitigkeiten durch ein Schiedsgericht entscheiden zu lassen, gegenseitige Rechtshilfe und mitunter einheitliche Strafrechts- und Verfahrensbestimmungen.[673] Die frühestete noch erhaltene Vereinbarung geht auf Anfang August 1291 zurück.[674]

Der föderalen Staatsstruktur der Schweiz[675] entsprechend verfügen sowohl

- die Schweizerische Eidgenossenschaft (Bund) als auch
- die 26 Kantone sowie
- die rund 3.000 Gemeinden

jeweils über ein eigenes Besteuerungsrecht. Das gesamte schweizerische Bundesrecht wird in zwei parallel geführten Sammlungen dokumentiert, der Amtlichen Sammlung des Bundesrechts (AS) und der systematischen Sammlung des Bundesrechts (SR).[676] Um Kompetenzstreitigkeiten und Doppelbesteuerungen zu vermeiden und die Abgabenlast moderat zu halten, ist in der Schweiz die Steuerkompetenz in der Verfassung als „Finanzordnung" wie folgt geregelt:[677]

---

673 Vgl. Wittibschlager, M., S. 1.

674 Diese Vereinbarung wurde im Jahre 1291 von den Bevölkerungen der Täler von Uri, Schwyz und Unterwalden abgeschlossen. Der Text dieses Bundes wurde in lateinischer Sprache abgefasst und findet sich bei Lassere, D., S. 20 ff. und in deutscher Sprache bei Oechsli, W., S. 65 ff.

675 Vgl. Bundesblatt der Schweizerischen Eidgenossenschaft (BBl.) 1997 I, S.14 ff.

676 Seit 1998 ist die aktuelle Fassung der Sammlung des Bundesrechts über das Internet verfügbar (vgl. http://www.admin.ch/ch/d/sr/sr.html, abgerufen am 23.03.2010).

677 Die BV (Bundesverfassung der Schweizerischen Eidgenossenschaft vom 29.05.1874; SR 101) enthält 196 Artikel und ist in sechs Titel gegliedert. Der 3. Titel (Bunde, Kantone und Gemeinden) gliedert sich in die Untertitel „Verhältnis von Bund und Kantonen", „Zuständigkeiten" und den für die Finanzverfassung

Art. 126 Haushaltsführung,

Art. 127 Grundsätze der Besteuerung,

Art. 128 Direkte Steuern,

Art. 129 Steuerharmonisierung,

Art. 130 Mehrwertsteuer,

Art. 131 Besondere Verbrauchsteuern,

Art. 132 Stempelsteuer und Verrechnungsteuer,

Art. 133 Zölle,

Art. 134 Ausschluss kantonaler und kommunaler Besteuerung und

Art. 135 Finanzausgleich.

Hierauf aufbauend ist die Schweizer Einkommensteuer (als so genannte direkte Steuer im Sinne des Art. 128 der Bundesverfassung) hinsichtlich der Bundessteuer geregelt in dem DBG[678] und hinsichtlich der Besteuerung durch die Kantone und Gemeinden in dem StHG[679].

Die Steuerhoheit, d.h. die Berechtigung zur Erhebung von Steuern, wird für die Gemeinwesen aus den entsprechenden Verfassungs- und Gesetzesbestimmungen[680] wie folgt abgeleitet:

- Bund (direkte Bundessteuer, Art. 1 DBG).
- Kanton (§ 1 StG).
- Einwohnergemeinden (§ 152 StG).
- Landeskirchen (§ 154 StG).

Durch die Befugnis der Kantone, die Tarife, die Steuersätze und die Steuerfreibeträge selbst festzusetzen, ergibt sich eine gewisse Konkur-

---

einschlägigen und für diese Arbeit relevanten Untertitel „Finanzordnung" (Art. 126-135).

678 Bundesgesetz über die direkte Bundessteuer (DBG) SR 642.11, vom 14.12.1990 in der Fassung vom 19.12.2006.

679 Bundesgesetz über die Harmonisierung der direkten Steuern der Kantone und Gemeinden (StHG), SR 642.14, vom 14.12.1990 in der Fassung vom 12.12.2006.

680 Das schweizerische Steuerrecht kennt kein Mantelgesetz - wie die deutsche AO - und regelt daher Definitionen, das Steuerschuldrecht, das Steuerverfahrensrecht und das Steuerstrafrecht jeweils in den einzelnen Steuergesetzen des Bundes, der Kantone sowie der Gemeinden und erlaubt sich daher ständige Wiederholungen (bspw. ist die Definition der Steuerpflicht einer natürlichen Person mit einer Betriebsstätte auf kantonaler Ebene in Art. 4 StHG, gleichzeitig hinsichtlich derselben Steuerpflicht auf Bundesebene in Art. 4 DGB sowie dieselbe der Steuerpflicht für juristische Personen auf Bundesebene in Art. 51 DBG nahezu wortgleich geregelt).

renz zwischen den Kantonen. Bei der Festlegung der Steuersätze[681] und der Steuerfüße[682] hat der Bürger das letzte Wort.

Im Schweizer Steuerrecht wird zwischen den direkten Steuern (Steuern vom Einkommen und Vermögen) und den indirekten Steuern (Besitz- und Aufwandssteuern) unterschieden. Die Zuteilung der Steuerarten zu den Steuerhoheitsträgern lässt sich wie folgt darstellen:[683]

	Einkommen-, Vermögen, Gewinn und Kapitalsteuern			Verkehrsteuern		Besitzsteuern (B) Aufwandsteuern (A) Übrige Steuern (Ü)
	Allgemeine Steuern		Spezial-St	Rechts-verkehr-St	Wirtschafts-verkehr-St	
	Nat. Pers.	Jur. Pers.				
Bund	Einkommen-St	Gewinn-St	Quellen-St VerrechngSt Spielbanken-Abgabe	Stempelabgaben -Emission -Umsatz -Versiche-rungs-prämien Automobil-St	MehrwertSt Zölle Zollzuschläge Tabak-St Branntwein-St Mineralöl-St	Nationalstrassen-abgabe (A) Schwerverkehrs-abgabe (A)
Kantone	Einkommen-St Vermögen-St	Gewinn-St Kapital-St	Quellen-St Grundstück-gewinn-St Liegenschaft-St Minimal-St Auf Grundbesitz	Erbschaft- und Schen-kung-St Handände-rung-St Stempel-St		Motorfahrzeug-St (B) Hunde-St (B) Veranstaltung-St (Ü) Beherbergungs-St (Ü)
Gemeinde	Einkommen-St Vermögen-St	Gewinn-St Kapital-St	Quellen-St Grundstück-gewinn-St Liegenschaft-St Minimal-St auf Grundbesitz	Erbschaft- und Schen-kung-St Handände-rung-St		Hunde-St (B) Veranstaltung-St (Ü) Beherbergungs-St (Ü) Kurtaxe (Ü)

Schaubild 11: Schweizer Steuerarten und erhebungsberechtigte Körperschaften

681 Die Grund- und Einheitssätze sind die in den kantonalen Steuergesetzen enthaltenen Tarife, die den einfachen Kantons- und Gemeindesteuern entsprechen.

682 Mit dem so genannten „Steuerfuß" werden das Vielfache der einfachen Kantons- und Gemeindesteuern und damit die Höhe der Steuerbelastung festgelegt. Entsprechend der konkreten Bedürfnisse des Gemeinwesens (Kanton, Gemeinde, Kirche) werden die Steuerfüße jährlich festgelegt.

683 Vgl. Höhn, E./Waldburger, R., Bd. I, § 3 Rn. 7.

2. Steuersubjekt

Unbeschränkt steuerpflichtig sind natürliche Personen, wenn sie ihren steuerrechtlichen Wohnsitz oder Aufenthalt in der Schweiz haben. Ein steuerrechtlicher Wohnsitz wird dann als gegeben angesehen, wenn eine Person sich mit der Absicht des dauernden Verbleibens in der Schweiz aufhält. Ferner wird der steuerrechtliche Wohnsitz begründet, wenn eine Person (auch mit Unterbrechungen) mindestens 30 Tage im Jahr verweilt und eine Erwerbstätigkeit ausübt oder während mindestens 90 Tagen in der Schweiz verweilt, ohne eine Erwerbstätigkeit auszuüben.

Beschränkt steuerpflichtig sind natürliche Personen ohne steuerrechtlichen Wohnsitz oder Aufenthalt in der Schweiz, wenn sie in der Schweiz Betriebsstätten unterhalten oder Inhaber, Teilhaber oder Nutznießer von Geschäftsbetrieben sind.[684]

Eine Betriebsstätte liegt vor, wenn eine feste und auf Dauer angelegte Geschäftseinrichtung besteht, in welcher das Unternehmen seine Geschäftstätigkeit ganz oder teilweise ausübt. Insbesondere Fabrikationsstätten, ständige Vertretungen, Werkstätten oder Zweigniederlassungen sowie Bau- und Montagestellen von mindestens 12 Monaten Betriebsdauer gelten als Betriebsstätten. Ein schlichtes Warenlager ist keine Zweigniederlassung, gilt nicht als Betriebsstätte und führt an sich noch nicht zur Steuerpflicht in der Schweiz. Eine Zweigniederlassung einer ausländischen Kapital- oder einer ausländischen Personengesellschaft wird grundsätzlich als Betriebsstätte betrachtet. Die Steuerpflicht einer Betriebsstätte beschränkt sich auf die ihr zurechenbaren Gewinne und das ihr zurechenbare Kapital. Die Gewinnermittlung für Zwecke der Schweizer Besteuerung erfolgt nach den in der Schweiz geltenden Vorschriften.[685]

3. Steuerobjekt

Nach § 25 Steuergesetz (StG) unterliegen grundsätzlich alle wiederkehrenden und einmaligen Einkünfte der schweizerischen Einkommensteuer. Das StG selbst legt ausdrücklich steuerbefreite Einkünfte fest (§ 33 StG) oder unterstellt gewisse Einkünfte einer Spezialsteuer (z.B. Grundstückgewinnsteuer).

Die Generalklausel des Art. 16 DBG lautet wie folgt:

---

684 Die beschränkte Steuerpflicht und eine Aufzählung der Einkünfte finden sich in Art. 4 und 5 DBG.

685 Vgl. 2. Abschnitt des DBG (Berechnung des Reingewinns).

Abs. 1 Der Einkommensteuer unterliegen alle wiederkehrenden und einmaligen Einkünfte.
Abs. 2 Als Einkommen gelten auch Naturalbezüge jeder Art, insbesondere freie Verpflegung und Unterkunft sowie der Wert selbstverbrauchter Erzeugnisse und Waren des eigenen Betriebs; sie werden nach ihrem Marktwert bemessen.
Abs. 3 Die Kapitalgewinne aus der Veräußerung von Privatvermögen sind steuerfrei.

Die Generalklausel des Art. 7 StHG stellt zusätzlich klar:

Abs. 1 Der Einkommensteuer unterliegen alle wiederkehrenden und einmaligen Einkünfte, insbesondere solche aus unselbständiger und selbständiger Erwerbstätigkeit, aus Vermögensertrag, eingeschlossen die Eigennutzung von Grundstücken, aus Vorsorgeeinrichtungen sowie aus Leibrenten.

Das Schweizer Steuerrecht unterscheidet steuerbare und steuerfreie Einkunftskategorien.[686] Die steuerbaren Einkünfte werden in vier Kategorien unterteilt:

- Erwerbseinkommen (aus unselbständiger und selbständiger Erwerbstätigkeit),[687]
- Ertragseinkommen (aus beweglichem und unbeweglichem Vermögen),[688]
- Ersatzeinkommen (Erwerbsersatzeinkommen, Einkommen aus Vorsorge usw.)[689] und
- übriges Einkommen (alle anderen Einkünfte in bar und natura sowie die Nutzung der eigenen Liegenschaft und der private Verbrauch von Waren und Dienstleistungen aus dem eigenen Geschäft, z.B. auch Einkünfte aus Lotterien, § 32 StG).[690]

Die steuerfreien Einkünfte werden in drei Kategorien unterteilt:

- Vermögensanfall infolge Erbschaft, Vermächtnis, Schenkung und güterrechtliche Auseinandersetzung,[691]
- Vermögensanfall aus beweglichem privatem Kapitalvermögen[692] und
- übrige Tatbestände.[693]

---

686 Die Einkunftsarten im Sinne des deutschen EStG werden im Schweizer Steuerrecht „Kategorien" genannt.
687 Vgl. Art. 17 und 18 DBG; Art. 7 Abs. 1 und Art. 8 StHG.
688 Vgl. Art. 20 und 21 DBG; Art. 7 Abs. 1 StHG.
689 Vgl. Art. 22 DBG; Art. 7 Abs. 1ter StHG.
690 Vgl. Art. 23 DBG; Art. 7 Abs. 1 StHG.
691 Vgl. Art. 24 lit. a DBG; Art. 7 Abs. 4 lit c StHG.
692 Vgl. Art. 16 Abs. 3 DBG; Art. 7 Abs. 4 lit. b StHG.

Die Schweizer Einkommensbesteuerung wendet die Reinvermögenszugangstheorie an,[694] nach der das für die Besteuerung relevante Einkommen wie folgt zu verstehen ist: „Gesamtheit derjenigen Wirtschaftsgüter, welche einem Individuum während bestimmten Zeitabschnitten zufließen, und die es ohne Schmälerung seines Vermögens zur Befriedigung seiner persönlichen Bedürfnisse und für seine laufende Wirtschaft verwenden kann.“[695]

Hiernach sind sämtliche Einkommensbestandteile einerseits und alle Abzüge andererseits auszuweisen. Ein Wertzufluss kann erst dann als Einkommen besteuert werden, wenn er realisiert ist. Maßgebend ist der Erwerb eines festen Rechtsanspruches auf eine Leistung. Das Einkommen gilt erst dann als erzielt, wenn die Forderung auf die steuerbare Leistung entstanden ist.

4. Rechtsformen des Schweizer Gesellschaftsrechts

Nach dem Schweizer Gesellschaftsrecht sind 8 Gesellschaftsformen (3 Rechtsgemeinschaften und 5 Körperschaften) im Sinne eines Numerus clausus zulässig und lassen sich wie folgt darstellen.[696]

Rechtsformen

Rechtsgemeinschaften
- Einfache Gesellschaften
- Kommanditgesellschaften
- Kollektivgesellschaften

Körperschaften
- Aktiengesellschaften
- Kommanditaktiengesellschaften
- Gesellschaft mit beschränkter Haftung
- Genossenschaft
- Verein

Schaubild 12: Schweizer Gesellschaftsformen

693 Vgl. Art. 24 lit. b-i DBG; Art. 7 Abs. 4 lit. a, d-l StHG.
694 Vgl. Zweifel, M./Athanas, P./Reich, M., StHG-Kommentar, Art. 7 Rn. 8 m. w. N.
695 Entscheid des Bundesgerichts v. 23.12.1996, StE 1977 B 72.11. Nr. 5 E. 3 a.
696 Vgl. Meier-Hayoz, A./Forstmoser, P., § 3 Rn. 3; zum Numerus clausus der Gesellschaftsformen: §11 N 2 ff.

Die Einfache Gesellschaft kann nicht ins Handelsregister eingetragen werden. Sie kann sowohl wirtschaftliche als auch nichtwirtschaftliche Zwecke verfolgen und ist eine personenbezogene Rechtsgemeinschaft, deren Gesellschafter gesamtschuldnerisch haften. Diese Rechtsform ist subsidiär immer dann gegeben, wenn die gesellschaftsrechtlichen Voraussetzungen anderer Gesellschaften nicht erfüllt sind.

Die Kollektivgesellschaft ist ebenfalls eine personenbezogene Rechtsgemeinschaft, die unter ihrer in das Handelsregister einzutragenden Firma ein Gewerbe betreibt. Die Gesellschafter haften primär, unbeschränkt und solidarisch. Sollte eine juristische Person an einer Kollektivgesellschaft beteiligt sein, ändert sie ihre Rechtsform in die einer Einfachen Gesellschaft.

Die Schweizer Kommanditgesellschaft entspricht grundsätzlich der Deutschen. Komplementär kann nach Schweizer Recht allerdings nur eine natürliche Person sein. Die Rechtsform einer GmbH & Co. KG ist in der Schweiz unzulässig.

Da die Schweiz nicht Mitglied der EU ist, ist die Gründung einer Societas Europaea (SE) in der Schweiz nicht möglich. Alternativ können aber Nichtschweizerische Unternehmen Zweigniederlassungen in der Schweiz gründen. Die Zweigniederlassung ist ins Handelsregister einzutragen und muss nach Art. 70 Abs. 2 HRegV die gleiche Firma führen wie die Hauptniederlassung. Dieser Weg steht beispielsweise für die deutschen Rechtsformen Aktiengesellschaft, GmbH, GmbH & Co. KG, KG, OHG oder die Einzelfirma wie auch für andere Rechtsformen aus anderen Jurisdiktionen offen.

5. Besteuerung der Einkünfte von natürlichen Personen

Das steuerbare Einkommen wird für alle drei Besteuerungsebenen (Bund, Kantone, Gemeinden) gleichzeitig wie folgt ermittelt:

Steuerbare Bruttoeinkünfte
./. Gewinnungskosten[697]
./. Allgemeine Abzüge[698]
= Reineinkommen[699]
./. Sozialabzüge[700]
= Steuerbares Einkommen

Auf der Bundesebene sind die Einkommensteuer-Tarife progressiv ausgestaltet und sehen für nicht getrennt lebende Verheiratete sowie Einelternfamilien einen günstigeren Tarif (maximal 11,5% ab CHF 843.600)[701] vor, wie für die übrigen Steuerpflichtigen (maximal 11,5% ab CHF 712.500).[702] Auf Kantonsebene besteht das Steuermaß aus zwei Komponenten: Dem Steuersatz und dem (Kantons-)Steuerfuß, die durch Multiplikation die zu erhebende (Kantons-)Steuer ergeben. Auf der Gemeindeebene wird die kantonale Steuer mit einem (Gemeinde-) Steuerfuß[703] multipliziert und so die (Gemeinde-) Steuerbelastung hergestellt.

Die Schweizer Besteuerung von natürlichen Personen soll anhand des nachfolgenden Beispiels verdeutlicht werden:

---

697 Unter Gewinnungskosten sind sämtliche Kosten zu verstehen, die zur Erzielung der Einkünfte aufgewendet wurden (vgl. Art. 26 Abs. 1, Art 27 Abs. 1 und Art. 32 Abs. 2 DBG).

698 Allgemeine Abzüge sind beispielsweise bestimmte Versicherungsprämien, Schuldzinsen und Beiträge an die berufliche Vorsorge (vgl. Höhn, E./Waldburger, R., Bd. I, §14 Rn. 108 ff.).

699 Vgl. Art. 25 DBG; Art. 9 Abs. 1 StHG.

700 Unter Sozialabzügen sind bestimmte Aufwendungen für Kinder, Unterstützung bedürftiger Personen, etc. zu verstehen (vgl. Höhn, E./Waldburger, R., Bd I, §14 Rn. 139 ff.).

701 Vgl. Art. 214 DBG.

702 Vgl. Art. 36 Abs. 1 DBG.

703 Die Wirkung der in der Schweiz angewandten unterschiedlichen Steuerfüße ist meines Erachtens mit der Wirkung der deutschen Gewerbesteuerhebesätze vergleichbar.

Beispiel:	Steuerpflichtiger ohne Kind und ohne Konfession mit Einkommen von CHF 100.000. Tarifliche Steuersätze: Bund: 6%; Kanton: 5%. Steuerfüße: Kanton: 110%; Gemeinde: 130%.

Berechnung:	Steuer-maß:	Steuer-fuß:	Steuer-betrag:	Steuer-belastung:
Bund	6.000	0	6.000	6,00%
Kanton	5.000	1,10	5.500	5,50%
Gemeinde	5.000	1,30	6.500	6,50%
Gesamtbelastung			18.000	18,00%

Tabelle 1: Schweizer Steuerberechnung für ledige natürliche Personen

Der Wohnsitz begründet grundsätzlich das Hauptsteuerdomizil.[704] Die Belegenheit von Immobilien oder der Sitz von Gesellschaften, an denen Beteiligungen bestehen, sind grundsätzlich Nebensteuerdomizile, d. h. es besteht eine begrenzte (partielle) Steuerpflicht für das mit der wirtschaftlichen Zugehörigkeit zusammenhängende Einkommen und Vermögen.[705] Sollte ein Steuerpflichtiger in der Schweiz mehrere Steuerdomizile[706] haben, wird vor den Hintergrund des Verbots der interkantonalen Doppelbesteuerung eine so genannte Steuerausscheidung erforderlich, durch die Einkunftsquellen den Kantonen und Gemeinden zugeordnet werden.[707]

704 Vgl. Höhn, E./Waldburger, R., Bd. I, §13 Rn. 24.

705 Vgl. Höhn, E./Waldburger, R., Bd. I, §13 Rn. 28.

706 Beispielsweise können durch mehrere Immobilien mehrere Nebensteuerdomizile neben einem durch den Wohnsitz begründeten Hauptsteuerdomizil begründet werden.

707 Vgl. Althanas, P./Höhn, E./Jendly, U./et al., F., S. 252 ff.

6. Besteuerung der Einkünfte von juristischen Personen

Bemessungsgrundlage für die Gewinnsteuer juristischer Personen ist der Reingewinn (Art. 57, 58 DBG). Nach dem Maßgeblichkeitsgrundsatz erfolgt die Ermittlung des Reingewinns nach den Vorschriften des (schweizerischen) Handelsrechts. Sodann erfolgen Korrekturen aufgrund steuerrechtlicher Vorschriften.

Auf Bundesebene wird eine proportionale Steuer von Kapitalgesellschaften und Genossenschaften in Höhe von 8,5% auf den Reingewinn nach Steuern erhoben (Art. 68 DBG). Durch die steuerliche Abzugsfähigkeit[708] der Gewinnsteuer errechnet sich eine entsprechend niedrigere Effektivbelastung. Die übrigen juristischen Personen (bspw. Vereine, Stiftungen) werden mit einer proportionalen Steuer in Höhe von 4,25% (4,07% effektiv) veranlagt.

Kantone und Gemeinden erheben die Gewinnsteuer für juristische Personen ebenfalls auf den Reingewinn nach Steuern überwiegend mit proportionalen Steuersätzen, die zwischen nominal 1,85% und 11,0% liegen.[709] Rund 14 Kantone erheben eine so genannte Minimalsteuer, wenn sie die Gewinnsteuer übersteigt.[710] Einige Kantone erheben eine pauschale Mindeststeuer, die beispielsweise im Kanton Aargau CHF 500 für Kapitalgesellschaften, CHF 100 für Genossenschaften und CHF 5.000 für Konzernkoordinierungszentralen betragen.[711]

---

708 Bei der Berechnung des steuerbaren Reingewinns i. S. v. Art. 58 DBG sind alle eidgenössischen, kantonalen und kommunalen Steuern als geschäftsmäßig begründeter Aufwand zu berücksichtigen (vgl. Art. 59 Abs. 1 lit. a DBG und Art. 25 Abs. 1 lit. a StHG).

709 Vgl. Höhn, E./Waldburger, R., Bd. I, § 18 Rn. 114 ff.

710 Vgl. Höhn, E./Waldburger, R., Bd. I, §16 Rn. 9; die Anrechnung von Minimalsteuern auf die Gewinn- und Kapitalsteuern regelt Art. 27 Abs. 2 StHG.

711 Vgl. § 88 StG Aargau.

7. Besteuerung der Einkünfte von Personenunternehmen

Das Unternehmen als wirtschaftlich tätige Person ist in der Schweiz kein Rechts- oder Steuersubjekt.[712] Die Rechtsträger der Unternehmen sind Anknüpfungspunkt für die Besteuerung. Die juristischen Personen sind selbständige Steuersubjekte. Bei den Personenunternehmen werden in der Schweiz die hinter den Personengesellschaften stehenden natürlichen oder juristischen Personen als Steuersubjekte hinsichtlich der Ergebnisbesteuerung behandelt.[713]

Nach Schweizer Zivil- und Steuerrecht gelten als Personengesellschaften:[714]

- Einzelunternehmen (Einzelfirma),
- Einfache Gesellschaft,
- Personengesellschaften in der Rechtsform als
  - Kollektivgesellschaft oder als
  - Kommanditgesellschaft und
- Stille Gesellschaft.

Sofern eine natürliche Person ihre unternehmerische Tätigkeit im Rahmen einer Personenunternehmung ausübt, ist abzugrenzen, ob es sich um eine so genannte selbständige Erwerbstätigkeit handelt oder um übrige Einkünfte, da die Gewinnermittlungsmethode und die Steuerbelastung unterschiedlich sein können.[715] Den Inhabern der vorgenannten Gesellschaften sind gleichgestellt alle übrigen Selbständigerwerbenden (Träger freier Berufe).[716]

Hinsichtlich der indirekten Steuern werden Personengesellschaften als selbständige Steuersubjekte behandelt.[717] Hinsichtlich der direkten Steuern sind die Schweizerischen Personenunternehmen selbst grundsätzlich keine Steuersubjekte; sie gelten als transparent.[718] Die an den Personenunternehmen beteiligten Personen sind im Rahmen ihres Anteils

---

712 Vgl. Höhn, E./Waldburger, R., Bd. I, § 3 Rn. 9.

713 Hinsichtlich des Ergebnisanteils unterliegen natürliche Personen der Einkommensteuer und hinsichtlich des Kapitalanteils der Vermögensteuer (DBG 10, 18; StHG 7, 8, 13). Die juristischen Personen unterliegen hinsichtlich des Ergebnisanteils der Gewinnsteuer und hinsichtlich des Kapitalanteils der Kapitalsteuer (vgl. DBG 49 I a, 57; StHG 24, 29; Höhn, E./Waldburger, R., Bd. II, Rn. 10).

714 Vgl. Meier-Hayoz, A./Forstmoser, P., S. 39.

715 Vgl. Reich, DGB-Kommentar, Art. 18 Rn. 5.

716 Vgl. DBG 16; StHG 7, 8; Höhn, E./Waldburger, R., Bd. II § 45 Rn. 6.

717 Vgl. Höhn, E./Waldburger, R., Bd. II, § 46 Rn. 110 ff.

718 Vgl. Höhn, E./Waldburger, R., Bd. I, § 3 Rn. 105, 110; § 13 Rn. 20; § 14 Rn. 14, 72; § 16 Rn. 14 m. w. N.

am Ergebnis und am Kapital steuerpflichtig. Sofern die Beteiligten an einer Personengesellschaft

- natürliche Personen sind, unterliegen sie der Einkommen- und Vermögensteuer,
- juristische Personen sind, unterliegen sie der Gewinn- und Kapitalsteuer.

Abweichend von dem vorbeschriebenen Grundsatz der Transparenz werden ausländische Personengesellschaften, die in der Schweiz aufgrund wirtschaftlicher Zugehörigkeit steuerpflichtig sind, bei der direkten Bundessteuer als Steuersubjekte behandelt und entrichten die Steuern nach den Bestimmungen für die juristischen Personen (Art. 11 DBG). Der gesetzgeberische Verweis in Art. 11 DBG wird in der Schweizer Steuerliteratur[719] als unvollständig angesehen, weil nicht auf alle juristischen Personen derselbe Gewinnsteuertarif Anwendung findet. Es wird davon ausgegangen, dass der Satz für Kapitalgesellschaften und Genossenschaften (8,5%; Art. 68 DBG) und nicht jener für Vereine, Stiftungen und übrige juristische Personen (4,25%, Art. 71 DBG) gilt und diejenigen Bestimmungen der inländischen juristischen Personen anzuwenden sind, denen die ausländischen Personenunternehmen rechtlich oder tatsächlich am ähnlichsten erscheinen.[720] Dasselbe gilt auch für die Kantone und die Gemeinden, gleichwohl der Wortlaut von Art. 20 Abs. 2 StHG unklar und lückenhaft erscheint.

Die Einkünfteermitlung bleibt dem innerstaatlichen Recht der Schweiz vorbehalten und ist an dem persönlichen Status des Stammunternehmens auszurichten.[721] Die Gewinnermittlungsmethoden sind in der Schweiz für Personengesellschaften und Kapitalgesellschaften im Wesentlichen gleich.[722] Das Steuerobjekt ist der durch Erfolgsrechnung (doppelte Buchhaltung) unter Berücksichtigung von gesetzlich definierten Ertrag und Aufwand ermittelte Reingewinn (Art. 24 bis 26 StHG; Art. 57 bis 67 DBG; Art. 63 bis 70 StHG ZH). Die Besteuerung von Personengesellschaften und Kapitalgesellschaften nach Schweizer Steuerrecht kann wie folgt dargestellt werden:[723]

---

719 Vgl. Höhn, E./Waldburger, R., Bd. II, § 47 Rn. 2.
720 Vgl. Höhn, E./Waldburger, R., Bd. II, § 47 Fn. 2 m. w. N.
721 Vgl. Krawitz, N./Hick, C., RIW 2001, S. 749-750.
722 Vgl. Kubaile, H./Suter, R./Jakob, W., S. 87, 103
723 Vgl. Höhn, E/Waldburger, R., Bd. II, § 45 Rn. 15, Tabelle 45-1.

Steuersubjekt: / Steuerobjekt:	Personen-Unternehmung: Inhaber bzw. Gesellschafter	Kapitalunternehmung: Gesellschaft	Kapitalunternehmung: Anteilsinhaber (nat. Person)
Unternehmensgewinn	Eink-St / AHV evt. Grundstücks-Gewinn-St	Gewinn-St evt. Grundstücks-Gewinn-St	
Leistungsentgelte - Arbeitsentgelt - Zins	 Eink-St / AHV Eink-St	 AHV ½	 Eink-St / AHV ½ Eink-St
Gewinnausschüttung		Verrechnungs-St	Eink-St
Kapital	Vermögen-St (nicht im Bund) Liegenschaft-St	Kapital-St (nicht im Bund) Liegenschaft-St	
Beteiligungsvermögen			Vermögen-St (nicht im Bund)
Kapitaleinlagen		Emissionsabgabe (Freibetrag T-SFR 250)	
Schuldzinsen	evt. Verrechnung-St	evt. Verrechnung-St	
Umsätze	MWSt Umsatzabgabe Handänderung-St	MWSt Umsatzabgabe Handänderung-St	
Übertragung von Anteilen an unabhängige Dritte	Eink-St evt. Grundstückgewinn-St / AHV Erbschaft- und Schenkungsteuer		evt. Eink-St [724] evt. Grundstückgewinn-St / AHV Erbschaft- und Schenkungsteuer

Schaubild 13: Synalagmatische Gegenüberstellung der Schweizer Besteuerung von Personen- und Kapitalgesellschaften

724 Bei der Übertragung von Anteilen an einer Kapitalgesellschaft kann ausnahmsweise auch Einkommensteuer (inkl. Sozialabgaben) anfallen, wenn gewerbsmäßiger Wertschriftenhandel vorliegt (vgl. Höhn, E./Waldburger, R., Bd. II, § 43 Rn. 9 ff.) oder bei indirekter Teilliquidation (vgl. Höhn, E./Waldburger, R., Bd. II, § 39 Rn. 120).

8. Besteuerung des Vermögens und des Kapitals

Der Bund erhebt weder Vermögen- noch Kapitalsteuer. Die Kantone und Gemeinden erheben von natürlichen Personen zusammen mit der Einkommensteuer die allgemeine Vermögensteuer vom Reinvermögen und von juristischen Personen zusammen mit der Gewinnsteuer die allgemeine Kapitalsteuer vom Eigenkapital. Die Erhebung dieser Steuern ist in der Schweiz mittlerweile wegen der sich hinsichtlich des Vermögensertrags ergebenden Mehrfachbelastung stark umstritten.[725]

Steuerobjekt ist das Reinvermögen. Die Ermittlung für natürliche Personen lässt sich wie folgt darstellen:

	Vermögenswerte[726]
./.	Schulden
=	Reinvermögen[727]
./.	Steuerfreies Minimum
=	Steuerbares Vermögen

Bei Steuerpflichtigen mit mehreren Steuerdomizilen hat die oben beschriebene interkantonale Steuerausscheidung in das Hauptsteuerdomizil und die Nebensteuerdomizile durch Zuordnung des Steuerobjekts zu den involvierten Kantonen zu erfolgen. In den meisten Kantonen sind die Tarife für natürliche Personen progressiv ausgestaltet und betragen in der Spitze zwischen 0,2% und 0,5%. Nach Anwendung der jeweiligen Steuerfüße ergibt sich eine Belastung von rd. 0,7% bis 1,3% des steuerbaren Vermögens.

Die überwiegende Mehrzahl der Kantone tarifiert proportionale Steuersätze, die auf das steuerbare Eigenkapital angewendet werden (§ 82 StHG). Beispielsweise werden im Kanton Zürich 0,15% für Holding-, Domizil- und gemischte Gesellschaften sowie 0,75% für die sonstigen juristischen Personen erhoben. Bei der Berechnung der effektiven Vermögensteuerbelastung sind die Tarifsätze der jeweiligen Kantonal- beziehungsweise Gemeindesteuerfüße anzuwenden.

---

725 Vgl. Höhn, E./Waldburger, R., Bd. I, § 15 Rn. 4.

726 Die Vermögenswerte sind grundsätzlich zum Verkehrswert (Art. 14 Abs. 1 StHG) zu bewerten. Unter Verkehrswert ist der Wert zu verstehen, der normalerweise im gewöhnlichen Geschäftsverkehr erzielbar wäre (vgl. Walker, B. S. 76).

727 Vgl. Art. 13 Abs. 1 StHG.

9. Kirchensteuer

Für so genannte Kulturaufwendungen der Kirchen wird auf der Ebene der Kantone Kirchensteuer erhoben. Die Handhabungspraxis ist sehr unterschiedlich. Natürliche Personen können sich durch Austritt von der Kirchensteuer befreien. Juristische Personen haben zwar keine Religionszugehörigkeit, werden aber in der überwiegenden Zahl der Kantone zur Kirchensteuer herangezogen.[728]

Die Kirchensteuer berechnet sich als Prozentsatz der einfachen Steuern aufgrund der ordentlichen Tarife der Kantone und kann nach der kirchlichen Zugehörigkeit variieren. Beispielsweise im Kanton Zürich wurde 2005 Kirchensteuer in Höhe von 10% (evangelisch) und 14% (katholisch) der einfachen Steuer von natürlichen Personen erhoben. Für juristische Personen werden gemischte Steuersätze angewandt; im Beispielsfall des Jahres 2005 betrug er im Kanton Zürich 10,52%.

10. Schweizerische Sozialversicherung

a. Rechtsgrundlagen, Begriffsbestimmungen

Das soziale Sicherungssystem in der Schweiz ist in der Schweizerischen Bundesverfassung in Artikel 111 bis 113 geregelt. Dieses Sozialversicherungssystem basiert auf 3 Säulen und stellt sich wie folgt dar

- Staatliche Vorsorge,[729]
- Berufliche Vorsorge[730] und
- Private Vorsorge.

Die staatliche Vorsorge dient der Existenzsicherung, die berufliche Vorsorge der Fortsetzung der gewohnten Lebensführung und die private Vorsorge der individuellen Ergänzung entsprechend der persönlichen Bedürfnisstruktur.

---

728 Lediglich die Kantone AG, AR, BS, GE und SH verzichten auf die Erhebung von Kirchensteuern von juristischen Personen (vgl. Kubaile, H./Suter, R./Jakob, W., S. 42).

729 Geregelt in dem Bundesgesetz vom 20.12.1946 über die Alters- und Hinterlassenenversicherung (vgl. AHVG, SR 831.10) und der Verordnung vom 31.10.1947 über die Alters und Hinterlassenenversicherung (vgl. AHVV, SR 831.101-V).

730 Geregelt in dem Bundesgesetz vom 25.06.1982 über die Berufliche Alters- und Hinterlassenen- und Invalidenvorsorge (BVG).

b. Staatliche Vorsorge

Unter der staatlichen Vorsorge wird in der Schweiz die

- Alters- und Hinterlassenenversicherung (AHV),
- Invalidenversicherung (IV),
- Erwerbsausfallentschädigung (Erwerbersatzordnung, EO),
- der Erwerbersatz für Militär-, Schutz- oder Zivildienstleistende und bei Mutterschaft (EE),
- die Ergänzungsleistungen zur AHV/IV (EL),
- Militärversicherung (MV),
- Arbeitslosenversicherung (ALV),
- Krankenversicherung (KV) sowie
- die Familienzulagen (FamZ)

verstanden und im Nachfolgenden zusammenfassend als AHV bezeichnet. Die für Zwecke dieser Arbeit relevanten Regelungen finden sich im Bundesgesetz über die Alters- und Hinterlassenenversicherung vom 20.12.1946 in der heute gültigen Fassung, welches die Pflichtversicherung für alle Arbeitnehmer und für alle selbstständig Erwerbenden regelt. Die staatliche Vorsorge wird zwar grundsätzlich nach dem Umlageverfahren finanziert, d. h. die Zahlungen an die Berechtigen werden durch die laufenden Beiträge der versicherungspflichtigen Personen erbracht, jedoch wird aus Sicherheitsgründen derzeit ein gesetzlich nicht vorgeschriebener Kapitalstock unterhalten.

Für alle Erwerbstätigen beginnt die Beitragspflicht grundsätzlich mit Ablauf des Kalenderjahres, in welchem sie das 20. Altersjahr vollendet haben (Art. 29bis Abs. 1 AHVG). Da alle Versicherten so lange beitragspflichtig sind, wie sie einer Erwerbstätigkeit nachgehen, endet die Beitragspflicht grundsätzlich mit dem Tod oder der Einstellung der Erwerbstätigkeit (Art. 3 Abs. 1 Satz 1 AHVG). Der Anspruch auf Altersrente entsteht am ersten Tag des Monats, welcher auf die Vollendung des 64. Altersjahres bei Frauen und des 65. Altersjahres bei Männern folgt (Art. 21 AHVG).

Für die Arbeitnehmer werden Beiträge in Prozent der Lohnsumme auf sämtliche Entgelte, jeweils hälftig beim Arbeitgeber und beim Arbeitnehmer wie folgt erhoben (in v. H.):

Versicherungsart	Arbeitgeberbeitrag	Arbeitnehmerbeitrag	Summe
AHV	4,20	4,20	8,40
IV	0,70	0,70	1,40
EO	0,15	0,15	0,30
Gesamt	5,05	5,05	10,10

Tabelle 2: Schweizer AHV-Beiträge für Arbeitnehmer

Bei den so genannten Selbständigerwerbenden[731] werden die Beiträge gestaffelt nach dem Einkommen erhoben. Bei einem Einkommen bis unter CHF 54.800 werden Beitragssätze von 5,116% bis 9,013% erhoben (Art. 8 AHVG). Ab einem Einkommen von CHF 54.800 werden 9,5% erhoben, hiervon 7,8% für AHV, 1,4% für IV und 0,3% für EO.[732] Zusätzlich wird von der zuständigen Ausgleichskasse ein Verwaltungskostenbeitrag von 3% der Beiträge erhoben. Einschließlich des Verwaltungskostenbeitrags ergibt sich ein Beitragssatz von 10,403% für Arbeitnehmer und von 9,785% für Selbständigerwerbende.[733]

Die schweizerische AHV kennt keine Beitragsbemessungsgrenzen, wie sie bei der Deutschen Sozialversicherung üblich sind, d. h. die schweizerische AHV wird unlimitiert auf Einkommen aus selbständiger Erwerbstätigkeit erhoben, selbst wenn es sich im mehrfachen Millionenbereich bewegt (Art. 9 AHVG). Leistungen an die AHV sind bei der leistenden Person steuerlich abzugsfähig (Art. 33 Abs. 1 lit. d DBG; Art. 9 Abs. 1 lit. d

731 Die Schweizer Gesetze definieren den Begriff der selbständigen Erwerbstätigkeit nicht (vgl. Art. 18 DBG, Art. 8 StHG). Unter selbständiger Erwerbstätigkeit wird jede Tätigkeit verstanden, die auf eigenes Risiko, mit der Absicht der Gewinnerzielung sowie unter Teilnahme am allgemeinen wirtschaftlichen Verkehr erfolgt (vgl. Höhn, E./Waldburger, R., Steuerrecht, Bd. I, § 14 Rn. 36 ff.) Nach dem von der Informationsstelle AHV/IV in Zusammenarbeit mit dem Bundesamt für Sozialversicherungen herausgegebenen und dort zu beziehendem Merkblatt (2.02/d) treten Selbständigerwerbende nach außen mit einem Firmennamen auf, tragen ihr eigenes wirtschaftliches Risiko, können ihre Betriebsorganisation frei wählen und sind für mehrere Auftraggeber tätig. Wer andere Personen beschäftigt, gilt als selbständigerwerbend (vgl. www.ahv-iv.info, Merkblatt 2.02/d, Tz. 2, letzter Satz, abgerufen am 23.03.2010).

732 Für Beträge von weniger als SFR 54.800 gelten gestaffelte niedrigere Prozentsätze (vgl. Art. 8 AHVG, Art. 21 AHVV).

733 Berechnung: Beitragssatz x (1 + 0,03).

StHG) und bei Bezug von der empfangenden Person ohne Einschränkung[734] als Einkommen zu versteuern (Art. 22 Abs. 1 DBG).
Ausländer sowie ihre Hinterlassenen ohne Schweizer Bürgerrecht sind grundsätzlich nur rentenberechtigt, solange sie ihren Wohnsitz oder gewöhnlichen Aufenthalt in der Schweiz haben (Art. 18 Abs. 2 AHVG). EU-Bürger sind aufgrund des zwischen der Schweizer Eidgenossenschaft und der Europäischen Gemeinschaft und ihren Mitgliedstaaten abgeschlossenen Freizügigkeitsabkommens von der vorstehenden Regelung ausgenommen und werden den Schweizer Bürgern entsprechend gleich behandelt.[735]

Bei einer vollständigen Beitragsdauer zwischen dem vollendeten 20. und dem vollendeten 64. bei Lebensjahr bei Männern (Art. 29ter AHVG) und der lückenlosen Belegung mit in der amtlichen Rentenskala 44[736] so genannten „Maßgebendes durchschnittliches Jahreseinkommen" von im Jahre 2009 CHF 82.080 und mehr entsprechenden Beitragszahlungen kann eine Höchstrente von CHF 2.280[737] erworben werden. Bei Ehepaaren ist die Summe der beiden Renten auf 150% des Höchstbetrags der Altersrente begrenzt (Art. 35 Abs. 1 AHVG).

c. Berufliche Vorsorge

Die Regelungen der so genannten zweiten Säule des schweizerischen Sozialversicherungssystems sind im Bundesgesetz über die berufliche Alters-, Hinterlassenen- und Invalidenversicherung geregelt. Diese Versicherung ist für Arbeitnehmer unter bestimmten Voraussetzungen[738] obligatorisch. Selbständigerwerbende können sich nach Art. 4 Abs. 1 BVG freiwillig versichern lassen. Die Finanzierung der beruflichen Vorsorge erfolgt durch das Kapitaldeckungsverfahren, d.h. die versicherten Personen zahlen ihre anzulegenden Beiträge in die jeweils zuständigen Kassen ein. Die Besteuerung der Beruflichen Vorsorge ist ebenfalls im BVG geregelt. Danach ist die Finanzierung, d.h. die Einzahlung durch Bund,

---

734 Vgl. Höhn, E./Waldburger, R., Steuerrecht, Bd. I, § 14 Rn. 102.

735 Vgl. Freizügigkeitsabkommen zwischen der Schweiz und der Europäischen Gemeinschaft und ihren Mitgliedstaaten vom 21.06.1999, in Kraft getreten am 01.06.2002, SR 0.142.112.681, AS 2002, 1527; VO (EWG) Nr. 1408/71 vom 14.06.1971, ABl. Nr. L. 149.

736 Vgl. Amtliche Rentenskala 44-2009, Anhang 4.

737 Stand: 01.01.2009; vgl. Merkblatt 1.2009/d, www.ahv-iv.info, abgerufen am 23.03.2010.

738 Arbeitnehmer sind für die Risiken Tod und Invalidität pflichtversichert, wenn sie das 17. Altersjahr überschritten haben. Ferner sind Arbeitnehmer ab 1. Januar nach Vollendung des 25. Altersjahres auch für das Alter versichert, wenn sie einen Mindestlohn von SFR 18.990 beziehen (vgl. Art. 2 Abs. 1 BGV). Versichert wird der so genannte „koordinierten Lohn" grundsätzlich in einer Bandbreite von CHF 22.155 bis CHF 75.960 p. a. (vgl. Art. 8 Abs. 1 BGV).

Kantone und Gemeinden weitgehend steuerfrei zu stellen. Laufende Beiträge der Versicherten und der Arbeitgeber sind vom Einkommen und vom Gewinn abziehbar (vgl. Art. 81 BVG). Die einmaligen Beiträge („Einkaufssummen") sind zwar grundsätzlich ebenfalls abzugsfähig; sie sind jedoch in Abhängigkeit vom Alter der Versicherten in ihrer Höhe beschränkt (vgl. Art. 79a BVG). Die späteren Leistungen aus der Vorsorgeeinrichtung sind als Einkommen steuerpflichtig (vgl. Art. 83, 98 Abs. 4 BVG).

Die von dem Bundesamt für Sozialversicherungen publizierten Beitragssätze[739] der beruflichen Vorsorge in 2009[740] stellen sich wie folgt dar:

Laufende Beiträge zugunsten der Arbeitnehmer		Beiträge der Selbständigerwerbenden
Arbeitnehmer	Arbeitgeber	
4.00% - 13.00%	4.00% - 14.00% und mehr	Freiwillig

Das Bundesamt für Sozialversicherungen veröffentlicht laufend alle wesentlichen die Versicherten interessierenden Informationen bezüglich der staatlichen und der beruflichen Vorsorge im Internet.[741]

d. Private Vorsorge

Hinsichtlich der privaten Vorsorge sind die Arbeitnehmer und die Selbständigerwerbenden in der Schweiz in ihrer Entscheidungsfindung völlig frei und unterliegen keiner staatlichen Reglementierung. Gleichwohl wird die private Vorsorge entsprechend einer gesetzlichen Vorgabe durch steuerliche Anreize gefördert.[742]

e. Gleichbehandlung

Art. 153a AHVG regelt unter Bezugnahme auf das Freizügigkeitsabkommen zwischen der Schweiz und der Europäischen Union die Gleich-

739 Die konkreten Beiträge hängen von der Höhe des Einkommens ab.
740 Vgl. http://www.bsv.admin.ch/dokumentation/medieninformationen/index.html?lang=de, abgerufen am 23.03.2010.
741 Vgl. Höhn, E./Waldburger, R., Bd. I, § 14 Rn. 101.
742 Vgl. Höhn, E./Waldburger, R., Bd. II, § 52 Rn. 13.

stellung der EU-Bürger mit den Schweizer Staatsangehörigen.[743] Auch Art. 89b BVG ordnet an, dass alle Personen, die in der Schweiz oder im Gebiet eines Mitgliedstaates der Europäischen Gemeinschaft wohnen, die gleichen Rechte und Pflichten wie Schweizer Staatsangehörige haben. Der Anspruch an Leistungen aus der staatlichen oder der beruflichen Vorsorge steht demnach allen EU-Bürgern und allen Schweizer Staatsangehörigen in gleicher Weise zu.

f. Rentenanspruch

Der maximal mögliche monatliche Rentenanspruch beträgt CHF 2.280 (rd. Euro 1.528)[744] und entsteht, wenn über die vollständige Beitragsdauer von 44 Beitragsjahren[745] jeweils einem derzeitigen Einkommen von mindestens CHF 82.080 entsprechende Beiträge entrichtet worden sind. Bezogen auf lediglich ein mit einem solchen Mindestbeitrag belegtes Beitragsjahr entsteht ein Rentenanspruch mit rd. CHF 52 (rd. Euro 35) monatlich.[746] Da die AHV keine Beitragsbemessungsgrenze kennt, also (Betriebsstätten-) Gewinne von CHF 1 Mio. oder mehr unbegrenzt mit 9,785% belasten werden, gleichzeitig die maximal denkbare Höhe eines erwerbbaren monatlichen Rentenanspruchs mit Euro 35 limitiert ist, wird eine kalkulatorische Berücksichtigung dieses Anspruchs bei der weiteren Untersuchung vernachlässigt.

11. Besteuerung nach dem Aufwand

Eine schweizerische Spezialität ist die Besteuerung nach dem Aufwand (Art. 14 DBG; Art. 6 StHG). Bei dieser Steuer handelt es sich nach in der schweizerischen Literatur herrschenden Meinung[747] nicht um eine besondere Steuer, sondern um eine besondere Art der Erhebung der üblichen Einkommen- und Vermögensteuer. Bemessungsgrundlage für die Besteuerung nach dem Aufwand sind die in der Schweiz anfallenden Lebenshaltungskosten des Steuerpflichtigen für sich und für die von ihm unterhaltenen, in der Schweiz lebenden Personen. Sollte dieser Lebensaufwand niedriger sein als die Einkünfte aus schweizerischen Quellen und die Einkünfte, für die aufgrund von DBA Entlastung von ausländischen Steuern beansprucht wird (Art. 14 Abs. 3 DBG; Art. 6 Abs. 3

---

743 Vgl. Freizügigkeitsabkommen zwischen der Schweiz und der Europäischen Gemeinschaft und ihren Mitgliedstaaten vom 21.06.1999, in Kraft getreten am 01.06.2002, SR 0.142.112.681, AS 2002, 1527; VO (EWG) Nr. 1408/71 vom 14.06.1971, ABl. Nr. L. 149.

744 Umrechnungskurs zum 31.12.2009 mit rd. 100 CHF = 67 Euro.

745 Zeit der Beitragspflicht zwischen der Vollendung des 20. bis zur Vollendung des 64. Lebensjahres bei Männern.

746 Berechnung: CHF 2.280 x 1/44.

747 Vgl. Höhn, E./Waldburger, R., Bd. I, § 14 Rn. 172.

StHG), stellt sich diese Steuer materiell als Einkommensteuer, beschränkt auf die schweizerischen Quellen, dar. Aufgrund der Schwierigkeit, die tatsächlichen Lebenshaltungskosten zu ermitteln und zu überprüfen, wird aus Vereinfachungsgründen als pauschal ermittelter Wert das Fünffache des Mietzinses bzw. Mietwerts der selbstgenutzten Wohnung bzw. des selbstgenutzten Hauses angesetzt. Der Ansatz dieser Hilfsgröße basiert auf der Annahme, dass die Aufwendungen für die Unterkunft sich auf rund 20 v. H. der gesamten Lebenshaltungskosten belaufen.[748]

Dogmatisch begründet die Schweiz diese Besteuerungsform damit, dass bei einer bestimmten Kategorie von Steuerpflichtigen die Ermittlung und Überprüfung der weltweit erzielten Einkünfte nicht ohne weiteres mit einem verhältnismäßigen Arbeitsaufwand möglich wäre und daher eine Vereinfachung der Ermittlung der Bemessungsgrundlage geboten sei.[749] Auch wird von dem Eidgenössischen Finanzdepartement (EFD) verlautbart, dass die Pauschalbesteuerung die schweizerische Antwort und als Konkurrenzangebot zu verstehen sei. Andere Staaten hätten erfolgreich Maßnahmen ergriffen, um vermögende Steuerzahler anzuziehen. Bei diesen Staaten handele es sich nicht nur um so genannte Steuerparadiese. Das bekannteste Beispiel sei Großbritannien, wo bei bestimmten Ausländern nur der aus dem Ausland nach Großbritannien transferierte Teil des Einkommens steuerbar ist. Das britische *"Non-Dom-System"* (30'000 UK£ Pauschalabgabe) sei dabei -- wenn auch nicht direkt vergleichbar -- teilweise vorteilhafter, denn es erlaube, anders als die Schweizer Besteuerung nach dem Aufwand, eine zeitlich beschränkte Erwerbstätigkeit. Viele Ausländer, darunter auch Schweizer, die ein paar Jahre in Großbritannien arbeiten, würden von dieser Regelung profitieren.[750]

Hauptbedeutung hat diese Besteuerungsart für Personen mit ausländischer Staatsbürgerschaft, da die Besteuerung nach dem Aufwand grundsätzlich nur für in die Schweiz zuziehende Ausländer möglich ist. Ausnahmsweise können auch Schweizer Staatsbürger, die erstmals oder nach mindestens 10-jähriger Landsabwesenheit neu in die schweizerische Steuerpflicht eintreten, an Stelle des ansonsten üblichen Ein-

---

748 Vgl. Kreisschreiben der Eidgen. Steuerverwaltung Nr. 9, 1995/1996; http://www.steuernluzern.ch/index/privatpersonen/p_nichterwerbstaetige_rentenbezuegerinnen/p_n_besteuerung_aufwand.htm, abgerufen am 23.03.2010.

749 Das EFD publiziert eine derartige Stellungnahme unter http://www.efd.admin.ch/dokumentation/zahlen/00579/00608/00720/index.html?lang=de, abgerufen am 23.03.2010.

750 Vgl. http://www.efd.admin.ch/dokumentation/zahlen/00579/00608/00720/index.html?lang=de, abgerufen am 23.03.2010.

kommen-steuerverfahrens[751] die Besteuerung nach dem Aufwand vornehmen, allerdings zeitlich beschränkt bis zum Ende der im Eintrittsjahr laufenden Steuerperiode. Unabdingbare Voraussetzung für diese Besteuerungsart ist sowohl für Schweizer Bürger als auch zuziehende Ausländer der Umstand, dass die Steuerpflichtigen in der Schweiz keine Erwerbstätigkeit ausüben.

Diese Besteuerungsform trägt maßgeblich dazu bei, dass eine nicht unbedeutende Zahl an prominenten Personen oder sehr begüterten Ausländern einen Umzug in die Schweiz in Erwägung ziehen. Nach Verlautbarung des EFD betrifft die Pauschalbesteuerung weniger als ein Promille beziehungsweise weniger als 5.000 der Steuerpflichtigen.[752] Die Pauschalbesteuerung ist umstritten und befindet sich in der politischen Diskussion. Beispielsweise wurde im Kanton Zürich eine Initiative zur Abschaffung der Aufwandsbesteuerung auf kantonaler Ebene Anfang Februar 2009 mit rd. 53 Prozent der Stimmen angenommen und die Aufwandsbesteuerung in diesem Kanton Zürich abgeschafft. Auch auf der Bundesebene wurden parlamentarische Vorstöße vorgenommen, die eine schweizweite Abschaffung oder Anpassung der Besteuerung nach dem Aufwand verlangen. Allerdings wurden diese bisher alle abgelehnt.[753] Es bleibt zu beobachten, ob weitere Kantone oder sogar der Bund die Besteuerung nach dem Aufwand einem Volksentscheid zur Abstimmung vorlegen werden.

---

751 Gleiches gilt für Zwecke der Vermögensteuer.

752 Vgl. http://www.efd.admin.ch/dokumentation/zahlen/00579/00608/00720/index.html?lang=de, abgerufen am 23.03.2010.

753 Vgl. http://www.efd.admin.ch/dokumentation/zahlen/00579/00608/00720/index.html?lang=de, abgerufen am 23.03.2010.

B. Besteuerungsprinzipien bei ausländischen Betriebsstätten und Steuerbelastung

1. Besteuerungsprinzipien bei ausländischen Betriebsstätten

a. Besteuerungszuweisung

Art. 7 Abs. 1 S. 1, 1. Hs. DBA D-CH postuliert den Grundsatz, dass Gewinne eines Unternehmens eines Vertragsstaats nur in diesem Staat besteuert werden können. Hiernach liegt das Besteuerungsrecht bezüglich des Welteinkommens eines deutschen Personenunternehmens grundsätzlich bei Deutschland. Nach Art. 7 Abs. 1 S. 1, 2. Hs. DBA D-CH wird von dem vorstehenden Grundsatz mit der sich anschließenden Formulierung „...es sei denn, dass das Unternehmen seine Tätigkeit im anderen Vertragstaat durch eine Betriebsstätte ausübt" die grundsätzliche Zuweisung der Besteuerungshoheit mit einer Ausnahmeregelung versehen. Für diesen Fall bestimmt der sich anschließende Art. 7 Abs. 1 S. 2, 1. Hs. DBA D-CH, dass die Gewinne in dem anderen Staat, namentlich dem Betriebsstättenstaat, besteuert werden können, jedoch nur soweit, als sie dieser Betriebsstätte zugerechnet werden können (vgl. Art. 7 Abs. 1 S. 2, 1. Hs. DBA D-CH).

Bei einem deutschen Unternehmen im Sinne von Art. 3 Abs. 1 lit. f DBA D-CH, welches eine Betriebsstätte in der Schweiz unterhält, wird das konkurrierende Besteuerungsrecht Deutschlands zurückgedrängt und das Besteuerungsrecht für das Betriebsstättenergebnis nach Art. 7 Abs. 1 DBA D-CH der Schweiz zugewiesen.

Deutschland stellt das Betriebsstättenergebnis nach Art. 24 Abs. 1 Nr. 1 lit. a DBA D-CH frei. Gleichzeitig wendet Deutschland auf das Betriebsstättenergebnis den Progressionsvorbehalt nach § 32b Abs. 1 Nr. 3 EStG an.

b. Mehrere Betriebsstätten

Sollte die Schweizer Betriebsstätte eine weitere Betriebsstätte in einem weiteren Staat unterhalten, stellt sich die Frage, ob diese Einkünfte der Schweizer Betriebsstätte oder dem deutschen Stammhaus zuzurechnen sind. Im Sinne einer wirtschaftlichen Zugehörigkeit sind die Vermögensgegenstände, die Erträge und die Aufwendungen dieser Auslandsbetriebsstätte der Schweizer Betriebsstätte zuzurechnen, wenn die Auslandsbetriebsstätte von ihr begründet, unterhalten und organisatorisch geleitet wird.

Handelsrechtlich jedoch zählen die Vermögensgegenstände, die Aufwendungen und Erträge beider Betriebsstätten zu denen des Stammhauses und sind dort nach den Regeln der §§ 242 ff. HGB in dem Jahresabschluss des Stammhauses abzubilden.[754] Nach den Regeln des DBA D-CH ist lediglich die Besteuerung von Betriebsstätten in der Schweiz von der deutschen Besteuerung ausgenommen. Demzufolge wird Deutschland den Besteuerungszugriff auf diese weitere außerhalb der Schweiz belegene Betriebsstätte unter Hinweis auf die handelsrechtliche Sichtweise und das Welteinkommensprinzip nehmen. Aus der Sicht des BFH gibt es insoweit keine Oberbetriebsstätte, der Vermögensgegenstände, Erträge und Aufwendungen einer Unterbetriebsstätte zugeordnet werden könnten.[755] Hinsichtlich der konkreten Besteuerung des Ergebnisses dieser weiteren Auslandsbetriebsstätte ist entweder nach einem möglicher Weise existierenden DBA mit diesem Staat oder nach den Regeln des § 34c EStG zu verfahren.

Sollte die Schweiz ein eigenes Besteuerungsrecht unter Hinweis auf die wirtschaftliche Verknüpfung zwischen den beiden Betriebsstätten sehen, müsste ein Verständigungsverfahren nach Art. 26 DBA D-CH eingeleitet werden.

c. Negative Einkünfte Schweizer Betriebsstätten

1) Behandlung negativer Einkünfte

Bei Vermeidung der Doppelbesteuerung durch die Freistellungsmethode (Art. 24 Abs. 1 lit. a DBA D-CH) wirken sich Betriebsstättenverluste in Deutschland grundsätzlich nicht aus. Durch die Zuweisung der Besteuerungshoheit an die Schweiz und Freistellung durch Deutschland sind nach der Symmetriethese[756] aus der Betriebsstätte stammende Verluste

---

754 Vgl. Debatin/Wassermeyer/Scherer, Art. 7 Rn. 125.

755 Vgl. BFH, Urt. v. 24.02.1988, I R 94/84, BStBl. 1988 II, S. 663, 665.

756 Vgl. BFH, Urt. v. 18.07.2001, I R 70/90, DB 2001, S. 2692. Colorandi causa sei darauf hingewiesen, dass der Österreichische VwGH in einem DBA mit Freistel-

nicht berücksichtigungsfähig. Unter der Voraussetzung, dass es sich um eine gewerbliche Betriebsstätte mit aktiver Tätigkeit i. S. v. § 2a EStG handelte, konnte das Stammhaus bis einschließlich des Veranlagungszeitraums 1998 eine Verlustberücksichtigung beantragen (§ 2a Abs. 3 EStG a. F.). Dieses Verfahren hatte zur Folge, dass es in Höhe der Betriebsstättengewinne in den folgenden Jahren zur Nachversteuerung kommen konnte.

Mittels des Steuerentlastungsgesetzes 1999/2000/ 2001 vom 24.03.1999 ist § 2a Abs. 3 und Abs. 4 EStG mit Wirkung vom 01.01.1999 aufgehoben. Soweit sich jedoch ein positiver Betrag i. S. v. § 2a Abs. 3 S. 3 EStG ergibt oder die Schweizer Betriebsstätte entsprechend § 2a Abs. 4 EStG in eine Kapitalgesellschaft umgewandelt wird, ist nach § 52 Abs. 3 EStG § 2a Abs. 3 S. 3 , 5 und 6 und Abs. 4 EStG mit der Folge einer Nachversteuerung bis einschließlich des Veranlagungszeitraums 2008 anwendbar sein. Mit dem Jahressteuergesetz 2008 vom 20.12.2007[757] wurde die vorgenannte zeitliche Begrenzung wieder aufgehoben mit der Folge, dass es ab dem Veranlagungszeitraum 2009 wieder zu Zurechnungen kommen kann.

2) Negative Einkünfte einer Unterbetriebsstätte

„Besitzt" die Schweizer Betriebsstätte eine weitere Betriebsstätte in einem Staat, mit welchem ein DBA mit Deutschland existiert, richtet sich die deutsche Besteuerung dieser Einkünfte nach diesem DBA.

„Besitzt" die Schweizer Betriebsstätte eine weitere Betriebsstätte in einem Staat, mit welchem kein DBA mit Deutschland existiert, wird die Besteuerung dieser Einkünfte Deutschland zugewiesen.[758] Nach dem Welteinkommensprinzip wirken sich diese Betriebsstättenverluste in Deutschland grundsätzlich einkommensmindernd aus, sofern sich nicht aus § 2a Abs. 1 i. V. m. Abs. 2 EStG eine Einschränkung ergibt. Nach ständiger Rechtsprechung des BFH sind § 2a Abs. 2 und Abs. 3 nicht verfassungswidrig. Diesbezügliche bei dem Bundesverfassungsgericht anhängig gemachte Verfassungsbeschwerden wurden vom BVerfG nicht angenommen.[759]

---

lungsmethode keine Schranke für die Berücksichtigung ausländischer Betriebsstättenverluste erblickte. Der Österreichische VwGH vertritt die Auffassung, dass die DBA an sich nur Steuerbefreiungs- und Ermäßigungsnormen enthalten, mithin die Anwendung der Freistellungsmethode auf ausländische Verluste nicht zu höheren inländischen Steueransprüchen führen könne.

757 Vgl. BGBl. 2007 I, S. 3150.

758 Vgl. IV. B. 1. a.

759 Vgl. BFH, Beschl. v. 20.03.1993, IV B 21/92, IStR 1998, S. 344; BVerfG, Beschl. v. 27.03.1998, 2 BvR 220/92, IStR 1998, S. 344.

3) Europarechtswidrigkeit

Im Schrifttum wurde die Abschaffung der Verlustberücksichtigung nach § 2a Abs. 3 EStG überwiegend für europarechtswidrig angesehen.[760] Diese Auffassung stützte sich auf die EuGH-Urteile in der Rechtssache AMID[761] und Mertens[762]. In diesem Zusammenhang vertrat das FG Baden-Württemberg die Auffassung, wenn Verluste bei einem Steuerpflichtigen zumindest im Rahmen des negativen Progressionsvorbehalts berücksichtigt würden, sei dies nicht europarechtswidrig.[763] Dieser Auffassung traten maßgebliche Stimmen in der Literatur[764] entgegen mit der Begründung, dass ein Progressionsvorbehalt bei einem linearen Steuertarif, wie bei der Körperschaftsteuer, ins Leere ginge. In der Folge äußerte auch das FG München Zweifel an der Rechtsprechung des FG Baden-Württemberg.[765]

Bei der Gelegenheit, die Kapitalverkehrsfreiheit nach Art. 63 AEUV[766] anhand der Berücksichtigung von Drittstaatenverlusten im Fall eines DBA mit Freistellungsmethode zu prüfen, kam der EuGH zu dem Ergebnis, dass die Kapitalverkehrsfreiheit dann nach ihrem Schutzbereich nicht eingreift, wenn die Niederlassungsfreiheit die speziellere Freiheit ist.[767] Inzwischen hat der EuGH bei direkter diesbezüglicher Fragestellung durch den BFH[768] entschieden, dass die Beschränkung des Abzugs von negativen Einkünften ausländischer Betriebsstätten im Fall eines DBA mit Freistellungsmethode nicht gegen die Niederlassungsfreiheit verstößt.[769] Der BFH hatte die Frage vorgelegt, ob eine nationale Vorschrift gegen die Niederlassungsfreiheit verstößt, welche für ein gebietsansässiges Stammhaus den Abzug von Verlusten aus einer ausländischen Betriebsstätte ausschließt, während dieser Abzug im Falle einer inländischen Betriebsstätte zulässig wäre. In dem dem Vorlagebeschluss zugrunde liegenden Sachverhalt hatte eine deutsche KG Verluste aus einer luxemburgischen Betriebsstätte geltend gemacht. Unter Berufung auf die Symmetriethese, nach der Verluste nicht anders als Gewinne behandelt werden können, hatten zuvor sowohl das Finanzamt als auch

---

760 Vgl. Hermann/Heuer/Raupach/Probst, § 2a EStG Rn. 32.

761 Vgl. EuGH, Urt. v. 14.12.2000, Rs. 141/199, Slg. 2000, I-11619.

762 Vgl. EuGH, Urt. v. 12.09.2002, Rs. C-431/01, BFH/NV 2003, S. 84.

763 Vgl. FG Baden-Württemberg, Urt. v. 30.06.2004, 1 K 312/03, EFG 2004, S. 1694, (nrkr, Az. des BFH I R 84/04).

764 Vgl. Cordewener, A., DStR 2004, S. 1634; Portner, R., IStR 2005, S. 376 unter Hinweis auf FG Düsseldorf, Urt. v. 14.09.2004, 6 K 3796/01, EFG 2005, S. 538.

765 Vgl. FG Müchnen, Urt. v. 14.02.2005, 1 V 305/04, EFG 2005, S. 527.

766 Ehemals Art. 56 EGV.

767 Vgl. EuGH, Urt. v. 22.08.2006, Rs. C-415/06, Stahlwerk Ergste Westig, Ernst & Young, S. 575.

768 Vgl. BFH, Vorlagebeschluß v. 26.06.2006, I R 84/04, IStR 2006, S. 784.

769 Vgl. EuGH, Urt. v. 15.05.2008, Rs. C-414/06 (Lidl Belgium), DB 2008, S.1130; vgl. auch Anm. von Dörfler/Ribbrock BB 2008, S. 1322.

das FG die Verluste nicht anerkannt. Der EuGH[770] sah die Beschränkung der Niederlassungsfreiheit durch die ihm vorgelegte Verlustabzugsbeschränkung als gerechtfertigt an. Die Beschränkung sei erforderlich, um die Aufteilung des Besteuerungsrechts, welche die Staaten im DBA verabredet haben, zu wahren und nicht einseitig dem einen Staat den Verlustabzug aufzubürden und dem anderen die Besteuerung der Gewinne zu ermöglichen, sofern zwei der drei nachfolgenden Gründe

- Wahrung der Aufteilung der Besteuerungsrechte,
- Vermeidung eines doppelten Verlustabzugs und
- Verhinderung von Steuerflucht

vorliegen. Auch bei der obligatorischen Verhältnismäßigkeitsprüfung kam der EuGH zu der Feststellung, es seien keine milderen Mittel als die Beschränkung des Verlustabzugs vorgetragen worden. Nach dem luxemburgischen Steuerrecht habe vielmehr die Möglichkeit des Verlustabzugs bestanden und sei im konkreten Fall zu einem späteren Zeitpunkt von der Klägerin auch geltend gemacht worden. Jedoch seien, so kann man aus Tz. 47.51 des Urteils herauslesen, endgültige Verluste der ausländischen Betriebsstätte im Inland zu berücksichtigen. Hierauf hat das BMF mit einem Nichtanwendungserlass[771] reagiert.

Nach allem bleibt offen, wann die Endgültigkeit eines Verlustes eintritt. Lediglich rechtliche Einschränkungen, wie bspw. ein zeitlich limitierter Verlustvortrag im Betriebsstättenstaat, erscheinen dem EuGH noch nicht als ausreichend endgültig.[772] Wohl in diesem Zusammenhang hat der BFH den phasengleichen Verlustabzug für zulässig erklärt, wenn der Steuerpflichtige den Nachweis erbringt, dass die negativen Einkünfte unter keinen Umständen mehr im Betriebsstättenstaat verwertbar sind (und damit einen Versuch der Begriffsbestimmung von „Endgültigkeit" unternommen).

---

770 Unter Verweis auf: EuGH, Urt. v. 13.12.2004, Rs. C-446/03 (Marks & Spencer), DStR 2005, S. 2168 und v. 18.07.2007, Rs, C-231/05 (Oy AA), IStR 2007, S. 632.

771 BMF v. 13.07.2009, IV B5-S 2118 – a/07/10004, DStR 2009, S. 1585.

772 Vgl. EuGH, Urt. v. 23.10.2008, Rs. C-157/07 (Krankenhaus Ruhesitz Wannsee), IStR 2008, S. 769; BFH, Vorlagebeschluss v. 29.11.2006, I R 45/05, BStBl. 2007 II, S. 398.

d. Auskunftsverkehr und Mitwirkungspflichten im Verhältnis zur Schweiz

1) Auskunftsverkehr

In Deutschland unterliegt die Weitergabe steuerlich erheblicher Daten an ausländische Finanzverwaltungen besonderen durch die Verfassung gezogenen Schranken.[773] In Ausprägung des Grundrechts auf informationelle Selbstbestimmung kann gegen die Erteilung von Auskünften, die berechtigte Interessen eines Steuerpflichtigen beeinträchtigen würden, finanzgerichtlicher Rechtsschutz beansprucht werden.[774] Nach deutschem Recht ist Grundlage des Informationsaustauschs § 117 AO, der in seinem Abs. 3 unter bestimmten Voraussetzungen den Austausch von Informationen sogar auch ohne spezielle völkerrechtliche Verpflichtung gestattet.[775] Nach § 117 Abs. 1 AO ist es den deutschen Finanzbehörden gestattet, zwischenstaatliche Amts- und Rechtshilfe in Anspruch zu nehmen. Allerdings sollen sich die deutschen Finanzbehörden nach § 93 Abs. 1 S. 3 AO erst dann an die Behörden anderer Staaten wenden, wenn die Sachverhaltsaufklärung durch die Beteiligten nicht zum Ziel führt oder keinen Erfolg verspricht. Die jeweilige Rechtsgrundlage für Amts- und Rechtshilfe stützt sich auf verschiedene, nachfolgend dargestellte völkerrechtliche Vereinbarungen.

Der Informationsaustausch zwischen Mitgliedstaaten der EU richtet sich nach der Amtshilferichtlinie,[776] die in Deutschland durch das EG-Amtshilfegesetz (EGAHiG)[777] in innerstaatliches Recht umgesetzt worden ist. Zwar geht das EGAHiG und die Amtshilferichtlinie den DBA dogmatisch vor, in der Praxis jedoch wird nach den Feststellungen des Europäischen Rechnungshofes hiervon unzureichend Gebrauch gemacht und der Auskunftsverkehr auch weiterhin primär auf der Grundlage des Auskunftsartikels der DBA abgewickelt.[778]

Das von der OECD empfohlene Musterabkommen enthält in Art. 26 die so genannte große Auskunftsklausel, nach der die Behörden der Vertragsstaaten Informationen austauschen, welche zur Durchführung der DBA oder zur Anwendung des innerstaatlichen Rechts der Vertragsstaaten erforderlich erscheinen. Hierbei können Auskünfte auf Ersuchen erteilt werden, der Auskunftsverkehr kann auch automatisch erfolgen und ferner kann ein Staat, wenn er Kenntnis von Umständen erlangt, die seiner Auffassung nach auch für den anderen Staat von Interesse sind, die-

---

773 Vgl. Benda, E., DStR 1984, S. 351.
774 Vgl. Tipke/Kruse/Seer, R., § 117 Rn. 111.
775 Vgl. Vogel, K./Lehner, M./Engelschalk, M., Art. 26 Rn. 75.
776 Vgl. Richtlinie 77/99 EWG des Rats vom 19.12.1977, ABl. Nr. L 336/15.
777 Vgl. BGBl. 1985 I, S. 2436, 2441.
778 Vgl. Vogel, K./Lehner, M./Engelschalk, M., Art. 26 Rn. 69.

se Informationen unaufgefordert erteilen.[779] Einige Abkommen enthalten die so genannte kleine Auskunftsklausel, die einen Informationsaustausch lediglich auf die Vermeidung der Doppelbesteuerung und die Durchführung des Abkommens beschränkt.

Das DBA D-CH enthält in Art. 27 Abs. 1 lit. a) eine der so genannten kleinen Auskunftsklausel nachgebildete Regelung, d. h. es sind lediglich die Auskünfte auszutauschen, die zur Durchführung des Abkommens notwendig sind, wenn der jeweilige Sachverhalt eine unter das Abkommen fallende Steuer betrifft. Nach Art. 27 Abs. 1 lit. b) DBA D-CH wird, entsprechend der großen Auskunftsklausel Amtshilfe auch zur Durchführung des innerstaatlichen Rechts gewährt, allerdings beschränkt auf Sachverhalte, die so genannte Betrugsdelikte betreffen. Die Schweiz erteilt nur Auskünfte zur Durchführung des innerstaatlichen Rechts, wenn es sich um die Verfolgung von Steuerstraftaten[780] handelt. Da die „normale“ Steuerhinterziehung als schlichte Abgabenverkürzung in der Schweiz lediglich als Ordnungswidrigkeit angesehen wird, kommt die große Auskunftsklausel im Verhältnis zwischen Deutschland und der Schweiz regelmäßig nicht zur Anwendung.

2) Mitwirkungspflichten

Nach deutschem Recht treffen den Steuerpflichtungen über die allgemeinen Mitwirkungspflichten nach § 90 Abs. 1 AO hinausgehend weitergehende Mitwirkungspflichten nach § 90 Abs. 2 AO, wenn es sich um Sachverhalte handelt, die außerhalb Deutschlands verwirklicht werden. Sofern diese besonderen Mitwirkungspflichten verletzt werden, ist die Finanzverwaltung nach § 160 Abs. 2 S. 1 AO berechtigt, die Besteuerungsgrundlagen zu schätzen. Weiter hat der Steuerpflichtige nach § 90 Abs. 3 AO besonderen Aufzeichnungspflichten zu genügen,[781] andernfalls kann die Finanzverwaltung widerlegbar vermuten, dass die Einkünfte höher als erklärt sind und unter bestimmten Voraussetzungen nach § 162 Abs. 2 und 4 AO einen Zuschlag erheben.

Wenn der Steuerpflichtige dem Gebot des § 160 Abs. 1 AO, die Gläubiger oder Empfänger von betrieblichen Zahlungsvorgängen zu benennen, nicht nachkommt, werden diese Ausgaben regelmäßig steuerlich nicht

---

779 Vgl. Debatin/Wassermeyer/Eilers, S., Art. 26 OECD-MA, Rn. 5 ff.

780 Nach Ziff. 3a des Protokolls zum DBA D-CH wird als Betrugsdelikt ein betrügerisches Verhalten angesehen, wenn es nach dem Recht beider Vertragsstaaten ein mit Freiheitsstrafe bedrohtes Steuervergehen ist.

781 Die Aufzeichnungspflichten sind in Abhängigkeit von der Größe des Steuerpflichtigen an bestimmte Schwellenwerte gebunden.

berücksichtigt.[782] Die Benennungspflicht des § 160 Abs. 1 AO wird durch § 16 Abs. 1 AStG verschärft, wenn es sich um Geschäftsbeziehungen mit im Ausland ansässigen Personen handelt, die „nicht oder nur unwesentlich besteuert" werden. In diesen Fällen sind sowohl die unmittelbaren als auch die mittelbaren Beziehungen offen zu legen und nach § 16 Abs. 2 AStG auf Verlangen der Verwaltung die Richtigkeit und Vollständigkeit der Angaben an Eides statt zu versichern. Darüber hinaus ergeben sich aus § 17 AStG für Zwecke der Hinzurechnungsbesteuerung nach §§ 5 und 7 bis 15 AStG zusätzliche besondere Auskunftspflichten.

Die vorstehenden nationalen Regelungen sind im Zusammenhang mit der zu der Schweiz bestehenden „kleinen" Auskunftsklausel des Art. 27 Abs. 1 DBA D-CH zu verstehen. Wenn Deutschland der Schweiz keine „große" Verpflichtung zur Auskunftserteilung durch das DBA D-CH auferlegen kann, dann erzwingt als Ausgleich hierfür der deutsche Gesetzgeber von dem in Deutschland Steuerpflichtigen besondere Auskünfte; andernfalls drohen schwerwiegende steuerliche Nachteile.

3) Neuere Entwicklungen

Im Jahr 2004 wurde zwischen der Schweiz und der EU ein Zinsbesteuerungsabkommen abgeschlossen. Hiernach wurde ein spezieller Informationsaustausch hinsichtlich der unter dieses Abkommen fallenden Zinserträge verabredet, wenn es sich um Sachverhalte handelt, die nach dem Recht des ersuchenden Staates als Steuerbetrug oder ähnliches Delikt („tax fraud and the like") anzusehen sind.

Im Jahr 2009 wurde seitens der OECD erheblicher Druck auf Staaten ausgeübt, die keine Art. 26 OECD-MA entsprechende Auskunftsklauseln in ihren Doppelbesteuerungsabkommen hatten. Die OECD drohte der Schweiz, sie vor dem für April 2009 in London anberaumten G 20-Gipfel auf die so genannte „schwarze Liste" der Staaten zu setzen, die keinen dem OECD-Standard entsprechenden und daher als unkooperativ zu beurteilenden internationalen Informationsaustausch pflegen. Hierauf hat der schweizerische Bundesrat am 13.03.2009 beschlossen, Verhandlungen über die Anpassung der Amtshilfeklauseln aufzunehmen. In Ansehung dieses Beschlusses wurde die Schweiz lediglich auf die so genannte „graue Liste" gesetzt, die Staaten enthält, die nicht mindestens 12 Doppelbesteuerungsabkommen mit einer Art. 26 OECD-MA entsprechenden Informationsklausel abgeschlossen haben. Da die Schweiz bis zum 24.09.2009 neue DBA mit Art. 26 OECD-MA entsprechenden Informationsklauseln mit den USA, Dänemark, Luxemburg, Frankreich, Norwegen, Österreich, Großbritannien, Mexiko, Finnland, Katar, den Fa-

---

[782] Möglicherweise vorliegender Beweisnotstand geht wegen der Beweislastumkehr zu Lasten des Steuerpflichtigen.

rör Inseln und Spanien unterzeichnet hat, wurde die Schweiz von der grauen Liste der OECD gestrichen.

Auch nach den neu abgeschlossenen DBA wird die Schweiz weiterhin auch nur aufgrund von konkreten Ersuchen des anderen Staats Amtshilfe und nur in Einzelfällen leisten. Die Erteilung von automatischen oder gar spontanen Auskünften wird es seitens der Schweiz auch zukünftig nicht geben. Die neu verhandelten Abkommensbestimmungen werden nur für neue Sachverhalte Wirkungen haben; eine Rückwirkung auf bereits verwirklichte Sachverhalte ist ausgeschlossen. Die Schweiz wird das Subsidiaritätsprinzip anwenden, d. h. zunächst muss der ersuchende Staat sämtliche innerstaatliche Informationsquellen und Verfahrensmöglichkeiten vollständig ausschöpfen, bevor ein Auskunftsersuchen von der Schweiz als zulässig betrachtet werden wird.

Mit Deutschland hat die Schweiz erst am 08.09.2009 Verhandlungen über die Revision des DBA D-CH aufgenommen. Es bleibt zu beobachten, zu welchen Ergebnissen die zwischen der Schweiz und der Bundesrepublik Deutschland laufenden Verhandlungen führen werden.

e. Überführung eines Wirtschaftsguts in eine Schweizer Betriebsstätte

1) Rechtslage bis 2005

Entgegen der bis dahin herrschenden Rechtsprechung[783] hat der BFH am 17.07.2008 judiziert, die finale Entnahmetheorie aufzugeben. Der BFH entschied, dass die Überführung eines Wirtschaftsguts aus einem inländischen Stammhaus in eine ausländische Betriebsstätte auch dann nicht zu einer sofortigen Gewinnrealisierung führt, wenn die ausländischen Betriebsstättengewinne im Inland von der Besteuerung auf Grund eines DBA freigestellt sind.[784]

Nach der bis zur vorgenannten Entscheidung anzuwendenden finalen Entnahmetheorie war die Überführung von Wirtschaftsgütern des Anlagevermögens eines inländischen Stammhauses in eine ausländische Betriebsstätte wie eine Entnahme nach § 4 Abs. 1 S. 2 EStG zu behandeln, sofern der ausländische Betriebsstättengewinn von einem DBA von der deutschen Besteuerung frei gestellt war. Als Begründung für die finale Entnahmetheorie führte der BFH an, dass die in den ins Ausland überführten Wirtschaftsgütern wohnenden stillen Reserven aufgrund der Freistellung durch ein DBA der deutschen Besteuerung entzogen worden seien.

---

[783] Vgl. FG Düsseldorf, Urt. v. 12.05.2006, 18 K 5588/03 F, DStRE 2006, S. 1521-1528, m. w. N.

[784] Vgl. BFH, Urt. v. 17.07.2008, I R 77/06, DStR 2008, S. 2001-2007.

Demgegenüber begründete der BFH am 17.07.2008 die Aufgabe der Gewinnrealisierung im Überführungszeitpunkt damit, dass die spätere Besteuerung von im Inland entstandener stiller Reserven durch eine abkommensrechtliche Freistellung nicht beeinträchtigt wird. Das Besteuerungsrecht sei Deutschland nur dann entzogen, wenn die realisierten Einkünfte auch tatsächlich in der ausländischen Betriebsstätte erwirtschaftet worden sind. Sofern eine verursachungsgerechte Aufteilung des zukünftigen Veräußerungsgewinns zwischen dem inländischen Stammhaus und der ausländischen Betriebsstätte erfolge, würde alleine durch die Überführung eines Wirtschaftsguts das Besteuerungsrecht Deutschlands noch nicht eingeschränkt.[785] Der BFH führte weiter aus, dass das Urteil vom 17.07.2008 auch nicht im Gegensatz zu der aktuellen Interpretation der Selbständigkeitsfiktion der Betriebsstätte durch die OECD im Rahmen des so genannten „functionally separat entity approach“[786] stünde. Schwerwiegend war für den BFH die Argumentation, die finale Entnahmetheorie stünde in Konflikt mit der europarechtlich garantierten Niederlassungsfreiheit, denn die Verbringung eines Wirtschaftsguts von einem inländischen Stammhaus in eine ausländische Betriebsstätte dürfe nicht anders behandelt werden wie die Verbringung von einem inländischen Stammhaus in eine inländische Betriebsstätte, die grundsätzlich zu keiner Gewinnrealisierung führt.

Die Argumentation des BFH ist im Hinblick auf die europarechtlich garantierte Niederlassungsfreiheit nicht direkt auf das Rechtsverhältnis zwischen Deutschland und der Schweiz anzuwenden, da die Schweiz der Europäischen Union nicht angehört. Ein konkretes Abkommen zwischen der Schweiz und der EU oder zwischen der Schweiz und der Bundesrepublik Deutschland mit einer speziellen Regelung der Besteuerung der stillen Reserven bei der Überfügung von Wirtschaftsgütern ist zwar nicht existent. Jedoch ist im Hinblick auf die Überführung von Wirtschaftsgütern aus Deutschland in die Schweiz die vorstehend beschriebene Rechtsprechung des BFH aber dennoch uneingeschränkt anzuwenden, da das vom BFH angeführte weitergehende Argument, dass die in den in das Ausland überführten Wirtschaftsgütern innewohnenden stillen Reserven der deutschen Besteuerung bei Existenz eines DBA mit Freistellungsklausel nicht entzogen sind, mithin auch im Rechtsverhältnis zwischen Deutschland und der Schweiz aufgrund der Freistellungsklausel von Art. 24 Abs. 1 Nr. 1 lit. a) DBA D-CH Gültigkeit haben muss.

2) Rechtslage ab 2006

Die Entscheidung des BFH vom 17.07.2008 stand im Zusammenhang mit dem Veranlagungszeitraum 1995, d. h. vor Inkrafttreten des § 6 Abs.

---

785 Vgl. Ditz, X., IStR 2009, S. 117; Prinz, U., DB 2009, S. 808.
786 Vgl. Förster, H., IWB 2007, Fach 10, Gruppe 2, S. 1929.

5 EStG 1997 und des § 4 Abs. 1 S. 3 EStG und § 12 Abs. 1 KStG i. d. F. des SEStEG.

Der Gesetzgeber hat mit der Öffnung des Umwandlungssteuerrechts für grenzüberschreitende europäische Sachverhalte durch das SEStEG (Gesetz über steuerliche Begleitmaßnahmen zur Einführung der europäischen Gesellschaft und zur Änderung weiterer steuerrechtlicher Vorschriften vom 07.12.2006[787] erstmals für grenzüberschreitende Sachverhalte Entstrickungsregelungen normiert. Der Gesetzgeber wollte mit dem SEStEG die bisher von der Rechtsprechung und der Verwaltung praktizierte finale Entnahmelehre gesetzlich absichern.[788] Der Nichtanwendungserlass vom 20.05.2009 mit Bezug auf das BFH-Urteil vom 17.07.2008 wird in der Literatur kontrovers diskutiert. Überwiegend wird die Meinung vertreten, dass die neu normierten § 4 Abs. 1 Satz 3 EStG und § 12 Abs. 1 KStG leerlaufen.[789] Es finden sich auch gegenteilige Auffassungen, die von einer stringenten Anwendung der vorgenannten § 4 Abs. 1 Satz 3 EStG und § 12 Abs. 1 KStG ausgehen.[790] Einig sind sich sowohl der Gesetzgeber als auch die Literatur, dass sich die Entstrickungsregelungen lediglich auf die Einkommensteuer und auf die Körperschaftsteuer beschränken. Bei dem Ausscheiden von Wirtschaftsgütern aus dem inländischen Betriebsvermögen ohne Veräußerungsvorgang ist einhellige Meinung, dass eine gewerbesteuerliche Entstrickung nicht stattfindet.

Nach SEStEG wird als Entstrickung allgemein jeder Vorgang bezeichnet, aufgrund dessen die stillen Reserven, die in zu einem Betriebs- oder Privatvermögen gehörenden Wirtschaftsgütern gebildet wurden, der Besteuerung ganz oder teilweise entzogen werden und gleichzeitig keine Gewinnrealisierung auslösende Außentransaktion vorliegt. Die Entstrickungstatbestände, also die Aufdeckung stiller Reserven ohne Außenumsatz nach SEStEG, sind im Wesentlichen die Entnahme nach § 4 Abs. 1 Satz 2 EStG (Bewertung: Teilwert, § 6 Abs. 1 Nr. 4 Satz 1 EStG), die fiktive Entnahme nach § 4 Abs. 1 Satz 3 EStG, ggf. mit Ausgleichsposten gem. § 4 g EStG (Gemeiner Wert, § 6 Abs. 1 Nr. 4 Satz 1, 2. Hs. EStG), Betriebsaufgabe, §§ 14, 14a Abs. 3 EStG; 16 Abs. 3; 18 Abs. 3 EStG (Gemeiner Wert, § 16 Abs. 3 Satz 7 EStG), Fiktive Veräußerung nach § 12 Abs. 1 KStG (Veräußerung zum gemeinen Wert, § 12 Abs. 1 KStG), Wechsel zur Steuerbefreiung nach § 13 Abs. 6 KStG (Veräußerung zum gemeinen Wert), Wegzug des Gesellschafters, § 6 AStG (Gemeiner Wert, § 6 Abs. 1 S. 4 AStG) und Wegzug der Kapitalgesellschaft, §§ 17 Abs. 5, 4 Abs. 1 S. 4 EStG mit Ausnahme für SE (Gemeiner Wert, § 17 Abs. S. 1 EStG).

---

787 Vgl. BStBl 2007 I, S. 4.

788 Vgl. BT-Drucks. 16/2710, S. 28 und BMF v. 20.05.2009.

789 Vgl. Prinz, U., DB 2009, 807, ff.; Ditz, X., IStR 2009, S. 115.

790 Vgl. Mitschke, W., DB 2009, S. 1376.

Neben der vorstehend dargestellten Aufdeckung stiller Reserven ohne Außenumsatz nach SEStEG führen selbstverständlich auch realisierte Außenumsätze zur Aufdeckung und Versteuerung von stillen Reserven. Im Falle von realisierten Außenumsätzen sowie im Falle von Entstrickungstatbeständen ohne Außenumsätze lässt der Gesetzgeber folgende steuerfreie Vorgänge zu:

- Nach § 6 Abs. 3 EStG besteht bei unentgeltlichen Übertragungen von Sachgesamtheiten ein Zwang zur Buchwertfortführung.
- Nach § 6 Abs. 5 EStG besteht bei der Übertragung und/oder Überführung einzelner Wirtschaftsgüter ebenfalls ein Zwang zur Buchwertfortführung.
- Bei Umwandlungen nach dem Umwandlungssteuergesetz gibt der Gesetzgeber den Steuerpflichtigen ein Wahlrecht, nach welchem der Steuerpflichtige zwischen der Buchwertfortführung, dem Ansatz des Verkehrswerts oder dem Ansatz eines Zwischenwerts ein Wahlrecht einräumt.[791]
- Nach § 6b EStG kann bei Übertragung stiller Reserven bei der Veräußerung bestimmter Anlagegüter ebenfalls der Steuerpflichtige von Wahlrechten hinsichtlich der Versteuerung sämtlicher stiller Reserven bis hin zur Buchwertfortführung Gebrauch machen.

Das Absehen von der zwingenden Realisierung stiller Reserven wird vom Gesetzgeber insbesondere mit gewollten Erleichterungen bei der Unternehmensnachfolge (§ 6 Abs. 3 EStG), bei Besonderheiten für Personengesellschaften (§ 6 Abs. 5 EStG), bei Fortsetzung des unternehmerischen Engagements in einer anderen Rechtsform (Umwandlungssteuerrecht) oder aus wirtschaftspolitischen Gründen (§ 6b EStG) gerechtfertigt.

Es bleibt zu beobachten, wie der BFH auf die vorstehend geschilderte Reaktion der Finanzverwaltung (Nichtanwendungserlass) und der Legislative (durch die Beschränkung der Bildung eines die Entstrickung abmildernden Ausgleichspostens nach § 4g EStG auf Fälle innerhalb der Europäischen Union) reagieren wird. De lege lata ist derzeit davon auszugehen, dass die Finanzverwaltung bei der Überführung von Wirtschaftsgütern in Schweizer Betriebsstätten sämtliche stillen Reserven in vollem Umfang und in voller Höhe in dem Veranlagungszeitraum der Überführung der Besteuerung unterwerfen werden wird.

Wenn aber die Argumentation des BFH in dem Urteil vom 17.07.2008, dass die Besteuerung von stillen Reserven für den deutschen Fiskus als gewährleistet anzusehen ist, soweit und solange mit dem Staat, in wel-

---

[791] Nach § 11 Abs. 2 UmwStG sind für die Ausübung des oben genannten Wahlrechts weitere dort genannte Voraussetzungen zu erfüllen.

chen das Wirtschaftsgut überführt wird, ein Doppelbesteuerungsabkommen mit Freistellungsklausel existiert, werden sich betroffene Steuerpflichtige mit guten Gründen darauf berufen können, die bei der Überführung von Wirtschaftsgütern in die Schweiz in Rede stehenden stillen Reserven nicht im Moment der Überführung in vollem Umfang und in voller Höhe der deutschen Besteuerung unterwerfen zu müssen.

2. Steuerbelastung

a. Gang der weiteren Untersuchung

Mittels nachfolgenden Berechnungen soll analysiert werden, welche Steuerbelastung entsteht, wenn eine geschäftliche Aktivität in der Schweiz mit unterschiedlichen rechtlichen Strukturen durchgeführt wird. Als zu beleuchtende Handlungsalternativen werden durchkalkuliert:

- Direktgeschäft mit deutschem Stammhaus als
  - Einzelunternehmen,
  - Personengesellschaft und
  - Kapitalgesellschaft sowie
- Betriebsstättengeschäft mit deutschem Stammhaus als
  - Einzelunternehmen,
  - Personengesellschaft und
  - Kapitalgesellschaft sowie
- Tochterpersonengesellschaft in der Schweiz,
- Tochterkapitalgesellschaft in der Schweiz und
- Organschaftsmodell.

Bei den nachfolgenden Berechnungen wird für Zwecke der besseren Vergleichbarmachung bei natürlichen Personen unterstellt, dass sie alleinstehend, ohne Kinder und konfessionslos sind. Ferner wird sowohl unterstellt, dass in das zu versteuernde Einkommen ausschließlich die hier zu beleuchtende geschäftliche Aktivität besteht, also auch Sondereffekte aus einem horizontalen oder vertikalen Verlustausgleich oder einem Verlustvortrag oder Verlustrücktrag unberücksichtigt bleiben. Gleichfalls werden keine persönlichen Besteuerungsmerkmale nach §§ 10 bis 10i EStG (Sonderausgaben) oder §§ 33 bis 33b EStG (außergewöhnliche Belastungen) berücksichtigt.

b. Schweizer Besteuerung

1) Natürliche Personen

Die Einkommensteuer für natürliche Personen ist hinsichtlich der Bundessteuer progressiv ausgestaltet und variiert bei Alleinstehenden bei einem Einkommen bis CHF 12.600 mit 0% und ab einem Einkommen von CHF 665.000 mit einem Höchstsatz von 11,5% (Art. 36 DBG). Die Kanton- und Gemeindesteuern sind grundsätzlich[792] progressiv ausgestaltet und bewegen sich in Abhängigkeit vom Kanton, der Gemeinde und der Höhe des Einkommens zwischen folgenden Bandbreiten 0% bis 27%:[793]

Auf die vorgenannten Steuersätze sind die in allen Kantonen und in allen Gemeinden unterschiedlichen Steuerfüße anzuwenden. Bei einem angenommenen durchschnittlich anzutreffenden Steuerfuß von 120 ergibt sich für die weiteren Berechnungen ein anzuwendender Steuersatz von rund 44%.[794]

2) Juristische Personen

Die Ertragsteuerbelastung für Schweizer Kapitalgesellschaften in Form der so genannten Gewinnsteuer beträgt gem. Art. 68 DBG einheitlich 8,5% Bundessteuer. Gegen-stand der Gewinnsteuer ist der Reingewinn.[795] Bei der Ermittlung dieses steuerbaren Reingewinns sind als geschäftsmäßig begründeter Aufwand alle eidgenössischen, kantonalen und kommunalen Steuern in Abzug zu bringen.[796] Insgesamt stellt sich die effektive Belastung mit der Gewinnsteuer auf Bundesebene und auf den Ebenen der Kantone und am Beispiel der Steuersätze der Kantonshauptstädte als Gemeinden wie folgt dar:[797]

---

792 Nicht alle 26 Kantone erheben die Einkommensteuer mit progressiven Tarifen. Beispielsweise haben die Stimmbürger des Kantons Obwalden im Jahr 2005 einen degressiven Tarif beschlossen, der jedoch vom Bundesgericht im Jahr 2007 als nicht rechtskonform verworfen wurde. Derzeit erhebt Obwalden die Einkommensteuer nach einem proportional ausgestalteten Tarif. Die Kantone Aargau und Thurgau bereiten ebenfalls einen proportionalen Steuersatz vor. Die Kantone Schaffhausen (ab 2008) und Uri (ab 2009) haben einen einheitlichen Steuersatz (Flat Rate Tax) eingeführt.

793 Vgl. Kubaile, H./Suter, R./Jakob, W., S. 31.

794 Berechnung: 27% x 1,2 = 32,4% Kanton- und Gemeindesteuer plus 11,5% Bundessteuer = 43,9%.

795 Vgl. Art. 57 DBG.

796 Vgl. Art. 59 Abs. 1 lit. a DBG und Art. 25 Abs. 1 lit. a StHG.

797 Berechnung der Ernst & Young AG Zürich vom 19.05.2009 (vgl. Kubaile, H./Suter, R./Jakob, W., S. 443).

Effektive Steuerbelastung in v. H.:

Kanton:	Bund	Kanton/ Gemeinde	Gesamt
Aargau	6,63	15,36	21,99
Appenzell Innerrhoden	7,30	6,87	14,16
Appenzell Ausserrhoden	7,42	5,24	12,66
Bern	6,51	16,89	23,40
Basel Landschaft	7,02	10,40	17,42
Basel Stadt	6,51	16,86	23,37
Freiburg	6,68	14,72	21,40
Genf	6,44	17,80	24,24
Glarus	7,09	9,53	16,62
Graubünden	6,52	16,73	23,26
Jura	6,72	14,26	20,98
Luzern	6,94	11,43	18,37
Neuenburg	6,61	15,56	22,18
Nidwalden	7,23	7,66	14,89
Obwalden	7,42	5,24	12,66
St. Gallen	7,06	9,82	16,88
Schaffhausen	7,14	8,82	15,97
Solothurn	6,58	16,02	22,60
Schwyz	6,90	11,95	18,84
Thurgau	7,07	9,78	16,84
Tessin	6,86	12,49	19,34
Uri	7,21	7,94	15,15
Waadt	6,50	17,03	23,53
Wallis	6,67	14,90	21,57
Zug	7,16	8,59	15,75
Zürich	6,70	14,47	21,17
Durchschnitt	6,88	12,17	19,05

Juristische Personen oder Personengesellschaften, die wie juristische Personen besteuert werden, werden mit ihrem Kapital einer Kapitalsteuer mit kantonal unterschiedlichen Steuersätzen zwischen 0,15% bis 0,5% unterworfen. Nach Art. 31 Abs. 4 StHG ist Bemessungsgrundlage für diese Steuer das Eigenkapital am Ende der Periode.

c. Deutsche Besteuerung

Bei der weiteren Untersuchung wird ferner davon ausgegangen, dass in Deutschland ansässige Personen entweder direkt oder indirekt mittels einer oder mehrerer zwischengeschalteter Gesellschaften Betriebsstättenaktivitäten in der Schweiz entfalten. Hinsichtlich der natürlichen Personen wird davon ausgegangen, dass der Spitzensteuersatz von 45% gemäß § 32a Abs. 1 Nr. 5 anzuwenden ist. Hinsichtlich der Berechnung der Steuer auf der Ebene der natürlichen Person wird aus Vereinfachungsgründen angenommen, dass keine Kirchensteuerpflicht besteht. Über die Betriebsstätteneinkünfte hinausgehende persönliche Besteuerungsmerkmale bleiben ebenfalls unberücksichtigt.

Bei Kalkulationen zum Zwecke des Vergleichs von Handlungsalternativen werden die Einkünfte auch unter Zwischenschaltung einer oder mehrerer Gesellschaften berechnet. Für Zwecke der Berechnung der Gewerbesteuer werden ein Hebesatz von 400 und eine Steuermesszahl von 3,5% angesetzt, sodass nachfolgend von einer Gewerbesteuerbelastung von 14% auszugehen ist. Anders als in den bis zum 31.12.2007 endenden Veranlagungszeiträumen sind die Gewerbesteuer und die darauf entfallenden Nebenleistungen keine Betriebsausgaben mehr (§ 4 Abs. 5b EStG i. V. m. § 52 Abs. 12 Satz 7 EStG).

Die Ertragsteuerbelastung einer zwischengeschalteten deutschen Kapitalgesellschaft wird nach § 23 Abs. 1 KStG mit 15% zuzüglich des Solidaritätszuschlags angesetzt. Weiter wird unterstellt, dass die Einkünfte einer Schweizer Tochter-Kapitalgesellschaft keiner Hinzurechnungsbesteuerung nach AStG unterliegen,[798] da für Zwecke dieser Arbeit von aktiven Einkünften ausgegangen wird.

Die deutsche Gewerbesteuer spielt in den nachfolgenden Berechnungen überhaupt keine Rolle, wenn es um die Berechnung der steuerlichen Belastung von schweizerischen Betriebsstätteneinkünften geht, da die Kürzungsvorschrift des § 9 Nr. 3 GewStG auf derartige Gewinne anzuwenden ist.

---

[798] Vgl. allgemein zur Hinzurechnungsbesteuerung: Krawitz, N./Büttgen, D./Hick, C., WPg 2002, S. 89 ff.

d. Alternative Outbound-Strukturen

1) Direktvertrieb von Deutschland in die Schweiz

a) Struktur des Direktvertriebs

Der Direktvertrieb ist die einfachste Form von Auslandsengagements. In diesem Fall exportiert aus Deutschland heraus eine natürliche Person als Einzelunternehmer, eine Personengesellschaft oder eine Kapitalgesellschaft in die Schweiz an den dort ansässigen Kunden. Das deutsche Unternehmen fakturiert direkt an den Schweizer Kunden, welcher direkt von der Schweiz die Bezahlung der Lieferung nach Deutschland vornimmt. Bei einem deutschen Direktvertrieb ist nach nationalem Schweizer Steuerrecht kein Anknüpfungspunkt für eine dortige Besteuerung vom Einkommen und Ertrag zu geben. Eine Anwendung des DBA D-CH kommt nicht in Frage.

Die von dem deutschen Exportunternehmen erzielten Gewinne unterliegen grundsätzlich der unbeschränkten deutschen Ertragsbesteuerung.[799]

b) Deutsches Einzelunternehmen

Handelt es sich bei dem Vertriebsunternehmen um ein Einzelunternehmen, ist zunächst die Gewerbesteuer zu veranlagen. Hierbei fällt ungemilderte Gewerbesteuer an, da für den Direktvertrieb keine Kürzungs- oder Entlastungsvorschrift vorgesehen ist.

Die Gewerbesteuer stellt nach § 4 Abs. 5b i. V. m. § 52 Abs. 12 Satz 7 EStG seit 01.01.2008 keine Betriebsausgabe mehr dar, sodass die Einkommensteuer nach § 32a EStG mit dem Solidaritätszuschlag nach § 4 SolzG auf der Bemessungsgrundlage des Gewinns vor Gewerbesteuer zu erheben ist. Steuerpflichtig ist die natürliche Person, welche hinter dem Einzelunternehmen steht. Die Gewerbesteuer ist nach § 35 EStG auf die Einkommensteuer anzurechnen.[800]

Höchststeuersätze unterstellt, ergibt sich die nachfolgende Berechnung:

---

[799] Nachfolgend wird von unbeschränkt Steuerpflichten ausgegangen und Sonderfälle, wie beispielsweise in § 5 KStG oder § 3 EStG bezeichnet, nicht behandelt.

[800] Zur Anrechnung der Gewerbesteuer auf die Einkommensteuer und zur Behandlung von Anrechnungsüberhängen vgl. oben III. A. 2.

Ebene des Einzelunternehmens:

Gewinn vor Steuern	100,00
Gewerbesteuer (Hebesatz 400%[801], 14%)	-14,00
Gewinn nach Steuer	86,00

Gesellschafterebene:

Entnahme/Ausschüttung	86,00
davon steuerpflichtig (100%)	100,00
Einkommensteuer 45%	-45,00
§ 35 EStG (Anrechnung Gewerbesteuer)[802]	13,30
Solidaritätszuschlag 5,5%	-2,48
Verbleibender Betrag	51,82
Gesamtsteuerbelastung	48,18

Die deutsche Ertragsteuerbelastung bei der ersten zu berechnenden Handlungsalternative eines Einzelunternehmens liegt, unter Zugrundelegung des hier und bei allen weiteren Berechnungen unterstellten Hebesatzes von 400%, bei 48,18%.

c) Deutsche Personengesellschaft

Handelt es sich bei dem Vertriebsunternehmen um eine deutsche Personengesellschaft, ist zunächst Gewerbesteuerpflicht der Personengesellschaft zu berücksichtigen. Da die Gewerbesteuer nach § 4 Abs. 5b EStG keine Betriebsausgabe (mehr) darstellt, ist die Einkommensteuer mit dem Solidaritätszuschlag auf der Basis des Gewinns vor Gewerbesteuer zu erheben. Die Anrechnung der Gewerbesteuer auf die Einkommensteuer erfolgt nach § 35 EStG.[803] Somit ergibt sich dieselbe steuerliche Belastung, wie sie vorstehend für ein Einzelunternehmen ermittelt wurde. Die so zu berechnende Steuerbelastung der Gesellschafter der Personengesellschaft ist ebenfalls mit 48,18% zu beziffern.

d) Deutsche Kapitalgesellschaft

Handelt es sich bei dem deutschen Exportunternehmen um eine Kapitalgesellschaft, unterliegen die Gewinne zunächst bei der Besteuerung auf

---

801 Der Hebesatz von 400 entspricht einem Rechenfaktor von 4,0.

802 Der Rechenfaktor des § 35 Abs. 1 Satz 1 EStG mit 3,8 entspricht einem Hebesatz von 380.

803 Bei Mitunternehmerschaften erfolgt die Anrechung grundsätzlich anteilig nach dem Gewinnverteilungsschlüssel (vgl. Schmidt, L./Glanegger, P, § 35 Rn. 23).

der Ebene der Gesellschaft der Gewerbesteuer, sodann der Körperschaftsteuer mit dem Solidaritätszuschlag.

Ebene der Kapitalgesellschaft:

Gewinn vor Steuern	100,00
Gewerbesteuer (Hebesatz 400%, 14%)	-14,00
Körperschaftsteuer 15%	-15,00
Solidaritätszuschlag 5,5%	-0,83
Gewinn nach Steuer	70,17
Steuerbelastung	29,83

Würde die Gesellschaft nicht ausschütten, sondern den erzielten Gewinn thesaurieren, berechnet sich die Steuerbelastung mit 29,83%.

Zur Vergleichbarmachung der steuerlichen Belastung aller Handlungsalternativen muss der auf der Unternehmensebene erzielte Gewinn aus dem Betriebsvermögen der Kapitalgesellschaft in das Privatvermögen der Anteilseigner übertragen werden. Die hierfür in Frage kommende Gewinnausschüttung der Kapitalgesellschaft an den Anteilseigner ist grundsätzlich mittels Abgeltungsteuer nach § 32d Abs. 1 EStG der Besteuerung zu unterwerfen. Wenn bestimmte Tatbestandsvoraussetzungen gegeben sind, kann eine solche Gewinnausschüttung auch nach dem Teileinkünfteverfahren versteuert werden. [804] Beide Methoden werden nachfolgend dargestellt, um die für den Anteilseigner jeweils günstigere Methode zu ermitteln.[805]

Ebene des Anteilseigners mit	Teileinkünfte-Verfahren:	Abgeltungs-steuer:
Entnahme/Ausschüttung	70,17	70,17
davon steuerpflichtig (60% / 100%)	42,10	70,17
Einkommensteuer 45% / 25%	-18,95	-17,54
§ 35 EStG (Anrechnung GewSt)	0,00	0,00
Solidaritätszuschlag 5,5%	-1,04	-0,96
Verbleibender Betrag	50,18	51,67
Gesamtsteuerbelastung	49,82	48,33

---

804 Erträge aus Beteiligungen an Kapitalgesellschaften, die im Privatvermögen gehalten werden, können auf Antrag des Steuerpflichtigen nach dem Teileinkünfteverfahren des § 3 Nr. 40 EStG besteuert werden, wenn der Steuerpflichtige zu mindestens 25% an der Kapitalgesellschaft beteiligt ist oder wenn er zu mindestens 1 v. H. an der Kapitalgesellschaft beteiligt und gleichzeitig beruflich für sie tätig ist (§ 32d Abs. 2 Nr. 3 lit. a) und b) EStG).

805 Günstigerprüfung nach § 32d Abs. 6 Satz 1 EStG.

Die effektive Steuerbelastung des Direktvertriebs, ausgehend von einer deutschen Kapitalgesellschaft, liegt im Fall der Besteuerung nach dem Teileinkünfteverfahren bei 49,82% und stellt die Handlungsalternative dar, die im Hinblick auf die steuerliche Belastung am ungünstigsten ist.

Die Besteuerung des Direktvertriebs durch eine deutsche Kapitalgesellschaft mit der Abgeltungsteuer ergibt eine Gesamtbelastung von 48,33%. Diese Handlungsalternative ist günstiger als die Besteuerung nach dem Teileinkünfteverfahren und stellt insofern die zweitbeste Handlungsalternative dar.

Bei der konkreten Wahl zwischen diesen beiden Handlungsalternativen kann es für den Anteilseigner zusätzlich auf weitere, zu berücksichtigende tatsächliche Sachverhaltsumstände ankommen. Ist beispielsweise die Beteiligung des Anteilseigners fremdfinanziert und sind hierfür maßgebliche Fremdfinanzierungszinsen zu entrichten, kann es steuerlich günstiger sein, die Besteuerung nach dem Teileinkünfteverfahren zu wählen, da hierbei 60 v. H. der Fremdfinanzierungszinsen steuerlich als Werbungskosten abzugsfähig sein können.

e) Zwischenergebnis

Isoliert gemessen am Grenzsteuersatz sind die Berechnungsalternativen des Direktvertriebs über eine Kapitalgesellschaft mit 49,82% (Teileinkünfteverfahren) oder 48,33% (Abgeltungsteuer) nur geringfügig schlechter als die steuerliche Belastung, die sich bei einem Direktvertrieb über ein Einzelunternehmen oder eine Personengesellschaft mit 48,18% ergibt. Der sich bei den drei vorstehend dargestellten Handlungsalternativen ergebende geringfügige Unterschied der steuerlichen Belastung wird in praxi für die Wahl der Rechtsform nicht alleine entscheidend sein. Bei einem derart geringfügigen Unterschied der Steuerbelastung werden andere unternehmerische Überlegungen den Ausschlag für die Wahl der Rechtsform dominieren.

2) Deutsches Unternehmen mit Betriebsstätte in der Schweiz

a) Begründung einer Betriebsstätte

Das deutsche Unternehmen kann alternativ zu dem Direktvertrieb in der Schweiz eine Betriebsstätte begründen. Die Voraussetzungen zur Begründung einer Betriebsstätte wurden bereits ausführlich dargestellt, sodass an dieser Stelle hierauf zu verweisen ist.[806]

---

[806] Vgl. oben III. B. 6. d. 3).

b) Deutsches Einzelunternehmen

Bei dieser Handlungsalternative sind die Betriebsstättengewinne als Einkünfte natürlicher Personen nach Art. 4 Abs. 1 lit. b i. V. m. Art. 6 und 7 DBG zu versteuern. Diese Einkünfte unterliegen in der Schweiz dem üblichen Progressionstarif. Folgend dem deutschen Welteinkommensprinzip sind die Schweizer Gewinne zwar grundsätzlich nach § 1 Abs. 1 i. V. m. § 2 Abs. 1 EStG steuerpflichtig. Zur Vermeidung eines doppelten Besteuerungszugriffs weist Art. 7 Abs. 1 i. V. m. Art. 5 DBA D-CH das Besteuerungsrecht der Schweiz zu, soweit diese Gewinne nachweislich aus aktiver Tätigkeit entstanden stammen (Aktivitätsvorbehalt des Art. 24 Abs. 1 Nr. 1 lit. a DBA D-CH).[807] Der deutsche Fiskus stellt die schweizerischen Betriebsstätteneinkünfte zwar frei, wendet aber hinsichtlich der Ermittlung des Steuersatzes für die Besteuerung der übrigen Einkünfte den Progressionsvorbehalt nach § 32b Abs. 1 Nr. 3 EStG an.

Sofern die in der Schweiz erbrachte Arbeitsleistung nicht durch einen nicht am Unternehmen beteiligten Angestellten, sondern von dem Einzelunternehmer selbst ausgeübt wird, fällt auf den gesamten Gewinn des Einzelunternehmens, einschließlich des auch außerhalb der Schweiz erwirtschafteten Gewinns, 9,785% AHV an. Hierbei ist zu berücksichtigen, dass die AHV die Bemessungsgrundlage für die Schweizer Einkommensteuer mindert. Zum Zwecke der Komplexitätsreduktion wird für Zwecke der Darstellung der Effekte der AHV für die weiteren Berechnungen unterstellt, dass es sich bei den schweizerischen Betriebsstätteneinkünften auch gleichzeitig um das Welteinkommen des Einzelunternehmers handelt.

Unternehmensebene	ohne AHV:	mit AHV:
Schweizer Gewinn vor Steuern	100,00	100,00
Schweizer AHV 9,785%	0,00	-9,79
Zwischensumme	100,00	90,21
Schweizer Ertragsteuer 44%	-44,00	-39,69
Schweizer Gewinn nach Steuern, Transfer nach Deutschland	56,00	50,52

[807] Soweit keine aktive Tätigkeit vorliegt, wird die Vermeidung der Doppelbesteuerung durch die Anwendung der Anrechnungsmethode nach Art. 24 Abs. 1 Nr. 2 DBA D-CH i. V. m. § 34c Abs. 1 EStG hergestellt.

Gesellschafterebene	ohne AHV:	mit AHV:
Gewinntransfer nach Deutschland, gleichzeitig Entnahme	56,00	50,52
davon steuerpflichtig (Freistellung)	0,00	0,00
Anrechenbare Schweizer Steuer	0,00	0,00
Verbleibender Betrag	56,00	50,52
Gesamtbelastung	44,00	49,48

Bei einer Strukturierung der unternehmerischen Aktivität als Einzelunternehmen mit einer Betriebsstätte in der Schweiz ergibt sich die von allen bislang berechneten Handlungsalternativen niedrigste steuerliche Belastung mit 44%. Allerdings steht diese Handlungsalternative unter dem Vorbehalt, dass der in Deutschland anzuwendende Progressionsvorbehalt den sich aus dem Steuergefälle zur Schweiz ergebenden steuerlichen Vorteil nicht überkompensiert.

Bei dieser Art der Strukturierung der unternehmerischen Aktivität darf nicht aus dem Auge verloren werden, dass die schweizerische Sozialversicherung möglicher Weise die Auffassung vertritt, der Einzelunternehmer unterliege der AHV, beispielsweise wenn er in der Betriebsstätte arbeiten würde. In diesem Fall beträgt die zusätzliche Abgabenbelastung mindestens 9,785% des Betriebsstättengewinns, wenn nicht sogar das insofern grundsätzlich maßgebliche und im Zweifel höhere Welteinkommen des Einzelunternehmers herangezogen würde.
An dieser Stelle darf weiter nicht unerwähnt bleiben, dass es sich bei den in der Schweiz erzielten Gewinnen nicht um so genannte Zwischengewinne nach § 8 Abs. 2 AStG handeln darf. Solchenfalls würde durch die Switch-over-Klausel nach § 20 Abs. 2 AStG durch einen deutschen Treaty Override die Freistellungsmethode durch die Anrechnungsmethode ersetzt.

c) Deutsche Personengesellschaft

Würde eine deutsche Personengesellschaft in der Schweiz eine Betriebsstätte betreiben, wäre die Personengesellschaft in der Schweiz als beschränkt steuerpflichtige Person anzusehen (Art. 4 Abs. 1 lit. b mit Art. 51 Abs. 1 lit. b DBG) und hätte wie eine juristische Person die entsprechenden Steuern zu entrichten (Art. 11 DBG, Art. 20 Abs. 2 StHG). Bei der weiteren Kalkulation wird der oben ermittelte Satz der durchschnittlichen effektiven Steuerbelastung von juristischen Personen mit 19,05% zu Grunde gelegt.

Bei der Handlungsalternative der Strukturierung der geschäftlichen Aktivität als Personengesellschaft mit einer Schweizer Betriebsstätte sind sämtliche mit der vorstehend dargestellten Handlungsalternative eines

Einzelunternehmen dargestellten Probleme in analoger Weise ebenfalls zu berücksichtigen. Die Tätigkeit eines Personengesellschafters in der Schweiz kann dazu führen, dass die schweizerische Sozialversicherung nicht nur das Betriebsstätteneinkommen, sondern das Welteinkommen der Schweizer AHV unterwerfen könnte. Aus diesem Grunde wird bei der nachfolgenden Darstellung alternativ sowohl ohne als auch mit der Belastung durch die Schweizer AHV gerechnet.

Ebene der Personengesellschaft	ohne AHV:	mit AHV:
Schweizer Gewinn vor Steuern	100,00	100,00
Schweizer AHV 9,785%	0,00	-9,79
Zwischensumme	100,00	90,21
Schweizer Ertragsteuer 19,05%	-19,05	-17,19
Schweizer Gewinn nach Steuern, Transfer nach Deutschland	80,95	73,02

Ebene der Gesellschafter	ohne AHV:	mit AHV:
Gewinntransfer nach D, gleichzeitig Entnahme	80,95	73,02
davon steuerpflichtig (Freistellung)	0,00	0,00
Anrechenbare Schweizer Steuer	0,00	0,00
Verbleibender Betrag	80,95	73,02
Gesamtbelastung	19,05	26,98

Die Strukturierung des Outbound-Geschäfts über eine deutsche Personengesellschaft mit einer Betriebsstätte in der Schweiz stellt bei 19,05% effektiver Steuerbelastung die bisher günstigste steuerliche Handlungsalternative dar.

Allerdings steht diese Handlungsalternative unter dem Vorbehalt, dass keine zusätzlich erhobene schweizerische AHV mit dem Risiko der Zugrundelegung des Welteinkommens als Bemessungsgrundlage veranlagt wird. Ferner darf es sich nicht um Zwischeneinkünfte i. S. v. § 8 Abs. 2 AStG handeln.

d) Deutsche Kapitalgesellschaft

Die Gewinne einer Kapitalgesellschaft können definitorisch nicht der schweizerischen AHV unterliegen. Daher kann sowohl zum Zwecke der Vermeidung der AHV als auch aus sonstigen, nicht nur haftungsrechtlichen Gesichtspunkten, die Outbound-Aktivität als eine solche einer deutschen Kapitalgesellschaft mit einer Betriebsstätte in der Schweiz strukturiert werden. Zum Zwecke der Vergleichbarmachung einer solchen Struktur ist zu unterstellen, dass die hinter der deutschen Kapitalgesellschaft stehenden Anteilseigner natürliche Personen sind, die Anteile im Privatvermögen halten und die Gewinne der Kapitalgesellschaft voll auszuschütten sind. Auch hier sind die zwei denkbaren Besteuerungsmethoden (Teileinkünfteverfahren und Abgeltungsteuer) getrennt zu berechnen.

Die deutsche Kapitalgesellschaft und die Schweizer Betriebsstätte bilden ein so genanntes Einheitsunternehmen. Da aus schweizerischer Sicht der Gewinn dem deutschen Stammhaus zuzurechnen ist, fällt keine schweizerische Verrechnungssteuer (Quellensteuer) an. Unter Zugrundelegung einer solchen Struktur ist die deutsche Kapitalgesellschaft mit ihren Betriebsstätteneinkünften in der Schweiz beschränkt steuerpflichtig (Art. 51 Abs. 1 lit. b i. V. m. Art 52 Abs. 2 DBG). Für die Gewinne der Betriebsstätte einer deutschen Kapitalgesellschaft sind die Steuern nach den Bestimmungen für die juristischen Personen zu entrichten (Art. 11 DBG).

Da die Kapitalgesellschaft dem Grundsatz nach auch in Deutschland unbeschränkt steuerpflichtig ist, wird über die Zuweisung des Besteuerungsrechts nach Art. 7 Abs. 1 i. V. m. Art. 5 DBA D-CH an die Schweiz die Doppelbesteuerung vermieden. Deutschland stellt die Betriebsstättengewinne nach Art. 24 Abs. 1 Nr. 1 lit. a DBA D-CH i. V. m. § 32b Abs. 1 Nr. 3 EStG[808] steuerfrei, wenn und soweit der abkommensrechtliche Aktivitätsvorbehalt gegeben ist (Art. 24 Abs. 1 Nr. 1 lit. a DBA D-CH). Die bereits oben dargestellte Switch-over-Klausel[809] ist auch bei dieser Struktur zu beachten, um einen Übergang von der Freistellungsmethode auf die Anrechnungsmethode zu vermeiden.

Ebene der Kapitalgesellschaft:

Schweizer Gewinn vor Steuern	100,00
Schweizer AHV 9,785%	0,00
Schweizer Ertragsteuer	-19,05
Schweizer Gewinn nach Steuern, Transfer nach Deutschland	80,95

---

808 Der Progressionsvorbehalt wirkt sich allerdings nur Steuer erhöhend bei dem progressiven Einkommensteuertarif für natürliche Personen aus. Bei einem linearen Tarif, wie bei der Körperschaftsteuer, geht der Progressionsvorbehalt ins Leere.

809 Sofern und soweit Zwischengewinne im Sinne von § 8 Abs. 2 AStG vorliegen, wird durch die Switch-over-Klausel des § 20 Abs. 2 AStG ein Methodenwechsel vorgenommen.

Ebene der Anteilseigner mit	Teileinkünfte-verfahren:	Abgeltung-steuer:
= Entnahme / Ausschüttung	80,95	80,95
davon steuerpflichtig (60% / 100%)	48,57	80,95
Einkommensteuer 45% / 25%	-21,86	-20,24
Solidaritätszuschlag 5,5%	-1,20	-1,11
Anrechenbare Schweizer Steuer	0,00	0,00
Verbleibender Betrag	57,89	59,60
Gesamtsteuerbelastung	42,11	40,40

Die Besteuerung einer Outbound-Investition durch eine deutsche Kapitalgesellschaft mit der Begründung einer Betriebsstätte in der Schweiz führt zu einer effektiven steuerlichen Belastung von 42,11% im Falle der Besteuerung nach dem Teileinkünfteverfahren. Bei einer Besteuerung desselben Vorgangs mit der Abgeltungssteuer ergibt sich eine Steuerbelastung von 40,40%. Diese Handlungsalternative ist daher auf den ersten Blick als günstiger zu qualifizieren. Sofern und soweit der Anteilseigner jedoch seine Anteile an der Kapitalgesellschaft fremdfinanziert hat, ist die Steuerbelastung im Falle des Teileinkünfteverfahrens konkret unter Berücksichtigung der i. H. v. 60% als Werbungskosten abzugsfähigen Fremdkapitalzinsen zu berechnen und mit der sich insofern nicht verändernden Möglichkeit der Besteuerung mit der Abgeltungssteuer zu vergleichen.

e) Zwischenergebnis

Die Strukturierung der Outbound-Aktivität als deutsche Kapitalgesellschaft mit einer Betriebsstätte in der Schweiz ist steuerlich günstiger als die Vornahme von Direktgeschäften, gleich mit welcher Rechtsform. Sie ist ferner vorteilhafter als die Strukturierung als deutsches Einzelunternehmen mit einer Betriebsstätte in der Schweiz, da sich in diesem Fall die steuerliche Belastung mit 44,00% errechnet und sich mit zusätzlicher Belastung mit Alters- und Hinterlassenenversicherung eine Abgabenbelastung von 49,48% ergibt.

Die Strukturierung der Outbound-Investition über eine deutsche Kapitalgesellschaft mit einer Betriebsstätte in der Schweiz ist aber ertragsteuerlich ungünstiger, verglichen mit der Vorgehensweise über eine deutsche Personengesellschaft mit einer Betriebsstätte in der Schweiz, da sich in diesem Fall die steuerliche Belastung lediglich mit 19,05% ermittelt, sich auch bei zusätzlicher Erhebung von Alters- und Hinterlassenenversicherung eine Abgabenbelastung von insgesamt 26,98% ergibt und damit günstiger ist als die Strukturierung der Investition über eine deutsche Kapitalgesellschaft.

Allerdings muss an dieser Stelle betont werden, dass die Verwendung einer deutschen Kapitalgesellschaft als Ausgangsgesellschaft für die Begründung einer Betriebsstätte in der Schweiz den unschätzbaren Vorteil hat, hiermit sämtliche Risiken der zusätzlich möglicher Weise drohenden Erhebung von AHV auf das Welteinkommen der Steuerpflichtigen abzuwenden.

Nicht unerwähnt bleiben kann an dieser Stelle der Hinweis, dass ein aus dem deutschen Stammhaus in die Schweiz als Verwaltungsrat entsandter Geschäftsführer das Risiko der Erhebung von AHV auf eine Arbeitsvergütung als Verwaltungsrat eingeht, mit der grundsätzlichen Folge, dass solchenfalls sein persönliches Welteinkommen als Bemessungsgrundlage für seine AHV-Pflicht dienen könnte. In einem solchen Fall könnte die Befreiung von der Schweizer Sozialversicherungspflicht in Frage kommen, wenn der aus Deutschland entsandte Verwaltungsrat mit seinen deutschen Arbeitseinkünften in Deutschland bereits sozialversicherungspflichtig gewesen und geblieben ist.

3) Tochterkapitalgesellschaft in der Schweiz

a) Gründung und Besteuerung Schweizer Kapitalgesellschaften

Eine Kapitalgesellschaft unterliegt in der Schweiz mit ihrem eigenen Gewinn keiner Sozialversicherungspflicht. Diese Abschirmwirkung und die damit einhergehende Rechtssicherheit ist einer der bedeutenden Vorteile, die die Einbindung einer Kapitalgesellschaft in die Strukturierung einer Investition in der Schweiz mit sich bringt. Nicht unerwähnt bleiben darf an dieser Stelle das verbleibende Risiko, dass eine von der deutschen Muttergesellschaft entsandte natürliche Person, beispielsweise als Verwaltungsrat mit einer entsprechenden schweizerischen Tätigkeitsvergütung, einem individuellen AHV-Risiko ausgesetzt ist. Sofern diese Person in Deutschland nicht sozialversicherungspflichtig sein sollte, besteht durch die Begründung der schweizerischen Sozialversicherungspflicht grundsätzlich der Zugriff der schweizerischen AHV auf das gesamte Welteinkommen dieses Verwaltungsrats.[810] Da dieses Risiko ungleich geringer ist als der Zugriff der schweizerischen AHV auf das Welteinkommen der von Deutschland aus agierenden Personengesellschaft, die eine Betriebsstätte in der Schweiz betreibt, sollen nachfolgend Strukturen untersucht werden, die durch die Einbindung von Kapitalgesell-

---

810 Im Vorfeld einer solchen entlohnten Entsendung sollte versucht werden, mit der Deutsche Verbindungsstelle Krankenversicherung Ausland (www.dvka.de), Bonn, sowie dem Schweizer Bundesamt für Sozialversicherung (www.bsv.admin.ch), Bern, eine (zumindest anteilige) Befreiung von der schweizerischen Sozialversicherung unter Berufung auf Art. 17 der VO 1408/71 EWG zu bewirken.

schaften eine Abschirmwirkung gegen die Schweizer Sozialversicherung haben. Zudem muss der Vollständigkeit halber herausgearbeitet werden, wie hoch die steuerlichen Belastungen bei Investitionsstrukturen mit Kapitalgesellschaften sind.

Einem deutschen Unternehmen, welches sich mit einer schweizerischen Tochterkapitalgesellschaft strukturieren möchte, stehen als taugliche Rechtsformen die Gesellschaft mit beschränkter Haftung, die Aktiengesellschaft und die Kommanditgesellschaft auf Aktien nach Schweizer Recht zur Verfügung. Bei der Gründung einer solchen Gesellschaft oder der Übernahme der Anteile an einer bereits bestehenden Gesellschaft bestehen für Mutterunternehmen aus Deutschland keine Hindernisse. Sowohl eine natürliche Person (im Rahmen des steuerlichen Privatvermögens), ein Einzelunternehmer (im Rahmen seines steuerlichen Betriebsvermögens) als auch eine deutsche Personengesellschaft wie auch eine deutsche Kapitalgesellschaft kann ohne besondere Voraussetzungen eine Schweizer (Tochter-)Kapitalgesellschaft gründen oder deren Anteile übernehmen.

Mit der Regelung „Juristische Personen sind aufgrund persönlicher Zugehörigkeit steuerpflichtig, wenn sich ihr Sitz oder ihre tatsächliche Verwaltung in der Schweiz befindet (Art. 51 DBG)[811], knüpft das Schweizer Steuerrecht an dieselben Besteuerungskriterien an wie auch das deutsche Recht (§ 1 Abs. 1 KStG). Zusätzlich zu der als „Gewinnsteuer" (Art. 1 lit. b DBG) bezeichneten und der deutschen Körperschaftsteuer vergleichbaren Ertragsteuer wird auf kantonaler Ebene nach Art. 29 Abs. 1 StHG eine „Kapitalsteuer" auf das Eigenkapital erhoben. Zur Komplexitätsreduktion wird nachfolgend bei den Berechnungsmodellen zum Zwecke der Ermittlung der steuerlichen Belastung von Strukturen mit Schweizer Kapitalgesellschaften von den bereits oben ermittelten 19,05% durchschnittlicher effektiver Steuerbelastung ausgegangen.[812]

Art. 10 Abs. 1 DBA D-CH weist das Besteuerungsrecht für die Besteuerung von Dividenden grundsätzlich dem Ansässigkeitsstaat des Anteilseigners zu. Der in Art. 10 Abs. 4 DBA D-CH definierte Begriff der Dividenden umfasst Einnahmen aus Aktien, Genussrechten, Anteilen an einer GmbH, Kuxen, Gründeranteilen oder anderen Rechten (ausgenommen Forderungen) mit Gewinnbeteiligung sowie aus sonstigen Gesellschaftsanteilen stammende Einnahmen, die nach dem Steuerrecht des Staats, in dem die ausschüttende Gesellschaft ansässig ist, den Einnahmen aus Aktien gleichgestellt sind, einschließlich der Einnahmen aus

---

811 Die korrespondierende Reglung des Art. 20 Abs. 1 StHG lautet: „Kapitalgesellschaften, Genossenschaften, Vereine, Stiftungen und die übrigen juristischen Personen sind steuerpflichtig, wenn sich ihr Sitz oder ihre tatsächliche Verwaltung im Kanton befindet."

812 Vgl. oben IV. B. 2. f. 2)

Beteiligungen an einem Handelsgewerbe als stiller Gesellschafter im Sinne des deutschen Rechts, aus Gewinnobligationen, aus partiarischen Darlehen sowie aus Ausschüttungen auf Anteilsscheine aus Investmentfonds.

Eine Dividendenausschüttung an Schweizer Anteilseigner unterliegt grundsätzlich der vom Bund erhobenen 35%-igen Schweizer Verrechnungssteuer (Art. 1 Abs. 1 i. V. m. Art. 13 Abs. 1 lit. a VStG). Die Kantone erhalten hiervon eine „Provision" in Höhe von 10 v. H. des jährlichen Reinertrags der vom Bund erhobenen Verrechnungssteuer (Art. 2 Abs. 1 VStG).

Bei einer Dividendenzahlung an einen deutschen Anteilseigner kann die Schweiz, als Quellenstaat, nach Art. 10 Abs. 2 DBA D-CH grundsätzlich Quellensteuer erheben. Diese Quellensteuer beträgt

- 5% des Bruttobetrags der Dividenden einer Gesellschaft, die ein Grenzkraftwerk am Rhein betreibt (Art. 10 Abs. 2 lit. a DBA D-CH),
- 30% des Bruttobetrags der Einnahmen aus stillen Beteiligungen, stillen Gesellschaften, aus Genussrechten, aus Gewinnobligationen oder aus partiarischen Darlehen, wenn diese Beträge bei der Gewinnermittlung des Schuldners abzugsfähig sind (Art. 10 Abs. 2 lit. b DBA D-CH) oder
- 15% des Bruttobetrags in allen anderen Fällen.

Sofern ein Anteilseigner eine in dem anderen Vertragsstaat ansässige Gesellschaft ist und über mindestens 20 v. H. der Anteile des Kapitals der die Dividende zahlenden Gesellschaft verfügt, geht der insoweit als lex specialis zu verstehende Art. 10 Abs. 3 DBA D-CH mit der so genannten „Nullregelung" Art. 10 Abs. 2 DBA D-CH vor. Nach Art. 10 Abs. 3 DBA D-CH ist die Dividende im Quellenstaat nicht zu besteuern. Neben der abkommensrechtlichen Nullregelung kann sich auch eine vollständige Quellensteuerbefreiung über Art. 15 des zwischen der Schweiz und der EU abgeschlossenen Zinsbesteuerungsabkommens ergeben.[813] Vor der Anwendung der Freistellung werden seitens der Schweiz regelmäßig umfangreiche Missbrauchsprüfungen durchgeführt.[814]

---

813 Für die Nullregelung des Art. 10 Abs. 3 DBA D-CH reicht eine Beteiligung von 20% ohne weitere Voraussetzungen aus. Die Anwendung des EU-Zinsabkommens hat weitergehende Voraussetzungen, da es an eine Beteiligung von mindestens 25% und eine Beteiligungsdauer von mindestens 2 Jahren geknüpft ist.

814 Beispielsweise wird das treuhänderische Halten einer solchen Beteiligung ebenso als Abkommensmissbrauch angesehen, wie eine nur für Zwecke des Treaty Shopping zwischengeschaltete deutsche Kapitalgesellschaft oder das zeitnahe Weiterschleusen der Dividenden an eine in einem Offshorestaat an-

Hinsichtlich des Verfahrens der Dividendenbesteuerung ist Art. 28 Abs. 1 DBA D-CH zu beachten. Hiernach erhebt der Quellenstaat grundsätzlich zunächst die Quellensteuer in voller Höhe. In Schritt zwei erstattet der Quellenstaat auf Antrag nach Art. 28 Abs. 2 bis 5 DBA D-CH die Quellensteuer im Einzelfall. Die sofortige Entlastung einer deutschen Muttergesellschaft an der Quelle kann die Eidgenössische Steuerverwaltung ausnahmsweise auf Antrag für die Dauer von drei Jahren bewilligen, wenn es sich um eine deutsche Muttergesellschaft in der Rechtsform einer Kapitalgesellschaft handelt, die am Meldeverfahren[815] teilnimmt und über eine direkte Beteiligung von mindestens 20 v. H. verfügt.

Sofern es sich bei dem deutschen Anteilseigner um eine juristische Person handelt, bleibt die aus der Schweiz vereinnahmte Dividende bei der Ermittlung der Einkünfte nach § 8b Abs. 1 KStG regelmäßig außer Ansatz.[816] Allerdings schreibt § 8b Abs. 5 KStG, der im übrigen § 3c Abs. 1 EStG für nicht anwendbar erklärt, den Ansatz von 5% der Bezüge von § 8 Abs. 1 KStG als nichtabzugsfähige Betriebsausgaben vor.

Auch § 8b Abs. 3 Satz 2 KStG, der die Gewinne aus der Veräußerung einer Beteiliung erfasst, erklärt § 3c Abs. 1 EStG ebenfalls für nicht anwendbar. Hiernach sind Betriebsausgaben, die im Zusammenhang mit diesen steuerfreien Einnahmen stehen, dennoch abzugsfähig. Als steuerliche Bemessungsgrundlage bleiben die 5% des nach den vorgenannten Betriebsausgaben verbleibenden Gewinns als nicht abzugsfähige Betriebsausgabe (§ 8b Abs. 3 Satz 1 KStG).

Hinsichtlich der Gewerbesteuer stellt § 9 Nr. 7 GewStG die Gewinne aus den Anteilen an einer Kapitalgesellschaft mit Sitz und Geschäftsleitung im Ausland frei, sofern eine Beteiligung von mindestens 15% seit Beginn des Erhebungszeitraums bestanden hat und die Tochter-Gesellschaft aktive Einkünfte i. S. d § 8 Abs. 1 Nr. 1 bis 6 AStG erzielt hat oder als Landes- oder Funktionsholding ihrerseits an Enkel-Gesellschaften beteiligt ist und diese entsprechende Einkünfte erwirtschaften (§ 9 Nr. 7 Sätze 4 ff. GewStG).[817] Neben der Kürzung nach § 9 Nr. 7 kann auch die nicht an weitere Voraussetzungen gebundene Kürzung nach § 9 Nr. 8 GewStG in Frage kommen, wenn ein Doppelbesteuerungsabkommen, wie im Verhältnis zur Schweiz Art. 24 Abs. 1 Nr. 1 lit. b DBA D-CH, die Freistellung vorsieht.

---

sässige Person, die der wahre hinter der deutschen Kapitalgesellschaft stehende Berechtigte ist.

815 Vgl. Kreisschreiben Nr. 6 der Eidgenössischen Steuerverwaltung vom 22.12.2004.

816 Bei Kredit- und Finanzdienstleistungsunternehmen ist § 8b Abs 7 KStG, bei Versicherungsunternehmen § 8b Abs. 8 KStG als lex specialis zu beachten.

817 Vgl. Heurung, R.,/Seidel, P./Pippart, N., S. 112.

Werden die Anteile an der Schweizer Kapitalgesellschaft von einer in Deutschland unbeschränkt steuerpflichtigen natürlichen Person im Privatvermögen gehalten, kann der Steuerpflichtige unter bestimmten Voraussetzungen zwischen dem Teileinkünfteverfahren und der Abgeltungssteuer nach § 32d Abs. 1 EStG) wählen. Gehören die Anteile zu einem Betriebsvermögen, sind die Einkünfte aus Dividendeneinnahmen von Schweizer Kapitalgesellschaften im Hinblick auf die Subsidiaritätsklausel des § 20 Abs. 8 EStG den Einkünften aus Gewerbebetrieb zuzuordnen und daher ausschließlich nach dem Teileinkünfteverfahren zu versteuern.

b) Deutsches Einzelunternehmen mit Schweizer Tochterkapitalgesellschaft

Sofern eine natürliche Person die Anteile an der Schweizer Kapitalgesellschaft über ihr Privatvermögen oder ein Einzelunternehmer über sein Betriebsvermögen hält, reduziert sich die Schweizer Quellensteuer von 35% auf den so genannten Sockelbetrag von 15% nach Art. 10 Abs. 2 lit. c DBA D-CH. Die Anwendung der Nullregelung scheidet aus, da in den Genuss der Nullregelung nur eine Gesellschaft kommen kann, welche nach herrschender Meinung entweder eine juristische Person oder eine Person sein muss, die wie eine juristische Person zu behandeln ist.[818]

Die steuerliche Belastung einer so gehaltenen Beteilung berechnet sich wie folgt:

Ebene der Kapitalgesellschaft:

Schweizer Gewinn vor Steuern	100,00
Schweizer AHV 9,785%	0,00
Schweizer Ertragsteuer	-19,05
Schweizer Gewinn nach Steuern,	80,95
Schweizer Quellensteuer 15%	-12,14
Transfer nach Deutschland	68,81

818 Vgl. Debatin, H./Wassermeyer, F./Zwosta, M.-B., DBA D-CH, Art. 10 Rn. 66.

Ebene der Anteilseigner mit	Teileinkünfte-verfahren:	Abgeltungs-steuer:
= Entnahme / Ausschüttung	68,81	68,81
steuerpflichtig (60% / 100%)	48,57	80,95
Einkommensteuer 45% / 25%	-21,86	-20,24
Solidaritätszuschlag 5,5%	-1,20	-1,11
Anrechenbare Schweizer Steuer	12,14	12,14
Verbleibender Betrag	57,89	59,60
Gesamtsteuerbelastung	42,11	40,40

Die steuerliche Belastung eines deutschen Einzelunternehmens, welches zum Zecke der Strukturierung seiner Outbound-Investition in der Schweiz sich einer dortigen Tochter-Kapitalgesellschaft bedient, ermittelt sich im Falle der Besteuerung nach dem Teileinkünfteverfahren mit 42,11%. Im Falle der Versteuerung mittels der so genannten Abgeltungssteuer ergibt sich eine steuerliche Belastung i. H. v. 40,40%.

c) Deutsche Personengesellschaft mit Schweizer Tochterkapitalgesellschaft

Mit dem Protokoll zum Abkommen vom 11.11.1971 zwischen der Bundesrepublik Deutschland und der Schweiz zur Vermeidung der Doppelbesteuerung auf dem Gebiete der Steuern vom Einkommen und vom Vermögen in der Fassung vom 21.12.1992, datierend vom 21.12.2001, wurde bilateral Einvernehmen darüber hergestellt, dass Personengesellschaften aus beiden Staaten steuerlich als transparent zu behandeln sind. Hierdurch steht einer an einer Personengesellschaft beteiligten Kapitalgesellschaft die Möglichkeit offen, für sich die Nullregelung in Anspruch zu nehmen, wenn sie über die Personengesellschaft zu mindestens 20 v. H. an einer schweizerischen Kapitalgesellschaft beteiligt ist. Zwar ist eine Personengesellschaft grundsätzlich als solche nicht abkommensberechtigt. Damit nicht jeder einzelne Mitunternehmer einen separaten Antrag stellen muss, wird aus Vereinfachungsgründen eine Personengesellschaft unter bestimmten Voraussetzungen als antragsberechtigt für die Geltendmachung der Quellensteuerentlastung angesehen.[819]

Stehen hinter der deutschen Personengesellschaft natürliche Personen, die unbeschränkt steuerpflichtig sind, ist die vorstehende Berechnung für Muttergesellschaften in der Rechtsform einer Einzelunternehmung sinngemäß anzuwenden.

---

819 Vgl. Tz. 1 lit. b) des dem Revisionsprotokoll vom 12.03.2002 (BGBl. 2003 II, S. 68) beigefügten Protokolls vom 21.12.1992 (abgedruckt bei Debatin, H./Wassermeyer, F., S. 8).

d) Deutsche Kapitalgesellschaft mit Schweizer Tochterkapitalgesellschaft

Die Strukturierung der Investition in der Schweiz kann auch mit einer Schweizer Kapitalgesellschaft als Tochterunternehmen einer deutschen Kapitalgesellschaft vorgenommen werden, wobei die Anteile an der deutschen Kapitalgesellschaft wahlweise von natürlichen Personen oder von einer Personengesellschaft, hinter der natürliche Personen stehen, gehalten werden können.

Auf der Ebene der Schweizer Kapitalgesellschaft fällt Gewinnsteuer (19,05%) an. Schweizer Sozialversicherung (AHV) ist nicht zu berücksichtigen. Im Hinblick auf Ausschüttungen an die deutsche Muttergesellschaft wird zur Komplexitätsreduktion von der Nullregelung nach Art. 10 Abs. 3 DBA D-CH Gebrauch gemacht und keine Schweizer Quellensteuer berücksichtigt.
Auf der Ebene der deutschen Kapitalgesellschaft sind die Dividendeneinkünfte aus der Schweizer Kapitalgesellschaft nach § 9 Nr. 7 GewSt vom Gewinn zu kürzen, sofern das Unternehmen seit Beginn des Erhebungszeitraums mit mindestens 15% an der Schweizer Tochtergesellschaft beteiligt ist und diese Einkünfte aus aktiven Tätigkeiten im Sinne von § 8 Abs. 1 Nr. 1 bis 6 AStG erwirtschaftet (keine Domizilgesellschaft). Für Zwecke der Körperschaftsteuer handelt es sich um steuerfreie Dividenden, für die 5% nicht abzugsfähige Betriebsausgaben zu berücksichtigen sind.

Befindet sich auf der Ebene der Anteilseigner der deutschen Kapitalgesellschaft eine Personengesellschaft, hat diese die Dividendeneinkünfte nach dem Teileinkünfteverfahren zu versteuern. Eine natürliche Person mit den Anteilen an der deutschen Kapitalgesellschaft im Privatvermögen kann, wenn die Voraussetzungen des § 32d Abs. 2 EStG vorliegen, alternativ zwischen dem Teileinkünfteverfahren oder der Abgeltungsteuer wählen.

Die Berechnung der steuerlichen Belastung stellt sich wie folgt dar:

Ebene der Schweizer Kapitalgesellschaft:

Schweizer Gewinn vor Steuer	100,00
Schweizer AHV 9,785%	0,00
Schweizer Ertragsteuer 19,05%	-19,05
Schweizer Quellensteuer	0,00
Schweizer Gewinn nach Steuern, transferierbar nach Deutschland	80,95

Unternehmensebene in Deutschland:

Gewinntransfer von der Schweiz nach Deutschland	80,95
davon steuerpflichtig (5%)	4,05
Gewerbesteuer (Hebesatz 400%, 14%)	-0,56
Körperschaftsteuer 15%	-0,60
Solidaritätszuschlag 5,5%	-0,03
Verbleibender Betrag	79,76

Ebene der Anteilseigner mit	Teileinkünfte-verfahren:	Abgeltung-steuer:
= Entnahme / Ausschüttung	79,76	79,76
davon steuerpflichtig (60% / 100%):	47,86	79,76
Einkommensteuer 45% / 25%	-21,54	-19,94
Solidaritätszuschlag 5,5%	-1,19	-1,10
Anrechenbare Schweizer Steuer	0,00	0,00
Verbleibender Betrag	57,03	58,72
Gesamtsteuerbelastung	42,97	41,28

Bei einer Strukturierung der Outbound-Investition über eine deutsche Kapitalgesellschaft mit einer in der Schweiz ansässigen Tochter-Kapitalgesellschaft ergibt sich im Falle der Besteuerung nach dem Teileinkünfteverfahren eine steuerliche Belastung i. H. v. 42,97%. Bei Anwendung der Abgeltungssteuer ermittelt sich die Steuerbelastung mit 41,28%.

e) Zwischenergebnis

Die steuerliche Belastung einer Investition in der Schweiz mittels einer dort agierenden Tochter-Kapitalgesellschaft stellt sich bei einem deutschen Mutterunternehmen in der Rechtsform eines Einzelunternehmens oder einer Personengesellschaft gleich dar und ermittelt sich mit 42,11% im Falle der Verfahrensweise über das Teileinkünfteverfahren alternativ zu einer Belastung von 40,40% bei einer Besteuerung mit der so genannten Abgeltungssteuer. Die alternativ möglichen steuerlichen Belastungen von 42,97% bei Anwendung des Teileinkünfteverfahrens oder 41,28% bei Versteuerung mittels der Abgeltungssteuer im Falle der Strukturierung der deutschen Muttergesellschaft als Kapitalgesellschaft sind nicht derart signifikant, als dass diese steuerlichen Belastungsunterschiede alleine entscheidungserheblich sein werden.

Festzuhalten bleibt an dieser Stelle, dass eine Vorgehensweise mit einer vor Ort tätigen Schweizer Tochter-Kapitalgesellschaft in jedem Fall eine steuerliche Belastung zwischen 40,40% und 42,97% hervorrufen wird und damit immer günstiger ist als die Organisation des Vorhabens in Form eines Direktvertriebs. Die vorstehend beschriebene Vorgehensweise ist jedoch in jedem Fall ungünstiger als die Strukturierung der Outbound-Investition über eine deutsche Personengesellschaft mit einer Betriebsstätte in der Schweiz, da eine solche Struktur zu einer Belastung von lediglich 19,05% oder 26,98% (mit AHV) führt.

4) Organschaftsmodell

Die Handlungsalternative deutsche Personengesellschaft mit Betriebsstätte in der Schweiz erzielt zwar die niedrigste mögliche Ertragsteuerbelastung. Sie ist aber mit dem Risiko der Veranlagung zur Schweizer Sozialversicherung, verbunden mit dem weiteren Risiko der Zugrundelegung des Welteinkommens als Bemessungsgrundlage und dem Umstand, dass die schweizerische Sozialversicherung keine Beitragsbemessungsgrenze kennt, behaftet. Zur weiteren Optimierung der Struktur einer deutsch-schweizerischen Unternehmensverbindung wird nachfolgend, als im Sinne der Steuerplanungslehre weitere denkbare Handlungsalternative eine Mischform und Kombination von unterschiedlichen Rechtsformen analysiert.

Im Sinne einer mehrstufigen Steuerplanung wird nachfolgend ein Organschaftsmodell berechnet. Das Prinzip der Einmalbesteuerung, nach welchem sowohl die Doppelbesteuerung wie auch die Keinmalbesteuerung vermieden werden soll, findet bei der Organschaftsbesteuerung im Organkreis auf der Ebene des Organträgers Berücksichtigung.[820] Zunächst wird unterstellt, dass natürliche Personen eine deutsche GmbH und eine deutsche Kommanditgesellschaft gründen. Die GmbH wird Komplementärin der Kommanditgesellschaft. An der Kommanditgesellschaft sind nur diese natürlichen Personen als Kommanditisten beteiligt. Ferner wird unterstellt, dass diese Kommanditgesellschaft als 100%ige Muttergesellschaft eine deutsche GmbH als Tochtergesellschaft gründet und mit die-

---

[820] Vgl. Heurung, R./Seidel, P., Der Konzern 2009, S. 400.

ser Tochter-GmbH einen Ergebnisabführungsvertrag abschließt. Weiter wird angenommen, dass die deutsche Tochter-GmbH eine Betriebsstätte in der Schweiz betreibt und dort aktive schweizerische Betriebsstätteneinkünfte erzielt. Ferner wird davon ausgegangen, dass die deutsche Tochter-GmbH finanziell in die GmbH & Co. KG als Organgesellschaft eingegliedert ist. Im Übrigen wird unterstellt, dass die Deutsche GmbH & Co. KG als Organträgerin eine eigene originäre gewerbliche Tätigkeit i. S. d. § 15 Abs. 1 Nr. 1 EStG betreibt und die Voraussetzungen des § 15 Abs. 2 EStG gegeben sind.

Auf der Ebene der Einkunftserzielung durch die Schweizer Betriebsstätte ist die deutsche Tochter-GmbH mit den Betriebsstätteneinkünften beschränkt steuerpflichtig (Art. 51 Abs. 1 lit. b i. V. m. Art. 52 Abs. 2 DBG). Betriebsstätten gelten in der Schweiz als Personengesamtheit ohne juristische Persönlichkeit und werden nach Art. 11 DBG und Art. 20 Abs. 2 StHG den Vorschriften für juristische Personen entsprechend besteuert.

Hinsichtlich der schweizerischen Sozialversicherung ist bei einer solchen Struktur eine Abschirmwirkung der Gewinne vor dem Risiko einer schweizerischen Sozialversicherung gegeben, da das aus der Schweizer Sicht hierfür relevante deutsche Unternehmen eine Kapitalgesellschaft ist. Weitere gesellschaftsrechtliche und hinter der deutschen GmbH ansetzende Strukturen, wie hier der Ergebnisabführungsvertrag mit einer Personengesellschaft, sind aus Schweizer Sicht unbeachtlich, da nur auf die Gesellschaft abzustellen ist, die die Betriebsstätte in der Schweiz betreibt.

Die deutsche GmbH und die Schweizer Betriebsstätte bilden aus Schweizer Sicht ein Einheitsunternehmen. Die schweizerischen Betriebsstättengewinne werden der deutschen GmbH als laufende Gewinne zugerechnet.

Nach Art. 7 Abs. 1 i. V. m. Art. 5 DBA D-CH sind der Schweiz als Betriebsstättenstaat die Besteuerungsrechte zugewiesen. Diese Betriebsstättengewinne werden in Deutschland unter Anwendung des Progressionsvorbehalts nach § 32b Abs. 1 Nr. 3 EStG freigestellt, sofern der abkommensrechtliche Aktivitätsvorbehalt des Art. 24 Abs. 1 Nr. 1 lit. a DBA D-CH gegeben ist und soweit es sich nicht um Zwischeneinkünfte i. S. d. § 8 Nr. 1-6 AStG handelt, welche die Switch-over-Klausel des § 20 Abs. 2 AStG (Umstellung von der Freistellungsmethode auf die Anrechnungsmethode) zur Folge hätte.

Die steuerliche Belastung auf der Ebene der Schweiz berechnet sich wie folgt:

Ebene der Schweizer Betriebsstätte:

Schweizer Gewinn vor Steuer	100,00
Schweizer AHV 9,785%	0,00
Schweizer Ertragsteuer ca. 19,05%	-19,05
Schweizer Quellensteuer	0,00
Schweizer Gewinn nach Steuern, Transfer nach Deutschland	80,95

Auf der Ebene der deutschen Tochter-GmbH liegen nach Art. 24 Abs. 1 lit. a DBA D-CH befreite Betriebsstätteneinkünfte vor. Diese in der Schweiz erwirtschafteten Betriebsstätteneinkünfte werden von der deutschen Tochter-GmbH steuerfrei vereinnahmt.

Die steuerliche Situation der deutschen Tochter-GmbH stellt sich wie folgt dar:

Unternehmensebene der Tochter-GmbH in Deutschland:

Gewinntransfer von der Schweiz nach Deutschland	80,95
davon steuerpflichtig	0,00
Gewerbesteuer (Hebesatz 400%, 14%)	0,00
Körperschaftsteuer 15%	0,00
Solidaritätszuschlag 5,5%	0,00
Verbleibender Betrag	80,95

Der Gewinn der deutschen GmbH wird aufgrund des Ergebnisabführungsvertrags an die deutsche GmbH & Co. KG als Organträgerin nach § 14 ff. KStG weitergeschleust und dort als transparente Einkünfte den deutschen natürlichen Personen mittels gesonderter Feststellung der Besteuerungsgrundlagen (§§ 179, 180 AO) zugerechnet.

Hinsichtlich der Gewerbesteuer greift die Kürzungsvorschrift des § 9 Nr. 3 GewStG, sodass die Schweizer Betriebsstättengewinne auch nicht der deutschen Gewerbesteuer unterliegen.

Die sich insofern ergebende deutsche Steuerbelastung ermittelt sich wie folgt:

Gesellschafterebene in Deutschland:

Ausschüttung	80,95
davon steuerpflichtig	0,00
Einkommensteuer 45%	0,00
Solidaritätszuschlag 5,5%	0,00
Anrechenbare Schweizer Steuer	0,00
Verbleibender Betrag	80,95
Gesamtsteuerbelastung	19,05

Hinsichtlich der übrigen steuerpflichtigen Einkünfte der deutschen Kommanditisten ist der Progressionsvorbehalt zu beachten.

Im Falle der Strukturierung einer Outbound-Investition in Form des vorstehend beschriebenen Organschaftsmodells kann die Steuerbelastung von Einkünften einer deutschen Personengesellschaft mit einer Betriebsstätte in der Schweiz unter Zwischenschaltung einer deutschen Tochter-GmbH mit Ergebnisabführungsvertrag auf einen Effektivsteuersatz von 19,05% reduziert werden.

Sofern allerdings bereits bei Strukturierung der Outbound-Investition über eine deutsche Personengesellschaft mit einer Schweizer Betriebsstätte ohne Zwischenschaltung einer mit Ergebnisabführungsvertrag verbundenen Tochter-GmbH sichergestellt werden kann, dass kein schweizerisches Sozialversicherungsrisiko besteht, wäre diese gesellschaftsrechtliche Struktur kostengünstiger, da durch Zwischenschaltung einer deutschen Tochter-GmbH nachhaltig laufende Kosten anfallen.

5) Deutsche GmbH mit atypisch stiller Gesellschaft

Sollten bestimmte gesellschaftsrechtliche Gegebenheiten zu übernehmen sein und aus diesen Gründen ausgehend von einer deutschen GmbH die Outbound-Investition mit einer Betriebsstätte in der Schweiz zu planen sein, dann käme auch in Frage, mit der deutschen GmbH eine atypisch stille Gesellschaft zu begründen.

In der Schweiz würde der Betriebsstättengewinn der deutschen GmbH zugerechnet, welche mit den schweizerischen Betriebsstätteneinkünften nach Art. 51 Abs. 1 lit. b i. V. m. Art. 52 Abs. 2 DBG beschränkt steuerpflichtig wäre. Das Besteuerungsrecht würde über Art. 7 Abs. 1 i. V. m. Art. 5 DBA D-CH der Schweiz zugewiesen. Die Betriebsstätte würde in der Schweiz gleich einer juristischen Person besteuert (Art. 11 DGB; Art. 20 Abs. 2 StHG). Auf den in der Schweiz erwirtschafteten Betriebsstättengewinn kann keine schweizerische Sozialversicherung erhoben werden, da die Betreiberin der Betriebsstätte eine juristische Person ist.

Auf der Ebene der schweizerischen Besteuerung berechnet sich die steuerliche Belastung wie folgt:

Ebene der Kapitalgesellschaft:

Schweizer Gewinn vor Steuern	100,00
Schweizer AHV 9,785%	0,00
Schweizer Ertragsteuer	-19,05
Schweizer Gewinn nach Steuern, Transfer nach Deutschland	80,95

Soweit der abkommensrechtliche Aktivitätsvorbehalt gegeben ist, stellt Deutschland diese Betriebsstättengewinne frei (Art. 24 Abs. 1 Nr. 1 lit. a. DBA D-CH). Der in der Schweizer Betriebsstätte erwirtschaftete Gewinn ist auf der Besteuerungsebene in Deutschland aufzuteilen in den Gewinnanteil, der der GmbH verbleibt, und den Gewinnanteil, der dem atypisch stillen Gesellschafter zuzurechnen ist. Unterstellt aus Gründen der Optimierung der steuerlichen Belastung wäre der Gewinnaufteilungsschlüssel zwischen der GmbH und dem atypisch stillen Gesellschafter sehr hoch zu Gunsten des atypisch stillen Gesellschafters beispielsweise mit 10% zu 90% wirksam vereinbart, dann hätte der atypisch stille Gesellschafter seinen Gewinnanteil als mitunternehmerische Einkünfte aus Gewerbebetrieb nach § 15 Abs. 1 Nr. 2 EStG ähnlich zu versteuern wie der Gesellschafter einer deutschen Personengesellschaft oder ein Kommanditist.

Auf der unternehmerischen Ebene stellt sich die steuerliche Belastung wir folgt dar:

	Gewinnanteile	
Unternehmensebene in Deutschland:	10% GmbH	90% stiller Gesellschafter
Gewinntransfer von der Schweiz nach Deutschland	8,10	72,85
davon steuerpflichtig (5%)	0,00	0,00
Gewerbesteuer (Hebesatz 400%, 14%)	0,00	0,00
Körperschaftsteuer 15%	0,00	0,00
Solidaritätszuschlag 5,5%	0,00	0,00
Verbleibender Betrag	8,10	72,85

Der Gewinnanteil des atypisch stillen Gesellschafters ist durch die Kürzungsvorschrift des § 9 Nr. 3 GewStG von der Besteuerung freigestellt. Der Anteilseigner kann unter den Voraussetzungen des § 32d Abs. 2 EStG bei einer Ausschüttung der ihm zustehenden Dividende zwischen dem Teileinkünfteverfahren oder der Abgeltungsteuer wählen. Der atypisch stille Gesellschafter hat seine mitunternehmerischen Einkünfte als solche aus Gewerbebetrieb zu veranlagen.

Die Berechnung der steuerlichen Belastung auf der Ebene der Investoren stellt sich wie folgt dar:

Ebene der Anteilseigner:	Teileinkünfte-verfahren:	Abgeltungs-steuer:
= Entnahme / Ausschüttung	8,10	8,10
davon steuerpflichtig (60% / 100%)	4,86	8,10
Einkommensteuer 45% / 25%	-2,19	-2,03
Solidaritätszuschlag 5,5%	-0,12	-0,11
Anrechenbare Schweizer Steuer	0,00	0,00
Verbleibender Betrag	5,79	5,96
Gesamtsteuerbelastung	2,31	2,14

	stiller Gesellschafter:
= Entnahme / Ausschüttung	72,85
davon steuerpflichtig (60% / 100%)	0,00
Einkommensteuer 45% / 25%	0,00
Solidaritätszuschlag 5,5%	0,00
Anrechenbare Schweizer Steuer	0,00
Verbleibender Betrag	72,85
Gesamtsteuerbelastung	0,00
Summe Gesamtsteuerbelastung	21,36 oder 21,19

Würde man die Struktur einer deutschen GmbH mit einer atypisch stillen Gesellschaft wählen und in dieser gesellschaftsrechtlichen Struktur eine Betriebsstätte in der Schweiz betreiben, dann wäre die gesamte steuerliche Belastung auf einem Niveau von 21,36% im Falle des Teileinkünfteverfahrens und von 21,19% bei Anwendung der Abgeltungssteuer darstellbar, unterstellt, der Gesamtgewinn könnte mit 10% der GmbH und mit 90% der Stillen Gesellschaft zugeordnet werden.

V. Zusammenfassung

Anstoß für diese Arbeit war die Beobachtung, dass Schweizer Kantone in Deutschland sich an mittelständische Unternehmer richtende intensive Werbefeldzüge durchführen, um deutsche Unternehmer dazu zu bewegen, ihre Unternehmen von dem Standort Deutschland in den Standort Schweiz ganz oder teilweise durch Begründung einer Betriebsstätte oder Gründung einer schweizerischen Tochtergesellschaft zu verlagern. Da deutsche mittelständische Unternehmen überwiegend in einer der für Personengesellschaften möglichen Gestaltungsausprägungen organisiert sind, zielt das Angebot der Schweizer Kantone darauf ab, deutsche Personengesellschaften zu Outbound-Investitionen in der Schweiz zu bewegen. In diesem Zusammenhang preisen die Kantonsvertreter populistisch ein in der Schweiz vermeintlich besseres Investitionsklima, ein angeblich sicheres Rechtssystem einschließlich eines mutmaßlich verlässlichen Schweizer Bankgeheimnisses und ein einfacheres und günstigeres Steuersystem an. Diese Aussagen waren im Rahmen dieser Arbeit kritisch zu hinterfragen und zu analysieren.

In der Einleitung wurde zunächst das Forschungsgebiet der Betriebswirtschaftlichen Steuerlehre von den in der Rechtswissenschaft interessierenden Fragestellungen des Steuerrechts und von den in der Volkswirtschaftslehre untersuchten Fragestellungen der Finanzwissenschaft abgegrenzt und die im Zusammenhang mit dieser Arbeit interessierenden Teilbereiche der Steuerwirkungslehre, der Steuerplanungslehre und der Steuergestaltungslehre herausgearbeitet und hierbei festgehalten, dass die vorliegende Arbeit dem Gebiet der Steuerplanungslehre zuzuordnen ist.

Nach der Einleitung wurden zunächst die Grundlagen des Gesellschaftsrechts beleuchtet. Hierbei wurden die Begriffe des deutschen und des supranationalen Gesellschaftsrechts kurz dargestellt. Ferner wurden die Geschichte des Gesellschaftsrechts und anschließend die gesellschaftsrechtlichen Grundformen erörtert.

Anschließend war festzustellen, dass die von den Schweizer Kantonsvertretern adressierten deutschen mittelständischen Unternehmer überwiegend in der Rechtsform von Personengesellschaften organisiert sind und es international kaum einen anderen Rechtskreis als den bundesdeutschen gibt, in dem eine derartige Vielzahl und ein derartiger Facettenreichtum von Personengesellschaften und gesellschaftsrechtlichen Mischformen anzutreffen ist. Dieser Zusammenhang wurde deutlich, als die zivilrechtlichen Grundlagen der deutschen Personengesellschaften nebst der sich im Spannungsfeld des deutschen, europäischen und internationalen Gesellschaftsrechts ergebenden Problematiken herausgearbeitet wurden. Die untersuchten Rechtsgrundlagen, die Begriffsbestimmung und Bedeutung, die Entstehung, den Gesellschaftsvertrag, das Innenverhältnis, das Außenverhältnis, den Gesellschafterwechsel sowie die Auflösung und die Beendigung der als Personengesellschaft anzutreffende Gesellschaft bürgerlichen Rechts, Offene Handelsgesellschaft, Kommanditgesellschaft, Stille Gesellschaft, Unterbeteiligungsgesellschaft, Partnerschaftsgesellschaft, Europäische Wirtschliche Interessensvereinigung sowie der Sonder- und Mischformen (bspw. Kapitalistische Personengesellschaft, GmbH & Co. KG, GmbH & Still, Betriebsaufspaltung, Publikumsgesellschaften) wie auch ausländische Gesellschaften und deren gesellschaftsrechtliche Einordnung machten deutlich, dass diese Gesellschaftsformen wegen ihrer Flexibilität, Disponibilität und Gestaltbarkeit nach den jeweiligen individuellen Bedürfnissen derart attraktiv sind, dass Personengesellschaften in jedweder Ausprägung die überwiegend anzutreffende Rechtsform im deutschen Rechtskreis sind.

Da die Regeln der deutschen Besteuerung von Personengesellschaften nicht weniger komplex wie die zivil- und gesellschaftsrechtlichen Aspekte des Rechts der Personengesellschaften sind, wurde an die Darstellung des Gesellschaftsrechts folgend die Besteuerung der Personengesellschaften untersucht und dem besonderen Aspekt Rechnung getragen, wenn zu den inländischen Einkünften zusätzlich solche aus dem Ausland hinzu kommen. In diesem Zusammenhang waren die interessierenden supranationalen Regelungen im Zusammenhang mit der EU, dem EWR, der EFTA und der OECD zu analysieren. Die bilateralen Vereinbarungen zwischen der Schweiz und der EU waren ebenso zu erörtern wie die bilateralen Vereinbarungen zwischen der Schweiz und der Bundesrepublik Deutschland einschließlich des zwischen Deutschland und der Schweiz abgeschlossenen und derzeit (noch) gültigen Doppelbesteuerungsabkommens. In diesem Kontext war die einmalige und besondere Rechtsstellung der Schweizer Eidgenossenschaft festzustellen, die darin begründet liegt, dass die Schweiz einerseits nicht dem Europäischen Wirtschaftsraum angehört, andererseits aber aufgrund von besonderen unilateralen und bilateralen Vereinbarungen eine sehr spezielle völkerrechtliche Stellung im Verhältnis zur Bundesrepublik Deutschland inne hat.

Da Outbound-Investitionen mit der Begründung einer Steuerpflicht in der Schweiz nur dann hinsichtlich einer steueroptimalen Gestaltung beurteilt werden können, wenn die Regelungen der örtlichen Besteuerungssystematik analysiert worden sind, wurde sowohl das für die steuerrechtliche Einordnung relevante schweizerische Gesellschaftsrecht als auch hieran anschließend die Schweizer Besteuerung der Einkünfte von natürlichen Personen, von Personenunternehmen und von juristischen Personen erhellt. Neben der von den deutschen Regeln stark abweichenden Besteuerung des Vermögens und des Kapitals waren typisch schweizerische Besonderheiten, namentlich die „Sozialsteuer“ in Form der Alters- und Hinterlassenschaftsversicherung sowie die „Pauschalsteuer“ als Besteuerung nach dem Aufwand zu untersuchen. Die Alters-

und Hinterlassenschaftsversicherung wird von dem steuerpflichtigen Einkommen in unbegrenzter Höhe[821] mit einer Belastung von 9,785% für selbständige oder in der Rechtsform von Personengesellschaften organisierte Steuerpflichtige erhoben. Da der erwerbbare Rentenanspruch aber der Höhe nach begrenzt ist und für ein Jahr der betragsmäßig unlimitierten Beitragspflicht maximal eine monatliche Rente von Euro 35 erworben werden kann, ist diese spezielle schweizerische „Versicherung" letztendlich als Sozialsteuer anzusehen.

Im Sinne des speziellen Gebiets der Steuerplanungslehre im Rahmen der Betriebswirtschaftlichen Steuerlehre wurden anschließend deutsche Outbound-Investitionen in der Schweiz hinsichtlich der Steuerbelastung zunächst auf dem Schweizer Territorium und sodann in dem deutschen Erhebungsgebiet analysiert. Hierbei wurden die gesellschaftsrechtlichen Parameter variiert, die in der Entscheidungsgewalt des Investors liegen. Namentlich wurde die insgesamt anfallende Abgabenlast als Privatperson, als Einzelunternehmer, als Gesellschafter einer Personengesellschaft oder einer Kapitalgesellschaft untersucht. Weiter wurde analysiert, ob und welche Auswirkungen die Dazwischenschaltung von weiteren Rechtsträgern haben.

Die bei der Untersuchung erarbeiteten Ergebnisse lassen sich thesenförmig wie folgt zusammenfassen:

Im Falle eines Direktvertriebs von Waren oder Dienstleistungen eines deutschen Unternehmens in die Schweiz ergibt sich folgende Gesamtabgabenbelastung:

Rechtsform:	Abgabenbelastung:
Deutscher Einzelunternehmer	48,18%
Gesellschafter eines deutschen Personenunternehmens	48,18%
Anteilseigner einer deutschen Kapitalgesellschaft	48,33% oder 49,82%

Die Abgabenbelastung der Anteilseigner einer deutschen Kapitalgesellschaft beträgt bei Anwendung der Anwendung der Abgeltungsteuer 48,33% oder des Teileinkünfteverfahrens 49,82%.

---

[821] Eine der deutschen Beitragsbemessungsgrenze vergleichbare Regelung ist bei der schweizerischen Alters- und Hinterlassenschaftsversicherung nicht vorgesehen.

Im Falle der Begründung einer Betriebsstätte in der Schweiz ergibt sich aus der Sicht des deutschen Investors folgende Gesamtabgabenlast:

Rechtsform:	Abgabenbelastung:
Deutscher Einzelunternehmer	44,00% oder 49,48%
Gesellschafter eines deutschen Personenunternehmens	19,05% oder 26,98%
Anteilseigner einer deutschen Kapitalgesellschaft	40,40% oder 42,11%

Die Belastungen mit 44,00% und 19,05% ergeben sich alleine aus der Belastung mit deutschen und Schweizer Ertragsteuern. Die höheren Belastungen mit 49,48% und 26,98% resultieren aus der zusätzlichen Belastung mit der in der Schweiz auf alle Tätigkeitsvergütungen erhobenen Sozialsteuer, der AHV. Die Abgabenbelastung der Anteilseigner einer deutschen Kapitalgesellschaft steht in Abhängigkeit von der Anwendung der Abgeltungsteuer (40,40%) oder des Teileinkünfteverfahrens (42,11%).

Sofern der sich für eine Outbound-Investition in der Schweiz interessierende Investor in der Schweiz eine Kapitalgesellschaft als vor Ort tätige Tochtergesellschaft einsetzt, ergeben sich folgende steuerliche Belastungen:

Rechtsform:	Abgabenbelastung:
Deutscher Einzelunternehmer	40,40% oder 42,11%
Gesellschafter eines deutschen Personenunternehmens	40,40% oder 42,11%
Anteilseigner einer deutschen Kapitalgesellschaft	41,28% oder 42,97%

Die steuerliche Belastung eines Einzelunternehmers oder eines Gesellschafters einer Personengesellschaft stellt sich gleich hoch dar und steht in Abhängigkeit von der Anwendung der Abgeltungsteuer (40,40%) oder des Teileinkünfteverfahrens (42,11%). Die steuerliche Belastung eines Anteilseigners einer deutschen Kapitalgesellschaft, die ihrerseits in der Schweiz eine Tochterkapitalgesellschaft einsetzt, beträgt entweder 41,28% im Falle der Anwendung der Abgeltungssteuer oder 42,97% im Falle der Anwendung des Teileinkünfteverfahrens.

Sofern der Investor ein Organschaftsmodell wählt und sich in Deutschland an einer Personengesellschaft beteiligt, die sich ihrerseits einer deutschen Kapitalgesellschaft als Tochtergesellschaft mit Ergebnisabführungsvertrag bedient, welche in der Schweiz eine Betriebsstätte begründet, ergibt sich folgende steuerliche Belastung:

Rechtsform:	Abgabenbelastung:
Gesellschafter eines deutschen Personenunternehmens	19,05%

Durch die Zwischenschaltung einer deutschen Kapitalgesellschaft, die in der Schweiz eine Betriebsstätte betreibt, wird das Risiko der Erhebung von AHV in der Schweiz auf diese Einkünfte ausgeschaltet.

Würde der Investor sich als atypisch stiller Gesellschafter an einer deutschen Kapitalgesellschaft mit einer Betriebsstätte in der Schweiz beteiligen, stellt sich die steuerliche Belastung wie folgt dar:

Rechtsform:	Abgabenbelastung:
GmbH mit atypisch stiller Gesellschaft	21,36% oder 21,19%

Die steuerliche Belastung beträgt im Falle des Teileinkünfteverfahrens 21,36% und 21,19% bei Anwendung der Abgeltungssteuer, unterstellt, der Gesamtgewinn könnte mit 10% der GmbH und mit 90% der Stillen Gesellschaft zugeordnet werden.

Zusammenfassend ist festzuhalten, dass die abgabenoptimale Gestaltung einer geschäftlichen Aktivität in der Schweiz zunächst den Anfall der schweizerischen Sozialversicherung, insbesondere der Alters- und Hinterlassenenversicherung (AHV) vermeidet. Dies ist immer möglich, wenn von Deutschland aus eine Kapitalgesellschaft agiert und in der Schweiz eine Betriebsstätte begründet.

Die AHV kann aber auch vermieden werden, wenn von Deutschland aus eine Personengesellschaft agiert, in der Schweiz eine Betriebsstätte begründet und kein Gesellschafter in der Schweiz in der Betriebsstätte einer Tätigkeit nachgeht. Sollte ein Gesellschafter der deutschen Personengesellschaft möglicher Weise in der Schweiz einer Tätigkeit in der Betriebsstätte nachgehen müssen, könnte die AHV auch vermieden werden, wenn die deutsche Personengesellschaft in Deutschland einen Organkreis mit einer zwischengeschalteten inländischen Kapitalgesellschaft begründet und diese Kapitalgesellschaft in der Schweiz die Betriebsstätte betreibt.

Bei einer Strukturierung der Outbound-Investition als deutsche Personengesellschaft mit Betriebsstätte in der Schweiz oder als deutsche Personengesellschaft mit vorgeschalteter und organschaftlich verbundener deutscher Kapitalgesellschaft mit Betriebsstätte in der Schweiz ist die günstigste und damit optimale Gesamtabgabenbelastung im Durchschnitt mit 19,05% darstellbar.

Anhang 1:

Gegenüberstellung des Begriffs „Betriebsstätte“ von Art. 5 OECD-MA und von Art. 5 DBA D-CH

OECD-MA: Art. 5 (Betriebstätte)	DBA D-CH: Art. 5 (Betriebstätte)
(1) Im Sinne dieses Abkommens bedeutet der Ausdruck „Betriebstätte“ eine feste Geschäftseinrichtung, durch die die Geschäftstätigkeit eines Unternehmens ganz oder teilweise ausgeübt wird.	(1) Im Sinne dieses Abkommens bedeutet der Ausdruck „Betriebstätte“ eine feste Geschäftseinrichtung, in der die Tätigkeit des Unternehmens ganz oder teilweise ausgeübt wird.
(2) Der Ausdruck „Betriebstätte“ umfasst insbesondere: a) einen Ort der Leitung, b) eine Zweigniederlassung, c) eine Geschäftsstelle, d) eine Fabrikationsstätte, e) eine Werkstätte und f) ein Bergwerk, ein Öl- oder Gasvorkommen, einen Steinbruch oder eine andere Stätte der Ausbeutung von Bodenschätzen.	(2) Der Ausdruck „Betriebstätte“ umfasst insbesondere: a) einen Ort der Leitung, b) eine Zweigniederlassung, c) eine Geschäftsstelle, d) eine Fabrikationsstätte, e) eine Werkstätte und f) ein Bergwerk, einen Steinbruch oder eine andere Stätte der Ausbeutung von Bodenschätzen, g) eine Bauausführung oder Montage, deren Dauer zwölf Monate überschreitet.
(3) Eine Bauausführung oder Montage ist nur dann eine Betriebstätte, wenn ihre Dauer zwölf Monate überschreitet.	
(4) Ungeachtet der vorstehenden Bestimmungen dieses Artikels gelten nicht als Betriebstätten: a) Einrichtungen, die ausschließlich zur Lagerung, Ausstellung oder Auslieferung von Gütern oder Waren des Unternehmens benutzt werden; b) Bestände von Gütern oder Waren des Unternehmens, die ausschließlich zur Lagerung, Ausstellung oder Auslieferung unterhalten werden; c) Bestände von Gütern oder Waren des Unternehmens, die ausschließlich zu dem Zweck unterhalten werden, durch ein anderes Unternehmen bearbeitet oder verarbeitet zu werden;	(3) Als Betriebstätten gelten nicht: a) Einrichtungen, die ausschließlich zur Lagerung, Ausstellung oder Auslieferung von Gütern oder Waren des Unternehmens benutzt werden; b) Bestände von Gütern oder Waren des Unternehmens, die ausschließlich zur Lagerung, Ausstellung oder Auslieferung unterhalten werden; c) Bestände von Gütern oder Waren des Unternehmens, die ausschließlich zu dem Zweck unterhalten werden, durch ein anderes Unternehmen bearbeitet oder verarbeitet zu werden;

d) eine feste Geschäftseinrichtung, die ausschließlich zu dem Zweck unterhalten wird, für das Unternehmen Güter oder Waren einzukaufen oder Informationen zu beschaffen; e) eine feste Geschäftseinrichtung, die ausschließlich zu dem Zweck unterhalten wird, für das Unternehmen andere Tätigkeiten auszuüben, die vorbereitender Art sind oder eine Hilfstätigkeit darstellen; f) eine feste Geschäftseinrichtung, die ausschließlich zu dem Zweck unterhalten wird, mehrere der unter den Buchstaben a bis e genannten Tätigkeiten auszuüben, vorausgesetzt, dass die sich daraus ergebende Gesamttätigkeit der festen Geschäftseinrichtung vorbereitender Art ist oder eine Hilfstätigkeit darstellt.	d) eine feste Geschäftseinrichtung, die ausschließlich zu dem Zweck unterhalten wird, für das Unternehmen Güter oder Waren einzukaufen oder Informationen zu beschaffen; e) eine feste Geschäftseinrichtung, die ausschließlich zu dem Zweck unterhalten wird, für das Unternehmen zu werben, Informationen zu erteilen, wissenschaftliche Forschung zu betreiben oder ähnliche Tätigkeiten auszuüben, die vorbereitender Art sind oder eine Hilfstätigkeit darstellen.
(5) Ist eine Person - mit Ausnahme eines unabhängigen Vertreters im Sinne des Absatzes 6 - für ein Unternehmen tätig und besitzt sie in einem Vertragsstaat die Vollmacht, im Namen des Unternehmens Verträge abzuschließen, und übt sie die Vollmacht dort gewöhnlich aus, so wird das Unternehmen ungeachtet der Absätze 1 und 2 so behandelt, als habe es in diesem Staat für alle von der Person für das Unternehmen ausgeübten Tätigkeiten eine Betriebstätte, es sei denn, diese Tätigkeiten beschränken sich auf die in Absatz 4 genannten Tätigkeiten, die, würden sie durch eine feste Geschäftseinrichtung ausgeübt, diese Einrichtung nach dem genannten Absatz nicht zu einer Betriebstätte machten.	(4) Ist eine Person - mit Ausnahme eines unabhängigen Vertreters im Sinne des Absatzes 5 - in einem Vertragstaat für ein Unternehmen des anderen Vertragstaates tätig, so gilt eine in dem erstgenannten Staat gelegene Betriebstätte als gegeben, wenn die Person eine Vollmacht besitzt, im Namen des Unternehmens Verträge abzuschließen, und die Vollmacht in diesem Staat gewöhnlich ausübt, es sei denn, daß sich ihre Tätigkeit auf den Einkauf von Gütern oder Waren für das Unternehmen beschränkt.
(6) Ein Unternehmen wird nicht schon deshalb so behandelt, als habe es eine Betriebstätte in einem Vertragsstaat, weil es dort seine Geschäftstätigkeit durch einen Makler, Kommissionär oder einen anderen unabhängi-	(5) Ein Unternehmen eines Vertragstaates wird nicht schon deshalb so behandelt, als habe es eine Betriebstätte in dem anderen Vertragstaat, weil es dort seine Tätigkeit durch ei-

gen Vertreter ausübt, sofern diese Personen im Rahmen ihrer ordentlichen Geschäftstätigkeit handeln. (7) Allein dadurch, dass eine in einem Vertragsstaat ansässige Gesellschaft eine Gesellschaft beherrscht oder von einer Gesellschaft beherrscht wird, die im anderen Vertragsstaat ansässig ist oder dort (entweder durch eine Betriebstätte oder auf andere Weise) ihre Geschäftstätigkeit ausübt, wird keine der beiden Gesellschaften zur Betriebstätte der anderen.	nen Makler, Kommissionär oder einen anderen unabhängigen Vertreter ausübt, sofern diese Personen im Rahmen ihrer ordentlichen Geschäftstätigkeit handeln. (6) Allein dadurch, dass eine in einem Vertragstaat ansässige Gesellschaft eine Gesellschaft beherrscht oder von einer Gesellschaft beherrscht wird, die in dem anderen Vertragstaat ansässig ist oder dort (entweder durch eine Betriebstätte oder in anderer Weise) ihre Tätigkeit ausübt, wird eine der beiden Gesellschaften nicht zur Betriebstätte der anderen.

Anhang 2:
Gegenüberstellung des Begriffs „Betriebsstätte“ von § 12 AO und des Begriffs „Betriebsstätte“ von Art. 4 Abs. 2 DBG

§ 12 AO Betriebstätte	Art. 4 Abs. 2 DBG
Betriebstätte ist jede feste Geschäftseinrichtung oder Anlage, die der Tätigkeit eines Unternehmens dient. Als Betriebstätten sind insbesondere anzusehen: 1. die Stätte der Geschäftsleitung, 2. Zweigniederlassungen, 3. Geschäftsstellen, 4. Fabrikations- oder Werkstätten, 5. Warenlager, 6. Ein- oder Verkaufsstellen, 7. Bergwerke, Steinbrüche oder andere stehende, örtlich fortschreitende oder schwimmende Stätten der Gewinnung von Bodenschätzen, 8. Bauausführungen oder Montagen, auch örtlich fortschreitende oder schwimmende, wenn a) die einzelne Bauausführung oder Montage oder b) eine von mehreren zeitlich nebeneinander bestehenden Bauausführungen oder Montagen oder c) mehrere ohne Unterbrechung aufeinander folgende Bauausführungen oder Montagen länger als sechs Monate dauern.	Als Betriebsstätte gilt eine feste Geschäftseinrichtung, in der die Geschäftstätigkeit eines Unternehmens oder ein freier Beruf ganz oder teilweise ausgeübt wird. Betriebsstätten sind insbesondere Zweigniederlassungen, Fabrikationsstätten, Werkstätten, Verkaufsstellen, ständige Vertretungen, Bergwerke und andere Stätten der Ausbeutung von Bodenschätzen sowie Bau- und Montagestellen von mindestens zwölf Monaten Dauer.

Anhang 3:
Gegenüberstellung Begriffs „Unternehmensgewinne“ von Art. 7 OECD-MA und von Art. 7 DBA D-CH

OECD-MA Art. 7 Unternehmensgewinne	DBA D-CH Art. 7 [Unternehmensgewinne]
(1) Gewinne eines Unternehmens eines Vertragsstaats können nur in diesem Staat besteuert werden, es sei denn, das Unternehmen übt seine Geschäftstätigkeit im anderen Vertragsstaat durch eine dort gelegene Betriebstätte aus. Übt das Unternehmen seine Geschäftstätigkeit auf diese Weise aus, so können die Gewinne des Unternehmens im anderen Staat besteuert werden, jedoch nur insoweit, als sie dieser Betriebstätte zugerechnet werden können.	(1) Gewinne eines Unternehmens eines Vertragstaates können nur in diesem Staat besteuert werden, es sei denn, daß das Unternehmen seine Tätigkeit im anderen Vertragstaat durch eine dort gelegene Betriebstätte ausübt. Übt das Unternehmen seine Tätigkeit in dieser Weise aus, so können die Gewinne des Unternehmens in dem anderen Staat besteuert werden, jedoch nur insoweit, als sie dieser Betriebstätte zugerechnet werden können.
(2) Übt ein Unternehmen eines Vertragsstaats seine Geschäftstätigkeit im anderen Vertragsstaat durch eine dort gelegene Betriebstätte aus, so werden vorbehaltlich des Absatzes 3 in jedem Vertragsstaat dieser Betriebstätte die Gewinne zugerechnet, die sie hätte erzielen können, wenn sie eine gleiche oder ähnliche Geschäftstätigkeit unter gleichen oder ähnlichen Bedingungen als selbständiges Unternehmen ausgeübt hätte und im Verkehr mit dem Unternehmen, dessen Betriebstätte sie ist, völlig unabhängig gewesen wäre.	(2) Übt ein Unternehmen eines Vertragstaates seine Tätigkeit in dem anderen Vertragstaat durch eine dort gelegene Betriebstätte aus, so sind in jedem Vertragstaat dieser Betriebstätte die Gewinne zuzurechnen, die sie hätte erzielen können, wenn sie eine gleiche oder ähnliche Tätigkeit unter gleichen oder ähnlichen Bedingungen als selbständiges Unternehmen ausgeübt hätte und im Verkehr mit dem Unternehmen, dessen Betriebstätte sie ist, völlig unabhängig gewesen wäre.
(3) Bei der Ermittlung der Gewinne einer Betriebstätte werden die für diese Betriebstätte entstandenen Aufwendungen, einschließlich der Geschäftsführungs- und allgemeinen Verwaltungskosten, zum Abzug zugelassen, gleichgültig, ob sie in dem Staat, in dem die Betriebstätte liegt, oder anderswo entstanden sind.	(3) Bei der Ermittlung der Gewinne einer Betriebstätte werden die für diese Betriebstätte entstandenen Aufwendungen, einschließlich der Geschäftsführungs- und allgemeinen Verwaltungskosten, zum Abzug zugelassen, gleichgültig, ob sie in dem Staat, in dem die Betriebstätte liegt, oder anderswo entstanden sind.

(4) Soweit es in einem Vertragsstaat üblich ist, die einer Betriebstätte zuzurechnenden Gewinne durch Aufteilung der Gesamtgewinne des Unternehmens auf seine einzelnen Teile zu ermitteln, schließt Absatz 2 nicht aus, dass dieser Vertragsstaat die zu besteuernden Gewinne nach der üblichen Aufteilung ermittelt; die gewählte Gewinnaufteilung muss jedoch derart sein, dass das Ergebnis mit den Grundsätzen dieses Artikels übereinstimmt.	(4) Soweit es in einem Vertragstaat üblich ist, die einer Betriebstätte zuzurechnenden Gewinne durch Aufteilung der Gesamtgewinne des Unternehmens auf seine einzelnen Teile zu ermitteln, schließt Absatz 2 nicht aus, daß dieser Vertragstaat die zu besteuernden Gewinne nach der üblichen Aufteilung ermittelt; die Art der angewendeten Gewinnaufteilung muß jedoch so sein, daß das Ergebnis mit den Grundsätzen dieses Artikels übereinstimmt.
(5) Auf Grund des bloßen Einkaufs von Gütern oder Waren für das Unternehmen wird einer Betriebstätte kein Gewinn zugerechnet.	(5) Auf Grund des bloßen Einkaufs von Gütern oder Waren für das Unternehmen wird einer Betriebstätte kein Gewinn zugerechnet.
(6) Bei der Anwendung der vorstehenden Absätze sind die der Betriebstätte zuzurechnenden Gewinne jedes Jahr auf dieselbe Art zu ermitteln, es sei denn, dass ausreichende Gründe dafür bestehen, anders zu verfahren.	(6) Bei Anwendung der vorstehenden Absätze sind die der Betriebstätte zuzurechnenden Gewinne jedes Jahr auf dieselbe Art zu ermitteln, es sei denn, daß ausreichende Gründe dafür bestehen, anders zu verfahren.
(7) Gehören zu den Gewinnen Einkünfte, die in anderen Artikeln dieses Abkommens behandelt werden, so werden die Bestimmungen jener Artikel durch die Bestimmungen dieses Artikels nicht berührt.	(7) Dieser Artikel gilt auch für Einkünfte aus der Beteiligung an einer Personengesellschaft. Er erstreckt sich auch auf Vergütungen, die ein Gesellschafter einer Personengesellschaft von der Gesellschaft für seine Tätigkeit im Dienst der Gesellschaft, für die Gewährung von Darlehen oder für die Überlassung von Wirtschaftsgütern bezieht, wenn diese Vergütungen nach dem Steuerrecht des Vertragstaates, in dem die Betriebstätte gelegen ist, den Einkünften des Gesellschafters aus dieser Betriebstätte zugerechnet werden.
	(8) Gehören zu den Gewinnen Einkünfte, die in anderen Artikeln dieses Abkommens behandelt werden, so werden die Bestimmungen jener Artikel durch die Bestimmungen dieses Artikels nicht berührt.

Quellenverzeichnis

I. Aufsätze, Monografien

Althanas, Peter/Höhn, Ernst/Jendly, Urs/et al.: Handbuch des internationalen Steuerrechts der Schweiz, herausgegeben von Höhn, Ernst, 2. Auflage, Bern/Stuttgart/Wien 1993.

Altmeppen, Holger [Deliktshaftung]: Deliktshaftung in der Personengesellschaft, NJW 2003, S. 1553-1558.

Altmeppen, Holger [Rechtsnatur]: Zur Rechtsnatur der Gesellschaft bürgerlichen Rechts sowie zur persönlichen Haftung der Gesellschafter für Gesellschaftsschulden, ZIP 1999, S. 1758-1760.

Amann, Melanie/Hank, Rainer/Mrusek, Konrad: Ein unmoralisches Angebot, FAZ vom 31.01.2010, S. 27.

Ballerstedt, Kurt: Was ist Unternehmensrecht?, in: Festschrift für Konrad Duden zum 70. Geburtstag, hrsg. von Pawlowski, Hans-Martin/Wiese, Gunther/Wust, Gunther, München 1977, S. 15-36.

Bauer, André/Knirsch, Deborah/Schanz, Sebastian: Vermögensverlagerung nach Österreich oder in die Schweiz als Möglichkeit der Steueroptimierung, FB 2006, S. 642-648.

Bauer, André/Knirsch, Deborah/Schanz, Sebastian: Für wen lohnt sich die schweizerische Besteuerung nach dem Aufwand, FB 2007, S. 55-61.

Baums, Theodor (Hrsg.): Entwurf eines Allgemeinen Handelsgesetzbuches für Deutschland (1848/49), Texte und Materialien, Heidelberg 1982.

Becker, Enno: Die Selbständigkeit der Begriffsbildung im Steuerrecht und ihr Einfluss auf die Auslegung der internationalen Doppelbesteuerungsverträge vom Standpunkt der deutschen Entwicklung aus betrachtet, StuW 1939, 1. Teil, S. 744-770.

Beck`sches Handbuch der Personengesellschaften, Gesellschaftsrecht, Steuerrecht, verschiedene Bearbeiter, 3. Auflage, München 2009.

Benda, Ernst: Steuergeheimnis: Kann der Bürger noch darauf vertrauen?, DStR 1984, S. 351-356.

Beuthien, Volker: Genossenschaftsrecht: Woher – Wohin?, Göttingen 1989.

Blanquet, Françoise: Das Statut der Europäischen Aktiengesellschaft (Societas Europaea „SE“) – Ein Gemeinschaftsinstrument für die grenzübergreifende Zusammenarbeit im Dienste der Unternehmen, ZGR 2002, S. 20-65.

Blaurock, Uwe: Handbuch der Stillen Gesellschaft, Gesellschaftsrecht, Steuerrecht, 6. Auflage, Köln 2003.

Brandenberg, Hermann Bernwart: Personengesellschaftsbesteuerung nach dem Unternehmenssteuerfortentwicklungsgesetz – Teil II -, DStZ 2002, S. 551-559.

Canaris, Claus-Wilhelm: Handelsrecht, 24. Auflage, München 2006.

Coing, Helmut: Die Treuhand kraft privaten Rechtsgeschäfts, München 1973.

Conrat (Cohn), Max: Zum römischen Vereinsrecht, Abhandlungen aus der Rechtsgeschichte, Berlin 1873, Aalen 1969 (Neudruck).

Cordes, Martin: Steuerliche Aufzeichnungspflichten bei internationalen Verrechnungspreisen, Düsseldorf 2009.

Cordewener, Axel: DBA-Freistellung von Auslandsverlusten und EG-Grundfreiheiten: Klärung aufgeschoben, aber (hoffentlich) nicht aufgehoben!, Anmerkungen zu FG Baden-Würtenberg, Gerichtsbescheid vom 30.06.2004 (1 K 312/03, Rev. I R 84/04), DStRE 2004, 958, DStR 2004, S. 1634-1638.

Dahrendorf, Ralf: Soziale Klassen und Klassenkonflikt in der industriellen Gesellschaft, Stuttgart 1957.

Dauner-Lieb, Barbara [Kommanditistenhaftung]: Die Kommanditistenhaftung vor Eintragung (§ 176 Abs. 1 HGB) – Ansätze zu einer Neuorientierung, in: Festschrift für Marcus Lutter zum 70. Geburtstag, Deutsches und europäisches Gesellschafts-, Konzern- und Kapitalmarktrecht, hrsg. von Schneider, Uwe H./Hommelhoff, P./Schmidt, K., et. al., Köln 2000, S. 835-849.

Dauner-Lieb, Barbara [BGB-Gesellschaft]: Ein neues Fundament für die BGB-Gesellschaft, DStR 2001, S. 356-361.

Dauner-Lieb, Barbara [Unternehmen im Sondervermögen]: Unternehmen im Sondervermögen: Haftung und Haftungsbeschränkung, zugleich ein Beitrag zum Unternehmen im Erbgang, Tübingen 1998.

Dauses, Manfred A. (Hrsg.): Handbuch des EU-Wirtschaftsrechts, verschiedene Bearbeiter, Loseblattsammlung, 23. Ergänzungslieferung, München 2008.

Derleder, Peter: Die Aufgabe der monistischen Struktur der Gesellschaft bürgerlichen Rechts durch Verleihung der Rechtsfähigkeit, BB 2001, S. 2485-2493.

Dietrich, Jürgen: Die Publikums-Kommanditgesellschaft und die gesellschaftsrechtlich geschützten Interessen, Köln 1988.

Ditz, Xaver: Aufgabe der finalen Entnahmetheorie – Analyse des BFH-Urteils 17.07.2008 und seiner Konsequenzen, IStR 2009, S. 115-121.

Ebenroth, Carsten Thomas/Boujong, Karlheinz/Joost, Detlev/ u. a.: Handelsgesetzbuch, Band 1, §§ 1-342e, 2. Auflage, München 2008.

Eberl-Borges, Christina: Die Rechtsnatur der Erbengemeinschaft nach dem Urteil des BGH vom 29.01.2001 zur Rechtsfähigkeit der (Außen-)GbR, ZEV 2002, S. 125-132.

Ehrenberg, Victor (Hrsg.): Handbuch des gesamten Handelsrechts mit Einschluss des Wechsel-, Scheck-, See- und Binnenschiffahrtsrechts, des Versicherungsrechts sowie des Post- und Telegraphenrechts, Erster Band, Leipzig 1913.

Ehrenberg, Victor (Hrsg.): Handbuch des gesamten Handelsrechts mit Einschluss des Wechsel-, Scheck-, See- und Binnenschiffahrtsrechts, des Versicherungsrechts sowie des Post- und Telegraphenrechts, Siebenter Band, II. Abteilung, Leipzig 1923.

Eisenhardt, Ulrich [Gesellschaftsrecht]: Gesellschaftsrecht, 13. Auflage, München 2007.

Eisenhardt, Ulrich [Kapitalanlegerschutz]: Kapitalanlegerschutz und Schadensersatz nach geltendem Recht, Karlsruhe 1978.

Elsing, Siegfried H.: Alles entschieden bei der Gesellschaft bürgerlichen Rechts? – Die Rechtsprechung zwischen Mosaik- und Meilensteinen, BB 2003, S. 909-915.

Endemann, W. (Hrsg.): Handbuch des deutschen Handels-, See- und Wechselrechts, Erster Band, Einleitung, Buch 1: Die Personen des Handelsrechts, Leipzig 1881.

Ernst & Young – EU Competence Group -: EuGH-Rechtsprechung Ertragsteuerrecht, 2. Auflage, Bonn, Berlin 2007.

Esser, Josef/Weyers, Hans-Leo: Schuldrecht, Band II, Besonderer Teil, Teilband 1: Verträge, 8. Auflage, Heidelberg 1998.

Fischer, Lutz/Schneeloch, Dieter/Sigloch, Jochen: Betriebswirtschaftliche Steuerlehre und Steuerberatung – Gedanken zum 60jährigen „Jubiläum“ der Betriebswirtschaftlichen Steuerlehre, DStR 1980, S. 699 – 705.

Flume, Werner [persönliche Haftung]: Die persönliche Haftung der Gesellschafter einer BGB-Gesellschaft für deliktisches Handeln der geschäftsführenden Gesellschafter, DB 2003, S. 1775-1777.

Flume, Werner [Gesellschaftsschuld]: Gesellschaftsschuld und Haftungsverbindlichkeit des Gesellschafters bei der OHG, in: Festschrift für Alexander Knur, hrsg. von Flume, Werner/Hamm, Richard, München 1972, S. 125-143.

Förster, Guido: SEStEG: Rechtsänderungen im EStG, DB 2007, S. 72-80.

Förster, Hartmut: Der OECD-Bericht zur Ermittlung des Betriebsstättengewinns, Fach 10, Gruppe 2, S. 1929-1956.

Forsthoff, Ulrich: Internationales Gesellschaftsrecht im Umbruch, DB 2003, S. 979-981.

Gesmann-Nuissl, Dagmar: Die Rechts- und Parteifähigkeit sowie Haftverfassung der Gesellschaft bürgerlichen Rechts nach dem Urteil des BGH, II ZR 331/00 = WM 2001, 408, WM 2001, S. 973-979.

Gmür, Rudolf: Die Emder Handelscompagnien des 17. und 18. Jahrhunderts, in: Festschrift für Harry Westermann zum 65. Geburtstag, Gesellschaftsrecht, hrsg. von Hefermehl, Wolfgang/Gmür, Rudolf/Brox, Hans, Karlsruhe 1974, S. 176-197.

Goette, Wulff: Die Rechtsprechung des BGH zum Gesellschaftsrecht im Jahr 2001, ZAP 2002, Fach 15, S. 395-414.

Goldschmidt, Levin: Handbuch des Gesellschaftsrechts, I. Bd., Universalgeschichte des Handelsrechts, 3. Auflage, Berlin 1891.

Grebing, Helga: Geschichte der deutschen Arbeiterbewegung: von der Revolution 1848 bis ins 21. Jahrhundert, Berlin 2007.

Groh, Manfred: Die Vermögensübertragung auf Schwesterpersonengesellschaften als Lehrstück der Mitunternehmerbesteuerung, DB 2002, S. 1904-1908.

Grotherr, Siegfried: Grundlagen der internationalen Steuerplanung, in Grotherr (Hrsg.), Handbuch der internationalen Steuerplanung, 2. Auflage, Herne Berlin 2003, S. 1-28.

Grunewald, Barbara [Rechtsfähigkeit]: Die Rechtsfähigkeit der Erbengemeinschaft, AcP 197, S. 305-315.

Grunewald, Barbara [Gesellschaftsrecht]: Gesellschaftsrecht, 7. Auflage, Tübingen 2008.

Habersack, Mathias [Anerkennung]: Die Anerkennung der Rechts- und Parteifähigkeit der GbR und der akzessorischen Gesellschafterhaftung durch den BGH, BB 2001, S. 477-483.

Habersack, Mathias [Haftungsverfassung]: Die Haftungsverfassung der Gesellschaft bürgerlichen Rechts – Doppelverpflichtung und Akzessorietät, JuS 1993, S. 1-8.

Habersack, Mathias [Bürgschaftsverpflichtungen]: Haftung der Mitglieder einer GbR für Bürgschaftsverpflichtungen der Gesellschaft, BB 1999, S. 61-66.

Hadding, Walther [Haftungsbeschränkung]: Haftungsbeschränkung in der unternehmerisch tätigen Gesellschaft bürgerlichen Rechts, in Festschrift für Fritz Rittner zum 70. Geburtstag, Beiträge zum Handels- und Wirtschaftsrecht, hrsg. von Löwisch, Manfred/Schmidt-Leithoff, Christian/Schmiedel, Burkhard, München 1991, S. 133-146.

Hadding, Walther [Rechtsfähigkeit]: Zur Rechtsfähigkeit und Parteifähigkeit der (Außen-)Gesellschaft bürgerlichen Rechts sowie zur Haftung ihrer Gesellschafter für Gesellschaftsverbindlichkeiten, ZGR 2001, S. 712-743.

Hadding, Walther/Häuser, Franz: Zum Rückgriff des haftenden Gesellschafters einer Gesellschaft des bürgerlichen Rechts, WM 1988, S. 1585-1592.

Heil, Hans-Jürgen: Ist die Erbengemeinschaft rechtsfähig? – Ein Zwischenruf aus der Praxis, ZEV 2002, S. 296-300.

Hesselmann, Malte (Begr.)/Tillmann, Bert: Handbuch der GmbH & Co., Köln 1997.

Heurung, Rainer/Seidel, Philipp/Pippart, Nils: Auslandseinkünfte aus Betriebsstätten und Kapitalgesellschaftsanteilen in der Gewerbesteuer, in: Festschrift für Norbert Krawitz zum 65. Geburtstag, Besteuerung, Rechnungslegung und Prüfung der Unternehmen, hrsg. von Baumhoff, Hubertus/Dücker, Reinhard/Köhler, Stefan, Wiesbaden 2010, S. 105-139.

Heurung, Rainer: Einführung Körperschaftsteuergesetz, in: Erle, Bernd/Sauter, Thomas: Heidelberger Kommentar zum Körperschaftsteuergesetz. Die Besteuerung der Kapitalgesellschaft und ihrer Anteilseigner, 3. Auflage, Heidelberg 2010.

Heurung, Rainer/Seidel, Philipp: Steuerplanung bei Finanzunternehmen mit ausländischen GmbH-Anteilen, GmbHR 2009, S. 1084-1092.

Heurung, Rainer/Seidel, Philipp: Ausgleichspostenmethode bei Organverlusten und mittelbarer Organschaft, Der Konzern 2009, S. 400-408.

Heurung, Rainer/Seidel, Philipp: Anrechnung ausländischer Steuern auf Gewerbesteuer und Solidaritätszuschlag, IWB, Fach 3, Gruppe 5, S. 75-84.

Heurung, Rainer/Seidel, Philipp: Vermeidung doppelter Nichtbesteuerung ausländischer Einkünfte aus typisch stillen Beteiligungen, in: Deutsches und internationales Steuerrecht. Gegenwart und Zukunft. Festschrift für Christiana Djanani, Wiesbaden 2008, S. 313-362.

Heurung, Rainer/Klübenspies, Marco: Ertragsteuerliche Organschaften im Lichte des BMF-Schreibens vom 26.8.2003, BB 2003, S. 2483-2495.

Hirte, Heribert: Die Europäische Aktiengesellschaft, NZG 2002, S. 1-10.

Höhn, Ernst/Waldburger, Robert: Steuerrecht, Band I, 9. Auflage, Bern Stuttgart Wien 2001.

Höhn, Ernst/Waldburger, Robert: Steuerrecht, Band II, 9. Auflage, Bern Stuttgart Wien 2002.

Hoffmann, Wolf-Dieter: Der Transfer von Einzel- Wirtschaftsgütern gemäß § 6 Abs. 5 EStG nach Verabschiedung des UntStFG, GmbHR 2002, S. 125-134.

Hohaus, Benedikt/Inhester, Michael: Besteuerung von Wagniskapitalgesellschaften – Quo Vadis ?, DB 2003, S. 1080-1081.

Hommelhoff, Peter [Unternehmensrecht]: Das Unternehmensrecht vor den Herausforderungen der Globalisierung, in: Festschrift für Marcus Lutter zum 70. Geburtstag, Deutsches und europäisches Gesellschafts-, Konzern- und Kapitalmarktrecht, hrsg. von Schneider, Uwe H./Hommelhoff, P./Schmidt, K., et. al., Köln 2000, S. 95-106.

Hommelhoff, Peter [Akzessorietätsdogma]: Wider das Akzessorietätsdogma in der Gesellschaft bürgerlichen Rechts, ZIP 1998, S. 8-16.

Horn, Norbert /Kocka, Jürgen (Hrsg.): Recht und Entwicklung der Großunternehmen im 19. und frühen 20. Jahrhundert, Wirtschafts-, sozial- und rechtshistorische Untersuchungen zur Industrialisierung in Deutschland, Frankreich, England und den USA, Göttingen 1979.

Huber, Ulrich [Rechtsfähigkeit]: Rechtsfähigkeit, juristische Person und Gesamthand, in: Festschrift für Marcus Lutter zum 70. Geburtstag, Deutsches und europäisches Gesellschafts-, Konzern- und Kapitalmarktrecht, hrsg. von Schneider, Uwe H./Hommelhoff, P./Schmidt, K., et. al., Köln 2000, S. 107-139.

Huber, Ulrich [Vermögensanteil]: Vermögensanteil, Kapitalanteil und Gesellschaftsanteil an Personalgesellschaften des Handelsrechts, Heidelberg 1970.

Hueck, Alfred: Das Recht der offenen Handelsgesellschaft, 4. Auflage, Berlin 1971.

Hueck, Götz /Windbichler, Christine: Gesellschaftsrecht, 21. Auflage, München 2008.

Hüffer, Uwe: Gesellschaftsrecht, 7. Auflage, München 2007.

Hundsdoerfer, Jochen/Kiesewetter, Dirk/Sureth, Caren: Forschungsergebnisse in der Betriebswirtschaftlichen Steuerlehre – eine Bestandsaufnahme, ZfB 2008, S. 61-139.

IDW: Steuerberater- und Wirtschaftsprüfer-Jahrbuch 2009, 27. Auflage, Düsseldorf 2009.

Jacobs, Otto H. (Hrsg.): Unternehmensbesteuerung und Rechtsform, Handbuch zur Besteuerung deutscher Unternehmen, 4. Auflage, München 1999.

Kessler, Wolfgang/Spengel, Christoph: Checkliste potenziell EG-rechtswidriger Normen des deutschen direkten Steuerrechts – Update 2010, DB, Beilage 1/2010.

Kindl, Johann: Abschied von der Doppelverpflichtungstheorie bei der BGB-Gesellschaft – Zugleich eine Besprechung von BGH WM 1999, 2071ff -, WM 2000, S. 697-704.

Kluge, Volker: Das internationale Steuerrecht: Gemeinschaftsrecht, Außensteuerrecht, Abkommensrecht, 4. Auflage, München 2000.

Klunzinger, Eugen: Grundzüge des Gesellschaftsrechts, 15. Auflage, München 2009.

Knobbe-Keuk, Brigitte: Bilanz- und Unternehmenssteuerrecht, 9. Auflage, Köln 1993.

Köbler, Gerhard: Deutsches Recht: Ein systematischer Grundriss der geschichtlichen Grundlagen des deutschen Rechts von den Indogermanen bis zur Gegenwart, 6. Auflage, München 2005.

Kögler, Peter: Arbeiterbewegung und Vereinsrecht: Ein Beitrag zur Entstehungsgeschichte des BGB, Berlin 1974.

Kraft, Alfons/Kreutz, Peter: Gesellschaftsrecht, 12. Auflage, Neuwied und Kriftel 2008.

Krawitz, Norbert/Büttgen, Dagmar/Hick, Christian: Zwischenholdinggesellschaften inländisch beherrschter internationaler Konzerne unter dem Einfluss der Reformen des Unternehmenssteuerrechts, WPg 2002, S. 85-103.

Krawitz, Norbert/Büttgen-Pöhland, Dagmar/Hick, Christian: Aktivitätsvorbehalte bei Einkünften aus ausländischen Kapitalgesellschaften und Betriebsstätten, FR 2003, S. 109-127.

Krawitz, Norbert/Hick, Christian: Wahl zwischen ausländischer Betriebsstätte oder Kapitalgesellschaft: Einfluss der Reform des Unternehmenssteuerrechts, RIW 2001, S. 743-756.

Krawitz, Norbert/Hick, Christian: Betriebsstätteneigenschaft in- und ausländischer Bau- oder Montagetätigkeiten bei mehreren Projekten, RIW 2002, S. 523-533.

Krieger, Albrecht: Empfiehlt sich eine gesetzliche Regelung der Publikums-KG?, in Festschrift für Walter Stimpel zum 68. Geburtstag am 29. November 1985, hrsg. von Lutter, Marcus/ Stimpel, Walter/ Mertens, Hans-Joachim/et al., Berlin New York 1985, S. 307-333.

Kubaile, Heiko/Suter, Roland/Jakob, Walter: Der Steuer- und Investitionsstandort Schweiz, 2. Auflage, Herne 2009.

Kudert, Stefan/Husmann, Sven: Transnationale Ergebnisausweispolitik bei freigestellten inländischen Einkünften, StuW 2006, S. 165-172.

Kübler, Friedrich/Assmann, Heinz-Dieter: Gesellschaftsrecht: Die privatrechtlichen Ordnungsstrukturen und Regelungsprobleme von Verbänden und Unternehmen, 6. Auflage, Heidelberg 2006.

Kunze, Otto: Unternehmensverband und Unternehmensrecht, in: Festschrift für Konrad Duden zum 70. Geburtstag, hrsg. von Pawlowski, Hans-Martin/Wiese, Gunther/Wust, Gunther, München 1977, S. 201-228.

Kussmaul, Heinz: Die Betriebswirtschaftliche Steuerlehre als steuerliche Betriebswirtschaftslehre?, StuW 1995, S. 3-14.

Lang, Michael: Die Vermeidung der Doppelbesteuerung und der doppelten Nichtbesteuerung als DBA-Auslegungsmaxime?, IStR 2002, S. 609-613.

Lange, Joachim: Personengesellschaften im Steuerrecht, verschiedene Bearbeiter, 7. Auflage, Herne 2008.

Larenz, Karl/Canaris, Claus-Wilhelm: Lehrbuch des Schuldrechts, Zweiter Band, Besonderer Teil, 2. Halbband, 13. Auflage, München 1994.

Lassere, David: Alliance confédérales, Zürich 1941.

Lehmann, Heinrich/Dietz, Rolf: Gesellschaftsrecht, 3. Auflage, Berlin und Frankfurt am Main 1970.

Leßmann, Herbert: Die öffentlichen Aufgaben und Funktionen privatrechtlicher Wirtschaftsverbände, Sozialer Befund, rechtliche Einordnung und Kontrolle, Köln u. a. 1976.

Ley, Ursula: Gesellschafterkonten im Lichte der grundlegenden BFH-Entscheidung vom 16.10.2008, IV R 98/06, DStR 2009, S. 613-620.

Lishaut van, Ingo: Einzelübertragung bei Mitunternehmerschaften, DB 2001, S. 1519-1528.

Locher, Peter: Einführung in das internationale Steuerrecht der Schweiz, 3. Auflage, Bern 2005.

Lutz, Elmar: Die rechtliche Struktur süddeutscher Handelsgesellschaften in der Zeit der Fugger, Bd. I (Darstellungen), Bd. II (Urkunden), Tübingen 1976.

Lutz, Johann von: Allgemeines deutsches Handelsgesetzbuch, Frankfurt a. M., 1862

Maiterth, Ralf: Der Einfluss der Besteuerung auf die internationale Wettbewerbsfähigkeit von Unternehmen, StuW 2005, S. 47-60.

Marotzke, Wolfgang: Keine Berechtigung der Erbengemeinschaft zum Abschluss eines Mietvertrags, ZEV 2002, S. 506-508.

Marx, Franz Jürgen/Kläne, Sebastian/Korff, Matthias/Schlarmann, Berd [Marx et al.]: Unternehmensbesteuerung, Herne 2008.

Maurer, Hartmut: Allgemeines Verwaltungsrecht, 17. Auflage, München 2009.

Meffert, Heribert: Marketing, Arbeitsbuch, Aufgaben – Fallstudien – Lösungen, 10. Auflage, Wiesbaden 2008.

Meier-Hayoz, Arthur/Forstmoser, Peter: Schweizerisches Gesellschaftsrecht, 9. Auflage, Bern 2004.

Meyer, Justus: Die GmbH und andere Handelsgesellschaften im Spiegel empirischer Forschung (I), GmbHR 2002, S. 177-189.

Mestmäcker, Ernst-Joachim [Recht]: Recht und ökonomisches Gesetz: Über die Grenzen von Staat, Gesellschaft und Privatautonomie, 2. Auflage, Baden-Baden 1984.

Mestmäcker, Ernst-Joachim [Verwaltung]: Verwaltung, Konzerngewalt und Rechte der Aktionäre, Karlsruhe 1958.

Mitschke, Wolfgang: Zur gesetzlichen Entstrickungsregelung des § 4 Abs. 1 Satz 3 EStG, DB 2009, S. 1376-1379.

Morgenthaler, Gerd: Steueroasen und deutsche Hinzurechnungsbesteuerung - Zur Deutung der §§ 7 ff. AStG -, IStR 2000, S. 289-295.

Mülbert, Peter O.: Die rechtsfähige Personengesellschaft: Rechtsfähigkeit, akzessorische Mitgliederhaftung und das Umwandlungsrecht, AcP 199, S. 38-103.

Müller-Gugenberger, Christian: EWIV – Die neue europäische Gesellschaftsform, NJW 1989, S. 1449-1458.

Münchener Handbuch des Gesellschaftsrechts [MünchHdb]: Band 1: BGB-Gesellschaft [GbR] – Partnerschaftsgesellschaft [PartG] – Offene Handelsgesellschaft [OHG] – Partenreederei [PartRed] – Europäische wirtschaftliche Interessensvereinigung [EWIV], verschiedene Bearbeiter, 2. Auflage, München 2004.

Münchener Handbuch des Gesellschaftsrechts [MünchHdb]: Band 2: Kommanditgesellschaft [KG]– GmbH & Co. KG [GmbH & Co. KG] – Publikums-KG [Publikums-KG] – Stille Gesellschaft [StG], verschiedene Bearbeiter, 2. Auflage, München 2004.

Nagel, Riever: Begründung und Beschränkung der Gesellschafterhaftung bei der BGB-Gesellschaft, Zugleich eine Besprechung von BGH, Urt. v. 27.9.1999, II ZR 371/98, DStR 2000, S. 2091-2098.

Niehus, Ulrich/Wilke, Helmuth: Die Besteuerung der Personengesellschaften, 4. Auflage, Stuttgart 2008.

Oechsli, Wilhelm: Quellenbuch zur Schweizergeschichte, 2. Auflage, Zürich 1918.

Patt, Joachim: Übertragung von Grundstücken mit dazugehörigen Schulden aus dem Gesamthandsvermögen einer Personengesellschaft auf eine mitunternehmerisch tätige Schwesterpersonengesellschaft, GmbHR 1998, S. 970-976.

Peres, Holger: Abschied von der Doppelverpflichtungslehre und persönliche Haftung der Gesellschafter freiberuflicher Sozietäten bürgerlichen Rechts, DStR 2000, S. 639-645.

Pohlmann, Petra: Rechts- und Parteifähigkeit der Gesellschaft bürgerlichen Rechts – Folgen für Erkenntnisverfahren, Zwangsvollstreckung und freiwillige Gerichtsbarkeit -, WM 2002, S. 1421-1432.

Portner, Rosemarie: Zwei bemerkenswerte Entscheidungen zur Verrechnung von Auslandsverlusten im Wohnsitzstaat bei DBA-Freistellung des der Auslandsbetriebsstätte zuzurechnenden positiven Ergebnisses, IStR 2005, S. 376-379.

Preißner, Andreas/Engel, Stefan: Marketing, München 1994.

Prinz, Ulrich: Gesetzgeberische Wirrungen um Grundsätze der Betriebsstättenbesteuerung, DB 2009, S. 807-812.

Raupach, Arndt/et al.: Globalisierung – Unternehmensrechtliche und unternehmenssteuerrechtliche Probleme bei Aktivitäten auf übergreifenden Märkten, in JbFfSt. 1994/95, S. 307-474.

Rehrmann, Friedrich/Fischer, Sandra: Praktiker-Handbuch Außensteuerrecht 2009, Bd. Nationale Vorschriften, Bd. II EU-Vorschriften, DBA-Recht, Düsseldorf 2009.

Reiff, Peter [Beschränkung]: Die Beschränkung der persönlichen Gesellschafterhaftung in der GbR nach der Akzessorietätstheorie, ZIP 1999, S. 1329-1338.

Reiff, Peter [Haftungsverfassung]: Die Haftungsverfassung der GbR nach dem Urteil des BGH vom 27.9.1999 (II ZR 371/98), NZG 2000, S. 281-285.

Reiff, Peter [unbeschränkte Gesellschafterhaftung]: Die unbeschränkte Gesellschafterhaftung in der (Außen-)Gesellschaft bürgerlichen Rechts und ihre Ausnahmen, ZGR 2003, S. 550-576.

Reiff, Peter [unternehmenstragende GbR]: Wider die unternehmenstragende Gesellschaft bürgerlichen Rechts ohne Gesellschafterhaftung: Zugleich ein Plädoyer für die Akzessorietätstheorie, ZIP 1999, S. 517-528.

Reiß, Wolfram [Fortentwicklung]: Fortentwicklung des Unternehmenssteuerrechtes bei Mitunternehmerschaften – Bemerkungen zu den Vorschlägen des BMF, BB 2001, S. 1225-1232.

Reiß, Wolfram [Revitalisierung]: Die Revitalisierung des Mitunternehmererlasses – keine gesetzestechnische Meisterleistung, BB 2000, S. 1965-1974.

Richter, Horst: Die Besteuerung internationaler Geschäftsbeziehungen, München 1993.

Rittner, Fritz: Der 30jährige Krieg um das deutsche Gesellschaftsrecht und seine Lehren, in: Festschrift für Martin Peltzer zum 70. Geburtstag, hrsg. von Lutter, Marcus/ Scholz, Manfred/Sigle, Walter, Köln 2001, S. 367-388.

Rodin, Andreas/Veith, Amos/Bärenz, Uwe: Einkommensteuerliche Behandlung von Venture Capital und Private Equity Fonds – Abgrenzung der privaten Vermögensverwaltung vom Gewerbebetrieb, DB 2004, S. 103-110.

Sanfleber, Martina H.: Abfindungsklauseln in Gesellschaftsverträgen, Düsseldorf 1990.

Sauter, Eugen/Schweyer, Gerhard/Waldner, Wolfram [der Europäische Verein]: Der eingetragene Verein, Gemeinverständliche Erläuterung des Vereinsrechts unter Berücksichtigung neuester Rechtsprechung mit Formularanteil, 18. Auflage, München 2006.

Scheffler, Wolfram: Internationale betriebswirtschaftliche Steuerlehre, 3. Auflage, München 2009.

Schimansky, Herbert/Bunte, Hermann-Josef/Lwowski, Hans-Jürgen (Hrsg.): Bankrechts-Handbuch, Band I, 3. Auflage, München 2007.

Schlegelberger, Franz (Begr.): Handelsgesetzbuch, 5. Auflage, Band III/1. Halbband, §§ 105-160, München 1992.

Schlegelberger, Franz (Begr.): Handelsgesetzbuch, 5. Auflage, Band III/2. Halbband, §§ 161-177a; §§ 335-342 (§§ 230-237 n. F.), München 1986.

Schmidt, Karsten [BGB-Außengesellschaft]: Die BGB-Außengesellschaft: rechts- und parteifähig, NJW 2001, S. 993-1003.

Schmidt, Karsten [Freiberufliche Partnerschaft]: Die Freiberufliche Partnerschaft: Zum neuen Gesetz zur Schaffung von Partnerschaftsgesellschaften, NJW 1995, S. 1-7.

Schmidt, Karsten [Gesellschaftsrecht]: Gesellschaftsrecht, 4. Auflage, Köln Berlin Bonn München 2002.

Schmidt, Karsten [Handelsrecht]: Handelsrecht, 6. Auflage, Köln, Berlin, Bonn München 2008.

Schmidt, Karsten [Sternförmige GmbH & Co. KG]: Sternförmige GmbH & Co. KG und horizontaler Haftungsdurchgriff, - Gedanken zum Stand der Gerichtspraxis -, in: Festschrift für Herbert Wiedemann zum 70. Geburtstag, hrsg. von Wiedemann, Herbert/Mank, Rolf, München 2002, S. 1199-1221.

Schmidt, Karsten [unbeschränkte Kommanditistenhaftung]: Was wird aus der unbeschränkten Kommanditistenhaftung nach § 176 HGB? Auslegung, Vertragsgestaltung und Gesetzgebung vor einer haftungsrechtlichen Neubesinnung, GmbHR 2002, S. 341-348.

Schmidt, Karsten [Woher – wohin?]: Woher – wohin? ADHGB, HGB und die Besinnung auf den Kodifikationsgedanken, ZHR 1997, S. 2-12.

Schmiel, Ute: Rechtskritik als Aufgabe der Betriebswirtschaftlichen Steuerlehre (Habilitation), Berlin 2005.

Schneider, Dieter: Betriebswirtschaftslehre, Band 3, Theorie der Unternehmung, München Wien 1997.

Schnorr v. Carolsfeld, Ludwig: Geschichte der juristischen Person I, München 1933, (Nachdruck 1969).

Schubert, Werner: Das GmbH-Gesetz von 1892 – „eine Zierde unserer Reichsgesetzessammlung“, in: Festschrift 100 Jahre GmbH-Gesetz, hrsg. von Lutter, Marcus/Ulmer, Peter/Zöllner, Wolfgang, Köln 1992.

Schulze-Delitzsch, Hermann: Die Entwicklung des Genossenschaftswesens in Deutschland, Berlin 1870.

Schulze zur Wiesche, Dieter: Die Übertragung von Einzelwirtschaftsgütern nach dem UntStFG, DStZ 2002, S. 740-747.

Schweizerische Steuerkonferenz: Das schweizerische Steuersystem, 12. Auflage, Bern 2005.

Sieker, Susanne: Gesellschaftsrechtliche Auswirkungen der Unternehmenssteuerreform, in Gesellschaftsrecht in der Diskussion 2000, herausgegeben von der Gesellschaftsrechtlichen Vereinigung, Köln 2001, S. 163-179.

Steding, Rolf (Hrsg.): Genossenschaftsrecht im Spannungsfeld von Bewahrung und Veränderung, Göttingen 1994.

Strunk, Günther: Praxisleitfaden Internationales Steuerrecht 2006/2007, Hrsg.: Deutscher AnwaltVerein, Arbeitsgemeinschaft Steuerrecht, Stuttgart, München, Hannover, Berlin, Weimar, Dresden, 2007.

Sudhoff, Heinrich [Dienstleistungen]: Dienstleistungen als Gesellschaftereinlage, NJW 1964, S. 1249-1254.

Sudhoff, Heinrich [GmbH & Co. KG]: GmbH & Co. KG, 6. Auflage, München 2005.

Sudhoff, Heinrich [Personengesellschaften]: Personengesellschaften, verschiedene Bearbeiter, 8. Auflage, München 2005.

Teichmann, Arndt: Der Übergang von Sozialansprüchen und Sozialverbindlichkeiten in der Personalgesellschaft, NJW 1966, 2336-2340.

Tikpe, Klaus: Die Steuergesetzgebung in der Bundesrepublik Deutschland aus der Sicht des Steuerrechtswissenschaftlers – Kritik und Verbesserungsvorschläge, StuW 1976, S. 293-310

Than, Jürgen: Auf dem Weg zur virtuellen Hauptversammlung – Eine Bestandsaufnahme, in: Festschrift für Martin Peltzer zum 70. Geburtstag, hrsg. von Lutter, Marcus/ Scholz, Manfred/Sigle, Walter, Köln 2001, , Köln 2001, S. 577-597.

Timm, Wolfram [Gesellschaftsrecht]: Das Gesellschaftsrecht im Cyberspace – Neue Aufgaben und Herausforderungen für Lehre, Forschung und Praxis des Gesellschafts- und Unternehmensrechts -, S. 157-171, in: Festschrift für Marcus Lutter zum 70. Geburtstag, Deutsches und europäisches Gesellschafts-, Konzern- und Kapitalmarktrecht, hrsg. von Schneider, Uwe H./Hommelhoff, P./Schmidt, K., et. al., Köln 2000,.

Timm, Wolfram [Rechtsfähigkeit]: Die Rechtsfähigkeit der Gesellschaft bürgerlichen Rechts und ihre Haftungsverfassung, NJW 1995, S. 3209-3218.

Ulmer, Peter [Abfindungsklauseln]: Abfindungsklauseln in Personengesellschafts- und GmbH-Verträgen: Plädoyer für die Ertragswertklausel, in: Festschrift für Karlheinz Quack zum 65. Geburtstag, hrsg. von Westermann, Harm Peter/Rosener, Wolfgang, Berlin New York 1991, S. 477-503.

Ulmer, Peter [Gesamthandsgesellschaft]: Die Gesamthandsgesellschaft – ein noch immer unbekanntes Wesen?, AcP 198, S. 113-151.

Ulmer, Peter [Haftungsverfassung]: Die Haftungsverfassung der BGB-Gesellschaft, Stand und Perspektiven im Lichte neuer BGH-Urteile, ZIP 2003, S. 1113-1122.

Ulmer, Peter [GbR]: Die höchstrichterlich „enträtselte“ Gesellschaft bürgerlichen Rechts, ZIP 2001, 585-599.

Ulmer, Peter [Gesellschafterhaftung]: Gesellschafterhaftung in der Gesellschaft bürgerlichen Rechts: Durchbruch der Akzessorietätstheorie?, ZIP 1999, S. 554-565.

Ulmer, Peter/Löbbe, Marc: Zur Anwendbarkeit des § 313 BGB im Personengesellschaftsrecht, DNotZ 1998, S. 711-741.

Ulmer, Peter/Schäfer, Carsten: Die rechtliche Beurteilung vertraglicher Abfindungsbeschränkungen bei nachträglich eintretendem grobem Missverhältnis, ZGR 1995, S. 134-155.

Vogel, Klaus: Transnationale Auslegung von Doppelbesteuerungsabkommen, IStR 2003, S. 523-529.

Wagner, Franz W.: Der gesellschaftliche Nutzen einer betriebswirtschaftlichen Steuervermeidungslehre, FArch 1986, S. 32-54.

Walker, Beat: Steuern, Band 1, 2. Aufl., Zürich 1999.

Wassermeyer, Franz: Die Auslegung von Doppelbesteuerungsabkommen durch den Bundesfinanzhof, StuW 1990, S. 404-412.

Wassermeyer, Franz/Andresen, Ulf/Ditz, Xaver: Betriebstätten Handbuch, Gewinnermittlung und Besteuerung in- und ausländischer Betriebstätten, Köln 2006.

Weber, Max: Zur Geschichte der Handelsgesellschaften im Mittelalter, Schriften 1889-1894, hrsg. von Gerhard Dilcher und Susanne Lepsius, Tübingen 2008.

Weber-Grellet, Heinrich: Europäisches Steuerrecht, München 2005.

Wehrheim, Michael/Brodthage, Sven: Die Abfärbetheorie bei teilweise gewerblich tätigen Personengesellschaften, DStR 2003, S. 485-492.

Weipert, Lutz: Die Erbengemeinschaft als Mitglied einer Personengesellschaft, ZEV 2002, S. 300-304.

Wendt, Michael: Übertragung von Wirtschaftsgütern zwischen Mitunternehmerschaft und Mitunternehmer, § 6 Abs. 5 EStG i. d. F. des UntStFG als zweiter Versuch zur „Wiedereinführung des Mitunternehmer-Erlasses", FR 2002, S. 53-66.

Wertenbruch, Johannes: Publizität der Vertretungsmacht eines GbR-Geschäftsführers, DB 2003, S. 1099-1102.

Wesel, Uwe: Geschichte des Rechts, 3. Auflage, München 2006.

Weuster, Arnulf: Theorie der Konsumgenossenschaftsentwicklung, Berlin 1980.

Wiedemann, Herbert [Personengesellschaft]: Die Personengesellschaft – Vertrag oder Organisation?, ZGR 1996, S. 286-299.

Wiedemann, Herbert [Gesellschaftsrecht]: Gesellschaftsrecht, Ein Lehrbuch des Unternehmens- und Verbandsrechts, Band 1, Grundlagen, München 1980.

Wiedemann, Herbert [Rechtsverhältnisse]: Rechtsverhältnisse der BGB-Gesellschaften zu Dritten, WM, Sonderbeilage 4/1994, S. 1-19.

Wiedemann, Herbert [Selbständigkeit]: Zur Selbständigkeit der BGB-Gesellschaft, in: Festschrift für Alfred Kellermann zum 70. Geburtstag am 29. November 1990 ZGR Sonderheft 10/1991, Berlin New York 1991, S. 529-546.

Winnefeld, Robert: Bilanz-Handbuch, Handels- und Steuerbilanz, rechtsformspezifisches Bilanzrecht, bilanzielle Sonderfragen, Sonderbilanzen, IAS/US-GAAP, 3. Auflage, München 2002.

Wittibschlager, Martina: Einführung in das schweizerische Recht, München 2000.

WP-Handbuch, hrsg. vom Institut der Wirtschaftsprüfer in Deutschland e.V., Band I, 13. Auflage, Düsseldorf 2006.

Wunderlich, Nils-Christian: Das Ende der Doppelverpflichtungstheorie? – Anmerkungen zum Urteil des BGH vom 29. Januar 2001 = WM 2001, 408 -, WM 2002, S. 271-277.

Wymeersch, Eddy: Die Harmonisierung des Gesellschaftsrechts im Zeitalter des Internets, in: Festschrift für Marcus Lutter zum 70. Geburtstag, Deutsches und europäisches Gesellschafts-, Konzern- und Kapitalmarktrecht, hrsg. von Schneider, Uwe H./Hommelhoff, P./Schmidt, K., et. al., Köln 2000, S. 213-230.

Zielinski, Gustav: Grundtypenvermischungen und Handelsgesellschaftsrecht, Der Eintritt von Kapitalgenossenschaften in Personengesellschaften, seine wirtschaftliche Bedeutung und rechtliche Zulässigkeit, Marburg 1925.

Zuck, Rüdiger: Die berufsrechtliche Zulassung der Anwalts-GmbH, AnwBl 1999, S. 297-303.

II. Kommentare

Agner, Peter/Jung, Beat/Steinmann, Gotthard: Kommentar zum Gesetz über die direkte Bundessteuer, Zürich 1995.

Bamberger, Heinz Georg/Roth, Herbert (Hrsg.): Kommentar zum Bürgerlichen Gesetzbuch, Band 2, verschiedene Bearbeiter, 2. Auflage, München 2008.

Baumbach, Adolf (Begr.)/Hopt, Klaus J./Merkt, Hanno: Handelsgesetzbuch, Kommentar, 33. Auflage, München 2008.

Baumbach, Adolf (Begr.)/Lauterbach, Wolfgang/Albers, Jan/Hartmann, Peter: Zivilprozessordnung, Kommentar, 67. Auflage, München 2009.

Blümich: Einkommensteuergesetz (EStG), Körperschaftsteuergesetz (KStG), Gewerbesteuergesetz (GewStG), Kommentar, herausgegeben von Dr. Bernd Heuermann, 102. Ergänzungslieferung, München 2009.

Debatin, Helmut/Wassermeyer, Franz: Doppelbesteuerung, Kommentar [Debatin/Wassermeyer]: verschiedene Bearbeiter, Loseblattsammlung, 107. Ergänzungslieferung, München 2009

Ensthaler, Jürgen (Hrsg.): Gemeinschaftskommentar zum Handelsgesetzbuch mit UN-Kaufrecht, verschiedene Bearbeiter, 7. Auflage, Neuwied 2007.

Erle, Bernd/Sauter, Thomas: Heidelberger Kommentar zum Körperschaftsteuergesetz. Die Besteuerung der Kapitalgesellschaft und ihrer Anteilseigner, verschiedene Bearbeiter, 3. Auflage, Heidelberg 2010.

Erman: Bürgerliches Gesetzbuch, Handkommentar, Band I, hrsg. von Westermann, Harm Peter, verschiedene Bearbeiter, 12. Auflage, Köln 2008.

Erman: Bürgerliches Gesetzbuch, Handkommentar, Band II, hrsg. von Westermann, Harm Peter, verschiedene Bearbeiter, 12. Auflage, Köln 2008.

Heymann: Handelsgesetzbuch, Kommentar, Band 2, §§ 105-237, hrsg. von Horn, Norbert, 2. Auflage, Berlin New York 1996.

Jauernig, Othmar (Hrsg): Bürgerliches Gesetzbuch, Kommentar, 12. Auflage, München 2007.

Kirchhof, Paul (Hrsg.): EStG KompaktKommentar, Einkommensteuergesetz, verschiedene Bearbeiter, 8. Auflage, Heidelberg München Landsberg Berlin 2008.

Klein, Franz (Hrsg.): Abgabenordnung [AO], Kommentar, verschiedene Bearbeiter, 7. Auflage, München 2006.

Littmann, Eberhard/Bitz, Horst/Pust, Hartmut: Das Einkommensteuerrecht, Kommentar, Band 3, §§ 13a-17 EStG, Loseblattsammlung, 84. Ergänzungslieferung, Stuttgart 2009.

Münchener Kommentar [MünchKomm. BGB] zum Bürgerlichen Gesetzbuch: Band 1, Allgemeiner Teil, 1. Halbband: §§ 1-240, ProstG, verschiedene Bearbeiter, 5. Auflage, München 2006.

Münchener Kommentar [MünchKomm. BGB] zum Bürgerlichen Gesetzbuch: Band 5, Schuldrecht, Besonderer Teil III, §§ 705-853, PartGG ProdHaftG, verschiedene Bearbeiter, 5. Auflage, München 2009.

Münchener Kommentar [MünchKomm. HGB] zum Handelsgesetzbuch: Band 2, Handelsgesellschaften und stille Gesellschaft, §§ 105-160, verschiedene Bearbeiter, 2. Auflage, München 2006.

Münchener Kommentar [MünchKomm. HGB] zum Handelsgesetzbuch: Band 3, Handelsgesellschaften und stille Gesellschaft, Konzernrecht der Personengesellschaften, §§ 161-237, verschiedene Bearbeiter, 2. Auflage, München 2007.

Münchener Kommentar [MünchKomm. ZPO] zur Zivilprozessordnung: Band 1, §§ 1-510c, verschiedene Bearbeiter, 3. Auflage, München 2008.

Palandt, Otto: Kommentar zum Bürgerlichen Gesetzbuch, verschiedene Bearbeiter, 68. Auflage, München 2009.

Röhricht, Volker/Westphalen, Friedrich Graf von (Hrsg.): Handelsgesetzbuch, Kommentar zu Handelsstand, Handelsgesellschaften, Handelsgeschäften und besonderen Handelsverträgen (ohne Bilanz-, Transport- und Seerecht), verschiedene Bearbeiter, 3. Auflage, Köln 2008.

Schmidt, Ludwig: Einkommensteuergesetz - Kommentar, verschiedene Bearbeiter, 28. Auflage, München 2009.

Soergel, Hans Theodor (Begr.)/Siebert, Wolfgang (Hrsg.)/Baur, Jürgen F. [Soergel]: Bürgerliches Gesetzbuch, Kommentar, Band 2, Allgemeiner Teil II, §§ 104-240, verschiedene Bearbeiter, 13. Auflage, Stuttgart Berlin Köln Mainz 1999.

Soergel, Hans Theodor (Begr.)/Siebert, Wolfgang (Hrsg.)/Baur, Jürgen F. [Soergel]: Bürgerliches Gesetzbuch, Kommentar, Band 4, Schuldrecht IV/1, §§ 705-822, verschiedene Bearbeiter, 12 Auflage, Stuttgart Berlin Köln Mainz 2007.

Staub, Hermann (Begründer)/Canaris, Claus-Wilhelm/Schilling, Wolfgang/Ulmer, Peter (Hrsg.): Handelsgesetzbuch, Großkommentar, Zweiter Band, §§ 105-237, 4. Auflage, Berlin 2004.

Staudinger, Julius von: Kommentar zum Bürgerlichen Gesetzbuch mit Einführungsgesetz und Nebengesetzen, Buch 2, Recht der Schuldverhältnisse, §§ 705-740 (Gesellschaftsrecht), 13. Bearbeitung von Stefan Habermeier, Berlin 2003.

Tipke, Klaus, Kruse, Heinrich Wilhelm [Tipke/Kruse]: Kommentar zur AO und FGO, verschiedene Bearbeiter, Loseblattsammlung, 119. Ergänzungslieferung, Köln, 2009.

Wassermeyer, Franz/Baumhoff, Hubertus/Schönfeld, Jens (Hrsg.), [Flick/Wasserweyer/Baumhoff]: Außensteuerrecht, Kommentar, Außensteuergesetz, Außensteuerrechtliche Vorschriften des Einkommensteuergesetzes, Körperschaftsteuergesetzes, Umwandlungssteuergesetzes, Gewerbesteuergesetzes, Bewertungsgesetzes und

Erbschaftsteuergesetzes, verschiedene Bearbeiter, Loseblattsammlung, 64. Ergänzungslieferung, Köln 2009.

Vogel, Klaus/Lehner, Moris: Doppelbesteuerungsabkommen, Kommentar, verschiedene Bearbeiter, 4. Auflage, München 2003.

Zöller, Richard (Begr.): Zivilprozessordnung, Kommentar, 27. Auflage, Köln 2008.

Zweifel Martin/Athanas Peter (Hrsg.), [DGB-Kommentar]: Kommentar zum Schweizerischen Steuerrecht, I/2a und 2b, Bundesgesetz über die direkte Bundessteuer (DBG), versch. Bearbeiter, 2. Auflage, Basel/Genf/München 2008.

Zweifel Martin/Athanas Peter (Hrsg.), [StHG-Kommentar]: Kommentar zum Schweizerischen Steuerrecht, I/1, Bundesgesetz über die Harmonisierung der direkten Steuern der Kantone und Gemeinden (StHG), versch. Bearbeiter, 2. Auflage, Basel/Genf/München 2002.

III.. Rechtsprechungsverzeichnis

EuGH:

EuGH, Urt. v. 15.07.1964, Rs. C-6/54, EuGHE 1964, S. 1251
EuGH, Urt. v. 27.09.1988, Rs. C-81/87 (Daily Mail), Slg. 1988 I, S. 5505
EuGH, Urt. v. 30.01.1992, Rs. C-328/90, EWS 1993, S. 154
EuGH, Urt. v. 15.05.1997, Rs. C-250/95, (Futura Participations SA und Singer) EuZW 1997, S. 443
EuGH, Urt. v. 11.11.1997, Rs. C-251/95 (Sabél BV/Puma AG, Rudolf Dassler Sport), NJW 1998, S. 741
EuGH, Urt. v. 09.03.1999, Rs. C-212/97 (Centros), Slg. 1999 I, S. 1459, DStR 1999, S. 772
EuGH, Urt. v. 13.04.2000, Rs. C-420/98, (W.N./Staatssecretaris van Francien, Vorabentscheidungsverfahren, eingeleitet vom Nederlandse Raad van State), IStR 2000, S. 334
EuGH, Urt. v. 14.12.2000, Rs. 141/199, Slg. 2000, I-11619
EuGH, Urt. v. 05.09.2002, Rs. C-208/00 (Überseering), Slg. 2002 I, S. 9919
EuGH, Urt. v. 12.09.2002, Rs. C-431/01, BFH/NV 2003, S. 84
EuGH, Urt. v. 05.11.2002, Rs. C-208/00 (Überseering), IStR 2002, S. 809
EuGH, Urt. v. 18.09.2003, Rs. C-168/01, (Bosal Holding BV/Staatssekretaris van Financiën (Vorlage des Hoge Raad der Niederlande)), IStR 2003, S. 666; BFH/NV, Beilage 2004, S. 13
EuGH, Urt. v. 30.09.2003, Rs. C-167/01 (Inspire Art), IStR 2003, S. 849
EuGH, Urt. v. 25.11.2003, Rs. C-278/01 (lexetius.com), Slg. 2003 I, S. 2509
EuGH, Urt. v. 13.12.2004, Rs. C-446/03 (Marks & Spencer), DStR 2005, S. 2168
EuGH, Urt. v. 21.02.2006, Rs. C-152/03 (Ritter-Coulais), DStR 2006, S. 362
EuGH, Urt. v. 22.08.2006, Rs. C-415/06, Stahlwerk Ergste Westig, Ernst & Young, S. 575
EuGH, Urt. v. 06.12.2007, Rs. C-298/05 (Columbus Container Services BVBA & Co), DStR 2007, S. 2308
EuGH, Urt. v. 18.07.2007, Rs. C-231/05 (Oy AA), IStR 2007, S. 632
EuGH, Urt. v. 15.05.2008, Rs. C-414/06 (Lidl Belgium), DB 2008, S.1130
EuGH, Urt. v. 23.10.2008, Rs. C-157/07 (Krankenhaus Ruhesitz Wannsee), IStR 2008, S. 769; BFH, Vorlagebeschluss v. 29.11.2006, I R 45/05, BStBl. 2007 II, S. 398

BVerfG:

BVerfG, Urt v. 14.04.1959, 1 BvL 34/57, BVerfGE Bd. 9, 1959, S. 249

BVerfG, Beschl. des 2. Senats v. 22.10.1986, 2 BvR 197/83, BVerfGE 73, S. 339
BVerfG, Urt. v. 12.10.1993, 2 BvR 2134, 2159/92, BVerfGE 89, S. 155 (Maastricht-Urteil)
BVerfG, Beschl. v. 27.03.1998, 2 BvR 220/92, IStR 1998, S. 344
BVerfG, Beschl. des 2. Senats v. 07.06.2000, BvL 1/97, BVerfGE 102, S. 147

BGH:

BGH, Urt. v. 17.04.1951, I ZR 31/50, BGHZ 62, S. 20
BGH, Urt. v. 11.07.1951, II ZR 45/50, BGHZ 3, S. 75
BGH, Urt. v. 24.10.1951, II ZR 18/51, BGHZ 3, S. 285
BGH, Urt. v. 10.11.1951, II ZR 111/50, BGHZ 3, S. 354
BGH, Urt. v. 14.05.1952, II ZR 40/51 BHGZ 6, S. 113
BGH, Urt. v. 12.05.1954, II ZR 167/53, BGHZ 13, S. 320
BGH, Urt. v. 14.05.1956, II ZR 229/54, BGHZ 20, S. 363
BGH. Urt. v. 07.04.1960, II ZR 69/58, BGHZ 32, S. 152
BGH, Urt. v. 11.07.1960, II ZR 260/59, BGHZ 33, S. 105
BGH, Urt. v. 12.12.1960, II ZR 255/59, BGHZ 34, S. 27
BGH, Urt. v. 22.01.1962, II ZR 11/61, BGHZ 36, S. 292
BGH, Urt. v. 29.01.1962, II ZR 172/60, WM 1962, S. 462
BGH, Urt. v. 02.07.1962, II ZR 204/60, BGHZ 37, S. 299
BGH, Urt. v. 25.05.1964, II ZR 42/62, BGHZ 41, S. 367
BGH, Urt. v. 22.03.1965, II ZR 196/62, WM 1965, S. 458
BGH, Urt. v. 12.07.1965, II ZR 118/63, BGHZ 44, S. 158
BGH, Urt. v. 11.07.1968, II ZR 179/66, BGHZ 50, S. 316
BGH, Urt. v. 09.12.1968, II ZR 33/67, BGHZ 51, S. 198
BGH, Urt. v. 09.02.1970, II ZR 76/68, NJW 1970, S. 1540
BGH, Urt. v. 29.06.1970, II ZR 158/69, BGHZ 55, S. 5
BGH, Urt. v. 17.11.1970, III ZR 70/93, BGHZ 128, S. 41
BGH, Urt. v. 25.05.1971, VI ZR 248/69, MDR 71, S. 918
BGH, Urt. v. 14.07.1971, III ZR 91/70, WM 1971, S. 1338
BGH, Urt. v. 14.04.1975, II ZR 147/73, BGHZ 64, S. 238
BGH, Urt. v. 28.04.1975, II ZR 16/73, BGHZ 64, S. 253
BGH, Beschl. v. 12.06.1975, II ZB 12/73, BGHZ 65, S. 22
BGH, Urt. v. 22.01.1979, II ZR 178/77, BB 1979, S. 802
BGH, Urt. v. 28.01.1980, II ZR 250/78, BGHZ 76, S. 127
BGH, Urt. v. 11.02.1980, II ZR 41/79, BGHZ 76, S. 160
BGH, Beschl. v. 03.11.1980, II ZB 1/79, BGHZ 78, S. 311
BGH, Urt. v. 13.07.1981, II ZR 56/80, BGHZ 81, S. 263
BGH, Urt. v. 05.10.1981, II ZR 203/80, WM 1982, S. 394
BGH, Urt. v. 16.11.1981, II ZR 213/80, NJW 1982, S. 877
BGH, Urt. v. 03.05.1982, II ZR 78/81, BGHZ 84, S. 11
BGH, Urt. v. 24.05.1982, II ZR 124/81, BGHZ 84, S. 141
BGH, Urt. v. 30.09.1982, III ZR 58/81, NJW 1983 , S. 748

BGH, Urt. v. 30.04.1984, II ZR 132/83,NJW 1984, S. 2290
BGH, Urt. v. 23.05.1984, 4 AZR 129/82, NJW 1985, S. 91
BGH, Urt. v. 24.09.1984, II ZR 256/83, WM 1984, S. 1506
BGH, Urt. v. 10.12.1984, II ZR 28/84, BGHZ 93, S. 159
BGH, Urt. v. 25.01.1986, VII ZR 26/95, NJW 1996, S. 1280
BGH, Urt. v. 21.03.1986, V ZR 10/85, BGHZ 97, S. 269
BGH, Urt. v. 20.10.1986, II ZR 86/85, JZ 1987, S. 95
BGH, Urt. v. 30.03.1987, II ZR 163/86, DB 1987, S. 1527
BGH, Urt. v. 11.01.1988, II ZR 192/87, WM 1988, S. 968
BGH, Urt. v. 15.01.1988, V ZR 183/86, BGHZ 103, S. 72
BGH, Urt. v. 21.03.1988, II ZR 135/87, BGHZ 104, S. 50
BGH, Urt. v. 16.05.1988, II ZR 316/87, NJW-RR 1988, S. 1379
BGH, Urt. v. 21.12.1988, VIII ZR 277/87, NJW 1989, S. 2133
BGH, Urt. v. 17.04.1989, II ZR 258/88, WM 1989, S. 878, GmbH-Rdsch. 1989, S. 289
BGH, Urt. v. 08.05.1989, II ZR 237/88, WM 1989, S. 1219
BGH, Urt. v. 26.06.1989, II ZR 128/88, NJW 1990, S. 573
BGH, Urt. v. 19.02.1990, II ZR 42/89, WM 1990, S. 586
BGH, Urt. v. 07.03.1990, VIII ZR 25/89, NJW-RR 1990, S. 701
BGH, Urt. v. 14.10.1991, II ZR 212/90, NJW 1992 , S. 1501
BGH, Beschl. v. 04.11.1991, II ZB 10/91, BGHZ 116, S. 86
BGH, Urt. v. 16.12.1991, II ZR 58/91, BGHZ 116, S. 359
BGH, Urt. v. 29.06.1992, II ZR 284/91, NJW 1992, S. 2696
BGH, Urt. v. 20.09.1993, II ZR 204/92, WM 1994, S. 237
BGH, Urt. v. 10.10.1994, II ZR 18/94, NJW 1995, S. 194
BGH, Urt. v. 10.10.1994, II ZR 220/93, JuS 1995, S. 268
BGH, Urt. v. 11.12.1995, II ZR 220/94, NJW 1996, S. 658
BGH, Urt. v. 22.11.1996, V ZR 234/95, DNotZ 1998, S. 741
BGH, Beschl. v. 24.02.1997, II ZB 11/96, BGHZ 134, S. 392
BGH, Urt. v. 15.07.1997, XI ZR 154/96, BGHZ 136, S. 254
BGH, Urt. v. 27.09.1999, II ZR 371/98, BGHZ 142, S. 315
BGH, Urt. v. 21.01.2001, II ZR 2/00, BGHZ 150, S. 1
BGH, Urt. v. 29.01.2001, II ZR 331/00, BGHZ 146, S. 341, ZIP 2001, S. 330
BGH, Beschl. v. 16.07.2001, II ZB 23/00, BGHZ 148, S. 291
BGH, Urt. v. 29.01.2003, VIII ZR 155/02, ZIP 2003, S. 720
BGH, Urt. v. 24.02.2003, II ZR 385/99, ZIP 2003, S. 664, NJW 2003, S. 1445
BGH, Urt. v. 13.10.2004, I ZR 245/01, ZIP 2004, S. 2230
BGH, Urt. v. 19.09.2005, II ZR 372/03, ZIP 2005, S. 1869

<u>BVerwG:</u>

BVerwG, Urt. v. 26.02.1993, 8 C 35/92, NJW 1994, S. 602

BayObLG:

BayObLG, Beschl. v. 24.09.1998, 3Z BR 58/98 (rkr.), ZIP 1998, S. 1959
BayObLG, Beschl. v. 31.10.2002, 2Z BR 70/02 (rkr.), ZIP 2002, S. 2175
BayObLG, Beschl. v. 22.01.2003, 3Z BR 238/02, 239/02 und 240/02, DB 2003, S. 715

OLG:

OLG Frankfurt, Urt. v. 09.11.1976, 5 U 188/75, OLGZ 1977, S. 339
OLG Hamm, Beschl. v. 22.09.1981, 15 W 219/81, MDR 1982, S. 55
OLG Koblenz, Urt. v. 15.12.1994, 6 U 289/91, NJW-RR 1995, S. 486
OLG München, Urt. v. 05.02.1997, 7 U 4069/96, NJW-RR 1997, S. 611
OLG Saarbrücken, Urt. v. 14.01.1998, 1 U 163/97-47, NJW-RR 1998, S. 550
OLG München, Beschl. v. 27.08.1998, 29 W 2437/98, DB 1998, S. 2012
OLG Köln, Urt. v. 13.04.2000, 8 U 40/99, NZG 2000, S. 930
OLG Stuttgart, Urt. v. 19.04.2000, 20 U 96/99, NZG 2000, S. 835

BFH:

BFH, Urt. v. 22.08.1951, IV 246/50 S, BStBl. 1951 III, S. 181
BFH, Urt. v. 30.05.1972, VIII R 111/69, BStBl. 72 II, S. 760
BFH, Urt. v. 15.07.1976, I R 17/74, BStBl. 1976 II, S. 748
BFH, Urt. v. 12.10.1978, I R 69/75, BStBl. 1979 II, S. 64
BFH, Urt. v. 14.12.1978, I R 121/76, BStBl. 1979 II, S. 188
BFH, Urt. v. 08.08.1979, I R 82/76, BStBl. 1979 II, S. 768
BFH, Urt. v. 16.04.1980, I R 75/8, BStBl. 1981 II, S. 492
BFH, Urt. v. 25.11.1980, VIII R 32/77, BStBl. 1981 II, S. 419
BFH, Urt. v. 01.12.1982, I R 238/81, BStBl. 1983 II, S. 213
BFH, Beschl. v. 25.06.1984, GrS 4/82, BStBl. 1984 II, S. 751
BFH, Urt. v. 24.02.1985, IX R 143/83, BStBl. 1986 II, S. 287
BFH, Urt. v. 14.06.1985, VI R 150/82, BStBl. 1985 II, S. 661
BFH, Urt. v. 06.12.1985, VI R 54/84, BStBl. 1986 II, S. 390
BFH, Urt. v. 16.04.1986, I R 32/84, BStBl. 1986 II, S. 736
BFH, Beschl. v. 19.05.1987, VIII B 104/85, BStBl. 1988 II, S. 5
BFH, Urt. v. 24.02.1988, I R 94/84, BStBl. 1988 II, S. 663
BFH, Urt. v. 16.03.1988, X R 27/86, BStBl. 1988 II, S. 631
BFH, Urt. v. 25.03.1988, VI R 142/87, BStBl. 1988 II, S. 584
BFH, Urt. v. 20.04.1988, I R 219/82, BStBl. 1990 II, S. 701
BFH, Urt. v. 09.11.1988, I R 335/83, BStBl. 1989 II, S. 510
BFH, Urt. v. 02.03.1989, IV R 128/86, BStBl. 1989 II, S. 941
BFH, Urt. v. 13.12.1989, I R 25/86, BStBl. 1990 I, 1056
BFH, Urt. v. 27.06.1990, I R 183/85, BStBl. 1990 II, S. 916
BFH, Urt. v. 10.08.1990, VI R 23-24/85, BStBl. 1990 II, S. 1056

BFH, Urt. v. 04.12.1990, V II R 52/88, BFHE 162, S. 531
BFH, Beschl. v. 25.02.1991, GrS 7/89, BStBl. 1991 II, S. 691
BFH, Urt. v. 14.05.1991, VIII R 21/88, BStBl. 1992 II, S. 167
BFH, Urt. v. 22.05.1991, I R 32/90, BStBl. 1992 II, S. 94
BFH, Urt. v. 04.06.1991, X R 35, BStBl. 1991 II, S. 187
BFH, Urt. v. 14.06.1991, VI R 185/87, BStBl. 1991 II, S. 926
BFH, Urt. v. 24.09.1991, VIII R 349/83, BStBl. 1992 II, S. 330
BFH, Urt. v. 16.01.1992, V R 1/91, BStBl. 1992 II, S. 542
BFH, Urt. v. 05.02.1992, I R 9/90, BStBl. 1992 II, S. 607
BFH, Beschl. v. 01.10.1992, I B 42-43/92, BFH/NV 1993, S. 156
BFH, Urt. v. 17.12.1992, IX R 7/91, BStBl. 1994 II, S. 492, NJW 1993, S. 2893
BFH, Urt. v. 05.02.1993, I R 158/90, BStBl. 1992 II, S. 660
BFH, Beschl. v. 20.03.1993, IV B 21/92, IStR 1998, S. 344
BFH, Urt. v. 19.05.1993, I R 64/92, BFH/NV 1994, S. 11
BFH, Urt. v. 14.07.1993, I R 71/92, BFHE 172, S. 422
BFH, Urt. v. 30.11.1993, IX R 60/91, BStBl. 1994 II, S. 496
BFH, Urt. v. 27.01.1994, IV R 114/91, BStBl. 1994 II, S. 635
BFH, Urt. v. 03.02.1994, III R 23/89, BStBl. 1994 II, S. 709
BFH, Urt. v. 17.02.1994, VIII R 13/94, BStBl. 1994 II , S. 809
BFH, Urt. v. 17.06.1994, III R 41/93, BFH/NV 1995, S. 2
BFH, Urt. v. 13.07.1994, I R 120/95, BStBl. 1995 II, S. 129
BFH, Urt. v. 22.11.1994, VIII R 44/92, DStR 1995, S. 255
BFH, Urt. v. 18.01.1995, XI R 71/93, BStBl. 1995 II, S. 559
BFH, Urt. v. 26.01.1995, IV R 23/93, BStBl. 1995 II, S. 467
BFH, Urt. v. 07.02.1995, VIII R36/93, BStBl. 1995 II, S. 770
BFH, Urt. v. 06.07.1995, IV R 79/94, BStBl. 1996 II, S. 269
BFH, Urt. v. 25.07.1995, III R 54/93, BStBl. 1995 II, S. 794
BFH, Urt. v. 30.08.1995, I R 126/94, BFH/NV 1996, S. 267
BFH, Urt. v. 06.12.1995, I R 109/94, BFHE 179, S. 427
BFH, Urt. v. 16.02.1996, I R 43/95, BStBl. 1997 II, S. 128
BFH, Urt. v. 19.03.1996, VIII R 15/94, BStBl. 1996 II, S. 312
BFH, Urt. v. 23.04.1996, VIII R13/95, BStBl. 1998 II, S. 325
BFH, Urt. v. 25.06.1996, VIII R28/94, BStBl. 1997 II, S. 202
BFH, Urt. v. 05.09.1996, IV R 75/93, BStBl. 1996 II, S. 474
BFH, Beschl. v. 20.05.1997, VIII B 108/96, HFR 1997, S. 751
BFH, Urt. v. 21.05.1997, I R 79/96, BStBl. 1998 II, S. 113
BFH, Urt. v. 25.06.1997, VIII R 28/94, BStBl. 1997 II, S. 202
BFH, Urt. v. 27.08.1997, I R 127/95, BFH/NV 1998, S. 379
BFH, Urt. v. 11.11.1997, VIII R 39/94, BFH/NV 98, S. 1078
BFH, Urt. v. 04.02.1998, XI R 35/97, BStBl. 1998 II, S. 542
BFH, Urt. v. 24.03.1998, I R 38/97, BStBl. 1998 II, S. 471
BFH, Beschl. v. 24.03.1998, I B 100/97, BFHE 185, S. 467
BFH, Urt. v. 17.04.1998, VI R 16/97, BStBl. 1998 II, S. 473
BFH, Urt. v. 13.05.1998, V III R81/96, BFH/NV 1999, S. 355
BFH, Urt. v. 10.11.1998, I R 108/97, BStBl. 1999 II, S. 199
BFH, Urt. v. 10.12.1998, III R 61/97, BStBl. 1999 II, S. 390

BFH, Urt. v. 24.03.1999, I R 114/97, BStBl. 2000 II, S. 399
BFH, Urt. v. 30.06.1999, IX R 68/96, BStBl. 1999 II, S. 718
BFH, Urt. v. 11.08.1999, XI R 12/98, BStBl. 2000 II, S. 229
BFH, Urt. v. 28.10.1999, VIII R 66-70/97, BStBl. 2000 II, S. 183
BFH, Beschl. v. 25.11.1999, I B 34/99, BFH/NV 2000, S. 677
BFH, Beschl. v. 13.12.1999, IV B 41/99, BFH/NV 2000, S. 817
BFH, Urt. v. 14.12.1999, IX R 7/95, BStBl. 2000 II, S. 265
BFH, Urt. v. 29.03.2000, I R 15/99, BStBl. 2000 II, S. 577
BFH, Beschl. v. 20.04.2000, V B 156/99, BFH/NV 2000, S. 1347
BFH, Urt. v. 06.09.2000, IV R 18/99, BStBl. 2001 II, S. 229
BFH, Urt. v. 06.09.2000, IV R 69/99, BStBl. 2001 II, S. 731
BFH, Beschl. v. 05.02.2001, I B 140/00, BStBl. 2001 II. S. 598
BFH, Urt. v. 18.07.2001, I R 70/90, DB 2001, S. 2692
BFH, Beschl. v. 05.11.2001, VIII B 16/01, BFH/NV 2002, S. 312
BFH, Urt. v. 12.11.2001, VIII R 58/98, BStBl. 2002 II, S. 420
BFH, Beschl. v. 28.11.2001, I B 169/00, BFH/NV 2002, S. 774
BFH, Urt. v. 29.11.2001, IV R 91/99, BStBl. 2002 II, S. 221
BFH, Urt. v. 20.03.2002, II R 84/99, BFH/NV 2002, S. 1017
BFH, Urt. v. 17.04.2002, X R 8/00, BStBl. 2002 II, S. 527
BFH, Urt. v. 23.07.2002, VIII R 36/01, BStBl. 2002 II, S. 858
BFH, Urt. v. 05.02.2002, VIII R 31/01, BStBl. 2002 II, S. 464
BFH, Beschl. v. 16.05.2002, I B 80/01, BFH/NV 2002, S. 1423
BFH, Urt. v. 16.10.2002, I R 17/01, BStBl. 2003 II, S. 631
BFH, Beschl. v. 31.10.2002, IV B 126/01, BFH/NV 2003, S. 291
BFH, Urt. v. 13.11.2002, I R 67/01, BStBl. 2003 II, S. 587
BFH, Urt. v. 18.12.2002, I R 92/01, BFH/NV 2003, S. 964
BFH, Beschl. v. 16.01.2003, VIII B 114/02, BFH/NV 2003, S. 738
BFH, Urt. v. 29.01.2003, I R 6/99, BFH/NV 2003, S. 969, DB 2003, S. 1200
BFH, Beschl. v. 03.05.2003, GrS 2/92, BStBl. 1993 II, S. 616
BFH, Urt. v. 18.09.2003, X R 2/00, BStBl. 2004 II, S. 17
BFH, Urt. v. 17.12.2003, I R 14/02, BStBl. 2004 II, S. 562
BFH, Urt. v. 07.10.2004, IV R 27/03, BStBl. 2005 II, S. 164
BFH, Urt. v. 04.11.2004, III R 21/02, BStBl. 2005 II, S. 168
BFH, Urt. v. 31.05.2006, II R 66/04, BStBl. 2007 II, S. 49
BFH, Vorlagebeschluss v. 26.06.2006, I R 84/04, IStR 2006, S. 784
BFH, Beschl. v. 10.01.2007, VII B 221/05, BFH/NV 2007, S. 1079
BFH, Urt. v. 17.07.2008, I R 77/06, DStR 2008, S. 2001
BFH, Urt. v. 16.10.2008, IV R 98/06, BStBl. 2009 II, S. 272
BFH, Urt. v. 21.10.2009, I R 114/08, DStR 2010, S. 37

FG:

FG Baden-Württemberg, Urt. v. 30.06.2004, 1 K 312/03, EFG 2004, S. 1694
FG Düsseldorf, Urt. v. 14.09.2004, 6 K 3796/01, EFG 2005, S. 538
FG München, Urt. v. 14.02.2005, 1 V 305/04, EFG 2005, S. 527
FG Düsseldorf, Urt. v. 12.05.2006, 18 K 5588/03 F, DStRE 2006, S. 1521-1528

RFH:

RFH, Urt. v. 30.06.1922, II A 132/22, RFHE 10, S. 65
RFH v. 03.10.1935, III A 267/34, RStBl. S. 1935

RG:

RG, Urt. v. 05.02.1902, Rep. V. 282/01, RGZ 50, S. 163
RG, Urt. v. 14.03.1919, Rep. II 393/18, RGZ 95, S. 147
RG, Urt. v. 29.11.1919, V 260/19, RGZ 97, S. 219
RG, Beschl. v. 04.07.1922, II B 2/22, RGZ 105, 101
RG, Urt. v. 18.01.1934, IV 369/33, RGZ 143, S. 212
RG, Urt. v. 22.10.1937, II 58/37, RGZ 156, S. 129

IV. Sonstige Quellen

BMF:

BMF v. 20.12.1977, IV B2-S 2241-231/77, BStBl. 1978 I, S. 8
BMF v. 31.10.1983, IV B6-S 2293-50/83, BStBl. 1983 I, S. 470
BMF v. 10.04.1984, IV C6-S 2293-11/84, BStBl. 1984 I, S. 252
BMF v. 12.02.1990, IV B2-S 2135-4/90, BStBl. 1990 I, S. 72
BMF v. 12.10.1994, IV B2–S 2241-51/94, BB 1994, S. 2318
BMF v. 17.10.1994, IV B2-S 2242-47/94, BStBl. 1994 I, S. 771
BMF v. 30.05.1997, IV B2-S 2241 a-51/93 II, BStBl. 1997 I, S. 627
BMF v. 28.04.1998, IV B2-S 2241-42/98, BStBl. 1998 I, S. 583
BMF v. 24.12.1999, IV B4–S 1300–111/99, BStBl. 1999 I, S. 1076 (Betriebstätten-Verwaltungsgrundsätze)
BMF v. 21.02.2000, IV D3-S 1301 Dän-19/99, BStBl. 2000 I, S. 310
BMF v. 29.03.2000, IV C2-S 2178-4/00, BStBl. 2000 I, S. 462
BMF v. 20.11.2000, IV B4-S 1300-222/00, BStBl 2000 I, S. 1509
BMF v. 07.06.2001, IV A6-S 2241-52/01, BStBl. 2001 I, S. 367
BMF v. 13.11.2003, BStBl. 2003 I, S. 739 (GAufzV)
BMF v. 24.11.2003, I V B4-S 2293-46/03, BStBl. 2003 I, S. 747
BMF v. 16.12.2003, IV A6-S 2240-153/03, BStBl. 2004 I, S. 40
BMF v. 19.01.2004, IV B4-S 1320-1/04, BStBl. 2004 I, S. 66
BMF v. 18.02.2004, IV B6-1315-8/04, BStBl. 2004 I, S. 287
BMF v. 19.03.2004, IV B4-S 1301 USA-22/04, BStBl. 2004 I, S. 411
BMF v. 12.04.2005, IV B4-S 1341-1/05, BStBl. 2005 I, S. 570 (Verwaltungsgrundsätze-Verfahren)
BMF v. 25.01.2006, IV B1-S 1320-11/06, BStBl. 2006 I, S. 26
BMF v. 13.07.2009, IV B5-S 2118-a/07/10004, DStR 2009, S. 1585
BMF v. 25.08.2009, IV B5-S 1341/07/10004, BStBl. 2009 I, S. 888 (Betriebstätten-Verwaltungsgrundsätze)
BMF v. 13.07.2009, IV B5-S 2118-a/07/10004, DStR 2009, S. 1585
BMF v. 12.01.2010, IV B2-S 1301/07/10017-01, BStBl.2010 I, S. 35 (Stand der DBA)

Internationale Steuerlehre, Steuerrecht und Wirtschaftsprüfung

Herausgegeben von Rainer Heurung, Gerd Morgenthaler und Andreas Dutzi

Band 1 Markus Gsödl: Entstrickungstatbestände des Einkommen- und Körperschaftsteuergesetzes. Eine Analyse unter dem Aspekt der Gerechtigkeit. 2010.

Band 2 Philipp Seidel: Ertragsbesteuerung periodischer Auslandseinkünfte aus Direktinvestitionen. 2011.

Band 3 Hans-Jürgen Lappat: Die in- und ausländische Besteuerung schweizerischer Betriebsstätten deutscher Personenhandelsgesellschaften. 2011.

www.peterlang.de

Stefan Lammel

Besteuerung bei Gründung der Societas Europaea (SE) durch Verschmelzung

Vorgaben der Fusionsrichtlinie und des Primärrechts, des deutschen Rechts de lege lata und die de lege ferenda notwendigen Anpassungen

Frankfurt am Main, Berlin, Bern, Bruxelles, New York, Oxford, Wien, 2010. 302 S.
Freiburger Steuerforum. Herausgegeben von Wolfgang Kessler. Bd. 13
ISBN 978-3-631-59626-5 · geb. € 54,80*

Für die seit 2004 mögliche grenzüberschreitende Verschmelzung zur Gründung einer Europäischen Aktiengesellschaft (Societas Europaea) hat die Allianz Mitte 2006 den Praxistest geliefert. Und dies trotz vieler offener Fragen hinsichtlich der Besteuerung. Denn die bereits seit 1990 geltende Fusionsrichtlinie wurde erst mit dem Ende 2006 in Kraft getretenen SEStEG in deutsches Recht umgesetzt. Für mehr als 2 Jahre ergab sich damit ein Zustand der Rechtsunsicherheit im deutschen Steuerrecht, das auf grenzüberschreitende Umwandlungen überhaupt nicht eingestellt war. Dies untersucht der Autor ebenso wie die notwendige Anpassung des deutschen Steuerrechts an die europarechtlichen Vorgaben. Dabei kommt der Autor z. T. zu anderen Ergebnissen als der Gesetzgeber im Rahmen des SEStEG.

Aus dem Inhalt: Europarechtliche Vorgaben der Fusionsrichtlinie · Deutsches Steuerrecht de lege lata (Stand: November 2005) · Notwendige Anpassungen des deutschen Steuerrechts an die europarechtlichen Vorgaben de lege ferenda · Europarechtliche Grundfreiheiten im Steuerrecht in der Rechtsprechung des EuGH